**THE IDEA OF
GREATER BRITAIN**

Empire and the Future
of World Order,
1860-1900

帝国与国际法 \ 译丛

**主办单位**

北京大学国家法治战略研究院

**译丛主编**

孔元 ｜ 陈一峰

**译丛编委**

（按汉语拼音排序）

强世功 ｜ 汪晖 ｜ 殷之光 ｜ 章永乐

安妮·奥福德 ｜ 安妮·彼得斯 ｜ 本尼迪克特·金斯伯里 ｜ 大卫·阿米蒂奇
Anne Orford　　Anne Peters　　Benedict Kingsbury　　David Armitage

邓肯·贝尔 ｜ 马蒂·科斯肯涅米 ｜ 帕尔·弗兰格 ｜ 托尼·卡蒂 ｜ 詹尼弗·皮茨
Duncan Bell　　Martti Koskenniemi　　Pål Wrange　　Tony Carty　　Jennifer Pitts

THE IDEA OF
GREATER
BRITAIN

Empire and
the Future of
World Order,
1860-1900

# 更大的不列颠

帝国与
世界秩序的
未来
1860-1900

[英] 邓肯·贝尔－著

史庆－译

当代世界出版社
THE CONTEMPORARY WORLD PRESS

The Idea of Greater Britain：Empire and the Future of World Order, 1860-1900
by Duncan Bell
版权登记号：图字：01-2022-1330

**图书在版编目（CIP）数据**

更大的不列颠：帝国与世界秩序的未来：1860-1900／（英）邓
肯·贝尔著；史庆译. -- 北京：当代世界出版社，2022.8
ISBN 978-7-5090-1666-4

Ⅰ.①更… Ⅱ.①邓… ②史… Ⅲ.①英国-近代史
Ⅳ.①K561.44

中国版本图书馆 CIP 数据核字（2022）第 082608 号

书　　名：更大的不列颠：帝国与世界秩序的未来：1860-1900
出版发行：当代世界出版社
地　　址：北京市东城区地安门东大街 70-9 号
邮　　箱：ddsjchubanshe@163.com
编务电话：（010）83907528
发行电话：（010）83908410
经　　销：新华书店
印　　刷：北京中科印刷有限公司
开　　本：889 毫米×1230 毫米　1/32
印　　张：14
字　　数：325 千字
版　　次：2022 年 8 月第 1 版
印　　次：2022 年 8 月第 1 次
书　　号：978-7-5090-1666-4
定　　价：79.00 元

谨以此书

献给我的父亲查尔斯·贝尔

以及我的祖父亚历山大·布鲁斯

旧的殖民体系已不复存在，但并没有明确而合理的体系取而代之。错误的理论被放弃了，但什么是正确的理论？只有一个选择。用古人的话来说，如果殖民地不是英格兰的领地，那么它们一定是英格兰的一部分；我们必须认真采纳这一观点。

——约翰·希里（J. R. Seeley）：《英格兰的扩张》（1883）

如果我们必须认为世界上任何对良好秩序和文明的合理保障都意味着联邦原则在国际政治中的不断应用，那么这些似乎是很自然的，即在这一进程的早期步骤中采取与共同血缘、语言和习俗关系最密切的国家联合的形式，而一种联邦制英国或盎格鲁-撒克逊王国（Anglo-Saxondom）、泛条顿主义、泛斯拉夫主义和泛拉丁主义阶段可能会紧随而来。在这样的事件顺序中，或许有人怀疑存在过度推理，但宏大的历史观使其足够可信和可取。基督教国家因此形成了几个伟大的联邦帝国，每个帝国都有一批未开化的附属国，这些在我看来似乎是目前趋势最合理的发展，也将为在帝国主义之间的（inter-Imperialism）共同基础上实现永久和平带来最大的希望。

——约翰·霍布森（J. A. Hobson）：《帝国主义》（1902）

帝国的本质是控制。不论为控制自己抑或他人，每个人都必须带上一套哲学理论。

——阿奇博·桑顿（A. P. Thornton）：《帝国主义理论的基础》（1965）

# 缩　写

一级来源

CR—Contemporary Review《当代评论》

ER—Edinburgh Review《爱丁堡评论》

FM—Fraser's Magazine《弗雷泽杂志》

FR—Fortnightly Review《双周评论》

IF—Imperial Federation《帝国联邦》

LQM—London Quarterly Magazine《伦敦季刊杂志》

MM—Macmillan's Magazine《麦克米伦杂志》

NC—The Nineteenth Century《十九世纪杂志》

NR—National Review《国家评论》

PRCI—Proceedings of the Royal Colonial Institute《皇家殖民地研究机构会议记录》

QR—Quarterly Review《评论季刊》

WR—Westminster Review《威斯敏斯特评论》

二级来源

AHR—American Historical Review《美国历史评论》

*EHR—English Historical Review*《英国历史评论》

*EJPT—European Journal of Political Theory*《欧洲政治理论杂志》

*HJ—Historical Journal*《历史杂志》

*HPT—History of Political Thought*《政治思想史杂志》

*JBS—Journal of British Studies*《不列颠研究杂志》

*JCCH—Journal of Colonialism and Colonial History*《殖民主义与殖民历史杂志》

*JHI—Journal of the History of Ideas*《思想史杂志》

*JICH—Journal of Imperial and Commonwealth History*《帝国与英联邦历史杂志》

*JMH—Journal of Modern History*《近代史杂志》

*MIH—Modern Intellectual History*《近代思想史杂志》

*OHBE—The Oxford History of the British Empire*（1998 – 1999）《大英帝国牛津史（1998—1999）》

*P&P—Past and Present*《过去与现在》

*PT—Political Theory*《政治学理论杂志》

*TRHS—Transactions of the Royal Historical Society*《皇家历史学会汇刊》

*VS—Victorian Studies*《维多利亚时代研究》

# 目　录

1

# 1

# 导言：构建更大的不列颠

> 当我们习惯于审视整个帝国并将之称为英格兰时，我们将看到这里也是一个美国。这里也有同质的人民，他们有着共同的血脉、语言、宗教和法律，但分散在一个无边无际的空间里。
>
> 约翰·希里：《英格兰的扩张》（1883）

> 一个由不列颠所有土地组成的牢固而紧密的联盟将会形成一个可能控制整个世界的国家。
>
> 查尔斯·阿曼：《19世纪的英格兰》（1899）

当代政治思想史在一定程度上是回应全球相互依赖和竞争的历史。在这一依赖与竞争日益增长的今天，《更大的不列颠》一书专注于这段历史中一项重要但时常被忽略的叙事：后维多利亚时代有关联合王国与其所谓移民殖民地（settler colony）潜在联合的争论。这些移民殖民地包括澳大利亚、加拿大、新西兰以及南非的一部分。正如其支持者所宣称，这个横跨海洋和陆地的政治组织（polity）既是英国实力的象征，也是一个公正而稳定世界的担保。在本书中，我探索了殖民帝国所使用的话语——它既可以作为一个单一的跨大陆政治共同体，更可以被视为一个全球性的联邦国家。我的目的在于为帝国思想史和维多利亚时期的智识生活史做出贡献。我试图阐明在一个对 20 世纪及以后的政治发展至关重要的时代，世界秩序的未来将如何被认识。这一世界秩序蕴含于经济和地缘政治力量的结构及其演变，以及证成这种模式的规范架构。

对更大的不列颠的追求既是对 19 世纪国际政治复杂变化的反应，也是这一变化的产物。那个时代，动荡的经济政治状况引发了人们深切的忧虑，使人们相信一个在不断变化的世界中的庞大政治体必须保存实力。以此意义理解，它是被动的反应。但从某种意义上说，它也是主动的产物。随着通信技术使得经济相互依赖程度不断增加，人们逐渐转变认知，并认为有必要将殖民帝国的各分散的组成单位设想为一个黏合而统一的政治单位，甚至设想为一个国家。[1] 在 19 世纪最后的 30 年里，相当多的评论家对这样一种普遍的看法作出了回应：世界在缩小，竞争在加剧，英国正在失去（或已经失去）18 世纪中叶的卓越地位。[2] *

强大而充满活力的更大的不列颠是解决国家最高权威（national supremacy）信任危机的最突出的方案之一。这场辩论标志着一个重要时刻，即受国际关系的变迁和国内政治文化主流规范的重构的影响，民族意识在维多利亚时代晚期被重塑。这在一定

---

〔1〕 当然，这些土地已经被各种土著社群占据，且几乎所有的社群都在移民的手中遭受了巨大的苦难。关于移民的部分驱逐方式，见 Julie Evans, Patricia Grimshaw, David Phillips, and Shurlee Swain, *Unequal Rights* (Manchester, 2003)。

〔2〕 在 18 世纪和 19 世纪，"不列颠"和"英格兰"经常被交互使用，这在很大程度上是因为英格兰人长期统治其他王国。见 Paul Langford, *Englishness Identified* (Oxford, 2000), 11-15; 以及 Krishan Kumar, *The Making of English National Identity* (Cambridge, 2003)。除非我认为"英格兰"更合适，否则我都会使用"不列颠"。

\* 本书将视含义是否侧重国家将"Britain"翻译为"英国"或"不列颠"；"nation"一词亦将依据此标准翻译为"国家"或"民族"。——译者注

程度上由一种需求所驱动：构建理论堡垒以抵御强大的全球挑战者的侵犯，尤其是德国、美国和俄国。因此，它表明了即将失去强国地位的趋势对一代思想家产生的不安影响。但这场辩论也构成了错综复杂的民主进程的一个章节。许多英国人将民主的出现和传播（至少在所谓的文明国家）视为具有世界史意义的进程，且这一进程被认为不可避免。前两个世纪无数社会、经济和政治趋势在此达到顶点，而不论这些趋势是否是有意为之。伴随这一进程的是不断变化的乐观主义与焦虑的混合。帝国评论家的反应各不相同。对一些人而言，盎格鲁-撒克逊人在地球表面的扩张是全球进步的主要引擎；就其本身而言，更大的不列颠则是民主转型的良性动因，它预示了未来。然而，大多数人却对此感到怀疑和紧张：民主的传播引发了担忧，有时甚至是恐惧。当时人们尚不清楚民主将在现代世界中开辟出怎样的道路，尤其不清楚帝国和国家将如何一起被重构。这一批人经常将更大的不列颠看作一种对抗革命的回应，其有能力驾驭向民主的过渡。这些担忧为更大的不列颠的思想提供了肥沃的土壤，使之开花结果，并最后枯萎凋零。

我为书名选择的日期——即约 1860 年至 1900 年——只是一个粗略的指向，而非一个衡量材料覆盖范围的精确时间段。我在一些章节中会追溯到更早的年代，探索 18 世纪末和 19 世纪初帝国思想的各个方面，而在结论中，我讨论了 20 世纪初的一些发展。然而，本书大部分内容集中在维多利亚统治的最后数十年。人们对更大的不列颠兴趣激增的直接原因，以及人们对这个星球看法的转变，都可以追溯到 19 世纪 60 年代。正是这种转变支撑了一种融合为一体的全球性政治体的想法。19 世纪 70 年代初，建立帝国联邦制度的方案激增；至 19 世纪 80 年代甚至已然泛滥。从 19 世纪 90 年代中期开始，由于帝国主义者未能在立法上取得成功，殖民地领导人对这些想法表现出的热情也有限，且帝国的

3

重心日益集中在南部非洲，人们对改造帝国宪法结构计划的信念因此开始衰减。南非战争（1899—1902）在许多方面改变了帝国政治思想的演进方向。正因为如此，我在世纪之交停下了脚步，因为追踪这些变化及各种连续性的线索将需要另文撰写。

　　本章介绍的其余部分将为后几章作铺垫。在下一节中，我将探讨"更大的不列颠"一词的部分含义。随后我将在对更大的不列颠的更宽泛论述中审视帝国联邦思潮的影响，并将这本书与政治思想史和帝国史上最新的成果联系起来。最后一节中，我将介绍所提出的各种论点的框架，以及各章的细目。

## 帝国话语的边界：想象更大的不列颠

　　在 19 世纪 30 年代和 40 年代，迅速扩张的移民殖民地和伦敦之间的关系备受关注。分水岭事件是加拿大叛乱（1837—1838），它催生了将有限自治政府（limited self-government）让渡给移居者的兴趣。19 世纪 40 年代末及整个 50 年代期间，许多移民殖民地被允许建立"责任政府"（responsible government），这实际上意味着建立有限的代议制机构。[1] 人们普遍认为这些变化最终

　　〔1〕　至 1860 年共有 11 个自治殖民地：纽芬兰、新斯科舍、新不伦瑞克、爱德华王子岛、加拿大（即现在的安大略省和魁北克省南部）、新西兰、新南威尔士、塔斯马尼亚岛、南澳大利亚、维多利亚和昆士兰。好望角在 1854 年拒绝了责任政府的提议，但在 1872 年接受了。1867 年英属北美（通常简称"加拿大"）和 1901 年澳大利亚联邦的成立减少了自治殖民地的数量。大多数帝国联合主义者支持单个殖民地组成的联邦，因为其减少了经济和政治协调的问题。全面的综述可见 John M. Ward, *Colonial Self-Government*（London, 1976）。来龙去脉可见 Chris Bayly, *Imperial Meridian*（London, 1989）；P. J. Cain and A. G. Hopkins, *British Imperialism*, 1688-2000（Harlow, 2001），ch. 8；以及 Susan Farnsworth, *The Evolution of British Imperial Policy During the Mid-Nineteenth Century*（New York, 1992）。

会导致殖民地的独立；改革的目的是将这一时刻推至遥远的未来，并确保在这一时刻到来时双方能够友好分手。"每个殖民地"，激进派政治家约翰·罗巴克（J. A. Roebuck）在 1849 年谈道，"在我们看来，都应该是一个注定要在其存续的某个时期实现自治的国家"。这一观点在 1856 年得到了亚瑟·米尔斯（Arthur Mills），一位受人尊敬的保守党殖民评论家的响应。他认为，"在母国力所能及的范围内使这些社群在社会、政治和商业上尽可能快地成熟，使它们尽可能地实现自治和最终的独立，这是我们目前殖民政策中普遍认可的目的和宗旨"。[1] 然而，在 19 世纪 60 年代，许多警惕的观察家觉察到帝国面临迫在眉睫的威胁。在 19 世纪余下的岁月里，这种恐慌在英国精英阶层中引起了共鸣，进而引发有关更大的不列颠宗旨和结构的辩论。

两种截然不同但又相互关联的恐慌导致并延续了这场辩论。从 19 世纪 60 年代开始，许多帝国思想家开始关注具有社会和道德腐蚀性的"物质主义"（materialism）对全体人民尤其是对自由党的潜在影响。尽管这种担忧因人们日益意识到英国全球实力所受的制约而加剧，但国内才是惊慌的主要来源。[2] 人们普遍认为，在科布登式的"曼彻斯特主义"（Manchesterism）（以及格拉斯顿式严苛的财政审慎）的有害影响下，新获得选举权的中等阶级和工人阶级将变得愈发自私和封闭，他们的爱国主义意识会消失。对这些人而言，帝国似乎是一种负担，而非伟大的源泉。亚

---

〔1〕 见 Roebuck, *The Colonies of England*（London, 1849），170；以及 Mills, *Colonial Constitutions*（London, 1856），lxix。米尔斯在帝国问题上发表了大量评论，他在 1857 年至 1865 年、1873 年至 1880 年间担任保守党议员。

〔2〕 对英国实力的制约见 Richard Millman, *British Foreign Policy and the Coming of the Franco-Prussian War*（Oxford, 1965），ch. 1。关于国内忧虑的动态，见 J. P. Parry, *The Politics of the Constitution*（Cambridge, 2006）。

当·斯密和他的众多弟子不曾嘲笑过殖民地的价值吗？激进的辩论家戈德温·史密斯（Goldwin Smith）声称要追随他的脚步，并通过《帝国》（*The Empire*，1863）一书尖锐地干预这场政治辩论，而这本书正是一部要求解放殖民地的论文集。一个愤怒的帝国主义者抱怨道，"近年来出现了许多半吊子的政治骗子和无知之徒，他们声称殖民地对母国毫无用处"。[1] 人们担心，这种态度将不可避免地导致善意的忽视甚或明确的"反帝国"立法。无论如何，帝国都面临着危险的挑战。此外，19世纪80年代的民主动荡、爱尔兰自治运动（Irish Home Rule）以及日益紧迫的经济与地缘政治竞争加剧了人们的忧虑。在这十年里，"社会主义"被视为一种对政治机体（body politic）的迫在眉睫的威胁，全球政治前景显然变得暗淡。这两种恐慌使人们强烈担忧这个政治组织未来的稳定与繁荣。

许多选项被仔细研究，且这一时期见证了不同帝国概念之间的竞争。[2] 19世纪70年代，本杰明·迪斯雷利（Benjamin Disraeli）提出了一个以亚洲为中心的军事帝国愿景。他强调印度的价值、俄国的危险，以及将"文明"带给"落后"民族的必要

---

〔1〕 Smith, *The Empire* (London, 1863); M. H. Marsh, comments in the *PRCI*, I (1869-70), 14-15.

〔2〕 用以谈论帝国的词汇缺乏精确性。"殖民地"（colony）一词存在可变的指称：一些情况它只适用于移民的领土（本书的主要焦点），另一些情况下则是指任何由英国统治的领土。"帝国主义"（Imperialism）是维多利亚时期用来描述法国国内专制政治的一个术语；直至19世纪60年代末特别是19世纪70年代，这个词才开始主要用以指涉对外征服政策。即使在那时，人们对这个词的含义及其规范地位也存在许多混淆。更多讨论见 Richard Koebner and Helmut Dan Schmidt, *Imperialism* (Cambridge, 1964); Andrew Thompson, "The Language of Imperialism and the Meanings of Empire," *JBS*, 26 (1997), 147-77; 及 David Armitage, *The Ideological Origins of the British Empire* (Cambridge, 2000).

性。正是这种对英国帝国思想与实践中长期存在的主旋律的特殊
演绎，成了格拉斯顿成功的中洛锡安运动（Midlothian campaign，
1879—1880）的针对目标。[1] 然而，在 19 世纪的最后 30 年里，
争论的焦点逐渐转向"盎格鲁-撒克逊"帝国。殖民地联合的宏
伟愿景在诗词、祷文、歌曲、标志建筑以及更广泛的政治思想媒
介中找到了富有感情和象征意义的表达方式。[2] 少数人继续主
张移民殖民地独立，最著名的有科布登、布莱特和戈德温·史密
斯；[3] 还有人建议将改革限制在小范围内，比如授予殖民地政
治家更多的荣誉。即使许多人不寻求支持，但他们仍然相信既然
已将自治权授予移民社群，那么这些社群最终将不可避免地获得
独立。这个过程是命中注定的，应该顺其自然。[4] 然而，最持
之以恒、最雄心勃勃，以及从政治思想的角度而言最令人关注的
回应是对一个联合的更大的不列颠的诉求。

　　正如荷西·哈里斯（Jose Harris）所观察的，在 19 世纪后期
的政治理论化"实际上是所有思想和专业领域的英国知识分子组

────────

〔1〕 C. C. Eldridge, *Disraeli and the Rise of a New Imperialism* ( Cardiff, 1996 );
H. C. G. Matthew, *Gladstone, 1809-1898* ( Oxford, 1997 ), Part II, ch. 2; 及 Peter Cain,
"Radicalism, Gladstone, and the Liberal Critique of Disraelian 'Imperialism' " in Duncan
Bell ( ed. ), *Victorian Visions of Global Order* ( Cambridge, 2007 )。

〔2〕 见如 Alex G. Bremner, " 'Some Imperial Institute,' " *Journal of the Society of Architectural Historians*, 62 ( 2003 ), 50 - 73; John Clifford, *God's Greater Britain* ( London,
1899 ); 及 Benjamin George Ambler, *Ballads of Greater Britain and Songs of an Anglo-Saxon*
( London, 1900 )。

〔3〕 Peter Cain, "Capitalism, War, and Internationalism in the Thought of Richard
Cobden," *British Journal of International Studies*, 5 ( 1979 ), 229-48.

〔4〕 Herman Merivale, "The Colonial Question in 1870," *FR*, 7 ( 1870 ), 171; Robert
Lowe, "The Value to the United Kingdom of the Foreign Dominions of the Crown," *FR*, 22
( 1877 ), 618-30.

织的一项全国运动"。[1] 关于帝国的争论也不例外，它吸引了大量的参与者。谁是更大的不列颠的支持者？他们的目标受众又是哪些人？用斯蒂芬·科利尼（Stefan Collini）的话来说，本书涉及的大多数人物都可以被归类为"公共道德家"（public moralist）。[2] 包括学者、商人、律师、政客和记者——通常同时扮演着这些角色中的数种——构成了精英阶层的一部分，他们影响了伦敦这个帝国首府的公共辩论。有些人是杰出的殖民地政治家，他们只是偶尔加入这个宗主国的智识辩论。此外，殖民地学会（Colonial Society，成立于 1868 年）[3] 和帝国联邦联盟（Imperial Federation League，1884—1893）也是囊括了帝国辩论中坚分子的核心组织，他们是新世界的政治宣传者和倡导者。几乎所有知名度较高的支持者都是男性；这是一个严重性别化的话语。殖民地联合主义者（colinial unionist）创作了大量的素材，并在当时的主要期刊上发表了数百份著作、小册子、讲稿和短文。[4] 我主要

---

〔1〕 Harris, "Political Theory and the State" in S. J. D. Green and R. C. Whiting (eds.), *The Boundaries of the State in Modern Britain* (Cambridge, 1996), 16.

〔2〕 见 Collini, *Public Moralists* (Oxford, 1991)。直至 20 世纪中期，"公共知识分子"（public intellectual）一词才被广泛使用，尽管我考察的许多人都属于这一行列。见 Stefan Collini, *Absent Minds* (Oxford, 2006), ch. 1。来龙去脉可见 Julia Stapleton, *Political Intellectuals and Public Identities in Britain since 1850* (Manchetser, 2001), Pt. I。

〔3〕 其很快变为皇家殖民地学会（Royal Colonial Society, 1869），但在接到皇家外科学院（Royal College of Surgeons）关于首字母可能混淆的投诉后，该学院迅速将其名称改为皇家殖民地研究机构（Royal Colonial Institute, RCI），见 *PRCI*, 1 (1869), 9-10。关于学会的建立，可见 Edward Beasley, *Empire as the Triumph of Theory* (London, 2005)。

〔4〕 我在全书中用"殖民地联合主义者"（colonial unionist）一词来指代那些在维多利亚时代晚期提倡加强与移民殖民地关系的人。它并不意味着遵守任何特定的体系或行动计划。大多数个人的传记细节可以在《牛津国家人物传记大辞典》（*Oxford Dictionary of National Biography*），或加拿大、澳大利亚、南非和新西兰的相关国家人物传记中找到。

关注的正是这些资料。虽然这场运动本身发生在全球各地，运动的前线甚至在帝国的各个城镇，但争论的中心地还是在伦敦，因为人们普遍认为应该在帝国体系的核心区域进行意识形态斗争并取得胜利。更大的不列颠的支持者，尤其是帝国联邦主义者（imperial federalist），代表了一大批相互竞争又相互包容的倡议，其目的是挑战并改变人们对大英帝国（和英国）的理解方式。他们在英国政治文化中最知名的媒介上阐述自己的观点，成功地获得了当时部分顶尖思想家、公共评论家和政治家的支持，同时也受到了谴责。

　　更大的不列颠对不同的人具有不同的意义；这既是其广泛的吸引力所在，也是其主要弱点之一。这一术语以三种方式被使用。首先，它可以表示大英帝国的整体性，也即"将世界地图涂成红色"。[1] 其次，它可以指移民殖民地，至19世纪70年代，这些殖民地的人口、经济实力和战略重要性都迅速增长。再次，它可以指世界上"操英语的"或盎格鲁-撒克逊人的国家，不仅包括移民殖民地帝国（settlement empire），也包括美国。这种概念的多重性反映了对帝国未来走向的矛盾态度，同时也暴露了当时政治思想中出现的部分断层线。虽然这三种旋律都广泛传播，但主旋律还是移民殖民地的意涵。在休·埃格顿（H. E. Egerton）具有开创意义的《英国殖民政策简史》（*Short History of British Colonial Policy*，1897）一书中，他提出"更大的不列颠时刻"始于1886年。[2] 然而，19世纪70年代初人们即开启了关于移民帝国

---

　　〔1〕　这种观念体现在如 Phiroze Vasunia, "Greater Britain and Greater Rome" in Barbara Goff ( ed. ), *Classics and Colonialism* (London, 2005), 34-68。

　　〔2〕　Egerton, *A Short History of British Colonial Policy* (London, 1897), Book V. 当时的埃格顿在移民信息部（Emigrants' Information Office）工作。1905年，他成为牛津大学第一位拜特殖民史教授（Beit professor of colonial history）。关于它的观点，可参见 J. G. Greenlee, "A 'Succession of Seeleys,'" *JICH*, 4 (1976), 266-83。

（settler empire）未来的激烈争论，对此而言，这个起点至少晚了15年。这场争论所使用的术语的灵感来自查尔斯·迪尔克（Charles Dilke）的畅销书《更大的不列颠》（*Greater Britain*, 1868）。[1] 一些思想家更喜欢给移民帝国贴上其他标签。著名的历史学家詹姆斯·弗劳德（J. A. Froude）将这个新生的政治组织命名为"大洋国"（Oceana），有意呼应詹姆斯·哈灵顿（James Harrington）的乌托邦愿景。另一些评论家则建议建立"英格兰合众国"（United States of England）。弗朗西·拉比耶埃赫（Francis de Labillière）是最多产的殖民地联合的提倡者之一，他主张一种全球性的"联邦制英国"（Federal Britain）。[2] 然而，最常见的称呼仍是"更大的不列颠"。

作为一名激进的政治家和战略思想家，迪尔克很快在全国范围内声名鹊起，他的著作既体现了当时普遍存在的相互冲突的政治命运观点，也体现了帝国话语的不一致性。在《更大的不列颠》中，他一开始将这个词作为大英帝国的同义词，尽管之后他又宣称大英帝国应该被限制在"操英语、居住着白人且实行自治的土地上"。而在1890年出版的《更大的不列颠的问题》（*Problems of Greater Britain*）一书中，他注意到帝国的组成"在政府形

---

〔1〕 Dilke, *Greater Britain*, 2vols. (London, 1868). 其他早期文献包括：[John Robinson], "The Future of the British Empire," *WR*, 38 (1870), 47-74; [John Edward Jenkins], "Imperial Federalism," *CR*, 16 (1871), 165-88; J. A. Froude, "England and Her Colonies," *FM*, 1 (1870), 1-16; Andrew Robert Macfie, "On the Crisis of the Empire," *PRCI*, 3 (1871-72), 2-12. 对于这种转变的部分知识背景，见 Beasley, *Empire as the Triumph of Theory*。

〔2〕 Froude, *Oceana* (London, 1886); Harrington, *The Commonwealth of Oceana*, ed. J. G. A. Pocock (Cambridge, 1992 [1656]); [Urquhart Forbes], "Imperial Federation," *LQR*, 4 (1885), 325-26; 及 DeLabillière, *Federal Britain, or, Unity and Federation of the Empire* (London, 1894)。

式上无限地变化于印度盛行的专制制度与南澳大利亚和安大略的民主制度之间"，但他也哀叹"在流行用语中"，"更大的不列颠"被"主要应用在……英国政府统治下的、联合王国之外的操英语国家"。[1] 概念之所以不确定，是因为他认为在讨论更大的不列颠的过去、现在和未来时应该认识到美国的重要作用。

历史学家约翰·希里在《英格兰的扩张》（*The Expansion of England*，1883）一书中使用了"更大的不列颠"一词，而此书是对维多利亚时代晚期殖民地联合最具影响力的论述。和迪尔克一样，希里一开始就将其定义得非常宽泛，包括了"主要或大部分由英国人居住"并臣属于"国王主权"的四块"大片领土"——澳大利亚、加拿大、西印度群岛和开普殖民地，此外也包括印度。然而在他的著作中，他热衷于强调殖民帝国（colonial empire）和在印度建构的帝国之间的根本区别，并强调前者的基础性和重要性。和迪尔克一致，他对更大的不列颠的定义也经历了几次转变。在《英格兰的扩张》一书中，他曾一度声称更大的不列颠（除少数地区外）的种族具有同质性，因此它不能将印度纳入其中。在同一本书的后半部分，他认为，实际上存在两个彼此独立的更大的不列颠，一个由殖民帝国组成，另一个由印度组成，他们在几个重要方面是彼此对立的：

> 殖民地与印度处于两个极端。适用于一方的政治准则不适用于另一方。在殖民地一切都是崭新的。在那里，最进步的种族被置于最有利于进步的环境中。在那里，

9

---

〔1〕 Dilke, *Greater Britain*, II, 149；及 Dilke, *Problems of Greater Britain* (London, 1890), I, 1 and 171；II, 157。也见 Dilke, *The British Empire* (1899), 9–10。关于迪尔克的坎坷生涯，见 David Nicholls, *The Lost Prime Minister* (London, 1995)。

你没有过去，但有无限的未来。那里的政府和制度都是
极端英格兰化的。所有一切都是自由的、勤劳的、创造
的、创新的，且至今也是安宁的。

构成另一个"更大的不列颠"的印度则表现出相反的特征；
"它不具有上述特点"。事实上"印度就是过去，且我几乎可以
说，它没有未来"。他优先关注的重点问题是明确的："当我们展
望未来更大的不列颠时，我们应该更多地考虑我们的殖民帝国，
而不是我们的印度帝国。"[1] 这一主调贯穿于当时的帝国话语
中；殖民帝国被重新视为一个有改革能力的道德和政治行动的空
间，这个空间旨在塑造爱国的帝国公民，旨在拯救面临危险的
"母国"。概括"那个帝国"在维多利亚时代的作用忽视了一个重
要问题，即许多同时代者曾设想建立各式各样的帝国，这些帝国
依照不同的政治制度统治，诉诸五花八门的梦想和追求，因此在
人们的情感和政治思想上占据着不同的位置。

对希里而言，在帝国扩张的前几十年甚至几个世纪，这个全
球性政治体的物质基础已经被奠定。但是在18世纪这个帝国物
理扩张的关键时期，"能够描述物质基础的思想仍然匮乏"。当
时，包括大英帝国在内的所有帝国都是"人造纤维织物，缺少有
机联合或生命"。直至19世纪后期，更大的不列颠才出于本书所
探讨的原因被视为一个"有机体"（organic unity）。在构建更大
的不列颠的道路上，第一步也是最重要的一步属于认知层面，涉
及人们对大英帝国想象方式的转变。希里认为："如果'更大的
不列颠'这个词真正存在的话，那么加拿大和澳大利亚对我们来

---

[1] Seeley, *The Expansion of England*, 10, 49, 176, and 11.

说就是肯特郡和康沃尔郡了。"[1] 一旦实现了这种政治意识和时空意识的转变，帝国政策的性质就可能改变。所有人都将从中受益，因为人们认为公正与和平的世界秩序取决于英国人对其事务的管理和监督。

印度在传统意义上被视为帝国的基石，但在有关更大的不列颠的辩论中则扮演了一个模棱两可的角色。虽然几乎没有殖民地联合主义者要求从印度撤出，且尽管他们经常表现出维多利亚时代普遍存在的、对占有其领地（possession）的傲慢和自满情绪，但他们倾向于强调，从长远来看，印度对英国之伟大的重要性不如移民殖民地帝国。尽管所采用的术语与移民殖民地完全不同，且仍存在一部分建议认为可以将印度纳入一个扩大的联邦，但至少到第一次世界大战之后那些年，这些建议都处于边缘位置。[2] 更大的不列颠将成为一个盎格鲁-撒克逊式的政治空间，一个种族性的政治体。历史学家查尔斯·阿曼（Charles Oman）称，"很难看出印度能够融入这一体系"。与此同时，弗劳德认为"（其他）殖民地对我们来说比印度重要得多——这是因为大英帝国的整个未来取决于我们能否利用这些附属国（dependencies）提供给我们的机会"。[3] 更大的不列颠更为重要，因为它被认为是英

10

---

〔1〕 Ibid., 61, 72, and 63. 这一示例随后体现在 Leo Amery, "Imperial Defence and National Policy" in C. S. Goldman（ed.）, *The Empire and the Century*（London, 1905）, 182。

〔2〕 H. Mortimer Franklyn, *The Unit of Imperial Federation*（London, 1887）; G. F. Bowen, "The Federation of the British Empire," *PRCI*, 17（1886-86）, 294; 及 C. L. Tupper, "India and Imperial Federation," *IF*, 7/7（1892）, 77-78。也见 S. R. Mehrota, "Imperial Federation and India, 1868-1917," *Journal of Commonwealth Political Studies*, 1（1961）, 31。

〔3〕 Oman, *England in the Nineteenth Century*, 259; 及 Froude, "England's War," *FM*, 3（1871）, 144.

*国的*；移民殖民地是不列颠（或更通常的英格兰）民族的延伸，构成一个"自由帝国"（empire of liberty），它将转变为一个单一的、后帝国时代的全球构造。尽管印度对他们而言相当重要，但它仍然是一个帝国的领地，仍然是外来的。另一方面，对盎格鲁-撒克逊世界的大量关注从某种意义上代表着对实际存在的政治状况的一种奇怪的混淆，因为帝国主义在亚洲以及特别是在非洲的活动达到了新的强度。毕竟，这是贪婪地"争夺非洲"的年代，是欧洲列强（其中以英国为首）瓜分这片广袤大陆剩余领土的决定性时期。也许最令人惊讶的是，至少在宗主国政治话语中，知识分子在 19 世纪最后几十年里对后来被约翰·霍布森称为"新帝国主义"的"土地渴求"（earth hunger）问题进行理论化的关注相对较少。[1]

印度仍然是政策制定者最关心的问题。这不仅因为它规模和财富的特有结合，也因为其内部统治和外部防御的双重困难，以及其本身所带来的声望。[2] 在英国统治精英的政治考量中，移民殖民地帝国的未来从未完全取代印度的重要性。我并不是试图用另一种概括来取代维多利亚时代政治文化的普遍宏大概括——我们已经有太多这样的概括了。相反，我想将图景复杂化，强调政治光谱中众多首屈一指的公共知识分子受到了有关更大的不列颠讨论的影响和刺激。我也强调了在分析帝国话语轮廓的过程中，我们可以阐明一些重要但被低估的维多利亚时代的政治思想。

───────────

〔1〕 Hobson, *Imperialism* (London, 1902), 11。

〔2〕 Sneh Mahajan, *British Foreign Policy, 1874-1914* (London, 2001). 然而这并不是普遍现象，正如科林·马修（H. C. G. Matthew）所观察［*The Liberal Imperialists* (Oxford, 1973), 160］, 在世纪之交，许多自由帝国主义政客［包括罗斯伯里（Rosebery)］"对印度表现出了明显的兴趣"。

建立一个以单一民族（或种族）为基础、由选举式议会机构管理的全球性联邦政治体是近代最大胆的政治计划之一。在文艺复兴后的大部分时期，罗马的遗产塑造了帝国的概念。近 2000 年前，西塞罗曾在《论共和国》（*De Republica*，公元前 51 年）中告诉他的同胞：“他们的帝国现在控制着整个世界”。[1] 在 16 世纪，西班牙人曾短暂地以类似的方式自以为统治了地球，成为“世界之主”（dominus totius orbis）。追寻普遍王权（Universal Monarchy）的动力也来自同样的冲动。然而，在这些夸夸其谈的说法中，“普遍性”（universal）往往只意味着欧洲大陆，或者地中海和大西洋世界。[2]（唯一主张真正全球统治权的实质性传统来源于近代早期的教会法学家，他们有意扩大上帝普世性的尘世限制——而地缘政治的残酷事实和技术的局限性使他们的愿景成了幻想。）在 19 世纪，罗马的遗产遭遇了近代最强力的意识形态发展，它就是民族主义。民族主义对帝国的正当性和实践都产生了深远的影响，因为越来越自觉的欧洲民族国家正向全世界输出他们的区域野心。[3] 迈克·哈特（Michael Hardt）和安东尼奥·奈格里（Antonio Negri）认为，正是这类民族帝国主义已经被资

〔1〕 见 Anthony Pagden, *Lords of All the World* (New Haven, 1995), 23。也见 Richard Tuck, "The Making and Unmaking of Boundaries from the Natural Law Perspective" in Allen Buchanan and Margaret Moore (eds.), *States, Nations, and Borders* (Cambridge, 2003), 143–71。

〔2〕 关于罗马政治思想的边界，见 Tuck, "The Making and Unmaking of Boundaries," 144 and 149。关于西班牙帝国和大英帝国的具有启发性的比较，见 J. H. Elliott, *Empires of the Atlantic World* (London, 2006)。

〔3〕 Bayly, *Imperial Meridian*, esp. ch. 4. 关于民族主义的兴起如何使得欧洲的“普遍帝国”（universal empire）变得无法想象，也见 Ernest Renan, "Qu'est-ce qu'une nation?" [1882], reprinted in Geoff Eley and Ronald Grigor Suny (eds.), *Becoming National* (Oxford, 1996), 43。

本、移民、技术的腐蚀力量所溶解，取而代之的是无形的、无国界的后现代全球性帝国——这是一个令人难以置信的论点，它夸大了国家的转变，但它是许多人在 20 世纪末感受到的剧烈变动的新颖性的一个症状。[1] 普遍性要求和特殊性主张之间的紧张关系一同构建了维多利亚时期的帝国话语。一方面，"教化使命"（civilizing mission）植根于一种古老的观念，即最先进的社会有特权甚至是有义务为地球上黑暗的角落带来光明。另一方面，从没有人认真的提出过，这简直意味着全球统治以及各种竞争性帝国的共存是理所当然的。一个既能统治地球、又能给地球带来稳定和领导权的政治体，即一个仁慈的更大的不列颠似乎笨拙地跨坐在两个板凳上：既扩张但也受阻，既全球化但也受限。

## 更大的不列颠与帝国联邦：同一主题的不同变奏

更大的不列颠和帝国联邦之间的关系复杂，甚至时常混淆。虽然几乎所有的联邦主义者都使用更大的不列颠这一语言，但并不是所有更大的不列颠的支持者都是联邦主义者。帝国联邦计划吸引了许多著名的拥护者，包括希里、弗劳德、詹姆斯·布莱斯（James Bryce）、罗斯伯里勋爵（Lord Rosebery）、威廉·福斯特（W. E. Forster）、伦纳德·霍布豪斯（L. T. Hobhouse）、霍布森、丁尼生（Alfred Tennyson）、约瑟夫·张伯伦（Joseph Chamberlain）、威廉·史蒂德（W. T. Stead）和塞西尔·罗兹（Cecil Rhodes）。大量相对出名的人物也加入了他们的行列。与此同时，反对的声音也来自多方面，包括像戴雪（A. V. Dicey）、迪尔克、

[1] Hardt and Negri, *Empire* (Cambridge, Mass., 2000).

爱德华·弗里曼（E. A. Freeman）、戈德温·史密斯、赫伯特·斯宾塞（Herbert Spencer）、罗伯特·劳（Robert Lowe）、约翰·莫莱（John Morley）、约翰·布莱特（John Bright）、格拉斯顿以及索尔兹伯里这样的名人。然而，情况很少像这种二元对立所暗示的那样简单，因为许多（在正式宪法意义上的）联邦批评者都是一个非联邦的更大的不列颠的狂热拥护者。例如，迪尔克认为，作为一种建立更紧密的帝国纽带的机制，联邦并不合适，因为殖民者对它表现出很少的热情，而且道德和文化基础已经足够稳固。[1] 篡改现有的宪法结构将破坏全球殖民地联合的计划，而对帝国联邦的诉求将构成对更大的不列颠的未来广泛担忧的一部分。

对全球性英国政治体的追求是对维多利亚时代民族自信心破裂最雄心勃勃的回应之一。它被视为解决一系列问题的答案。"不安、失望、惊慌，一道光芒出现了"，牛津大学奇切利近代史教授（Chichele Professor of Modern History）如是说。[2] 这"一道光"不仅产生于焦虑，而且在焦虑的面纱下变得耀眼，并最终随着它的实用性和可行性的消退而暗淡。联邦运动兴起的直接原因在于人们毫无根据地怀疑 1869 年至 1871 年自由党政府意图肢解帝国，这引发了一场激烈的"拯救"帝国运动。这场运动在 19 世纪 70 年代积聚力量，并在 19 世纪 80 年代末和 90 年代初达到顶峰，而那时殖民地地位是许多政治家和政治思想家议程上的一 13

---

〔1〕　Dilke, *The Problems of Greater Britain*, I, 458–59.

〔2〕　Montagu Burrows, "Imperial Federation," *NR*, 4 (1884–85), 367.

个重要议题。[1] 帝国联邦联盟创建于 1884 年，当时正值"政治动荡、骚乱和怀疑的时期"。[2] 联邦的支持者是一批最直言不讳、最富创新精神、最有雄心壮志的人，他们也是最希望组建更大的不列颠的建构者。这并不意味着他们开创了一个所有人都同意的清晰连贯的政治愿景——恰恰相反，他们为未来的世界秩序提出了一些雄心勃勃的建议，建立了鼓动联邦制（尤其是帝国联邦联盟）的组织，创建了一个为其运作的杂志（《帝国联邦》），且普遍尝试展现联合与共同目标间的相似性。正因为此，我将主要集中于那些将自己视为联邦主义者的人们。

像迪尔克这样的反联邦主义者和希里这样的联邦主义者之间的区别往往在于他们的性情和策略。更大的不列颠的反联邦主义支持者一般不太关心联邦主义者所指出的危机的紧迫性和程度，而更乐观地看待已经存在的联系对帝国的约束力。他们认为没有必要用更正式的政治结构来裹挟这个繁荣的实体。至少他们中的一些人认为移民殖民地的政治独立不会造成问题，甚至可能有益。他们认为种族和民族的共性足以在可预见的未来团结更大的不列颠，使其成为一股全球力量。主张殖民地独立的亚当·斯密研究专家法勒尔（J. A. Farrer）认为，"分离主义者也可能沉湎于

---

〔1〕 关于当时对主要由从新西兰撤军引起的骚动的评论，见 William Westgarth, "On the Colonial Question," *PRCI*, 2（1870），59 - 61；以及 Julius Vogel, "Greater or Lesser Britain," *NC*, 1（1877），809 - 10。正如历史学家现在所认为的，帝国政策实际上是以连续性而非断裂为特征：C. C. Eldridge, *England's Mission*（London, 1973），chs. 3 and 4；Burgess, *The British Tradition of Federalism*, ch. 2；以及 Farnsworth, *The E-volution of British Imperial Policy*, ch. 6。在同意这种解释的同时，本书更关注的是对帝国以及帝国构想方式的描述的广泛转变。这种转变被 Beasley, *Empire as the Triumph of Theory*；以及 Beasley, *Mid-Victorian Imperialists*（London, 2005）有说服力地予以展现。

〔2〕 William Greswell, "The Imperial Federation League," *NR*, 14（1889-90），186. 也见 E. H. H. Green, "The Political Economy of Empire," *OHBE*, IV, 358。

他的更大的不列颠梦想，这个以英语紧密相连的英格兰帝国不是
通过不自然和令人不快的政治纽带，而是通过自由共同体的共情
和平等盟友的情感得以集中"。[1] 正如我们将看到的，戈德温·
史密斯也提出了类似的观点。联邦主义者倾向于用更暗的镜头来
看待世界，他们认为确保和加强帝国的唯一方法就是进一步将现
有的联系正式化，使殖民地与英国保持永久的宪法关系。

14

联邦主义者自身也在改革程度问题上产生了分歧。吉得·马
丁（Ged Martin）概述了于 19 世纪提出的联邦模式的三个不同分
野——这一分野将贯穿本书。[2] 政治上最为直截了当的模式是
"议会外"联邦制（"extra-parliamentary" federation），其由一系
列高层人士组织运作，就帝国事务提出不具约束力的建议。这一
模式导致在伦敦建立帝国咨询委员会（Imperial Advisory Council）
的呼声高涨。[3] 另一种更为复杂、对宪法构建要求更高的模式
是"议会联邦制"（parliamentary federalism），即殖民地派遣选举
产生的代表前往伦敦议事。这是自 18 世纪中叶以来的一种常见
诉求。最后是"超议会联邦制"（supraparliamentary federalism）模
式。作为最为雄心勃勃的方案，该模式要求建立一个最高联邦议院

---

[1] Farrer, "The Problem of Empire", *FR*, 43 (1885), 344.

[2] Martin, "Empire Federalism and Imperial Parliamentary Union, 1820–1870," *HJ*, 15 (1973), 65–93. 各种计划概述，见 Seymour Cheng, *Schemes for the Federation of the British Empire* (New York, 1931)。同时期的版本可见 Frederick Young, "Schemes and Suggestions for Imperial Federation," *IF*, 1/3 (1886), 71–72; 以及 F. P. de Labillière, "British Federalism," *PRCI*, 24 (1892–93), 95–120。

[3] 见如 Earl Grey, "How Shall We Retain the Colonies?" *NC*, 5 (1879), 935–54; 以及 John Douglas Sutherland, Marquis of Lorne, *Imperial Federation* (London, 1885)。罗恩侯爵是维多利亚女王的女婿，曾任加拿大总督（1878—1883）。他建议允许殖民地驻外代表（agent-general）享有下议院的部分特权（如发表演讲），其以一种未详细说明的方式与枢密院式的委员会权力相结合，但不得拥有投票权。

(sovereign federal chamber)，其运作位于帝国的各个议会（assembly）之上，也包括威斯敏斯特议会。也即，益格鲁-撒克逊各殖民地的组建将类似于瑞士以及 1871 年后的德国，尤其类似于美国。它实际上旨在建立一个跨越全球的国家（globe-spanning state）。

"帝国"概念的含义与"帝国联邦"一词的使用方式存在较大变化。这种理论上的模糊导致了对帝国话语的不论当时抑或晚近的批评。[1] 然而，谴责联邦主义者在概念上缺乏精确性——例如，强调他们未能始终如一地区分"联邦"和"邦联"——反而遮蔽了在更大的不列颠未来的设想中，对其意图和语言的充分的历史重建。正是联邦主义者议程的流变导致如此分化的思想家们能够集中于同一关切并持续如此之久，且关键之处不在于这一运动并无组织，或缺乏连贯思想，甚或它随后的瓦解，而在于这场辩论始终保持高强度且持续逾 30 年，甚至回荡在整个 20 世纪的初期。同时，作为一个交汇点与政治争论的场所，更大的不列颠这一愿景围绕英国国家的性质和它对全球领导力的诉求进行了一系列广泛讨论。这并不简单是英国联邦制不平坦历史中的一个章节，甚至也不简单是帝国史本身的一个段落。

大多数同时代人视建立帝国联邦的运动为一场失败。其主要领导人提出的宪法建议在当时均没有实现，并在耻辱中瓦解，在相互竞争的利益集团间分裂，在对未来的憧憬中破碎。虽然它在建立帝国会议（imperial conference）制度方面发挥了重要作用，第一次会议也于 1887 年召开，但该运动的许多支持者对其感到失望，因为他们的抱负远大于此。尽管得到了大量后座议员

---

〔1〕 Richard Jebb, "Imperial Organization" in Charles Sydney Goldman（ed.），*The Empire and the Century*（London, 1905），333 – 36；J. E. Kendle, *Federal Britain*（London, 1997），ch. 3；及 Burgess, *The British Tradition of Federalism*, 76。

（backbench MP）的口头支持，也得到了一些资深议员的支持
（包括罗斯伯里、福斯特和张伯伦），但这个问题在威斯敏斯特的
最高层很少受到重视。[1] 资深政客们虽表示了支持，但他们是
否实际投入政治资本以修改帝国政策则另当别论。迪尔克曾评论
道，"加拿大政治家在理论上热议帝国联邦被认为是安全的，前提
是不采取任何严肃而务实的行动来达到这一目的"。[2] 这一现象
也可以延伸至英国议会的精英们。联邦主义者也因未能获得维多
利亚时代后期两位主要政治家的支持而遭受损失。索尔兹伯里将
张伯伦对帝国联邦的热情描述为"如此令人反感，以至于所有的
计划……在细节上看上去都不切实际"。这是一种常见的驳斥，
它凸显了联邦主义者在试图说服怀疑者接受他们的事业时遇到的
巨大困难。另一位维多利亚时代的巨人格拉斯顿也没有被联邦主 16
义者的正式计划所打动，他甚至嘲笑帝国联邦"如果说它荒谬有
点过分的话，那就说它空想吧"。1893 年 4 月，他立即否决了提
交审议的帝国联邦联盟计划。[3] 联盟很快在激烈的争吵中解散，

---

[1] J. E. Kendle, *The Colonial and Imperial Conferences*, *1887 - 1911*（London，
1967），13 - 16；MichaelBurgess，"The Imperial Federation Movement in Great Britain，
1861-93，" unpublished PhD，University of Leicester，1976，ch. 3. 伯吉斯注意到，在
1874 年至 1886 年（81）的议会辩论中几乎完全没有严肃地讨论。此外，这项运动也
没有得到殖民部（Colonial Office）的支持。

[2] Dilke，*Problems of Greater Britain*，I，100.

[3] Salisbury，letter to Henry Parkes，December 23，1891，cited in David Steele，
*Lord Salisbury*（London，1999），271；以及 Gladstone，as recorded by his private secretary
Edward Hamilton in hisdiary，19 November 1884；引自 Michael Burgess，"The Federal Plan
of the Imperial Federation League 1892?" in Andrea Bosco（ed.），*The Federal Idea*（London，
1990），153. 计划全文载于 Arthur Loring and R. J. Beadon（eds.），*Papers and Addresses
by Lord Brassey*（London，1894），289-301. 格拉斯顿拒绝它的原因有很多，包括其缺
乏具体说明，以及其暗示了对自由贸易的挑战。也见 Robert Beadon，"Why the Imperial
Federation League Was Dissolved，" *NR*，22（1893-94），814-22。

且随着南非战争的爆发，这一阶段的辩论就基本上终结了。战争结束后，辩论的重点转移至聚焦于经济问题或微小政治改革的提案设计而非重大的宪法工程，尽管也存在部分值得注意的例外。[1]

联邦主义者的大部分活动发生在议会辩论之外。关于更大的不列颠的争论正是在更广泛的公共领域中形成、传播和被挑战，并构成了约翰·达尔文（John Darwin）所称的维多利亚帝国运动"信息背景"（information milieu）的重要部分。[2] 但联邦运动的局限——根植于有关政治行动本质的不确定概念——在这里凸显。虽然殖民者中存在许多联邦主义的支持者，但帝国移民殖民地的主要态度仍是漠不关心。[3] 迪尔克观察到，虽然"许多更大的不列颠孕育出的重要殖民者和接触政治家都支持帝国联邦"，但也应该看到"他们在其他问题上所代表的一些群体，似乎在帝国联邦问题上不愿意追随他们的领导者"。另一位正式联邦的批评者写道，"一种仅局限于过去被称为这个殖民地统治阶级的情感性抱负，并不能扭转这40年的历史"。[4] 考虑到联邦主义者在议会缺乏实权，这便成为一个关键的短板。而科利尼所谓"公共道德家"们的较成功之处在于其与听众们密切交流，这给他们的思想带来了较大的影响力。在某种程度上许多联邦主义者也是如此；他们在相同的圈子里活动，在相同的期刊上发表文章，也是

17

---

〔1〕 在最后一章中我将回到这个问题并强调部分例外情况。

〔2〕 Darwin, "Imperialism and the Victorians," *EHR*, 112 (1997), 642.

〔3〕 可从大量文献中得知，见 Keith Sinclair, *Imperial Federation* (London, 1955); John Eddy and D. M. Schreuder (eds.), *The Rise of Colonial Nationalism* (London, 1988); Luke Trainor, *British Imperialism and Australian Nationalism* (Cambridge, 1994); 还有一些警示性的用语，如 Douglas Cole, "The Problem of 'Nationalism' and 'Imperialism' in British Settlement Colonies," *JBS*, 10 (1971), 160−82。

〔4〕 Dilke, *Problems of Greater Britain*, II, 481; 及 Bernard Mallet, "The Whigs and Imperial Federation," *MM*, 61 (1890), 220。

一些俱乐部的共同成员。然而，在他们的实际受众和他们的预期受众（实际上是他们的必需受众）之间存在着一种不协调。因为尽管他们可能在伦敦知识分子圈子里惬意地生活，但他们没能把握住不同群体——包括威斯敏斯特政客、英国工人阶级以及殖民地移民人群——完全不同的动机、期望与抱负，而正是这些才是他们应该强调的、需要改变人们信念的重要之处。对他们大多数人的雄心而言，这三重失败都将致命。

科林·马修（Colin Matthew）指出，至 19 世纪 80 年代末，保守党议员主导了帝国联邦联盟。[1] 但帝国联邦并不仅仅是保守党的一项事业，甚至不主要是保守党的一项事业。正如我将在接下来章节中强调的，"更大的不列颠"的支持者跨越了所有主要的政治阵营，使其成为维多利亚时代最广泛且最分散的意识形态工程之一。更大的不列颠的所有主要倡导者都认为，帝国的未来应被视为一个超党派问题，它太重要，不能留给政党政治去搞阴谋诡计。然而，寻求全球性政治体的激励和理论创新往往来自自由党人。作为自由主义的一种形式，它经常与传统的共和主义叙事交织在一起，包括美德、爱国主义、对物质主义的奢侈和过度的财富创造的蔑视、对农耕的怀旧，以及超越狭隘的利己主义而追求共同利益。它结合了对未来的进步和政治体的道德品质的焦虑，并坚信可以通过精心设计的宪法工程，向知识分子和政治

---

〔1〕 Matthew, *The Liberal Imperialists*, 163, 他指出，在 1888 年帝国联邦联盟委员会的 83 位议员中，只有 6 位是自由党议员（包括詹姆斯·布莱斯）。但值得注意的是，他并没有说明有多少非自由党（或前自由党）的联合主义者。在联盟和皇家殖民地研究机构建立早期都有着非常重要的自由党存在。1888 年帝国联邦联盟委员会的名单重印于 Loring and Beadon (eds.), *Papers and Addresses of Lord Brassey*, Appendix III, 283-89. 关于保守党意识形态，见 E. H. H. Green, *The Crisis of Conservatism* (London, 1995); 及 Michael Bentley, *Lord Salisbury's World* (Cambridge, 2001).

精英作出使用制度手段驾驭"进步"的承诺，并同时遏制激进主义，削弱大众民主（mass democracy）的破坏性影响，最终确保各派系利益的协调。通过在英国政治话语中使用这种由来已久的比喻，许多殖民地联合主义者试图将自己的思想与他们眼中那些"曼彻斯特学派"及功利主义政治经济学家所具有的腐蚀性的自由主义相区分。

18　　传统上，国家的联合是对可察觉的军事上的弱点的制度性回应。这种战略性要求在19世纪继续推动联邦运动的发展，特别是在美国的实验证明了有可能建立一个强大的联邦国家（而不仅仅是一个松散的邦联联盟）之后。它是帝国联邦主义思想的主要线索。尽管经济方面的考虑也很重要，且部分殖民地联合主义者要求建立一个商业性质的关税同盟（Zollverein），但在本书所述的时间段里，帝国联邦主要出于政治和军事方面的考虑（充斥着对美德、正义与命运的主张）。[1] 而且，经济理论本身往往与伦理规范不可分割：具体的政策——包括自由放任（laissez faire）和保护主义（protectionism）——通常至少在一定程度上是合理的，因为它们有助于塑造个人和共同体的道德品质。[2] 在19世

---

〔1〕 防御导向的进路范例，可见 Lord Brassey, "Imperial Federation as Recently Debated," *NC*, 30（1891），reprinted in the *Papers and Addresses of Lord Brassey*, 156-69；以及 J. C. R. Colomb, *Imperial Federation*（London, 1886）。帝国特惠制可参见 Charles Tupper, "How to Federate the Empire," *NC*, 31（1892），525-37；S. Bourne, "Imperial Federation in Its Commercial Aspect," *IF*, 1/1（1886），8-10；以及 C. E. Howard Vincent, "Inter-British Trade and Its Influence on the Unity of the Empire," *PRCI*, 22（1891-92），265-88。尽管如此，其至少在公开场合是少数人的立场。关于所提出的各种经济改革的有益解释，见 Anthony Howe, *Free Trade and Liberal England*, 1846-1946（Oxford, 1997），213-22。

〔2〕 Cain, "Character and Imperialism," *JICH*, 34（2006），177-200；及 P. J. Cain, "Empire and the Languages of Character and Virtue in Later Victorian and Edwardian Britain," *MIH*, 4（2007），1-25.

纪80年代末和90年代初，一直分裂殖民地联合主义者的政治分歧和理论分歧开始破坏（至少是限制）这一运动的连贯性。它的各种构成要素从未达到足够的意识形态上的聚焦、推力或共识，因为联邦主义者对联邦的目标、对为使他人采纳其方案而采用的说服方法，以及最终对帝国应如何建立和管理的意见并不一致。[1]

本书试图展现如下观点，即有关更大的不列颠的争论事实上比人们通常认为的更加重要且有趣——重要是因为在19世纪最后30年中，殖民地联合的问题是许多政治家和知识分子的紧迫议题；有趣并不是因为他们的观点高度复杂或者是独创的（尽管有些论点至少是独创的），而是因为这些观点象征并帮助放大了弥漫在维多利亚时代政治思想中的紧张气氛。他们的期望似乎很高。对希里而言，更大的不列颠的未来是一个具有划时代意义的问题："摆在我们面前的问题多么巨大、复杂，同时又多么具有历史意义！……它的重要性远远胜过那些吸引我们如此多注意力的国内政治问题！"作为自由党政客和帝国联邦联盟的第一任主席，福斯特宣称，建立联邦的失败将导致"英格兰的衰弱、基督教国家之间战争的可能性增加，以及——我不认为这个用词太过激进——文明的倒退"。[2]

全球性政治体的倡导者常常被指责为乌托邦式的幻想家，他

---

〔1〕 帝国联邦联盟解散后，一些相互竞争的组织得以建立，这些组织专注于一个联合帝国的军事或经济方面。其中包括1891年成立的联合帝国贸易联盟（United Empire Trade League），它提出了一个倾向性议程；1894年成立的帝国联邦（国防）委员会（Imperial Federation (Defence) Committee），它强调军事合作；以及1896年成立的大英帝国联盟（British Empire League），它由自由贸易者组成。

〔2〕 Seeley, *The Expansion of England*, 165；及 Forster, comments, *Imperial Federation* (London, 1884), 26.

们的想法与英国政治经验中每一个稳固的立足点都格格不入。他们一般不愿提供建立更大的不列颠联邦的详细计划，而更愿意用晦涩难懂的术语谈论如何重新把控公众意识。这一事实证实了他们朴素的理想主义，但这不是他们的自我定位。一位激进分子认为，帝国操英语部分组成的联邦"不具有乌托邦式梦想的性质，而面临着非常实际且至关重要的问题"。[1] 对他们中的许多人而言，一个更大的不列颠联邦是一个积极的理想，是一种鼓舞人心的未来模式，且是当前使得有改革能力的政治行动具体化的必要条件。它的运作方式与乔治·索雷尔（Georges Sorel）的"神话"（myth）相似，即作为一个强大但很大程度上不确定的形象，可以使得人们团结并鼓励互相支持。[2] 他们认识到塑造公众舆论与吸引国内和殖民地不同受众的重要性乃至必要性，因此，他们的宣传风格强调政治的直觉、情感和象征性方面，而不是更费力地对提案进行阐述。将更大的不列颠作为一种激励性质的理想观念引发了一场关于团结、荣耀和命运的激昂但模糊的修辞雪崩——一种关于更大的不列颠的图像志体系（iconographic order）。[3] 虽然这是一种貌似合理的策略，而且可能是唯一有可能成功的策略，但它造成了严重的问题。主要障碍体现在其试图在一个经常怀疑激进变革（遑论联邦主义者的具体野心）、不愿将殖民帝国置于立法优先地位的思想和政治环境中，将全球性政治组织或一个命中注定会出现的更大的不列颠的模糊想法转译为一个广泛接受的实际方案。虽然更大的不列颠联邦的支持者没有达

---

〔1〕 [Anon.], "The Federation of the British Empire," *WR*, 128 (1887), 485.

〔2〕 Sorel, *Reflections on Violence*, ed. Jeremy Jennings (Cambridge, 1999 [1908]), 28–29 and 116–17. Cf. J. D. B. Miller, "The Utopia of Imperial Federation," *Political Studies*, 4 (1956), 195–97.

〔3〕 Duncan Bell, "The Idea of a Patriot Queen?" *JICH*, 34 (2006), 1–19.

到他们最短期的目标，但他们却成功地将殖民帝国在宗主国政治意识中的地位提高到自北美分离以来无与伦比的地位。这场辩论的长期影响将对 20 世纪欧洲和全球政治格局产生显著（尽管是间接的）影响。

## 帝国与意识形态

对维多利亚时代政治思想最令人印象深刻的研究往往将海外领土问题置于一边，而把重点放在对国内智识运动的探索上。[1]然而从历史上看，帝国的意识形态并非自成一类，而是更广泛的政治话语的重要组成部分；孤立地审视它们（或完全无视它们），不仅会失去这些思想本身，而且会失去政治理论的通常影响范围和影响力。帝国政治思想史在近期才引起相当多的关注，尽管姗姗来迟却终为幸运。然而，大部分的研究工作仍然集中在近代早期与 18 世纪。尽管有迹象表明研究正开始发生变化，维多利亚时期的人们也开始与前几个世纪的思想家一样受到辩论性的审视，但研究工作仍有待完成。[2]

部分问题在于帝国史学家和政治思想史学家很少进行持续和建设性的对话，这对两个领域都产生了不利的后果。更大的不列

---

〔1〕 见如 John Burrow, *Whigs and Liberals* (Oxford, 1988)；Burrow, Stefan Collini and Donald Winch, *That Noble Science of Politics* (Cambridge, 1983)；Collini, *Public Moralists*；Michael Freeden, *The New Liberalism* (Oxford, 1978)；Peter Clarke, *Liberals and Social Democrats* (Cambridge, 1978)；及 H. S. Jones, *Victorian Political Thought*。

〔2〕 近期对这一主题的贡献收录于 Duncan Bell (ed.), *Victorian Visions of Global Order* (Cambridge, 2007)；也可以从这里回顾，如 Bell, "Empire and International Relations in Victorian Political Thought," *HJ*, 49 (2006), 281-98。关于印度方面的发展，见 special edition of *MIH* ( "An Intellectual History for India"), 4/1 (2007)。

颠的政治理论被过度地忽视了。帝国联邦运动引发创作了一部分规模虽小但有价值的学术著作。特别是吉得·马丁、迈克尔·伯吉斯（Michael Burgess）和约翰·肯德勒（J. E. Kendle）的作品，为我们提供了联邦制运动的制度变迁、激荡辩论的编年史以及更广泛的政治影响的全面概要——因此我不会系统地涉及这些话题。[1] 正如对政治思想史的理解因对帝国和国际事务的忽视而受到限制一样，对帝国政治理论的理解也因对帝国辩论所处各种背景——政治的、社会的、文化的、神学的和科学的背景——的忽视而受到阻碍。只有通过对更大的不列颠话语与这些思想和实践领域的关系进行解释，才有可能对这些话语的创新性和连续性，以及话语的意图和影响力进行充分的理解。由于政治思想史学家在很大程度上忽略了更大的不列颠的概念，因此我们对维多利亚时代思想史的研究存在重大空白。跨洲政治共同体概念提出的问题包含了几个关键主题，包括：国家理论、自由贸易以及竞争，种族、文化和民族的概念，对领土和海洋的态度，以及与爱尔兰、欧洲大陆和美国的关系。对这些主题的研究为维多利亚时代的政治想象提供了重要的见解。

从某种意义上说，本书是对政治思想和公共政策之间复杂而紧张的关系的一种审视。更大的不列颠与帝国联邦计划不是政治

---

〔1〕 Martin, "Empire Federalism and Imperial Parliamentary Union, 1820 – 1870"; Burgess, "The Imperial Federation Movement in Great Britain, 1861 – 93"; Burgess, *The British Tradition of Federalism*; Kendle, *The Colonial and Imperial Conferences*, ch. 1; 以及 Kendle, *Federal Britain*。也见 Andrew Thompson, *Imperial Britain* (London, 2000); A. L. Burt, *Imperial Architects* (Oxford, 1913), 64–103; Cheng, *Schemes for the Federation of the British Empire*; J. E. Tyler, *The Struggle for Imperial Unity*, *1868 – 1895* (London, 1938); Sobei Mogi, *The Problem of Federalism* (London, 1931), I; 及 Murray Forsyth, *Unions of States* (Leicester, 1981)。

哲学家在僻静的修道院工作的产物。它们是政治意识形态："通常由可辨识的群体秉持的思想、信仰、观点、价值和态度的集合，为公共决策提供指导甚至行动计划，以支持、证成、改变或批评一个国家或其他政治共同体的社会和政治安排。"[1] 比起逻辑的连贯性和严谨性（尽管这对他们来说很重要），思想家们更关心的是改变现实政治的性质，其方法系利用并操纵当前话语，在目标群体中获得广泛支持，并将他们的想法作为解决其自我界定的问题的唯一可行方案。虽然更大的不列颠的支持者通常没有展示出激起大多数政治思想史学家兴趣所需的哲学技巧，但他们提供了一个同样重要的政治思维模式的案例研究。他们的努力也说明了在试图将雄心勃勃的政治愿景付诸实践时所面临的困难。而我们这个时代的许多政治理论家沉迷于将道德哲学和法学过度抽象地融合在一起，他们可以从这些经验中吸取教训。

如果我们把政治思想史理解为一种关于反向推演的练习，一种对过去几代人借此构想世界及其与世界关系的语言的考古重建，那么就需要一种宽泛的解释进路。"帝国政治思想"一词在全书中被有意地广泛使用，以此囊括帝国之存在这一问题的复杂内容，包括有关这一问题的设想、连续质问以及潜在答案的提出。帝国政治思想通过多种不同媒介得以表达：传统形式的"政治理论"文本（主要为书籍、小册子和短文）；针对特定专家受众的作品（政策文件、报告）；对政治辩论直接但通常短暂的介入（演讲和新闻报道）；以及帝国的文学作品和符号化表达。我

22

---

〔1〕 Michael Freeden, "Ideology, Political Theory and Political Philosophy" in Gerald Gaus and Chandran Kukathas (eds.), *Handbook of Political Theory* (London, 2004), 6. 关于作为政治思想家的政治家，见 Kari Palonen, "Political Theorizing as a Dimension of Political Life," *EJPT*, 4 (2005), 351–66.

主要（但不完全）集中于前三个类别，部分原因是为纠正最近帝国史学的不平衡，主要原因则在于这是大部分相关资料的来源。只关注权威人物的作品——最典型如约翰·密尔（John Stuart Mill）——掩盖了维多利亚时代更广泛的政治思想模式。原因很简单：在任何特定的历史时期，"伟大的"人物往往不具有代表性（或者只具有部分代表性）。安东尼·浩威（Anthony Howe）认为，维多利亚时代晚期自由贸易意识形态的理论突变"经常让历史学家感到困惑，因为它发生在深奥的政策辩论的阴暗浅滩上，而非经济和社会理论的滔滔巨浪上"。同样，博伊德·希尔顿（Boyd Hilton）也认为，对经济和社会理论的"滔滔巨浪"的关注导致了对 19 世纪政治经济学意识形态来源的广泛误解，因为对亚当·斯密、边沁和李嘉图的过度关注掩盖了福音派神学所扮演的基本角色。[1] 有关更大的不列颠的政治理论也是如此。既作为政策辩论也囊括普遍政治讨论的"阴暗浅滩"才是我们必须进行学术冲刷的对象，如此才能丰富对帝国想象的方式，丰富对帝国在维多利亚时代智识生活中扮演的多重且时常矛盾的角色的理解。如果不理解有关更大的不列颠的思想的重要性，维多利亚时代帝国话语的图景在根本上并不完整。

帝国思想史上的另一个鸿沟与不列颠民族意识语言的演变有关。这里有两个重叠的维度需要被分开讨论。第一个维度系关于维多利亚时代宗主国居民对帝国的看法。在过去 20 年繁荣的帝国史研究中，"移民殖民地帝国"对维多利亚时代晚期的重要性

---

〔1〕 Howe, *Free Trade and Liberal England，1846-1946*，195；以及 Hilton, *The Age of Atonement*（Oxford, 1988）。也见 Frank Trentmann and Martin Daunton，"Worlds of Political Economy" in Trentmann and Daunton（eds.），*Worlds of Political Economy*（London, 2004），10。

被低估了。[1] 最近的历史编纂学研究，尤其是"新帝国史"研究，一直被关于不列颠在非洲和印度统治的意识形态、代表事件和实际操作的探索，以及这些探索对英国产生的巨大甚至是结构性的影响所主导。[2] 这一学术领域提供了许多有价值的见解，直面种族、阶级、性别、帝国臣民的日常生活、统治和反抗的方式和机制等问题，而这些问题长期以来一直被自满的欧洲中心论所忽视。尽管正如其所展现的那样，这种像激光一样的聚焦虽然开启了一部分话题，但也遮挡了其他话题。[3] 第二个维度即为18和19世纪有关不列颠（和英格兰）民族身份的各种来源和次序排列的激烈辩论，其与上述进展相重叠，而原因在于这一辩论与对统治权（imperium）的文化和臣属方面的兴趣相平行，有时亦相互交叉。毫无疑问，帝国在文学领域显得尤为突出。例如琳达·科利（Linda Colley）认为，在漫长的18世纪，一种"英国性"（Britishness）的观念在反对天主教法国的过程中被塑造，而在19世纪，通过与"帝国的他者"（imperial other）的遭遇，这

---

〔1〕 Phillip Buckner, "Whatever Happened to the British Empire?" *Journal of the Canadian Historical Association*, 3（1993），3-32；以及 Carl Bridge and Kent Fedorowich（eds.），*The British World*（London，2003）。一个重要例外是 Cain and Hopkins, *British Imperialism*。尽管被其他问题所困扰，但这种忽视在更早的帝国历史编纂学中并非真实：见如 Ronald Robinson and W. C. B. Tunstall in *The Cambridge History of the British Empire*, ed. E. A. Benians, James Butler and C. E. Carrington（Cambridge，1959），III，127-79 and 230-53 中的章节。然而正如这一时期的大多数作品，帝国被认为独立于更广泛的思想潮流，因此他们的焦点与我不同。

〔2〕 有趣的示例可参见 Kathleen Wilson（ed.），*A New Imperial History*（Cambridge，2004）；以及 Antoinette Burton（ed.），*After the Imperial Turn*（Durham，N. C.，2003）。怀疑的声音体现在 Peter Marshall, "Imperial Britain," *JICH*, 23（1995），379-95；以及 Bernard Porter, *The Absent-Minded Imperialists*（Oxford，2004）之中。

〔3〕 对这些问题作出经典论述，并指出后殖民主义进路优缺点的作品见 Frederick Cooper, *Colonialism in Question*（Berkeley，2005）。

24 种感觉愈发强烈。[1] 这个历史编纂学项目在一定程度上满足了约翰·波考克（J. G. A. Pocock）对英国历史"新主题"的要求，包括了不同民族和实体之间的相互作用，而这些民族和实体在过去几个世纪中扩张、收缩，并最终合并成我们所知的联合王国。[2]

（尚）新的英国史与（尚）新的帝国史的融合突出了帝国经历与英国社会政治发展的若干重要维度。人们不能脱离大英帝国孤立地研究英国，也不能将大英帝国研究与英国研究分开。然而，我们对这一问题仍缺乏足够的描述，即对于帝国——或者更准确地说，构成帝国体系的各种社会政治形态——是如何通过语言被其居民，尤其是其意识形态的设计者所构想出来的。尽管许多学者认为，英国人的身份系通过构建与异域"他者"[3] 差异的二元体系所形成，但在维多利亚时代晚期的帝国理论家中，有许多甚至可能是大多数人都至少同样关心在整个移民社群中清晰的英国性感受的投射和维持。虽然更大的不列颠的愿景建立在假定的全球种族等级体系的基础之上，其中位于最顶端的是盎格鲁-撒克逊人，但他们也同样关注其他因素。这些因素包括对来自其他"文明"国家——尤其是法国、德国和美国——的日益激

---

〔1〕 Colley, "Britishness and Otherness," *JBS*, 31（1992），309-29；及 Colley, *Britons*（New Haven, 1992）。

〔2〕 Pocock, "British History," *JMH*, 47（1975），601-21；以及 Pocock, "The New British History in Antipodean Perspective," *AHR*, 104（1999），490-500。也见 Armitage, *Greater Britain, 1516-1776*。

〔3〕 最有影响力的是 Edward Said, *Orientalism*（London, 1978）；以及 Said, *Culture and Imperialism*（London, 1993）。各种批评可见 John Mackenzie, *Orientalism*（Manchester, 1995）；Peter Mandler, "The Problem with Cultural History," *Culturaland Social History*, 1（2004），94-118；Mandler, "What Is 'National Identity'?" *MIH*, 3（2006），271-97；以及 David Cannadine, *Ornamentalism*（London, 2001）。

烈的竞争的恐惧，对社会主义的危险和出现堕落的"下层社会"（underclass）的焦虑，以及英国中等阶级和统治精英中利己的功利自由主义（utilitarian liberalism）的增长。

埃利加·古尔德（Eliga Gould）声称，在美国革命之后，英国人"再次……将帝国的任何一部分都看作自己国家的延伸"。[1] 然而，对于许多维多利亚时代的评论家而言，不列颠民族之"自我"（self）被认为遍及全球。波考克认为，这个构想中的分散社群由"新英国人"（neo-Britains）组成，由他们的"全球英国性"（global Britishness）所界定的人群构成。尽管这幅图景扭曲了"远离联合王国的多种族、多语言的殖民社会的历史"，但这却是 19 世纪晚期许多殖民地联合主义者所描绘的社会。[2] 25 当时的人们认为，一个无缝的全球民族——遑论一个全球性国家——是一种创新的、史无前例的政治联合模式。埃德蒙·伯克（Edmund Burke）在 1780 年对布里斯托尔选民的一次演讲中反复灌输由英国和美国殖民地组成的跨大西洋"民族"的优势，它们通过实质代表的宪法主干系统联合为一个政治机体。但这并非维多利亚时代晚期人们所肯定的历史叙述（或民族概念）：正如希里所宣称的那样，"在 18 世纪，因为母国和殖民地之间以及殖民

〔1〕 Gould, *The Persistence of Empire* (Chapel Hill, 2000), 214. He adds the rather e-lusive qualifier, "at least not in the way they had before 1776." 他还补充了一个相当难以捉摸的限定短语，"至少不像他们在 1776 年以前的那样"。严格而言，情况很可能即是如此，但我认为维多利亚时代的人们对它的看法比以往更强烈。也见 Gould, "A Virtual Nation?" *AHR*, 104 (1999), 476–89。

〔2〕 Pocock, *The Discovery of Islands* (Cambridge, 2005), 181–91 and 20; 相关批评见 Tony Ballantyne, *Orientalism and Race* (Basingstoke, 2002), 3。

地之间存在的距离，不可能存在真正意义上的更大的不列颠"。[1] 只有随着即时通信的出现以及对殖民地及其（盎格鲁-撒克逊）居住者的地位和目标的重新想象，才有可能确定一个全球共同体所必需的强烈的政治和文化意识。尽管他们对国家、民族和帝国概念之间的关系存在分歧，但对许多帝国主义者而言，更大的不列颠由种族、制度、情感和公民关系的共同性紧密联系。对全球性政治体的需求是对全球（民族-种族）身份的信仰——或幻想——的一个方面。

## 本书概要

本书不是一部描绘推动殖民地联合运动的编年史，而是对19世纪晚期政治思想多角度的分析。本书没有考察议会中关于帝国的辩论，也没有为在那个时代传播的、着眼于未来的各种方案提供细致的分类学方法。本书没有试图评估这些计划在英国或殖民地的受欢迎程度，也没有追踪这些思想在构成帝国体系的复杂网络中的传播方式。[2] 相反，本书探讨了在更大的不列颠出现并演化于帝国的政治核心之时关于其各方面的理论话语。本书还分析了其支持者的动机、构成他们的思想的假设、他们创造的概念化与修辞性的行动以及塑造了他们思想的文化习惯。他们有时也试图挑战或改造这些文化习惯。

---

[1] Burke, "Speech at Bristol Previous to Election" [1780] in *The Writings and Speeches of Edmund Burke*, ed. W. M. Elofson (Oxford, 1981), III, 464；及 Seeley, *The Expansion of England*, 74。

[2] 从思想到实践领域传播的研究产生了部分关于帝国的最具创新性的研究，包括 Ballantyne, *Orientalism and Race*; Richard Drayton, *Nature's Government* (London, 2000)；以及 Alan Lester, *Imperial Networks* (London, 2001)。

更大的不列颠没有所谓的"代表性"支持者。殖民地联合主义者超越并因此瓦解了传统上用来解释维多利亚时代的削足适履式分类：个人主义对抗集体主义，进步抑或保守，高教会派、低教会派或广教会派，保守党、自由党或激进派，自由贸易或公平贸易，如此等等。因此，如果仅仅对少数联邦主义者的想法进行详尽分析，那么可能提供的是一幅整个更大的不列颠世纪工程的误导性图景。我采用了一种可以称为"混合语境化"（hybrid contextualization）的方法，因为我既展示了个体思想家的详细画像，也展示了形成政治意识理论视角之重大转变的宽泛主题式研究。如果没有前者，对维多利亚时代晚期帝国话语的描述就会忽视个人智识发展的细微差别和复杂性，忽视在形成政治理念中至关重要的情感、倾向和气质的特殊性，由此产生的描述就会缺乏足够的深度和质感。而如果没有后者，详尽的传记就丧失它在思想领域中的立足之地，而这一领域塑造并限制了其著作和政治思想的传播，且尤其在诸如更大的不列颠这样的大范围辩论中，它与更广泛的思想和政治世界的重要关系将会被忽略。

两组基本的论述路线贯穿了本书的框架，并为各个章节所探究的各种主题设定了背景。第一组论述路线涉及推动更大的不列颠支持者的激励因素。传统上认为，他们的动机主要出自担心外国竞争对手在军事和经济上的崛起：野心勃勃的德意志国家在欧洲心脏的建立、内战后美国活力的增强以及对俄国的警惕，这些都加剧了人们对更大的不列颠命运的担忧。有观点认为，外部压力加上对帝国迅速从政治议程上滑落的恐惧引发了关于更大的不列颠的创作热潮。虽然竞争国家的崛起无疑是一个关键的激励因素，但它不是唯一的因素。同样重要的是要考虑到民主的兴起所引发的焦虑和兴奋，无论这一兴起发生在英国还是更远的地方。

1867 年与 1884 年《改革法》（Reform Act）出台前许多方面的不安情绪引发了艾伦·莱恩（Alan Ryan）所谓的"民主的失望"（democratic disappointment），即一种对政治发展轨迹的幻灭感。这种祛魅应借助这个时代的思想张力及变革来解读。维多利亚时代陈旧的信条遭到了持续不断的攻击。进步的基础、宗教和伦理信仰的认知根基、政治经济学的神圣教条甚或王国的统一和平衡都受到了科学进步、社会和政治动荡以及哲学潮流转变的挑战。[1] 但其他人（通常是政治上的激进分子）欢迎民主时代的到来，他们将更大的不列颠视为进步变革的典范和推动者。对约翰·莫莱（John Morley）而言，这是一个"信仰和行为基础发生转变"的时代。回顾了整个 19 世纪的戴雪写道：在维多利亚女王统治的最后几十年里，这个国家见证了"一种应描述为信仰崩塌的独特现象，这包括了宗教、道德、政治、经济的既有信条的瓦解"。[2] 更大的不列颠的愿景在一定程度上是对这种骚动的回应。

第二组路线涉及联邦主义话语的新颖性。迈尔士·泰勒（Miles Taylor）认为，"帝国联邦计划的支持者和反对者与 19 世

---

[1] Ryan, "The Critique of Individualism" in Brian Barry, Archie Brown, and Jack Hayward (eds.), *The British Study of Politics in the Twentieth Century* (Oxford, 2003), 109; 具体背景可见 John Burrow, *The Crisis of Reason* (London, 2000)。关于 19 世纪 70 年代道德哲学、经济学、认识论、宗教哲学和社会理论的转变，见文章 James Allard, Ross Harrison, Geoffrey Hawthorn, Margaret Schabas, Peter Nicholson, and James Livingston, in Thomas Baldwin (ed.), *The Cambridge History of Philosophy, 1870-1945* (Cambridge, 2003)。

[2] Morley, *On Compromise*, 2nd ed. (London, 1886 [1874]), 29; 以及 Dicey, *Lectures on the Relation Between Law and Public Opinion in England During the Nineteenth Century*, 2nd ed. (London, 1914 [1905]), 444。在帝国争论中明显对立的双方也同意这一观点：Seeley, "Ethics and Religion," *FR*, 45 (1889), 501-14; 以及 Goldwin Smith, "The Impending Revolution," *NC*, 35 (1894), 353-66。

纪 30 年代殖民地改革家所表达的思想没有太大区别"。[1] 然而，尽管要求殖民地联合的传统着实悠久——最常见的方式也一直是通过代表制议会，尽管这两个时期也存在许多相似之处，但后一时期辩论的结构、强度和理论焦点均不同于前一时期。希里认为"当今世界的所有先决条件都改变了"。[2] 帝国的新设想和新辩护均源于这个信条。虽然议会外咨询委员会的计划占据了主导地位，但超议会方案却因其野心及引发争议的能力而处于争论的中心舞台。议会制提案曾是最常见的争论形式，如今已经退居幕后。此外，人们日益认识到新通信技术的潜在能量，这导致了可设想的政治共同体类型的转变。至 1870 年，想象一个全球性的单一民族国家已经成为可能，而之前的人们在很大程度上难以理解。一位著名的殖民地政治家格雷厄姆·贝里（Graham Berry）宣称，科学"已使那些在半个世纪前的环境下绝无可能实现之事成为可能"。[3] 对英国全球角色看法的转变加剧了这些诉求的紧

28

〔1〕 Taylor, "*Imperium et Libertas*," *JICH*, 19 (1991), 13. 吉得·马丁也提出了同样的观点："Empire Federalism and Imperial Parliamentary Union, 1820-1870"; 以及 Martin, "The Idea of "Imperial Federation" in Ronald Hyam and Ged Martin (eds. ), *Reappraisals in British Imperial History* (London, 1975), 121-39.

〔2〕 Seeley, *The Expansion of England*, 297. 殖民地改革者把更多注意力集中在宣传特定的土地改革方案（在韦克菲尔德发表相关著作后），以及在殖民地建立起有效的社会等级制度以鼓励各阶层成员移居海外，而非殖民帝国的一般宪法建议，遑论全球民族概念或对国家的新理解。见 Wakefield, *Outline of a System of Colonization* [1829] 及 *A View of the Art of Colonization* [1849], 均记载于 *The Collected Works of Edmond Gibbon Wakefield*, ed. M. F. Lloyd-Prichard (Glasgow, 1968), 178-87 and 758-1040。也见 Donald Winch, *Classical Political Economy and Colonies* (London, 1965), 90-155; Erik Olssen, "Mr Wakefield and New Zealand as an Experiment in Post-Enlightenment Experimental Practice," *New Zealand Journal of History*, 31 (1997), 197-218; 以及 Michael J. Turner, "Radical Agitation and the Canada Question in British Politics, 1837-41," *Historical Research*, 79 (2006), 90-114。

〔3〕 Berry, "The Colonies in Relation to the Empire," *PRCI*, 18 (1886-87), 7.

迫性，也导致了许多解决方案的冒险性。综上所言，这些转变标志着帝国政治思想的重大转变。

第 2 章概述了对于理解帝国未来焦虑至关重要的核心政治背景与思想背景。这一章节详细描述了在 19 世纪最后几十年里，许多帝国思想家所表现出的、对国内大众民主政治以及全球竞争日益加剧的双重恐惧所激起的忧患。该章强调了移民思想如何在转变可感知的"母国"与"海外"、"国内"与"外国"关系的过程中发挥至关重要的作用。该章也审视了部分关于殖民地联合的激进思想，这些思想展现出移民殖民地领土如何被部分人视为民主实验和传播进步政治的空间。

第 3 章追溯了漫长的 19 世纪中时间和空间观念的改变对帝国思想的影响。学者们在试图阐明科学影响政治理论的途径时几乎只关注地理学和生物学（尤其是后者）。这当然是一个重要的探究领域，因为进化论的思想影响了人们对竞争、种族、宗教、时间和地点的态度，但这种关注忽略了更为普通的工业技术在塑造政治理论轮廓中的作用。然而，这些技术一直（且仍然）是政治争论的一个重要方面。当进化论塑造关于宇宙体系中人类所处位置的思想，当阴险的社会达尔文主义者在以同样的方式解释人类的公共生活之时，工程技术（尤其是物流与通信）带来了一场深刻的变革，改变了人们对世界的看法，而在当时观察者的心中，世界从以前令人敬畏的规模缩小到可操控的范围。本章探讨了沃尔特·白芝浩（Walter Bagehot）所称的"发明新世界"对帝国话语发展的重要作用[1]——特别是远洋汽船与海底电报。本章也考察了埃德蒙·伯克和亚当·斯密关于距离的不同观点如何在接下

---

〔1〕 Bagehot, *Physics and Politics* (London, 1896〔1872〕), 1.

来的一个世纪里形成争论。这个"新世界"让看似不可逾越的距离得以克服，人们对自然所规定的政治边界的看法已经发生了转变。

第 4 章讲述联邦主义问题如何成为英国政治辩论的中心，并构建出将帝国设想为一个国家的各种方式。我特别概述了希里对全球性国家地位（global statehood）的看法。该章还介绍了有关于民族和种族的部分概念，这些概念有助于构建维多利亚时代晚期的帝国叙事。第 5 章考察了宪法的可感知意义和法律地位在帝国辩论中发挥重要调节作用的方式，以及宪法所显示出的维多利亚时代历史意识和政治理论的内容。该章也研究了我所谓的"公民帝国主义"（civic imperialism），这是一种独特的帝国主义共和愿景，它弥漫于关于殖民地联合的辩论之中，而历史学家弗劳德的著作为这种愿景提供了例证。

第 6 和第 7 章详细研究了两位最富影响力的帝国评论家——戈德温·史密斯和希里的思想。这两章的主要目的有二：第一，加深我们对他们政治思想的理解；第二，强调他们意识形态工程的相同点，即差异中的共性。史密斯和希里被认为在帝国光谱中占据着清晰而对立的立场。希里是更大的不列颠的思想门面，史密斯则位于那些坚决怀疑移民殖民地帝国价值者之列，遑论对帝国联邦的批驳。正如自由党作家、政客莫莱所言，史密斯与希里的结论"截然相反"。[1] 这正是他们在帝国史学中被持续演绎的状态。然而，尽管他们的工程之间存在巨大差异，但也有许多有趣的相似之处，且最终他们应被理解为通过不同的方式推动相似的进程。他们都捍卫了一个走向全球但也受到限制的盎格鲁-撒

---

〔1〕 Morley, "The Expansion of England," *MM*, 49 (1884), 242.

克逊社群；也就是说，他们都试图在英国这个全球大国与面临的衰退和可能的衰落之间筑起屏障。这种对比表明，更大的不列颠联邦的支持者与许多最苛刻的批评者之间的差距并不像最初看起来那么大。希里和史密斯的政治思想显示出对更大的不列颠分析中出现的另一种观点：宗教和更大的不列颠愿景之间的关系是复杂的，不存在关于帝国的单一宗教立场，来自各个教派的人（或无教派者）都支持它。然而，我们应当记住，更大的不列颠的核心抱负是英国盎格鲁-撒克逊社群的统一，而这种身份统一的一大关键因素是新教。至少在这个意义上，更大的不列颠可以被看作在努力建立一个全球性的教会。正如我们将要看到的，希里是这一愿景的使徒。尽管如此，宗教最终在争论中扮演了一个模糊的角色。

第 8 和第 9 章回到主题分析，记述了支撑维多利亚时代晚期帝国思想的大量理论创新成果。在第 8 章中，我研究了历史上的模型如何确定辩论的轮廓。许多殖民地联合主义者并非仿照传统向罗马人和希腊人寻求思想权威和政治行动模型，而是诉诸美国树立的标杆。为了证明自身主张的正确性，他们构建了一种自信的、面向未来的现代性叙事，这种叙事摆脱了先前诸帝国造成的政治自我解体的想象。第 9 章探讨了有关美国的各种思想所发挥的不同意识形态功能。它被视为联邦制帝国的原型，同时也传递出历史上不公正对待殖民者的危险警告。由于美国日益增长的经济实力和地缘政治能量以及其所代表的竞争性挑战，它也为构建全球性政治体提供了关键动力。该章既探讨了这些观点之间的紧张关系，也探讨了美国和更大的不列颠（重新）联合的计划。最后的结论对这场辩论的一些关键维度进行总结，并追溯了其在随后英国政治话语中的部分回应。

# 2

# 全球竞争与民主

现在，几乎每个人都坚信民主的发展，几乎每个人都在谈论它，几乎每个人都在为之忧虑；但是人们最不应该做的就是及时为它做准备。

马修·阿诺德:《民主》（1861）

英国人的头脑从来没有像如今这样混乱，如此缺乏确定的道德准则。

威廉·维斯加特:《帝国的联合》（1884）

对殖民帝国的重视程度在 19 世纪的整个进程中发生了相当大的变化。遥远的土地经常被认为是不必要的资源消耗，它们回报甚少。甚至在那些支持殖民的人士中，许多人怀疑，即便可欲，长期地、实质地拥有殖民地也未必可行。[1] 至 19 世纪 60 年代，

---

〔1〕 Martin Lynn, "British Policy, Trade, and Informal Empire in the Mid-Nineteenth Century," *OHBE*, IV, 101 - 22; John M. Ward, *Colonial Self - Government* (London, 1976); A. G. L. Shaw, "British Attitudes to the Colonies, ca. 1820 - 1850," *JBS*, 9 (1969), 71-95; W. P. Morrell, *British Colonial Policy in the Age of Peel and Russell* (Oxford, 1930).

人们普遍认为无论是好是坏，殖民地都在不可避免地走向独立。然而在随后一代人里，这样的观点很少被提及，而一个强大、完整、持久的帝国政治体的必要性和实用性却在整个政治光谱中被大声宣扬。更大的不列颠，尤其是帝国联邦，成了一个响亮的战斗口号。

对冷漠的恐惧是帝国政治思想的惯常主题。帝国主义者认为，他们的同胞往往无法理解英国全球实力的不稳定性，也无法理解帝国领地所伴有的作用与责任。他们的文章和演讲充满了对于他们的利益和抱负未能得到政府和人民充分关注的不满——尽管这通常被夸大。约翰·密尔表达了一种常见不满。1859 年，他哀叹公众"对外交事务漠不关心"，而十年后他又斥责"英格兰官员对留住殖民地漠不关心"。[1] 在一份关于超议会联邦主义的早期声明中，当时居住于伦敦的澳大利亚激进分子艾华·詹金斯（John Edward Jenkins）对围绕英国政策的危险发出警告："在这个时刻"，他写道，"我们正在滑向帝国的解体"。[2] 1870 年，弗劳

32

---

〔1〕 Mill, "A Few Words on Non-Intervention" 〔1859〕 in *The Collected Works of John Stuart Mill* (Toronto, 1963-91), XXI, 117；以及 Mill, letter to Henry Samuel Chapman, January 14, 1870, *CW*, XVIII, 1685。之后我将把这个版本称为"Mill, *CW*"。也见 Michael Bentley, *Politics Without Democracy*, 2nd ed. (Oxford, 1999), xviii and 182；Peter J. Durrans, "The House of Commons and the British Empire, 1868-1880," *Canadian Journal of History*, 9 (1974), 19-45；以及 Bernard Porter, *The Absent-Minded Imperialists* (Oxford, 2004)。

〔2〕 〔Jenkins〕, "Imperial Federalism," *CR*, 16 (1871), 165 and 185. 詹金斯是一名律师，公众普遍认为他是社会讽刺小说《金克斯的宝宝》（*Ginx's Baby*，伦敦，1871）的作者。1874 年至 1876 年，他担任加拿大驻伦敦总代表（Agent-General），1874 年至 1880 年被选为邓迪（Dundee）的自由党议员。尽管他在大多数方面仍是一个自由党人，但他对格拉斯顿反帝国主义的观点感到震惊，因此在 1885 年和 1896 年他均作为保守党议员候选人参选，尽管没有成功。

德声称公众在很大程度上"疏远"了殖民地。[1] 帝国主义者认为，公众对帝国的性质和价值缺乏认识，而他们的漠不关心被这种无知放大。著名殖民地总督诺曼比侯爵（Marquis of Normanby）在皇家殖民地学会的开幕会议上指出，"这个国家对殖民事务极度无视，对殖民事务感兴趣者无一不对这样的现状感到失望"。而在同一场会议中，保守党议员、"青年英格兰"（Young England）运动最初领导人之一的拜利·科尔伦（Baillie Cochrane）也批评了公众和政治的"冷淡"。[2] 1870 年，约翰·马丁瑙（John Martineau）在《评论季刊》（*Quarterly Review*）上发表文章，痛斥"英国议会对待我们殖民帝国伟大遗产时的粗心和冷漠，同时也真实地反映了公众对此的冷淡"。[3] 此言清楚地表达了一众帝国主义者的沮丧。"危机"（crisis）一词被用来表明问题的紧急性，同时强调问题的即时性与严重性。这个充满感情色彩的熟语使他们可以宣称彻底的变革势在必行，如不进行变革，大英帝国乃至英国本身就会解体。

<sup>33</sup>

---

〔1〕 Froude, "England and Her Colonies," *FM*, 1 (1870), 4-5. 对印度的类似抱怨，见 L. J. Trotter, "British India Under the Crown," *CR*, XV (1870), 113-32；以及 Frederick Young, "Emigration to the Colonies" *PRCI*, 17 (1885-86), 372. 关于漠不关心的证据具有不同形式，见如 Jonathan Rose, *The Intellectual Life of the English Working Class* (London, 2001), ch. 6；Porter, *The Absent-Minded Imperialists*；以及 Catherine Hall, *Civilising Subjects* (Cambridge, 2002)。

〔2〕 两人都在评论 Lord Bury's "Inaugural Speech" ［March 15, 1869］, reprinted in *PRCI*, I (1869-70), 51-62. 诺曼比侯爵乔治·菲普斯（George Phipps）曾在 19 世纪 40 年代担任新斯科舍的总督；他在 19 世纪 70 年代和 80 年代担任昆士兰、新西兰和维多利亚的总督。相似的情绪见 Robert Andrew Macfie, "On the Crisis of the Empire," *PRCI*, 3 (1871-72), 3；及十年后的 Granville Cunningham, *A Scheme for Imperial Federation* (London, 1895), 1-2。

〔3〕 ［John Martineau］, "New Zealand and Our Colonial Empire," *QR*, 128 (1870), 135. 也见 ［Urquhart Forbes］, "Britannic Confederation and Colonisation," *LQR*, 19 (1893), 245。

　　至 19 世纪 70 年代中期，殖民地联合问题在政治辩论中已占据重要地位；且这一状态一直存续至 19 世纪末甚至更久。1878 年，保守党殖民地大臣卡那封伯爵（Earl of Carnarvon）认为，殖民地"正在成长——它们是强大的国家（Countries），而人们现在争论的主要问题是这个庞大的帝国应如何被黏合在一起，以及我们如何防止这些粒子飞入政治空间，正像过去发生的那样"。[1] 法勒尔抱怨道，"'帝国联邦运动'发展迅速。这个词在很短的时间里占据了媒体的注意力，现已成为政治活动中众所周知的词语"。事实上，至 19 世纪 80 年代中期，断断续续担任新西兰总理、对联邦计划持严厉批评态度的罗伯特·斯陶特（Robert Stout）也诉说道，"帝国联邦可以说已经深入人心"——这个短语在下一个十年被随后担任殖民地大臣的张伯伦重述，[2] 这一次更加满怀热情。埃格顿提出"一种新精神已经出现"。他认为，这种精神"就自治殖民地而言，表现在其一方面对母国有着更深的价值认同和诉求认同，另一方面在殖民地有着更广泛的帝国爱国精神，且基于母国对欧洲和帝国的责任更严肃地认识到母国必须面对的困难"。冷漠似乎正在消退。理想主义哲学家缪尔黑德（J. H. Muirhead）在 20 世纪的第一年写道，过去 20 年里见证了一个"伟大的觉醒"以及"新型民族意识"的发展，而帝国有机联合的真正重要性在希里《英格兰的扩张》以及弗劳德的《大洋

---

〔1〕 Carnarvon, "Imperial Administration," *FR*, 24 (1878), 753. 也可见那个时期的回忆录 Lord Brassey, "Introduction" to William Parr Greswell, *Outlines of British Colonisation* (London, 1893), x。

〔2〕 Farrer, "The Problem of Empire," *FR*, 37 (1885), 338; Stout, "A Colonial View of Imperial Federation," *NC*, 21 (1887), 351; Chamberlain, *Proceedings of a Conference Between the Secretary of State for the Colonies and the Premiers of the Self-Governing Colonies, at the Colonial Office, London, June and July* 1897, (1897), LIX, 631.

国》中得到了体现。[1] 他热情地支持这一形势的发展。无论这场运动的最终影响如何，批评者和支持者都认为它是政治辩论的一个重要方面。

是什么产生了这种"新型民族意识"？在对日益激烈的国际竞争和大众民主可能带来的有害后果感到不安的时代里，只有在人们对不列颠民族认同基础的变化感到担忧的语境中，才能充分理解更大的不列颠争论的重要性。正如1886年一位记者在《帝国联邦》中所写，"今天，英国正被一系列可怕的混乱困扰着。异乎寻常地持续了很长时间的市场萧条，以及随之而来的大规模工业衰退、土地问题与各种社会主义威胁的爆发式震动，都是值得每一位英国思想家深思的不幸"。[2] 更大的不列颠应该成为抵御各种威胁的堡垒。如此巨大且集中的财富和地缘政治力量将使英国能够面对竞争国家的工业和军事挑战。此外，通过体系化的移民政策和帝国爱国精神的形成，"社会主义的威胁"（以及更普遍的阶级斗争）可以得以消解。民主可以被驯服，并沿着帝国的路线前进。

研究殖民地联合的学者对这一时期"国内"与"国际"共生关系的重要性关注不足，而是更多地关注全球政治均势变化带来

〔1〕 Egerton, *A Short History of British Colonial Policy* (London, 1897), 451; Muir-head, "What Imperialism Means" [1900], reprinted in David Boucher (ed.), *The British Idealists* (Cambridge, 1997), 240 and 242.

〔2〕 R. Bryce Bruce, "English Evils and Imperial Remedies," *IF*, 1/9 (1886), 248.

的威胁。[1] 但这错过了一半的叙事。"祖国"与"海外"在殖民
地联合主义者的想象中是如此紧密地联系在一起，以至于在试图
确定帝国话语的概念结构时，这两个范畴均失去了其大部分的分
析价值。毕竟，更大的不列颠被视为一个跨越整个地球的单一政
治单位。正是出于这个原因，新西兰前总理尤勒思·沃格尔
（Julius Vogel）反对殖民地是"外国"领土的说法；相反，它们
是"一个强大民族的一部分"。[2] 更大的不列颠的拥护者试图打
破国内和殖民地、祖国和海外之间的明确区分，同时强调移民殖
民地和帝国其他地区之间的重要区别。这样的做法既反映也助长
了这种分歧。本章即分析形成这些论点的背景。下一节描绘了对
35  英国主导地位不断上升的军事和经济威胁的普遍焦虑。在此之
后，我研究了改革年代中人们所感知的国内挑战。最后两节探讨
了移民在支撑更大的不列颠的方案中所起到的稳定作用，并概述
了一些政治激进分子——最著名的如张伯伦和霍布森——提出的
愿景。

## 均势：全球威胁与帝国回应

人们常言，被定义为"稳定、乐观、社会团结、相对富裕和

---

[1] 见如 William Roy Smith, "British Imperial Federation," *Political Science Quarterly*, 36（1921），274-97；J. E. Tyler, *The Struggle for Imperial Unity*, *1868-1895*（London, 1938）；Hedley Bull, "What Is the Commonwealth," *World Politics*, 11（1959），583-84；Trevor Reese, *The History of the Royal Commonwealth Society*, *1868-1968*（Oxford, 1968）；J. E. Kendle, *The Colonial and Imperial Conferences*, *1887-1911*（London, 1967），1-2；Kendle, *Federal Britain*（London, 1997），xi-xii and ch. 3；及 Michael Burgess, *The British Tradition of Federalism*（London, 1995），28 and 35-37。

[2] Vogel, "Greater or Lesser Britain," *NC*, 1（1877），813；也见 Vogel, "The British Empire," *NC*, 3（1878），617。

自由"的 19 世纪 50 年代和 60 年代见证了英国的自信心达到顶峰。[1] 然而尤其与 19 世纪 20 年代和 30 年代的动荡相比，尽管此时的国内局势相对平静，但人们愈发担心英国作为一个强国的地位。亨利·梅因（Henry Maine）于 1887 年在剑桥大学发表国际法演讲时指出，维多利亚时代中期的"威廉·惠威尔（William Whewell）那一代人"，"可以说曾有一个和平的梦想"，而 1851 年万国博览会为那个年代的氛围做出了贡献。但是，"这座和平神殿（Temple of Peace）的建筑几乎还没有被搬走，战争就再次爆发了，而且比以往任何时候都更加可怕"。梅因指出，克里米亚战争（1853—1856）开启了一个新的冲突时期，对信奉和平者而言这是"一次痛苦的欺骗"。[2] 1864 年至 1865 年英国未能在石勒苏益格-荷尔斯泰因问题上（如承诺的那样）向丹麦提供帮助；1866 年普鲁士在柯尼希格雷茨大胜奥地利；拿破仑三世潜在的好战的个性引发了与日俱增的不安，这一切都加剧了人们对英国实力被危险地侵蚀的担忧。这一趋势在 19 世纪最后 30 年中进一步加剧。

在悲观的观察家看来，英国似乎进入了螺旋式下降时期。孟德斯鸠在其《论法的精神》（l'Esprit des Lois，1748）中宣称，不安感——"某种现实困境"——是英国人性格中富有生命力的一部分。[3] 尽管他关于自然环境导致权力制约的断言存疑，但基于即将到来的民族衰落之焦虑将笼罩大部分近代时期的英国政治

---

〔1〕 Lawrence Goldman, *Science, Reform, and Politics in Victorian Britain* (Cambridge, 2002), 59. 也见 Philip Harling, "Equipoise Regained?" *JMH*, 75 (2003), 890-918.

〔2〕 Maine, *International Law* (London, 1888), 3-5.

〔3〕 Charles de Secondat, Baron de Montesquieu, *The Spirit of the Laws*, ed. Anne M. Cohler, Basia Carolyn Miller, and Harold Samuel Stone (Cambridge, 1989), 241.

36 话语这一事实，这仍是一个有先见之明的论断。[1] 1890 年，自由党学者及政治家詹姆斯·布莱斯（James Bryce）在纽约发表演讲，描述了一种"不满心态"（spirit of discontent）在整个欧洲的兴起，这种态度与"二三十年前"占据主导地位的、更为乐观的观点截然不同。[2] 英国自封为"文明"世界的领袖，现在在完成这一任务的征途上步履蹒跚，前进的脚步变得缓慢。新的、可怕的竞争者开始逼近。保守党看到了他们对政治生活的恐惧——无论是地方的还是全球的——变成了现实，而许多自由党人也失去了他们思想中经常出现的那种从容自信。这种情绪的转变后来被"新自由党"（new liberal）的领军思想家霍布豪斯描述为："无论是在国内还是在国外，那些代表自由主义思想的人士都遭遇了惨败。它对自身的信心正在消减。"[3] 与其说这是信仰的转变，不如说是勇气的丧失，且这种忧郁的状态加强了保卫更大的不列颠未来的动力。不确定性有两个主要来源：经济与地缘政治的全球竞争，以及民主的攻势。它们相互强化影响，而如果不理解这一复杂的辩证关系，就无法充分理解对更大的不列颠的诉求。

欧洲处于动荡之中。在经济上，英国的统治地位被认为受到了来自大西洋彼岸的持续攻击，而在更近的地方，这一攻击则来自刚刚建立并迅速工业化的德国。俾斯麦新建立的国家显然热衷于在世界舞台上展示肌肉；而俄国被视为英国在亚洲首要地位的

---

〔1〕 David Cannadine, *In Churchill's Shadow*（London，2002），26–45；John Darwin，"The Fear of Falling，" *TRHS*，5th series，36（1986），27–45.

〔2〕 Bryce，"An Age of Discontent，" *CR*，49（1891），14–30.

〔3〕 Hobhouse, *Liberalism*, in Hobhouse, *Liberalism and Other Writings*, ed. James Meadowcroft（Cambridge，1994［1911］），103.

迫在眉睫的威胁；意大利作为被过度构想的对象以及一众自由主义政治幻想的目标，终于实现了统一；法国则被警惕地提防着。基督教社会主义（Christian socialist）领袖卢德洛（J. M. Ludlow）在 1870 年警告道，他的同胞们还没有意识到这些发展的全部重要性，"这一宏大场面对每个国家都有重大影响"。这种所谓的不理解并没有持续多久。"毫无疑问，欧洲的脉搏跳动得相当快"，一名记者在 1876 年《当代评论》（*Contemporary Review*）中写道。[1] 许多英国评论人士都对此心有余悸，并指出有三个国家尤其令人担忧：德国、俄国和美国。[2] 尽管各种情况下感知到的威胁都有所不同，但这三国的军事和工业集体力量导致了对英国全球作用的重新评估，并刺激了殖民地联合计划的进一步整合。我将在第 9 章回到对美国更为矛盾和复杂的反应的解读，在此将着眼于另外两个国家。如今的德国在欧洲大陆上方兴未艾：以前，德国因其文化活力、圣经和历史学识、庄严的音乐、浪漫的诗歌和晦涩的哲学而受到赞赏，现在却变成了一个咄咄逼人的竞争对手。1887 年，弗里德里希·尼采在评论其祖国统一所引起的全欧洲关注时宣称，"即使在今天，我们也再次看到德国成为强国后立刻激起的深切而冰冷的不信任。"[3] 虽然很少有人同意尼

37

---

[1] Ludlow, "Europe and the War," *CR*, 15 (1870), 648; M. E. Grant Duff, "The Pulse of Europe," *CR*, 28 (1876), 338. 也见 Emile de Laveleye, "The European Situation," *FR*, 18 (1875), 1-21; 以及 C. C. Chesney, "Our Panics and their Remedy," *MM*, 23 (1871), 448-57.

[2] 见如 [Jenkins], "An Imperial Confederation," *CR*, 17 (1871), 66; John Douglas, "Imperial Federation from an Australian Point of View," *NC*, 16 (1884), 854; 以及 [John Robinson], "The Future of the British Empire," *WR*, 38 (1870), 66. 在大多数情况下，人们认为危险主要来自一个国家；它们也都有积极的崇拜者。

[3] Nietzsche, *The Genealogy of Morality* [1887] ed. Keith Ansell-Pearson (Cambridge, 1994), 25.

采对这种不信任的解释——他宣称，这种不信任代表了"几个世纪以来，欧洲一直带着这种无法消除的恐慌看待金发日耳曼猛兽肆虐"的结果——但许多英国人却感到不安。实证主义的门徒、帝国狂热批判者弗雷德里克·哈里森（Frederic Harrison）于 1880年警告称，"欧洲仍然处于军事戒备状态：每个国家都以怀疑、嫉妒或威胁互相打量着对方"，且和许多同时代的人一样，他认为德国是一个"刀剑帝国"（empire of the sword），"最糟糕的是……空气中充满了它的精神和不安感"。[1] 迪尔克在 19 世纪90 年代早期的著作中写道，以德国为代表的"欧洲军国主义"构成了迫在眉睫的威胁。而布莱斯则把欧洲称为一个即将爆炸的"巨大军营"。[2] 帝国联邦联盟名誉秘书长拉比耶埃赫（Francis de Labillière）警告说，"当我们每天翻开报纸时，不能不考虑并感受到短期内我们很有可能会与欧洲的一个（如果不是两个）强国交战"。[3] 但许多人担心英国对此毫无准备。即便是皇家海军，这个曾经坚不可摧的英国自由捍卫者，自从 19 世纪 80 年代后期也遭遇了一场揭露其缺陷的残酷运动。这并非巧合，因为这场运动正是由直言不讳的帝国联邦主义者——臭名昭著的记者史蒂德

〔1〕 Harrison, "Empire and Humanity," FR, 27（1880），288；以及 Ludlow, "Europe and the War," 650 and 661；及 Ludlow, "Principles and Issues of the War," CR, 15（1870），348-63. 具体语境概述于 Paul Kennedy, *The Rise of Anglo-German Antagonism*, 1860-1914（London, 1982），Parts I-III. 对德国的崇拜在 1851 年至 1870 年间达到顶峰，马修·阿诺德（Matthew Arnold）将这一时期称为"条顿狂热"：Peter Mandler, *The English National Character*（London, 2006），ch. 3。

〔2〕 Dilke, *Problems of Greater Britain*, I, 6；以及 Bryce, "An Age of Discontent," 22。

〔3〕 Labillière, commenting on Graham Berry, "The Colonies in Relation to the Empire," 33；以及 W. E. Forster, "A Few More Words on Imperial Federation," NC, 17（1885），552。

所煽动的。[1]

俄国则是焦虑的另一个来源。由于克里米亚的灾难性战争，³⁸
俄国已经在公众想象中被妖魔化，尤其在 19 世纪 80 年代，俄国
被视为危险的扩张主义者，并意图就印度这个巨大的战利品向英
国发起挑战。一位帝国联邦主义者警告道，"我们应随时准备应对
俄国这样的侵略势力"。[2] "东方问题"使英国的政策制定者和
评论员感到震惊。"阿富汗和中欧"，《双周评论》（*Fortnightly
Review*）在 1880 年对它的读者说，"仍然让英国的观察家们处于
紧张状态，这种状态对我们来说已经成为常态，而且与我们生活
在武装年代这一事实密不可分"。但对俄国意图的恐惧并不局限
于其可能入侵印度。拉比耶埃赫指出，"随着北方巨人向南大步
迈进"，澳大利亚也面临着危险。[3] 对来自欧洲的军事威胁的认
知——无论是以德国政权的好战为由，还是关于欧洲大陆东部遥
远的俄国的扩张——一直是帝国话语的主题。而更大的不列颠被
认为是战略目标的关键：一个洲际政治体的资源和庞大规模将对
潜在对手的野心起到震慑作用。"俄国和德国是支持帝国联邦的
欧洲理由，美国则提供了跨大西洋的论据"。[4]

［1］ Frederick Whyte, *The Life of W. T. Stead* (London, 1925), I, 99-100, 106-
107, 112-13, 145-59. 即便约翰·密尔也担心英国的军事弱点, letter to J. E. Cairnes,
August 22, 1871, *CW*, XVII, 1828-29. 可参见 Andrew Thompson, *Imperial Britain*
(London, 2000), ch. 5; 以及 Bernard Semmel, *Liberalism and Naval Strategy* (London,
1986), ch. 6. Cf. T. H. Farrer, "The Strength of England," *FR*, 23 (1878), 383-403。

［2］ William Greswell, "Imperial Federation" in *England and Her Colonies* (London,
1887), 22; 也见 W. J. Courthope, "Problems of Greater Britain," *NR*, 15 (1890), 444。

［3］ Anon., "Home and Foreign Affairs," *FR*, 27 (1880), 309; 以及
deLabillière, *Federal Britain* (London, 1894), 241。也见 Graham Berry, "The Colonies in
Relation to the Empire," *PRCI*, 18 (1886-87), 6-7。关于英国政治中的"东方问题"，
见 J. P. Parry, *The Politics of Patriotism* (Cambridge, 2006), ch. 7。

［4］ William Greswell, "The Imperial Federation League," *NR*, 14 (1889-90), 196.

　　这种恐惧在一种新的、非常流行的小说写作中得到了强有力的表达：它们对未来战争的爆发和进程进行了详尽叙述。这些小说结合文学、新闻和军事专业知识，通过消费、强调现有政策制定和战略思想的弱点，并运用这些弱点进行威吓，以构建关于未来冲突的打动人心的故事。事实证明，这些故事立刻在公众中获得了成功；最受欢迎的书卖出数万册，并多次再版，同时被翻译成多种语言。它们正如预期的那样充当着一种强有力的政治宣传形式。这样的文学始于中校乔治·切斯尼（George Chesney）的短篇小说《多金之战》（*The Battle of Dorking*，1871），该书预言了一个疲软和自满的英国被一个侵略性的德国击败，并促使格拉斯顿公开谴责这种危言耸听的言论。在1892年出版的一本名为《189—年的战争》（*The War of* 189—）的书籍中，这种体裁达到了其最为复杂的形式。该书通过几名作者的合作叙事，详述了在这场战争中英国因与俄国和法国交战而灭亡。[1]　《黑与白》（*Black and White*）周刊的编辑介绍道，后一本小说是在高度戒备时期的一项重要政治干预。"到处都是战争的谣言。欧洲国家全副武装，随时准备动员。政府认为在不久的将来一定会爆发一场大战，而且这场战争将会在一种全新的、令人吃惊的条件下进行"。[2] 该小说探讨了这些情况，并以此为理由要求加强民族和

---

〔1〕《多金之战》最初于1871年4月发表于《布莱克伍德杂志》（*Blackwood's*），后重印于 I. F. Clarke（ed.），*The Tale of the Next Great War*，1871–1914（Liverpool，1995），27-74。对其所引发的争议的研究见 I. F. Clarke，*Voices Prophesizing War*，2nd ed.（Oxford，1992），ch. 2。《189—年的战争》最初于1891至1892年发表于《黑与白》，后重印于 I. F. Clarke（ed.），*The Great War with Germany*，1890-1914（Liverpool，1997），30-72。对其体裁的分析，见于 Charles Gannon，*Rumors of War and Infernal Machines*（Liverpool，2005），chs. 1-2。

〔2〕"Editorial Introduction," cited in Clarke（ed.），*The Great War with Germany*，30.

帝国的防御。在这些激增的文学作品的主要贡献者中，有一些杰出的更大的不列颠拥护者，包括持帝国联邦主义观点的海军上将菲利普·科洛姆（P. H. Colomb），他组织了《189—年的战争》的撰写团队，迪尔克也在该团队中。另一位帝国联邦主义者阿诺德·福斯特（Hugh Arnold-Forster）在其文学成就的基础上开始了他的政治生涯，尤其是他 1888 年的小说《在指挥塔里》（*In a Conning Tower*）使他吸引了大批欣赏他的受众。[1] 这样的叙述既表达也有助于加剧那个时代的政治恐惧。

对地缘政治弱点的担忧与对经济状况的担忧密切相关。强大竞争国家的崛起恰逢英国贸易和农业的严重萧条时期。[2] 前几代过于乐观的政治经济学家所预言的扩张性的、必然的增长显然没有实现。[3] 至爱德华七世时期关税改革运动（Edwardian Tariff Reform movement）爆发引发分裂时，自由贸易在英国的最高地位才受到严重挑战。然而，新重商主义经济政策在世界范围内的普遍兴起，加之帝国扩张强度的增加，都意味着正如安东尼·浩威

40

---

〔1〕 阿诺德·福斯特《在指挥塔里：我如何带领威严号走向胜利》（*In a Conning Tower; How I Took HMS Majestic to Victory*）一书最初出版于《默里杂志》（*Murray's Magazine*，1888），重印于 Clarke（ed.），*The Tale of the Next Great War*，139–62。阿诺德·福斯特是马修·阿诺德的侄子；这个故事很受吉卜林的赏赞。阿诺德·福斯特曾担任自由党联合派（Liberal Unionist）议员，并最终在贝尔福手下担任战争大臣。海军上将科隆布对帝国联邦的看法很大程度上受到了其弟弟著作的影响，他的弟弟是帝国联邦主义者的领袖约翰·科洛姆（J. C. R. Colomb）。两人在关于海军地位的激烈争论中都是重要人物。

〔2〕 Cormac O'Gráda, "British Agriculture, 1860–1914" in Roderick Floud and Donald McCloskey（eds.），*The Economic History of Britain Since 1700*, 2nd ed.（Cambridge, 1994），II, 145–72.

〔3〕 关于这一条线的抱怨，见 Daniel Grant, *Home Politics*（London, 1870）；以及 Jehu Mathews, *A Colonist on the Colonial Question*（London, 1872）。不出意料，马修斯（Jehu Mathews）最终成了帝国联邦的支持者，"Nature and Need of Imperial Federation," *IF*, 1/4（1886），94–96.

（Anthony Howe）教授所言的"去全球化"（deglobalization）时期的到来。[1] 虽然更大的不列颠（以及帝国联邦）的大多数拥护者仍然支持自由贸易，但是有影响力的少数人认为这种立场不适合新的政治和经济环境。他们要求"公平贸易"，即引入特惠、关税或两者的某种结合，以保护英国和殖民地经济不受日益增长的外国竞争的影响。[2] 在 19 和 20 世纪之交后，自由贸易的支持者和反对者之间的平衡发生了变化；南非战争之后，关税改革的支持者占据了上风。对政治经济学理论基础的分歧是经济失败以及由此产生的对地缘政治后果的恐惧的一种症状。现在看来，当时的疑虑似乎被夸大了；英国经济仍然充满活力并强大。[3] 但它不再是无条件的优势，相对权力的丧失以及对掉队的明显担忧均滋生了恐惧。直观感受是至关重要的。相较于美国经济的超凡增长及活力、德国的关键战略地位和工业实力、俄国咄咄逼人的嚣张气焰，从自身规模事实中寻求安慰对许多英国人而言变得势在必行——他们试图通过将联合王国和其边远殖民地合并成一个强大整体来维持英国的地位。

---

[1] Howe, "Free Trade and Global Order" in Duncan Bell (ed.), *Victorian Visions of Global Order* (Cambridge, 2007). 浩威还将其称为"帝国式全球化"（imperial globalisation）时期。也见 Frank Trentman, "The Strange Death of Free Trade" in Eugenio Biagini (ed.), *Citizenship and Community* (Cambridge, 1996), 219-51。

[2] 关于捍卫自由贸易免遭帝国联邦主张者中的坚定批评者的攻击，见 T. H. Farrer, *Free Trade versus Fair Trade* (London, 1882). 帝国联邦联盟成立了一个委员会以审查公平贸易支持者的建议（例如制定一部统一海关法），其得出的结论是，由于帝国内部存在相当大的地方差异，这些建议并不可行。相关数据汇编于 Sir Rawson W. Rawson, *Sequel to Synopsis of the Tariffs and Trade of the British Empire* (London, 1889).

[3] 1914 年的英国经济仍是世界上最强大的，Floud, "Britain, 1860-1914" in Floud and McCloskey (eds.), *The Economic History of Britain Since* 1700, II, 1.

## 民主与帝国的道义经济

国内的、国际的和帝国的政治力量相互作用，促成了一种焦虑的反馈回路，而这一回路只会加剧人们对急剧下滑的恐惧。作为一种早期的实践和鼓舞人心的愿景，民主形塑了一种政治意识。一方面，这种意识产生了对一个处于变革边缘的世界的疯狂幻想，不论这种幻想是好是坏；另一方面，它也产生了对社会和政治生活大多数领域的影响的更清醒评估。兴奋常常被焦虑所取代：民主希望的破灭是 19 世纪最后几十年智识生活的最典型特征之一。[1] 与之相伴的一种笼统的、尽管定义不明确的看法，即变革在所难免；正如托克维尔所指出的那样，民主改革进程一旦获得动力，就不可能停止。[2] 这似乎就是"文明"世界的命运。尽管出于不同的原因，自由党和保守党经常联合起来表达他们对未来的担忧。[3] 以白芝浩为代表的辉格党审慎派（whiggish prudence）的强大残余势力在这场旷世辩论中脱颖而出，因为代表利益总比代表个体更好。[4] 对许多"先进的自由党人"而言，民主本身并不是问题所在——事实上，他们在鼓励民主在整个政治机体的转变方面表现突出——不确定性才是问题，它使得判断

<sup>41</sup>

---

〔1〕 Christopher Harvie, *The Lights of Liberalism* (London, 1976), ch. 8; Christopher Kent, *Brains and Numbers* (Toronto, 1978), 142 – 51; Mandler, *The English National Character*, ch. 4.

〔2〕 Tocqueville, *Democracy in America*, trans. Henry Reeve (London, 1862), I, 50.

〔3〕 当然，有许多人对这些进展表示欢迎，见如 Richard Ashcraft, "Liberal Political Theory and Working–Class Radicalism in Nineteenth–Century England," *PT*, 21 (1993), 249–72。

〔4〕 Bagehot, *The English Constitution*, ed. Paul Smith (Cambridge, 2001 [1867]).

民主对英国政体的影响变得异常困难。正如希里在 1870 年所写，"有些事情已经发生，但我们还不知道是什么；我们已经看到了闪光，但还没有收到报告"。[1] 这既是一个纯粹的政治问题，也是一个认识论问题。革命的幽灵萦绕在英国的政治想象中，1848 年欧洲大陆的动荡在当时仍是鲜活的记忆。也许一切都会好起来；但人们担心，在最坏的情况下，曾经让英国强大起来的制度和信念会瓦解。人们经常声称，英国宪法的精心调校的精密引擎避免了陷入混乱。该国的道德和文化基础在那时是否受到民主的"均平"（leveling）和物质主义思潮的威胁？1884 年的《第三部改革法》（The Third Reform Act）更是加重了这一不祥的预感。尽管妇女（以及高达 40% 的成年男子）在第一次世界大战爆发时仍被剥夺投票权，但人们普遍认为这个国家终于进入了民主时代。[2]

42
　　担忧产生于民主之扩大可能对政治稳定造成潜在的破坏性甚至是灾难性的影响，且这种担忧与对国际环境恶化的关切不可分割地联系在一起，因为一个内部弱小的国家将很难面对外国竞争者的挑战。更大的不列颠的愿景至少在部分上是一种为减缓这种复杂恐惧的回应。当自由党中的悲观情绪与保守党更为传统的悲观主义相结合时，就为殖民地联合运动提供了一个强大平台。尤其是作为政治主流的自由党和保守党都生活在对"社会主义"的

---

〔1〕 Seeley, "The English Revolution of the Nineteenth Century," *MM*, 22 (1870), Part I, 241.

〔2〕 这些数字来自于 Jose Harris, *Private Lives*, *Public Spirit* (Harmondsworth, 1994), 13-17。

恐惧中，"社会主义"就是他们声称的"自由、稳定和进步的敌人"。[1] 正是在这种背景下，赫伯特·斯宾塞在 1891 年警告说，美国正从"自由走向奴役"。两年后，法学家戴雪抱怨道，"即便不是作为一种教义，社会主义的情绪也已从学者的研讨转移到老百姓的客厅，从大街上人们的议论转移到议会议员的演讲"。[2] 它迅速渗透到整个社会。社会主义威胁着要侵蚀爱国主义，尤其是对宪法的忠诚，而正是这种忠诚维系着维多利亚时代的许多政治和知识分子精英。

著名诗人、文学家、保守党帝国联邦主义者威廉·考特霍普（W. J. Courthope）警告说，"政治的最高权威现在已经转移到了工人阶级手中"。[3] 他认为，由于政治格局的这种转变，在讨论帝国的未来时必须考虑工人阶级的观点和意见。一位作家于 1884 年在保守党的《评论季刊》中将帝国联邦标签为一个"宏伟而高贵的梦想"，并提出公民权的扩展对帝国而言是一种威胁，因为投票权被交到"许多对帝国毫不关心的人手中，而且从他们的地位和知识来看，他们无法对涉及帝国利益的问题发表有价值的意见"。他认为，一个联邦帝国将"保护我们免受一人暴政的危险，

---

〔1〕 然而，19 世纪晚期的"社会主义"是一个模糊的术语。其用法见如 J. E. Thorold Rogers, "Contemporary Socialism," *CR*, 47 (1884), 52. 关于维多利亚时代晚期社会主义的性质的更为公正的叙述，见 Emilede Laveleye, "The Progress of Socialism," *CR*, 43 (1883), 561–82. 相关论文可见 Gregory Claeys and Gareth Stedman Jones in Claeys and Stedman Jones (eds.), *The Cambridge History of Nineteenth-Century Political Thought* (Cambridge, 2007).

〔2〕 Spencer, "From Freedom to Bondage" [1891] in Spencer, *The Man Versus the State*, ed. Albert Jay Nock (Indianapolis, 1982), 487–518; 以及 Dicey, "Alexis de Tocqueville," *NR*, 21 (1893), 776. 也见 Goldwin Smith, "The Organization of Democracy," *CR*, 47 (1885), 319.

〔3〕 Courthope, "Problems of Greater Britain," *NR*, 15 (1890), 434.

而开放的抑或含蓄的民主都易遭受这种危险"。[1] 查尔斯·达菲（Charles Gavan Duffy）曾是爱尔兰的一名激进分子，后来成为维多利亚时代的一名殖民地政治家。他在 1890 年提出，帝国联邦的政治机制可能会被证明是抑制英国乃至整个殖民帝国平民主义民主（populist democracy）最糟糕情况的有效工具。一个联邦政治体系需要两个议院的运作，一个为帝国处理战争与和平、商业关系和外交等重大问题，另一个则处理更为一般的地方事务。他继续将这种体系与已经在法国和美国运行的体系进行比较。"法国和美国这两个伟大的共和国中的粗糙理论异常丰富，但双重选举足以将粗糙的理论和愤怒的偏见排除在国家参议院之外。而如果假定在威斯敏斯特的双重选举会像在这两个国家一样有效，这样对公众信心的压力是否过大？"[2] 他指出，精心校准的制度设计可以消除新获得公民权的人们的能量和偏见，他们的"粗糙理论"经由一个有效的政治联邦机制会变得无害。

　　帝国联邦联盟成立于 1884 年并非巧合。越来越明显的是，更大的不列颠的支持者必须吸引尽可能多的选民，或者他们至少必须以整个社会的名义发声，人们——全球的英国人——必须被说服。这需要一个组织根据地和一个鼓动平台。迈克尔·伯吉斯认为帝国联邦联盟从未明确努力接触工人阶级。[3] 尽管在制度上确实如此，且至少他们从未有组织地就此问题展开系统行动，但值得注意的是许多帝国主义者（包括其中最为著名的）认为，说服工人阶级相信更大的不列颠惠及每个人是必要的。希里、弗劳

---

〔1〕 ［William Greswell］, "England and Her Second Colonial Empire," *QR*, 158 (1884), 159 and 152; 以及 Greswell, "Imperial Federation," 38。

〔2〕 Duffy, "Some Fruits of Federation," *IF*, 5/3 (1890), 68.

〔3〕 Burgess, "The Imperial Federation Movement in Great Britain," 143-44.

德和罗斯伯里等人强调了动员工人支持的重要性。[1] 且即使人们对民主的意外后果的担忧发挥了强大作用，这一作用也没有在产生、塑造和维持更广泛辩论方面影响对工人的动员。这种关切既反映在对国家教育计划的持续要求之中，这些教育计划的重点在于强调殖民地联合的好处；也反映在对整个移民殖民地地区系统移民政策的持续要求之中。与人们对冷漠的抱怨相呼应的是，一位联合主义者曾写道："工人们对我们殖民地的现在和未来漠不关心，但他们需要接受教育，让他们知道自己遗产的真实价值。"[2] 而这些措施之所以必要，是因为他们有了新的政治角色。许多更大的不列颠的倡导者努力使工人阶级相信联合的帝国的各种好处（或者至少使他们自己相信工人会受益）。1884 年，罗斯伯里在工会大会（Trades Union Congress）上发表演讲，他为劝服人们信仰帝国联邦，宣称工人阶级的移民问题"比现在正在搅动这个国家的公民权问题更重要"，殖民地联合是英国面临的最紧迫问题。[3] 然而，联合计划最终未能吸引大众，这可被认为是联合主义者夹杂了无知和一厢情愿的自满情绪的结果。沃格尔宣称，"成年工人阶级很大一部分对殖民地怀有崇高而神秘的敬意"。罗恩侯爵（Marquis of Lorne）再次没有引用任何证据地声

〔1〕 See "Sir John Seeley and National Unity," letter quoted by H. F. Wilson, *Cambridge Review*, 16 (1895), 197; Seeley, "Political Education of the Working Classes," *MM*, 36 (1877), 143-45; 以及 Froude, "England and Her Colonies," 16. 另见一位匿名作家的三篇短文，"What We Offer to the Working Classes," in *IF*, 1/2 (1886), 50-51; *IF*, 1/3 (1886), 77-78; 及 *IF*, 1/4 (1886), 105-106; 以及 William Macnaught, *Federation of the Empire... Especially Written for the Working Classes* (Liverpool, 1887).

〔2〕 [L. J. Jennings], "Travels in the British Empire," *QR*, 162 (1886), 466.

〔3〕 Rosebery, speech to the Seventeenth Trades Union Congress, 11 September 1884, reprinted in George Bennett (ed.), *The Concept of Empire* (London, 1953), 289-90.

称"工业阶级中的手工业工人"对帝国联邦表现出极大的热情。[1] 他们在意识到工人阶级支持必不可少后,就简单地认为工人阶级的支持已经得到了保证。这种自满情绪有助于解释帝国联邦联盟参与的积极动员活动很少以及这场运动的最终失败。

为了保证民主的安全,有人认为,民主必须以英国政治美德的智慧为条件,并嵌入到既拯救英国免于革命、又推动它在世界政治中占据主导地位的制度体系中。对社会是由自身利益维系还是由更广泛的社会连带关系维系,维多利亚时代的政治思想家们持不同意见。[2] 尽管他们的观点很少像他们的对手声称的那样狭隘,但许多政治经济学家认为,这个问题的答案主要在于(自身)利益的并非有意的影响。[3] 这种立场遭到了部分人的猛烈抨击,他们认为其灌输了享乐主义精神,预示着集体价值观和个人美德的毁灭。正如人们经常宣称的那样,民主的传播只会助长这种关于享乐主义的观点。帝国话语反映并加深了这种分歧。事实上,所有支持更大的不列颠的论点同时强调了经济和政治利益的重要性,以及更无形的种族民族性联系及情感联系。尽管两者之间的平衡在个体之间差异较大,但后者主导了辩论。帝国话语中充斥着关于盎格鲁-撒克逊人的血脉、文化和历史纽带的多愁善感的诉求,但更有趣的是,它正是由关于这种多愁善感的政治功效的争论构成的。经济和政治"理性"的冷酷逻辑被忽略,或者至少被质朴的情感诉求所淹没。"无论愤世嫉俗者如何言说,统治世界的动力毕竟是人心,而不是大脑",一位激进的联合主

---

〔1〕 Vogel, "Greater or Lesser Britain," 816; 及 Lorne, *Imperial Federation*, 11。

〔2〕 H. S. Jones, *Victorian Political Thought* (Basingstoke, 2000), 43–44.

〔3〕 Emma Rothschild, "Political Economy" in Claeys and Stedman Jones (eds.), *The Cambridge History of Nineteenth Century Political Thought*.

义者写道。福斯特对此表示赞同："情感从一开始就统治着世界；此外，历史告诉我们一个值得注意的事实：只要有一种深厚的、普遍的和强大的民族情绪，几乎肯定会找到支持它的强大经济和物质基础。"[1] 尤其是，情感经常被认为为爱国主义提供了催化剂，且鉴于将英国和殖民帝国联系在一起的宪法纽带之脆弱，这种爱国主义的力量（以全球人民的概念为前提）才是未来合并的关键。"爱国主义"，弗劳德宣称，"也许是情感主义，但它是一种根植于每一个强大民族的情感主义，也是促进这个民族凝聚和成长的原则"[2] 更大的不列颠的批评者认为这是其对手的一个关键弱点，而许多主张这一观点的人则认为这是一种优势；忽视或贬低心灵的诉求意味着失去了全球政治体——实际上是政治本身——的基石。

尤恩·格林（E. H. H. Green）认为，经济因素影响了关于帝国联邦的争论，正如后者之于关税改革的争论一样。[3] 尽管很重要，但这夸大了两者间的连续性，同时也低估了非经济因素的作用。维多利亚时代的一些殖民地联合主义者确实遵循了主要的

---

〔1〕 Anon. , "The Federation of the British Empire," *WR*, 128（1887），492（原文为斜体）；以及 Forster, "Imperial Federation," *NC*, 17（1885），205。也见 Dilke, *Problems of Greater Britain*（London，1890），I，458-59；以及 A. V. Dicey, *Lectures on the Relation Between Law and Public Opinion in England During the Nineteenth Century*（London，1905），459。另一种观点强调利益优先、淡化殖民情感，见 John Morley, "The Expansion of England," *MM*, 49（1884），254-57。

〔2〕 Froude, "England and Her Colonies," *FM*, 1（1870），6. 也见 Forster, "Imperial Federation," 216；及 Seeley, "Our Insular Ignorance," *NC*, 18（1885），868-70。

〔3〕 Green, "The Political Economy of Empire, 1880-1914," *OHBE*, III, 346-71；及 Green, *The Crisis of Conservatism*（London，1995），35-41。关于支持和反对帝国的经济学观点，见 John Cunningham Wood, *British Economists and the Empire*（London，1983）；Donald Winch, *Classical Political Economy and Colonies*（London，1965）；以及 Bernard Semmel, *The Rise of Free Trade Imperialism*（Cambridge，1970）。

经济推理路线，关注密切合作的物质利益。这有时会导致人们呼吁重新考虑经济政策（特别是自由贸易）的原则，尽管这些要求通常被置若罔闻。几乎没有人支持关税同盟，只有些许人士支持特惠待遇，且更大的不列颠（实际上是帝国联邦）的大多数支持者仍然是自由贸易主义者，至少在 19 和 20 世纪之交之前依然如此。有关殖民地联合最新颖的经济理由由一个新兴的"历史经济学家"（historical economist）学派提出，这个学派包括威廉·阿什利（W. J. Ashley）、威廉·坎宁安（William Cunningham）、威廉·休斯（W. A. S. Hewins）和朗福德·普赖斯（L. L. Price）。一些主要的历史经济学家对新古典经济学的抽象演绎方法持批评态度，并出于对社会改革的关注而支持帝国联邦。他们认为帝国是制定经济和社会政策、维护英国权力和威望的最合适单位。但他们内部分歧凸显了在帝国的经济原理上存在的更广泛分歧。例如，坎宁安一直是"世界主义"自由贸易帝国的倡导者，但他在1903 年加入了其他行列并支持张伯伦的关税改革运动。和他的许多同行一样，他的关键转折点是南非战争。[1] 再加上殖民地领导人对雄心勃勃的政治计划明显缺乏热情，这就导致了向一种非宪法性的联合愿景的转向；重点日益转向经济效率和协调问题，以及非正式联系的加强。[2] 但即便如此，经济争论也与道德考

---

〔1〕 Gerard M. Koot, *English Historical Economics*, 1870-1926（Cambridge, 1987），99, 118-19, and 151. 也见 Green, *The Crisis of Conservatism*, 162-63 and 176-83；以及 Bernard Semmel, *The Liberal Ideal and the Demons of Empire*（Baltimore, 1993），ch. 4。

〔2〕 迪尔克在 1899 年记录了这种转变的开始，*The British Empire*（London, 1899），11。

量交织在一起，渗透着对性格、荣耀和美德的关注。[1] 然而，维多利亚时代的大多数殖民地联合主义者认为，主要关注"物质主义"问题与真正的帝国情感背道而驰。因此，更大的不列颠的主张需要被理解为有关转型时代英国未来更广泛辩论的一个元素。

## 移民与社会问题

对英国政治秩序的两种主要担忧交织于殖民地联合的辩论中。第一种是关于马尔萨斯人口论的日益增长的偏执信念，其将注意力集中在人口过剩和贫困问题上，认为这是拖累英国经济下滑的两大因素；第二种是对社会主义危险的担忧。后者通常被视为是对前者造成的社会经济学环境的政治回应。根据这一图景，英国正被一群不断扩大的不幸人群所困扰，他们中的严重不安（最坏的情况下即为革命）或将增加。希里在《英格兰的扩张》中指出，国内"可怕的"人口压力"引发了最焦虑的政治学"。[2] 全国促进国家指导殖民协会（National Association for Promoting State-Directed Colonization）主席布拉巴松勋爵（Lord Brabazon）警告道，"疾病已到危机的地步，一些更好或更坏的改变必然发生；而更坏转变的发生将造成社会灾难！如果要避免一场社

---

〔1〕 Peter Cain, "Empire and the Languages of Character and Virtue in Later Victorian and Edwardian Britain," *MIH*, 4 (2007). 对张伯伦而言，情况一向如此；见如他的演讲 "Relations with the United States and the Colonies," Devonshire Club, April 9, 1888, in Charles W. Boyd (ed.), *Mr Chamberlain's Speeches* (London, 1914), I, 322. 我在最后一章将会回到这个问题。

〔2〕 Seeley, *The Expansion of England*, 297. 也见 Patrick H. W. Ross, *Federation and the British Colonies* (London, 1887), 29.

会革命，就必须制定一些措施来救济受苦的人类"。1883 年，帝国联邦主义者威廉·格瑞斯韦尔（William Greswell）主张，英国需要"最大限度地利用我们所拥有的有限区域，并在面对贫穷、竞争以及人口快速增长的弊端时保持我们在世界各国中的地位"。[1] 以上多重挑战的影响是巨大的。这一时期标志着一个从平衡时代向焦虑时代的转变。矛盾的是，此时正是英国全球影响力达到巅峰的时刻。

希里坚持认为，"整个移民问题都能以可以想象得到的、最接近帝国联邦的方式来解决"，他主张，除贸易外，移民也是更大的不列颠的"巨大联合力量"之一。[2] 据其主张，移民数量的提高会带来两项直接的好处。首先，它将扩大各个殖民地的人口，增加它们自身的活力，并增强整个更大的不列颠的军事实力和经济生产力。其次，它将有助于缓解英国过度紧张的劳动力市场的压力，从而有助于消除新近（或即将）获得选举权的工人阶级中可能出现的骚乱根源。弗劳德于 1870 年发表的一篇激情洋溢的文章中着眼于整个殖民帝国内移民的必要性，坚称"这主要是对工人们的担忧"。其中最重要的一个原因是，通过"减轻国

48

---

〔1〕 Brabazon, "State – Directed Colonization," *NR*, 9（1887），525；以及 Greswell, "Imperial Federation," 6。第 12 代米斯伯爵布拉巴松是一位著名的慈善家。关于 19 世纪 80 年代"社会问题"的回归，见 Jose Harris, *Unemployment and Politics*（Oxford, 1972）。

〔2〕 Seeley, "The Journal of the League," 4. 也见 Seeley, "The Object to be Gained by Imperial Federation," *IF*, 1/6（1886），206；Seeley, "Introduction" to *Her Majesty's Colonies*,（London, 1886），x and xxii – iii；Seeley, "The Eighty – Eights," *Good Words*（1888），380；[Robinson], "The Future of the British Empire"；Froude, "England and Her Colonies"；Forster, "Imperial Federation," *NC*, 17（1885），201 – 18；de Labillière, *Federal Britain*；Cunningham, *A Scheme for Imperial Federation*, 64；以及 Parkin, *Imperial Federation*。

内压力可以结束主人和仆人之间的战争，解决工会永远无法解决的劳工问题"。[1] 在另一篇早年文章中，詹金斯抱怨道，无论是自由党还是保守党，都没有成功地解决当时英国政策——无论是外交政策还是国内政策——的"飘忽"（drift）。他嘲笑道，两党均"在这里的议会改革旋风中来回打转，在那里又被爱尔兰的狂风吹离轨道，随后再盘旋于德法的暴风，最后呆呆地看着俄国刮来的东北狂风"。英国已经"过载"，且如果帝国联邦的重要性没有被认识到，如果帝国因此分裂，那么"我们只能依赖自身，在国内解决这些问题，即使我国人口的日益外流似乎为这些问题提供了最健康的解决办法。"作为回应，詹金斯建议建立一个超议会联邦，给予所有成员平等的公民权，并由帝国参议院管理。其中，"'母国'和'殖民地'之间的想象中的区别将会消失"。[2] 在皇家殖民地学会的创立会议上，阿尔弗雷德·丘吉尔勋爵（Lord Alfred Spencer Churchill）指出："我们被贫民压得喘不过气，他们在各个方面牵扯我们的精力。"皇家殖民地学会的副主席也指出了人口过剩的危险。对这两位而言，这个问题都是新组织关心的核心问题之一，这是一个比过去任何时候都迫切（如果不是尤其迫切的话）的问题。[3] 对民主的焦虑困扰着这些辩论，不仅因为人口太多而招致不满，而且越来越多的人将有资格投票，这可能会导致灾难。沃格尔指出了真正的危险所在，他警告说，"有产"阶级"最珍视的制度的维持、秩序的安全，以及他们的土地和家庭财产的安全，依赖于将殖民地作为国内剩余人口的输

---

〔1〕 Froude, "England and Her Colonies," 16.

〔2〕 [Jenkins], "Imperial Federalism," *CR*, 16 (1871), 165; [Jenkins], "An Imperial Confederation," 69 and 70; 以及 [Jenkins], "Imperial Federalism," 178。

〔3〕 Comments, *PRCI*, I (1869-70), 47; 及 Alexander Galt, "The Relations of the Colonies to the Empire," 393。

出地"。[1] 夸张的人口预测往往助长了这些担忧。例如，福斯特提出英国的人口将从 1871 年的 3150 万增加到 1950 年的 6300 万，这将给有限的可用空间带来巨大的压力。在同一时期，殖民地的人口将从 680 万增加至 8200 万，较本土增长速度将快很多，但由于它们的巨大空间，福斯特认为"仍有无限增长的空间"。[2] 为减轻国内日益增加的压力，并利用不断扩张的殖民地的潜力，系统性移民和殖民地联合至关重要。

最重要的是，社会主义的"危险"潜藏在巨大的工业城市中——那些超级现代化的空间同时也是危险、兴奋和活力的来源，是维多利亚时代想象力的核心。自由党议员罗伯特·麦克菲（Robert Macfie）警觉地注意到城市居民身体状况的不佳，并主张（联合成一个帝国联邦的）殖民地可以作为一个合适的出口，他在 1870 年警告道，日益增加的外国竞争只会使问题恶化。[3] 因此，他成功地将对外国进步的恐惧与对英国衰落的恐惧融合，并巧妙地概括了帝国焦虑文化的动态。十年后另一位自由党议员威廉·托伦斯（William Torrens）断言，"即便是王国的一个地区或一部分地区的人长期处于不满、贫困和绝望的状态，他们也不可能不成为王国其他部分或其他地区比他们处境好的人的危险、痛苦与堕落的源头"。斯蒂芬·伯恩（Stephen Bourne）认为，城市正在培育一个"衰弱而堕落"的下层社会，而格瑞斯韦尔则坚持认为，这个"过度拥挤"的国家"面临着无尽的社会困境"，而

---

〔1〕 Vogel, "Greater or Lesser Britain," 820.

〔2〕 Forster, *Our Colonial Empire* (Edinburgh, 1875), 13 and 16.

〔3〕 Macfie, "On the Crisis of the Colonies," *PRCI*, 3 (1871–72), 5.

这预示着"民族的极度危险"。[1] 1886 年，一位名叫弗朗西斯·德·温顿（Francis W. de Winton）的上校警告道，人们源源不断地离开这个国家向外国移民不足以平息未来的麻烦。他继续说道：

> 向外国移民并无力抑制已经在我们民族生活中表现出来的腐烂细菌；也无法破坏以饥饿、缺乏工作或放弃希望为养料的社会主义的发展。衰落的毁灭性影响导致了绝望，而这一绝望又增加了不满，我们最终会感到惊讶，因为忍饥挨饿的男男女女将怀着强烈的仇恨和愤怒，转而报复、撕裂和摧毁他们生活在其中的体制。

在一系列的压力下，工人阶级将"在不久的将来"被推到"社会主义的手中"。这个问题似乎很严峻。工会活动家乔治·波特（George Potter）在保守党的《国家评论》（*National Review*）中警告道，劳动力市场的境况是"对国家的威胁"。原因很简单："一种最强烈的愤慨开始在那些迄今为止一直在痛苦中沉默的人们的胸中激荡。"[2] 这一形象既是一种警告，也是一种诉求，并 50

---

[1] Torrens, "Imperial and Colonial Partnership in Emigration," *PRCI*, 12 (1880–81), 180; Bourne, "Extended Colonisation a Necessity to the Mother Country," *PRCI*, 11 (1879–80), 23; Greswell, "Colonization and the Friendly Societies," 689. 也见 Torrens, "Transplanting to the Colonies," NC, 9 (1881), 536–56。

[2] Winton, "Practical Colonisation," *PRCI*, 18 (1886–87), 309; 以及 Potter, "Imperial Emigration," NR, 1 (1883), 204. 波特不是保守党人，但杂志编辑邀请他投稿，因为他们认为读者应该接触到这样的观点。他是支持移民的伦敦工人协会（London Working Men's Association）的领导人。《国家评论》杂志支持帝国联邦运动，NR, 4 (1884–85), 365。保守党在这个问题上的倾向见 William Fielding, "Imperial Migration and Settlement," NR, 8 (1886–87), 777–95。

引起了许多更大的不列颠支持者的共鸣（甚至是恐惧）。国际环境的恶化、经济的萧条、选举权的扩张、城市化，所有这些结合在一起，酝酿着一场强劲的风暴。

大多数殖民地联合主义者似乎赞成给予相当高水平的国家援助以帮助移民，费用包含交通费用以及部分的定居成本。[1] 移民的支持者可以利用大量的理论来支持他们的论点，因为在整个 19 世纪，政治经济学家一直强调殖民的经济价值。尽管詹姆斯·密尔和马尔萨斯对往殖民地移民的益处一直持怀疑态度，但从 19 世纪 30 年代开始，这种观点开始转变，爱德华·韦克菲尔德（Edward Gibbon Wakefield）、纳索·西尼尔（Nassau Senior）、罗伯特·托伦斯（Robert Torrens）和赫尔曼·梅里维尔（Herman Merivale）等人均支持获取并保有殖民地。[2] 在约翰·密尔的《政治经济学原理》（*Principles of Political Economy*，1848）中，他主张在"哲学家立法者"的明智指导下，应进行国家干预以支持殖民。他认为，这样做非常重要，应独立于它可能产生的任何物质利益而进行，但应以健全的社会经济理论为基础。

政府干预殖民事业的问题涉及文明本身的预期利益

---

〔1〕 关于一众观点的示例，见 Burrows, "Imperial Federation," 379；comments, *PRCI*, Ⅱ（1870-71），117-53；Frederick Young, "Emigration to the Colonies," *PRCI*, 17（1885-86），369；Walter Hazell, "Practical Means of Extending Emigration," *PRCI*, 19（1887-8），48-64；William Gisbourne, "Colonisation," *PRCI*, 20 （1889-90），53-69；以及 Fielding, "Imperial Migration and Settlement"。关于这一立场的不同意见，见如 Winton, "Practical Colonisation"。

〔2〕 Senior, *Remarks on Emigration* （London, 1831）；Senior, *An Outline of a Science of Political Economy* （London, 1836）；Torrens, *Colonisation of South Australia* （London, 1835）；Torrens, *Self-Supporting Colonization* （London, 1847）；以及 Merivale, *Lectures on Colonisation and Colonies*, 2 vols. （London, 1841）。

及永续利益，远远超出了只涉及经济方面的相对狭窄的考量。但是，即使只考虑经济因素，将人口从地球表面人满为患之地迁移到无人居住之地也是一项具有显著社会效益的工作，它最需要政府的干预，同时也最好地回报了政府的干预。[1]

理论观点得到了实践发展的支持；帝国主义者不是在徒劳地呐喊。毕竟，那是一个大规模移民的年代：从 19 世纪 40 年代至 20 世纪 30 年代，英国每年因向外移民而流失的人数比通过向内移民而增加的人数还要多。移民的高峰期在 19 世纪 70 年代和 90 年代，此时关于更大的不列颠命运的争论正如火如荼。[2] 此外，移民是工会工人非常重视的问题，且直到 20 世纪晚期，工会才开始支持政府资助的移民，这被认为是改善工人阶级困境的一种方式。[3]《帝国联邦》的一名通讯员认识到其预示的可能性，认为互助会（Friendly Societies）和工会可能对联邦运动产生很大的

51

---

〔1〕 Mill, *Principles Political Economy*, *CW*, III, 963.

〔2〕 这些高峰期的具体时间，见 Harris, *Private Lives*, *Public Spirit*, 44。移民的总体情况可参见 Marjory Harper, "British Migration and the Peopling of the Empire," *OHBE*, III, 75–88；以及 Colin G. Pooley and Jean Turnbull, *Migration and Mobility in Britain since the Eighteenth Century* (London, 1998), 276。

〔3〕 Charlotte Erickson, "The Encouragement of Emigration by British Trade Unions, 1850–1900," *Population Studies*, 3 (1949), 248–73; Pamela Horn, "Agricultural Trade Unionism and Emigration, 1872–1881," *HJ*, 15 (1972), 87–102; 以及 Howard L. Malchow, "Trade Unions and Emigration in Late Victorian England," *JBS*, 15 (1976), 92–116. 在国家移民援助协会（National Emigration Aid Society）和工人移民协会（Working Men's Emigration Society）联合之后，国家移民联盟（National Emigration League）于 1870 年成立。1869 至 1870 年爆发了首次但短暂的骚乱，19 世纪 80 年代在全国促进国家指导殖民协会（National Association for Promoting State-Directed Colonisation, 成立于 1884 年）的支持下爆发了一场更为强力且持续的骚乱。见 Malchow, *Population Pressures* (Palo Alto, 1979). Cf. Porter, *The Absent-Minded Imperialists*, 27–30。

推动作用。它们不仅已经支持移民的想法，而且可以利用一个跨大陆机构网与个人联系网来促进移民。[1] 这是许多帝国主义者希望建立的一种态度（以及一种组织基础），尽管他们最终未能成功地为他们的（多项）计划动员必要的支持力量。总而言之，没完没了地重申阶级和谐和殖民地联合的必要性是一回事，而真正去做确保阶级和谐和殖民地联合的必要工作是另一回事，即使这是可能实现的。

与维多利亚时代的其他政治思想一样，个人和集体的性格问题几乎是所有更大的不列颠不同愿景的核心。[2] 殖民地联合主义者常说，英国的爱国美德受到了庸俗的商业利己主义和堕落的、非道德的伦理威胁——我将在第 5 章中论述，这两者的结合导致长期存在的公民人文主义（civic humanist）主题被反复讨论。从广义上讲，这与工业资本主义的转型特质有关，也与政治精英和知识分子所想象的工人阶级和中等阶级转变方式有关。在 18 世纪，人们普遍认为，由于过着艰苦、粗糙的农业生活，较低"阶级"身体健康且强壮。这些身强体壮的农民被描绘成国家的脊梁。然而，随着城市化的深入，制造业创造了越来越多的就业机会，导致大量人口迁移到市镇，工人阶级的形象也随之改变。[3] 工人们的身体成了恐惧的对象，同时也是家长式理想的

〔1〕 Anon. , "Working Men Federationists," [ sic ] IF, 2/9 (1887), 205-26. 也见 William Greswell, "Colonization and the Friendly Societies," NR, 11 (1888), 685-700。

〔2〕 关于性格的作用，尤其见 Stefan Collini, Public Moralists (Oxford, 1991), ch. 3; H. S. Jones, Victorian Political Thought (London, 2000), ch. 2; 以及 Mandler, The English National Character。

〔3〕 关于国内人口流动，见 David Feldman, "Migration" in Martin Daunton (ed. ), The Cambridge Urban History of Britain (Cambridge, 2000), III, 185 - 207; 及 R. J. Morris, "Urbanization" in Morris and Richard Rodger (eds. ), The Victorian City (London, 1993), 43-73。

投射之处。经过查尔斯·狄更斯（Charles Dickens）的精巧剖析以及查尔斯·布斯（Charles Booth）的仔细调查，城市残酷的现实生活使得"大众"形象呈现出更多样化的色彩。繁荣而受人尊敬的工匠阶级——受国家援助的主要殖民活动对象——的形象与更危险的（下层）阶级的形象共存，后者通常被认为与生活腐烂、疾病缠身等公共卫生术语相联系，因此构成对"清洁"（hygiene）政治机体的挑战。[1] 他们不再吃苦耐劳且令人敬佩，而是在不断衰退、堕落。在《民族生活与民族性格》（*National Life and Character*，1893）一书中，查尔斯·皮尔森（Charles Pearson）甚至宣称，城镇中日益普遍的停滞，部分是由于缺乏进一步殖民地球的意愿（和空间）。[2] 总是持怀旧主义的弗劳德认为城市化是国家迫在眉睫的危险。像所有城市一样，伦敦充斥着"谎言和苦难"，而国家的农业实力正在灾难性地衰落。不仅工人阶级的一部分人更为频繁地酗酒、堕落，而且人民身体的强健能力也受到了无情的打击。[3] 农业的理想已然变为了它的对立面——肮脏的城市和贫困潦倒的乡村的可怕混合体。

在联合的帝国内进行移民将解决一个至关重要的现实问题，在解决过程中也将号召和加强国家强盛所必需的美德。殖民的目的是"从物质上促进智力提升和道德进步"；毕竟，"从远古时代

53

---

〔1〕 Gareth Stedman Jones, *Outcast London* (Oxford, 1971); Daniel Pick, *Faces of Degeneration* (Cambridge, 1992), PartIII; 以及 Mandler, *The English National Character*, ch. 4。从 19 世纪 30 年代开始，这种严酷的形象就被用于促进移民：Robert Grant, *Representations of British Emigration, Colonisation, and Settlement* (London, 2005), ch. 6。对城市贫民的看法也受到了来自帝国遭遇的种族比喻的影响，尤其是在印度：John Marriott, *The Other Empire* (Manchester, 2003)。

〔2〕 Pearson, *National Life and Character* (London, 1893).

〔3〕 Froude, "England and her Colonies," 9–14.

起，男人和女人们总是需要一定的自我牺牲和勇气来根除旧的思想和联系，并面对未知的新世界"。[1] 由自力更生和自我控制界定的坚强而"健康"的性格，将通过从工业贫民窟到边疆地区的环境转变来锻造，因为性格和环境交织于维多利亚时代政治思想错综复杂的辩证关系中；人的性格由环境塑造，但好的性格能够应对苛刻的环境。"这与盎格鲁-撒克逊人的性格非常一致，从逆境中繁荣发展，在战胜考验和困难的过程中获得昌盛"。[2] 殖民地恰恰提供了这样一个挑战和改革的机会。加拿大高级专员亚历山大·高尔特（Alexander Galt）用颂词鼓励潜在移民："在广袤的西部大草原上，自由农场正等着你——让你摆脱过去的忧虑和烦恼，获得诚实劳动的回报、舒适的家庭，不用为在你周围长大的孩子们担心。"[3] 可怜的城市贫民受到社会主义的诱惑；而充满了帝国爱国精神的殖民地生活则为他们提供了蜕变为顽强独立的殖民者的机会。

布拉巴松发现穷人被教会读写以及"思考"，且如果"这些生活必需品匮乏的人们被灌输这样的想法，即他们的生存条件并非不可避免，那么过不了多久他们就会愤怒而起，并使他人感受到影响"。从萧条的农村涌入已人满为患的城市的工人必须被转移；理想的情况是，"这股强壮健康的生命之流可以在与城市污水

---

〔1〕 John Robinson, "The Social Aspect of Colonisation," *PRCI*, 1 (1869), 152；及 [Greswell], "England and Her Second Colonial Empire," 138。

〔2〕 Bourne, "Extended Colonisation a Necessity to the Mother Country," 25.

〔3〕 Galt, "The Future Destiny of the Dominion of Canada," *PRCI*, 12 (1880-81), 107. 关于有关澳大利亚的类似观点，见 Lord Brassey, "On Work and Wages in Australia" in Arthur Loring and R. J. Beadon (eds.), *Papers and Addresses by Lord Brassey* (London, 1894), 235-37。

坑接触和混合而受到污染之前被引导进殖民地"。[1] 他最后提请大家注意有许多知名人士表示支持该计划,这些人士包括罗斯伯里、希里和弗劳德。此外,布拉巴松还对英国面临的"严重社会和政治危险"提出警告,他认为,如果没有计划殖民,英国将成为"一些致命民族灾难"的牺牲品。他的方案得到了蒙克斯威尔勋爵(Lord Monkswell)的支持。蒙克斯威尔于 1888 年发表在《双周评论》上的一篇文章中进一步明确了这一计划与帝国联邦之间的联系。"在殖民地",他谈道,"精力和能力必须置于首位","缺乏锻炼而发育不良的人得以在我们殖民地的处女地上茁壮成长"。蒙克斯威尔接着说,国家资助的殖民"可能比任何其他手段都更能巩固帝国。殖民是这个国家的脉搏,为整个政治机体提供了一种永动的循环",并且"正愈发将联邦问题纳入政治实践的范围"。[2]

更大的不列颠的支持者面临的主要问题之一在于大多数移民前往了美国,而非帝国的前哨。[3] 弗劳德认为,英国的命脉正在枯竭,而美国是主要的受益者。"美国成为首屈一指的强国,其利益和荣耀可以与我们媲美。且只要国家的力量取决于构成这

---

〔1〕 Brabazon, "State-Directed Colonization," 525, 531, and 537.

〔2〕 Brabazon, "State-Directed Emigration," *NC*, 16(1884), 766 and 787;以及 Monkswell, "State Colonization," *FR*, 43(1888), 397. 布拉巴松在开篇对希里关于更大的不列颠的主要观点(*The Expansion of England*, 764)进行了概述,接着又表示赞同。一位《威斯敏斯特评论》的评论员也表示了支持,Anon., "State-Directed Colonization," *WR*, 128(1887), 71-82. 关于"现实政治"的进一步讨论见第 5 章。

〔3〕 由于路途遥远,大多数移民至澳大利亚和新西兰的人都雇用了专门帮助移民的公司;那些横渡大西洋的人只需要购买一张票。Eric Richards, "How Did Poor People Emigrate from the British Isles to Australia in the Nineteenth Century?" *JBS*, 32(1993), 250-79. 也见 Stephen Constantine, "Empire Migration and Social Reform 1880-1950" in Colin Pooley and Ian Whyte(eds.), *Migrants, Emigrants and Immigrants*(London, 1991), 62-86。

些国家的兴旺的男女数量，那么就数百万移民及其子女的成长而言，美国将变得更强大，而英帝国则变得更弱小"。[1] 这场竞逐只会产生一个胜利者：如果美国人赢了，英国人就输了。殖民地联合主义者急于避开此问题，他们试图控制和改变移民的方向，在剥夺美国可能的公民增长的同时加快更大的不列颠边远省份的人口增长。

然而，国家资助的移民计划存在一个问题，因为殖民地的许多人担心无限制的移民。在他们看来，"最优秀"的工人阶级（遑论其他阶级）仍留在英国，而殖民地只不过是英国社会问题的垃圾场——事实上也经常如此。在《更大的不列颠的问题》一书中，迪尔克认为这严重阻碍了整个殖民地的人口自由流动。他还指出，在许多英国工人阶级眼中移民也是一个不受欢迎的想法，因为他们将其视为国内协同社会改革的廉价替代品——事实上也是如此。"为了英格兰而促进从英国的移民，以及为了加强英国与她的殖民地之间的联系而移民，上述两个目标事实上难以结合"。[2] 一些联邦主义者的回应是强调有必要选择特定类型的个人进行移民，而在他们之前的诸如韦克菲尔德等人区分了（无计划且缺乏监管的）移民和（专门旨在服务于帝国利益的）殖民。[3] 然而无论采取何种形式，移民都是更大的不列颠思想的核心组成部分。

---

〔1〕 Froude，"England and Her Colonies，" 1.

〔2〕 Dilke，*Problems of Greater Britain*，I，28-9 and II，317-18. 查尔斯·卢卡斯也注意到许多殖民者出于类似的原因对移民持谨慎态度，Lucas，"Introduction" to George Cornewall Lewis，*An Essay on the Government of Dependencies*（Oxford，1891[1841]），lli。

〔3〕 Malchow，"Trade Unions and Emigration in Late Victorian England，" 102；更早的讨论见 Grant，*Representations of British Emigration*，*Colonisation*，and *Settlement*，ch. 7.

### 更大的不列颠的激进愿景

尽管复杂的恐惧激发了殖民地联合的计划，更大的不列颠也为不同类别的激进分子提供了一个全球舞台。在这个舞台上，他们展现着对政治未来的不同愿景。帝国联邦可以被视为进步政治联盟的新典范，殖民地亦可被视为思想和实践的实验室，而如果被认定为成功，这些思想和实践将转而进口回英国。[1] 对于迪尔克而言，这些新的经济和政治实践"也许有一天会被我们自己效仿"。根据这种观点，这个殖民帝国的民主性质可能有助于促进国内的变革。民主最终将从贵族政治制度和封建主义的残余枷锁中解放。此外，一个跨越全球的民主联邦政治体可能有助于改变国际政治的性质，并将其引入一个更稳定、更和平的方向。但大多数激进派并没有改宗成为殖民地联合主义的事业，他们对所认为的全球统治的一系列危险论点仍抱有敌意。

一名澳大利亚殖民者声称，帝国联邦"比当时任何其他运动都更能激发民主想象"，因为它在专注于维持统一的同时捍卫地方自治。[2]《威斯敏斯特评论》（*Westminster Review*）——一本强烈支持帝国联邦主义的激进杂志[3]——的一位匿名投稿人要求在

56

---

〔1〕 Dilke, *Problems of Greater Britain*, II, 576–77. 关于殖民地被视为各种政治模式的试验台，见 Carl Bridge and Kent Fedorwich,"Mapping the British World,"*JICH*, 31（2003），5；以及 Daniel Rodgers, *Atlantic Crossings*（Cambridge, Mass., 1998），ch. 2. 如根据福斯特的说法，移民正在进行"民主实验，帮助我们解决我们知道的必须解决的问题"。Forster, *Our Colonial Empire*, 23.

〔2〕 Henry D'Esterre Taylor,"The Advantages of Imperial Federation,"*IF*, 3/6（1888），130.

〔3〕 这一立场可以从一篇批评联邦的文章印刷前的编辑评论中看出，William Lobban,"Is Imperial Federation a Chimera?"*WR*, 136（1891），54.

"帝国联邦民主政治"中赋予全部成年男子选举权，并特别提出"帝国与公民权问题不可分割"。这将需要一个新的直选产生的立法议院。

> 我们相信这将是英国宪法的完整起源，且为此目的，我们对大众强大的既保守又革命的力量的培养已迫在眉睫。从这个意义上讲，我们甚至可以认为英国宪法尚处于起步阶段，因为它必须解决愈来愈大的政府问题，以适应其人民精神、道德和物质的发展需要。

作者警告道："这是一场与时间的赛跑。"[1] 在注意到许多激进主义者对帝国的价值持怀疑态度后，另一位《威斯敏斯特评论》的作者认为殖民地宪法的民主取向以及联邦的理想均预示着英国自由主义和激进主义的未来："我们所有自治殖民地的宪法在原则上都是绝对民主的，尽管最近采取了所有改革措施之后，英国也没有达到这种程度。因此，我们可以自然地预计，与这些团体结成更亲密的联盟可能会加速自由主义和激进主义路线的进程。"[2]

约瑟夫·张伯伦是一位著名的激进主义者和极端帝国主义者，他在19世纪的最后20年里也是帝国联邦的狂热支持者，这种支持后来转化为他著名的关税改革运动。张伯伦也是最难以捉摸的联邦主义者之一，时而给予强有力的支持，时而又保持沉

---

〔1〕 Anon., "*Imperium et Libertas*," *WR*, 57 (1880), 98 and 94-95. 原文即为斜体。

〔2〕 Anon., "Home Ruleand Imperial Federation," *WR*, 132 (1889), 229. 著名的激进联邦主义者包括詹金斯和坎宁安。

默。他的论据在经济与政治军事之间摇摆不定，但总是带有对社会改革的担忧，以及对种族优越感和国家荣耀的幻想。[1] 张伯伦于 19 世纪 70 年代步入政坛，当时他的目光牢牢对准国内事务。但在 19 世纪 80 年代，出于对英国政策方向和未来的担心，他愈发转向尤其是帝国方面的国际事务，这在一定程度上是由于他对希里著作的极大钦佩。[2] 张伯伦从未陷入对国内政治悲观失望的低谷，而这种情绪似乎困扰着许多更大的不列颠的支持者；他对英国政治的描述与弗劳德的忧郁言论截然相反。"让我们对未来充满信心"，他 1897 年在皇家殖民地研究机构（Royal Colonial Institute）向聚集在一起的显贵们宣布，"我请示你们不要与麦考来勋爵一起预计那个时候的来临，即当新西兰人来到这里时，他们将看到一座巨大的死城的废墟。在目前的情况下，我们没有明显的老化和坏退迹象"。[3] 他倾向于让人们接受帝国联邦的理念——他称之为"伟大的梦想"——而非阐释详细的计划。正如他 1887 年在多伦多所言，"如果帝国联邦是一个梦想……这也是一个伟大的想法。它是激发每一个热爱国家之人的爱国主义与政治家风范的想法；且无论其已命定抑或不能完美实现，至少让我

---

〔1〕 关于张伯伦将经济主题与有关性格和美德的更传统观念结合的观点，见 Peter Cain，"Empire and the Languages of Character and Virtue"。

〔2〕 关于张伯伦支持帝国联邦的早期迹象，见 "Relations with the United States and the Colonies," 322-23。关于《英格兰的扩张》以及迪尔克的作品对他的思想产生的影响，见 J. L. Garvin，*The Life of Joseph Chamberlain*（London，1929-68），I，494 and 434。

〔3〕 Chamberlain，"The True Conception of Empire," Annual Royal Colonial Institute Dinner，Hotel Metropole，March 31，1897，in Boyd（ed.），*Mr Chamberlain's Speeches*，II，5。

们……尽我们的所能去推动它"。[1] 他在 1896 年的一次重要演讲中重申，这是"英国政治家头脑中最鼓舞人心的想法"，任何事情都不能阻挡它。他谴责爱尔兰自治运动，指出格拉斯顿的计划的主要问题之一在于其使得帝国的联邦化脱离正轨。

58
　　我希望我们迟早可以联邦化，可以将大英帝国的所有自治领整合进一个最高的帝国议会。这样，他们就成了政治机体的各个单元。他们应互相体谅，同等地承担责任、分享福利，也支持其他单元所享有的福利。这便是我所希望的，但如果你们削弱了连接帝国核心部位的纽带，这样的希望就会变得渺茫。[2]

张伯伦从未放弃对帝国主义的支持，或者说他从未真正放弃对殖民地联合的支持，尽管他关于最有效统治形式的观点多年来不断发生变化。例如，直至 19 世纪 90 年代他仍然是一个坚定的自由贸易主义者。然而，在 1893 年帝国联邦联盟解散后，他"暂停了对宪法答案的寻求，将其留给'渐进的发展'（gradual development）"。[3] 政治上的统一被置于案边，留待历史的进步运动在未来实现。他提议建立一个帝国关税同盟，一个受关税壁

---

　　〔1〕 Speech, December 30, 1887, cited in Peter Marsh, *Joseph Chamberlain* (London, 1994), 295；以及他的演讲 "Commercial Union of the Empire," Congress of the Chambers of Commerce of the Empire, June 9, 1896, in Boyd (ed.), *Mr Chamberlain's Speeches*, I, 368. 关于他对"伟大的梦想"语言的反复运用，见 Garvin, *The Life of Joseph Chamberlain*, III, 177–83。关于对联邦运动作用之理解的进一步讨论见第 5 章。

　　〔2〕 Chamberlain, speech at Rawtenstall, July 8, 1886, in Boyd (ed.), *Mr Chamberlain's Speeches*, I, 279.

　　〔3〕 Marsh, *Joseph Chamberlain*, 421. 帝国联邦联盟于 1893 年 11 月 24 日解散。

垒保护的自由贸易区。他认为，这可能有助于为建立帝国委员会
（Imperial Council）赢得支持，并最终通往完整的联邦。1896 年
他在加拿大俱乐部（Canada Club）的一次演讲中主张，这种商业
联系是确保殖民地联合的唯一途径："这是德国关税同盟的原则，
是美国联邦的基础；我毫不怀疑，如果它被采纳，它将成为全世
界不列颠种族之间最牢固的联合纽带"。但与对帝国代议制改革
的迫切愿望一样，这个想法在 1897 年的殖民地大会（Colonial
conference）上被否决，因为召集在一起的殖民地长官们反对这样
的计划。[1] 因此，他在南非战争的背景下又改变策略，在 1900
年提议在伦敦建立一个帝国委员会，其重点在于帝国防御。[2]
但这一计划再一次未能获得足够的政治支持；他的下一个重大举
措使他走上了大规模关税改革的道路。[3]

　　两位"新自由主义"主要思想家认为，帝国联邦提供了一种
制度架构以深化国内民主，并帮助确保国际体系中的和平。[4]　59
霍布森在他的经典著作《帝国主义》（Imperialism，1902）中写
道："很明显，在过去的几十年里，大量英国政治家对帝国联邦的
强烈渴望日益增强。"[5] 尽管霍布森对张伯伦持谨慎态度，并对

---

　　[1]　Garvin, *The Life of Joseph Chamberlain*, III, 182 and 191; Kendle, *The Colonial and Imperial Conferences*, 26 - 27. 也见 Chamberlain, "Commercial Union of the Empire," 367 - 68 and 371 - 72。

　　[2]　Garvin, *The Life of Joseph Chamberlain*, III, 629 - 31. 委员会成员将被授予枢密院成员或终身贵族的职级。

　　[3]　演讲汇编于 Boyd（ed.），*Mr Chamberlain's Speeches*, II, Pt. VI；分析见 Marsh, *Joseph Chamberlain*, chs. 18 - 19；以及 Green, "The Political Economy of Empire," 346 - 71。

　　[4]　关于"新自由主义"，见 Michael Freeden, *The New Liberalism*（Oxford, 1978）；Stefan Collini, *Liberalism and Sociology*（Cambridge, 1979）；以及 Avital Simhony and David Weinstein（eds.），*The New Liberalism*（Cambridge, 2001）。

　　[5]　Hobson, *Imperialism*（London, 1902），350.

张伯伦的帝国改革观点持批评态度，认为这只会让贪婪的资本家更加富有，但他坚持认为，一个正确建构的帝国联邦将有利于英国、殖民地和更广阔的世界。[1] 英国和殖民地将继续紧密联系在一起以共同发展，而帝国的统一可以刺激一个稳定世界的发展——一个被不同的"伟大的联邦帝国"所分割的世界。受自由贸易和紧密相连的政治机构的约束，这种另类的联邦愿景是创造一个更安宁世界的最大希望。"（我们）可以容易地同意这样的观点，即一个为共同的安全与繁荣和平、由自由的不列颠国家（British State）自愿组成的联邦极为令人向往，而且可能确实朝着未来更广泛的文明国家联盟迈进了一步。"[2] 它将提供一种制度模板并鼓励进一步的尝试。对霍布森而言，以无益的"争夺非洲"（Scramble for Africa）和南非战争为例证，"新帝国主义"的主要缺点之一在于其帮助阻止了一个可行的帝国联邦的建立——换言之，它所发挥的破坏性作用与张伯伦所归咎的爱尔兰自治一致。他认为，如果一个联邦已经就位，它将起到遏制沙文帝国主义的作用，因为新获得权力的殖民地会否定代价高昂的军国主义冒险。[3] 这是采取行动的另一个理由。阻碍联邦的主要问题与激励有关。有必要说服殖民者加入联邦符合他们的最佳利益；然而在殖民地盛行的"民主精神"正在推动其向独立的方向前行。

---

〔1〕 他对关税改革的最清晰批评见 Hobson, "The Inner Meaning of Protectionism," *CR*, 84（1903），365-74。在 19 世纪 90 年代，他是张伯伦及其观点的崇拜者，Peter Cain, *Hobson and Imperialism*（Oxford, 2002），61-62。

〔2〕 Hobson, *Imperialism*, 351. 也见 David Weinstein, "Consequentialist Cosmopolitanism" in Bell（ed.），*Victorian Visions of Global Order*。

〔3〕 Hobson, *Imperialism*, 351 and 356-57. 部分自由党殖民地联合主义者担心，不论帝国联邦作为一种理想的价值是什么，它已经被保守党劫持，因此应该遭到反对。对此观点的讨论和反驳见 J. A. Murray Macdonald, "The Imperial Problem," *CR*, 80（1901），489-90。

情感的力量，以及连接英国与殖民者的"社群语言、历史和习俗的道德纽带"，均不足以产生必要程度的支持，这并非因为它们不重要或日渐式微，而是因为无论帝国采取包括解体在内的哪种政治方向，这些殖民地都将保持强大。然而，英国可以给予殖民者的两大"诱惑"——特惠经济待遇或参与对"低等种族"的帝国统治——若被推行，则会适得其反，甚至造成危险。霍布森认为，这将使进步转变为倒退，要么会疏远英国现有的贸易伙伴，从而引发不信任和冲突；要么会赋予当地寡头精英权力，从而阻碍民主在殖民地的传播。因此，帝国联邦主义者只能寄希望于殖民地领导人能够掌握联邦的"净效用"（net utility），尤其是在诸如法国、德国和美国等其他大"帝国"崛起的威胁之下。如果这一任务失败，加拿大和美国可能会整合为联邦，而澳大利亚和南非则将寻求独立。但即使这种情况发生，英国也不会失去一切，因为即使分离也具有"未来可能在盎格鲁-撒克逊联邦中重新建立松散政治关系"的基础，[1] 而加入联邦同盟仍然符合所有人的利益。然而爱德华七世时期的霍布森对这个宏伟愿景的智慧愈发悲观，他否定早期对帝国联邦的支持，并写道"那些英国帝国主义者眼看着过去几年发生的事件却仍然想象着一个更加紧密的帝国联邦，而无论这一联邦的外形和实际组织。他们不过是被吉卜林式的情感主义愚弄了"。他的梦想已然破灭。[2]

霍布豪斯对帝国联邦的描述更为矛盾。在 1904 年出版的《民主与反动》（*Democracy and Reaction*）一书中，他对南非战争期间达到高潮的、国内及国际上的联合"反动"力量进行了尖刻的抨击。这在一定程度上是一个民主幻灭的叙事，描绘了 19 世

60

---

〔1〕 Hobson, *Imperialism*, 370, 359, 354, and 371-72.
〔2〕 Hobson, *The Crisis of Liberalism* (London, 1909), p. 238.

纪 60 年代一代人的改革雄心如何随着工人阶级对帝国扩张的支持而破灭。但它包含了对恰当的民主帝国形式的辩护，这始于对那些声称民主与广阔地理范围不相容的人的反驳（这是对过去共和派观点的回应）。霍布豪斯认为，联邦制的发明成功地消解了这个问题。然而，从以美国为代表的"严格"联邦制到连接英国殖民地的"松散"联邦制，联邦主义亦存在不同的类型。南非战争之后，基于"各组成部分的民族主义抱负"，他表示殖民帝国的未来并不确定，但他仍然相信联邦制是"在大地理范围内，可以使得殖民地联合与平民政府之条件相协调的自然手段"。在概述了一条相当常见的激进路线，同时也暗示了种族在此类争论中起到的重要规训功能之后，霍布豪斯总结道，"民主或许可以与帝国和解，因为帝国是大片领土的集合体，其内部独立，同时又被某种共同纽带联合在一起；但民主也必然对帝国抱有敌意，因为在这个体系中，一个社群把其意志强加于同样因种族、教育和自治能力而享有权利的其他人"。[1] 对霍布豪斯而言，帝国联邦在原则上可以成立，而传统的帝国主义形式则并不公正，其严重的时代误置更适合于更早和更不文明的时代。

其他一些激进分子对建立帝国联盟的呼吁也提出了强烈批评。著名社会主义记者威廉·克拉克（William Clarke）在 1885 年发表的一篇文章中抨击了帝国联邦主义者的"含糊言论"，并指出，无论殖民者发表的声明如何，他们均未承认殖民者"合法"的利益。"他们认为，与英国的联系是如此荣耀，以至于殖民地的利益必然依赖于这样一个联盟。"这是对被广泛持有的帝

---

[1] Hobhouse, *Democracy and Reaction*, ed. Peter Clarke（Brighton, 1972 [1904]），153-54, 155, and 156-57. 关于霍布豪斯的"反帝国主义"，见 Stefan Collini, *Liberalism and Sociology*, 81-90。

国态度的准确描述。他还指出，将遥远的殖民地结成联邦的想法本就是妄想，因为《联邦党人文集》中所描述的条件在大英帝国根本不存在。但对克拉克来说最重要的是，联邦只是"沙文主义"情绪广为流传的另一个因素，这种由上层阶级和贪婪资本家助长的傲慢欲求服务于统治和剥削。

> 除去那些用来修饰的虚伪冗词和模糊修辞，帝国联邦是某些利益集团维持其对人类控制的一种企图。在这个问题上，军队和贵族阶级与大部分资产阶级联手，以确保英格兰的财政利益得到满足，并在可能的情况下加强英格兰帝国主义。

尽管他承认至少一部分联邦主义者是"善意的"，但他总结道，对殖民地联合的诉求仍然为资本家反动的机遇提供了强大动力，且其对民主理想和实践的传播构成了威胁。他认为，尽管该运动的许多成员意图良好，但它的"真正性质"需要被揭开，因为它代表了"英国民主事业必须面对的、因最隐蔽而最大的危险"。[1]

〔1〕 Clarke, "An English Imperialist Bubble" in *William Clarke*, ed. H. Burrows and J. A. Hobson (London, 1908), 76, 81, and 88-89. 这篇文章最初发表在 1885 年 7 月的《北美评论》(*North American Review*) 上。了解霍布森（克拉克作品的编辑）对联邦主义者的看法会很有趣。其他来自自由党激进派和社会主义者的批评意见，见彩虹圈 (Rainbow Circle Meeting) 第六次会议 (1899—1900) 的辩论，Michael Freeden (ed.), *Minutes of the Rainbow Circle*, *1894-1924* (London, 1989), 69-79。

# 3

## 时间、空间与帝国

63 　　科学的发明克服了时空所造成的巨大困难，而人们曾认为这些困难使分离几乎成为必要。我们现在感受到，我们可以期待的不是英格兰的孩子们孤立地独立，而是他们与祖国团结在一起，组成一个永久的家族联盟。

　　　　　　　　　　威廉·福斯特:《帝国联邦》(1884)


　　本章涉及政治思想史上最持久但最被忽视的主题之一：在远距离间构建并统治一个完整的政治体系。物理空间所带来的障碍——尤其是通行或交流的相对困难——向政治思想家们提出了一系列反复出现的问题。有些围绕着行政（和强制）手段的边界。例如，在没有有效国家机构的年代里，中央政府维持对其领土的边远地区的控制往往极其困难，而马克斯·韦伯所确定的有效主权的条件就其本身而言无法实现，因为国家在给定的空间内不可能确保合法暴力的垄断。[1] 一系列不同的问题塑造了关于

---

　　〔1〕 Weber, " Politics as a Vocation"〔1918/19〕, in Weber, *Political Writings*, ed. Peter Lassman, trans. Ronald Speirs (Cambridge, 1994), 309-10. 自文艺复兴鼎盛时期以来，这一直是定义国家的中心主题, Quentin Skinner, *Visions of Politics* (Cambridge, 2002), II, 376-77。

更大的不列颠的辩论。殖民地联合主义者和他们的批评者均认为，一个持久的政治体需要社会、文化和政治上的高度同质性。[1] 批评者声称，殖民帝国的分隔构造和辽阔疆域使这种同质化成为不可能的梦想。距离阻碍了有效公民身份所必需的公共认同感的发展。但是，全球性政治体的支持者认为，距离问题已经被新兴的通信技术力量所超越，对地理和政治时间性（temporality）关系的传统理解也已过时。这场革命改变了对政治发展选项的（可）设想方式。技术不仅塑造了社会和政治生活的物质结构，而且还塑造了对世界的认知理解、对自然环境的解释和反应方式以及其中所包含的政治潜力。

64

18 世纪见证了全球化诞生的阵痛：人们愈发认识到，世界上的许多社群正变得更加相互依赖，一个地方发生的事件会对另一个地方产生深远的、常常意想不到的影响。地球正在变成一个经济交流和政治行动的单一空间。这种认知上的转变对帝国观念产生了巨大的影响。在"七年战争"（1756—1763）这一被许多观察家视为第一次真正的全球性冲突之后，大英帝国逐渐被视为一个半一体化的政治经济体系。人们经常认为，存在一个被"实质代表"（virtual representation）的政治技术所捆绑的泛大西洋英国共同体。[2] 亚瑟·杨（Arthur Young）在 1772 年声称，美洲殖民者和那些居住在本土岛屿上的人组成了"统一在一个主权之下的一个国家（nation）"，而埃德蒙·伯克认为，13 个殖民地与英国组成了一个伟大的国家（nation），美洲则象征着"成长性最

---

〔1〕 我将在下一章更详细地探讨这个观点。

〔2〕 关于这一时期帝国的竞争性愿景，见 H. V. Bowen, "British Conceptions of Global Empire, 1756-83," *JICH*, 26 (1998), 1-27；以及 P. J. Marshall, "Britain and the World in the Eighteenth Century, IV," *TRHS*, series 6, 11 (2001), 1-15.

强的分支"。[1] 殖民者的议会代表权提案层出不穷。这段时期出现了一些关于（尽管是少数人的）跨大西洋英国身份的极具感染力的论述，强调法律和政治传统的共性，尤其是宪法性自由（constitutional liberty）的中心地位。[2] 然而，经济一体化与政治权利扩大的倡导者不断遇到困难，因为（移民）帝国的各个组成社群之间相隔甚远。正如我们将要看到的，事实上正是伯克这位最雄辩的理论家对自然所造成的空间限制进行了阐述。

　　在 19 世纪 70 年代之前，高度一体化的全球性政治体很少被认为是可行的政治选择（遑论一个统治单一自觉民族的政治组织）；而之后，其成为一项经常性诉求。1871 年，艾华·詹金斯在概述他的超议会联邦计划时写道，"我很可能会遭到熟悉的嘲笑，因为我做了一个宏伟的梦"。[3] 然而他继续说道，只要具备必要的政治意志，这个梦想最终可以变成现实，因为世界已经发生了不可逆转的变化。这种新奇感充斥于更大的不列颠的辩论中，引爆了对巨大的政治结合体和混合的殖民地国家结构的过度理论化进程。对距离性质的不同观点超越了个体之间众多的政治、文化和神学分歧。最重要的是，他们对新技术发展所带来的当下和未来的机遇持相对乐观的态度。这既是一个感知问题，也是一个想象力问题，更是一个党派政治信念问题。但对技术变革的反应非铁板一块，在每个阶段都有反对者、质疑者和批评者。技术可能会影响政治经济发展的大致框架，它甚至可能偶尔通过

　　〔1〕　Young, *Political Essays Concerning the Present State of the British Empire*（London, 1772）, 1；以及 Burke, "Speech at Bristol Previous to Election" ［1780］ in *The Writings and Speeches of Edmund Burke*, ed. W. M. Elofson（Oxford, 1981）, III, 464。

　　〔2〕　Jack P. Greene, *Peripheries and Center*（Athens, Ga. , 1986）；以及 Eliga Gould, *The Persistence of Empire*（Chapel Hill, N. C. , 2000）。

　　〔3〕　［John Edward Jenkins］, "Imperial Federalism," *CR*, 16（1871）, 185.

建立特定政治形式的合理可行边界加以塑造，但技术并不能完全决定政治和经济的发展，也不会推动其单向发展。技术的转变是全球政治构想的必要条件，但非充分条件。

在研究技术和帝国之间的复杂关系时，历史学家们传统上将注意力集中在帝国扩张与统治的经济、行政或军事方面。例如刘易斯·皮森（Lewis Pyenson）认为，有必要集中精力研究"科学如何被用于推动帝国主义国家在殖民地和势力范围内的海外政治目标"。[1] 这种分析模式所忽略之处在于，对自然变化以及对世界本身的时空维度变化的感知对于人们的政治想象能够产生基本的先验影响；研究集中于效率、征服与管理，而忽略了人们对政治可能性的认知理解的转变。技术变革之所以重要，不仅是因为它有助于实现帝国"目的"，还因为它重塑了这些目的的特性。与此同时，政治理论家们倾向于概括技术在现代性的构成与合法化中不可或缺的作用，以及技术理性和控制自然的内在动力是如何剥夺了人类的个性与行动自由。[2] 尽管从抽象的高度来看，这一论点似乎合理，但它并不能帮助我们拆解并定位在近代政治联合的疆界上，对于自然所设置的——并受技术所冲击的——界限的经常矛盾的观念。通过研究 19 世纪帝国话语的转变，这个问题得到了明显的解决。

66

---

〔1〕 Pyenson, "Science and Imperialism" in R. C. Olby et al. (eds.), *Companion to the History of Modern Science* (London, 1996), 928. 也见 Daniel Headrick, *The Tools of Empire* (New York, 1981); Headrick, *The Tentacles of Progress* (Oxford, 1988); 以及 Headrick, *The Invisible Weapon* (Oxford, 1991)。更广泛的背景见 Richard Drayton, *Nature's Government* (London, 2000)。

〔2〕 大量的文献见如 Langdon Winner, *Autonomous Technology* (Cambridge, Mass., 1977); Andrew Feenberg, *Critical Theory of Technology* (Oxford, 1986); 可能最具影响力的是 Theodor Adorno and Max Horkheimer, *Dialectic of Enlightenment* (London, 1997 [1944])。

在接下来的一节中，我将说明在"七年战争"之后，规模问题如何塑造了关于美国殖民地的激烈辩论的性质。这场辩论预示了之后更大的不列颠支持者们的担忧，而在随后的几十年里，特别是亚当·斯密和埃德蒙·伯克等参与辩论的主要思想家常被视为权威代言；他们为19世纪的理论化奠定了基调并提供了术语。随后，我说明了19世纪早期和中期的观念发展，提出一系列的物质和理论转变为维多利亚时代晚期的更大的不列颠辩论提供了可不断再生产的话语背景。帝国的正当性以及政策本身的整体流向往往与对科技影响现在和未来的不同看法直接相关。在最后一节，我探讨了技术想象在19世纪最后30年的帝国话语中所扮演的角色，阐述了更大的不列颠的赞颂者如何运用新奇的词汇构想地球。这种漫无边际的转变源于一种过于乐观的解释，即科学和技术是能够改善距离给共同体带来的问题的媒介。

## "永恒法"：帝国与距离的变迁

在试图遮掩"七年战争"的《巴黎条约》（*Treaty of Paris*，1763）签订后，人们就帝国的统治方式展开了激烈的辩论。这场战争使帝国的规模和性质发生了巨大的变化，挑战了先前占主导地位的海上商业殖民体系。这一体系强调了殖民地对财富创造的重要性，并认为财富创造是在这个竞争激烈的世界中保证安全的关键。一面是传统的、以宗主国为中心的对共同体与民族利益的理解，另一面是心怀不满的殖民者提出的关于自由和权利下放的日益个人主义化的概念，这两者之间的紧张关系最终导致英国和

67

其美洲领地之间的关系破裂。[1] 这场辩论的轮廓、动因和结果将在即将到来的 19 世纪产生强烈的共鸣。为了充分理解这场辩论的复杂性，我们需要结合围绕个人理性与公共利益的范围、宗教宽容的限度、政治代表的意义与实践等一系列争论的背景。然而，区分出其中一个关键因素将对本书的研究目的有益——即距离在建立最恰当的联系形式的理论中所起的作用。

亚当·斯密被他的朋友大卫·休谟（David Hume）描述为"对美洲事务非常热心"，他认为殖民体系在经济和道德上均不正当。[2] 殖民地的繁荣不依赖其本身；尽管它们是殖民地，但其财富增长的原因并不在于它们是殖民地。而殖民地成功的关键原因之一是距离，这让它们能够逃脱统治的枷锁，而这种逃脱在过去的帝国中无法想象。

在大量的肥沃土地上，建立在美洲和西印度群岛的欧洲殖民地与古希腊相仿，甚至远远超越了后者。在殖民地与母国的关系中，它们与古罗马相似；但它们与欧洲的遥远距离或多或少减轻了这种关系对殖民地的影响。

---

〔1〕有关 18 世纪帝国政治经济学观点的分析，见 Istvan Hont, *Jealousy of Trade* (Cambridge, Mass., 2005); Anthony Pagden, *Lords of All the World* (London, 1995), ch. 7; 关于美国独立的辩论，见 Peter Miller, *Defining the Common Good* (Cambridge, 1994)。

〔2〕Hume to Adam Smith, February 8, 1776 (Letter149), in *The Correspondence of Adam Smith*, ed. E. Mossner and I. Ross (Oxford, 1977), 186. 休谟是战争和帝国的批评者，Hume, "Of the Balance of Power" in Hume, *Essays, Moral, Political, and Literary*, ed. Eugene F. Miller (Indianapolis, 1987), 339 and 340。他在他的文中评论了"庞大君主政体"的统治问题，见 "Balance of Power," *Essays*, 341ff。

他们的处境使他们在母国的地位有所下降。[1]

欧洲与"非常偏远"的美洲及西印度殖民地之间的沟通和政治管理问题使殖民者获得了比以往任何时候都更大的独立，这为创造财富提供了更健康的条件。[2] 斯密却仍对殖民体系的经济及（与其交织的）道德效用持怀疑态度，他认为，尽管英国殖民地享有比其他欧洲强国和"古人"更大的公民和商业自由，它们仍然体现了"对人类最神圣权利的明显违背"。商业贸易体系危险地扭曲了英国经济，使其面临潜在的毁灭。总体而言，他总结道，欧洲殖民政策以"愚蠢和不公正"为标志，理想情况下整个殖民体系应被废除。这种彻底的决裂不会像殖民主义者经常宣称的那样引发经济困境，因为前殖民地与"母国"之间的"天然感情"会"迅速恢复"，两个独立的国家可以在自由贸易和友好情感的基础上发展广泛而繁荣的关系。[3] 他认为民族"自豪感"会阻碍这样的政策，因此他建议修改帝国现有的行政结构，特别主张殖民者应该支付自己的防御费用。但在讨论如何最好地设定

---

〔1〕 Adam Smith, *An Inquiry into the Nature and Causes of the Wealth of Nations*, ed. W. B. Todd（Oxford, 1976）, Book IV, Ch. VII, 567（and, 568–71ff）. 关于距离，也见 Emma Rothschild, "Global Commerce and the Question of Sovereignty in the Eighteenth-Century Provinces," *MIH*, 1（2004）, 6, 13, and 15–16。

〔2〕 Smith, *Wealth of Nations*, 559. 也见 letter to Sir John Sinclair of Ulbster（October 14, 1782）, *The Correspondence of Adam Smith*, 262。

〔3〕 Smith, *Wealth of Nations*, 582, 606–17. 在一份未发表的文献中，斯密以现实政治之态度大胆提出，在殖民地联系解体且这种自然的情感没有迅速恢复的情况下，如果将加拿大交给法国、佛罗里达交给西班牙，那么美国人就会被潜在的敌人包围，从而迫使他们与之前的统治者结盟。见 "Smith's Thoughts on the State of the Contest with America, February 1778," ed. David Stevens, in *The Correspondence of Adam Smith*, 377–85。这一方案也出现在 Samuel Johnson: *Taxation no Tyranny*, in, *Works*, ed. D. Greene（New Haven, 1977）, 10 and 451。

税收标准并征税时，他指出，在一个地域广阔、各自为政的政治体系中协调如此复杂的过程并不可能，"即便主权者与殖民地以同样的方式运作，但在主权者眼中，与殖民地议会的距离、殖民地的人数、殖民地的分散情况以及不同的宪法使得用同样的方式管理他们非常困难。"[1]

帝国的庞大规模使它无法作为一个统一的政治体发挥作用。此外，不同殖民地居民之间没有情感纽带（这主要是因为距离的作用）甚至彼此互为"陌生人"的事实使得这种分散的统治形式几乎不可能行之有效。斯密认为，伦敦应保持决策的中心地位，因此有必要让殖民地在议会中设有代表。以荷兰邦联为示例，他提出了"大不列颠及其殖民地联盟"。[2] 他相信一种以美洲政治代表权为基础的宪法性"联邦联盟"（更准确地说是邦联）将是解决危机最合适的折中方案。[3] 虽然他知道美洲人仍会把与统治中心的距离视作困难，但他不认为这种困境会持续，因为随着美洲人口的增加，其代表人数也在增加。最终，负责协调"联合国家"（united states）的机构，即"检查并监督整个帝国事务的议会"将迁移至大西洋彼岸。[4] 一个多世纪后，爱丁堡大学政治经济学教授希尔德·尼克尔森（J. Shield Nicholson）写道，斯密制定了"迄今为止帝国联邦最明确、最可行的方案"。[5] 然

[1] Smith, *Wealth of Nations*, 616-17（cf. 946-47）；619.

[2] Ibid., 622 and 624. 这就是休谟所讨论的"荷兰模式"，见 David Hume, *An Enquiry into the Principles of Morals*, in Hume, *Enquiries*, ed. P. H. Nidditch（Oxford, 1975），206。这是 1777 年版的重印本。感谢伊斯特凡·洪特就这一点进行的讨论。

[3] Smith, "Thoughts on the State of the Contest with America," 383；他在第 382 页评论了距离的问题。

[4] Ibid., *Wealth of Nations*, 625-26, 620.

[5] Nicholson, "Tariffs and International Commerce" in A. S. White（ed.），*Britannic Confederation*（London, 1892），122.

而，这个方案在当时似乎是不切实际的，且斯密对这种解决方案的普遍接受持悲观态度。

> 不幸的是……与我们殖民地的宪法联合计划及美洲代表计划似乎不能使英国任何一个主要党派满意。这个计划若能够实施，肯定会最有利于帝国的繁荣、辉煌和延续，但你如果处处排挤像我这样的孤独的哲学家，那么似乎难以找到一个人支持这项计划。[1]

斯密关于"宪法联合"的想法不能被视作宣扬一个建立在强大而有弹性的公共纽带之上的跨大陆不列颠国家，遑论一个同质的民族共同体。事实上，他的论点逻辑指向的是此类实体不可能实现，因为帝国的分裂性质使得它的成员彼此都是"陌生人"。斯密寻求殖民地代表权系为增加税收，而他并无意打造一个横跨大洋的更大的不列颠。

然而，斯密并不是在荒野中的唯一之人；还有其他"孤独的哲学家"在为激进的解决方案争论。例如，汤玛斯·波纳尔（Thomas Pownall）在早年编撰的《殖民地的管理（1764—1777）》[ *The Administration of the Colonies（1764-1777）* ]一书中就提出了美洲议会代表的方案，声称殖民地和英国由共同的商

---

〔1〕 Smith, "Thoughts on the State of the Contest with America," 382.

业"利益"联系，它们一同组成了一个"巨大的海洋领地"。[1]  70

殖民地将成为不列颠统治权下的自治实体。国教反对者（dissen-
ting minister）、伯克的死敌理查德·普莱斯（Richard Price）也主
张用一种创新的邦联式解决方案应对危机，这一方案预示了后来
出现的联邦制更大的不列颠构想，尽管其形式松散。然而，考虑
到当时盛行的"自然"概念以及距离的严酷，他这一富有想象力
的计划并不被认为（也不可能被认为）可行，于是便如石沉大
海。在他的《对公民自由本质的观察》（*Observations on the Nature
of Civil Liberty*，1776）一书中，他将公民自由的障碍定义为"与
社会中多数人主张为这一社会制定法律和处置财产的意志不同的
任何意志"。他继续谈道："如果没有公正和公平的代表，任何一
个共同体都不能对另一个共同体的财产或立法拥有任何权力，因
为这施加了一种直接且必要的影响。"如果共同体并非通过直接
的政治代表的实践进而由其大众意志（popular will）来统治，它
就会在"一种被奴役的状态"中枯萎。作为解决这一困境的一个
潜在方案，普莱斯建议建立一个"公共邦联"（general confedera-
cy），其核心是一个由各独立国家委派代表组成的"参议院"。这

---

〔1〕 Pownall, *The Administration of the Colonies*（London，1864），6. 在 1764 年至
1777 年出版的六版《殖民地的管理》中，波纳尔支持美洲代表，但在 1778 年 12 月下
议院的一次演讲中，他改变了立场，提议美国独立。关于这一转变，详见 David Ste-
vens，"Introduction" to Appendix B，*The Correspondence of Adam Smith*，379−80。也见 G.
H. Guttridge，"Thomas Pownall's *The Administration of the Colonies*，" *The William and Mary
Quarterly*，26（1969），31−46；以及 Miller，*Definingthe Common Good*，211−13 and
235−38。随后，在 *A Memorial Most Humbly Addressed to the Sovereigns of Europe*（London，
1780）中，波纳尔主张建立一个松散的邦联———个由英国、美国和（可能）独立的
拉丁美洲国家组成的"联盟"。其他方案见 Neil York，"Federalism and the Failure of Im-
perial Reform，1774−1775，" *History*，86（2001），155−79。

是他早年描述的一个适合和平统治欧洲的计划。[1] 因此，不同于殖民地代表的支持者要求在威斯敏斯特重新配置议会，他将权力中心转移至一个上级机构。在他对欧洲政治的讨论中，他提出，与其让一个国家主导所有其他国家并在这个过程中破坏公民自由，不如"让每一个国家在其所有内部问题上继续独立于所有其他国家，并通过任命一个由各国代表组成的参议院以组成一个公共邦联"。他出奇地转折道，在欧洲内部以及大英帝国的广泛势力范围内，这样的参议院理想上将"拥有管理联合国家的所有共同关切的权力"，在相互冲突的利益争端中充当"共同仲裁者或裁判员"。为完成如此艰巨的任务，它将"各国的共同力量置于其指挥下，以支持它的决定"。其结果将是"自由人的帝国"，而非"奴隶们的帝国"。[2]

这些计划非常雄心勃勃，它们勾勒出一个早期的跨大洋政治组织的轮廓，但它们本身也是边缘的——既显示出对英国威望丧失的绝望，也显示出对政府政策似是而非的构想。尽管斯密夸大了自己的孤独，但他正确地指出了那些支持美洲代表制的人站在了意见光谱中支持者甚少且十分不受欢迎的一侧，遑论任何更激进者。[3] 在地球被断断续续地视为单一的政治行动空间之时，许多跨越遥远距离的政治计划开始出现；但空间本身仍然被大多

---

〔1〕 Richard Price, "Observations on the Nature of Civil Liberty" [1776] in ibid., *Political Writings*, ed. D. O. Thomas（Cambridge, 1991）, 23, 25, 30. 对普莱斯而言，"完美的"公民自由只有在小社群方可实现，而较大的社群必须依靠代表制保护，这在美国和英国造成了很大的问题。也见 Price, "Additional Observations," in *Political Writings*, 78, 93。

〔2〕 Ibid., "Observations on the Nature of Civil Liberty," 25 and 34-35.

〔3〕 见 H. T. Dickinson, "Britain's Imperial Sovereignty" in Dickinson（ed.）, *Britain and the American Revolution*（London, 1998）, 64-97; 以及 Paul Langford, "Property and 'Virtual Representation' in Eighteenth-Century England," *HJ*, 31（1988）, 83-115。

数人（如果不是所有人的话）视为实现这一宏伟抱负的一个严重的、或许是永久的障碍。

伯克滔滔不绝地抨击殖民地代表制理论。他希望保留帝国，但他怀疑与殖民者结成更紧密政治联盟的可行性或可欲性。他关于美洲危机的著作中弥漫着一种强烈的感觉，即"自然"在决定政治行动的轮廓方面起着不可改变的作用。在回应一本名为《国家现状》（*Present State of the Nation*，1769）的小册子的文章中，他写道，他的对话者威廉·诺克斯（William Knox）"无须付出任何代价与自然斗争以征服天定秩序，而这一秩序明显与议会联合……的可能性相抵触"。因为诺克斯轻率地向自然挑战，他的计划可能会被轻蔑地驳回，"这种空想的联合已经使人受够了；在这种空想里，太多不切实际的想法显得大而无当，且人们的判断震惊于不存在任何更能刷新想象力的事物。仿佛作者是从月球上掉落下来的，对这个地球和其居民的一般性质一无所知，对这个国家的事务也毫不知情"。他对波纳尔的想法提出了同样的批评。[1] 在 1775 年 3 月 22 日对下议院的重要演讲中，伯克对经常出现的远距离统治问题进行了最清晰的阐述，"对抗自然（oppo-suit natura）——我无法消除上帝创造的障碍"。[2] 无论政治家才能所施展的技艺表现得如何娴熟，都不可能克服深深根植于"事

72

---

[1] Burke, "Observations on a Late Publication Intituled 'The Present State of the Nation'" [1769] in *The Writings and Speeches of Edmund Burke*, ed. Paul Langford (Oxford, 1981), II, 180–81.

[2] Burke, "Speech on Conciliation with America" (March22, 1775), *The Writings and Speeches of Edmund Burke*, ed. W. M. Elofson with John A. Woods (Oxford, 1996), III, 152. 该短语源自 Juvenal, *Satires*, x: "Nature is opposed"。伯克后来认为，距离造成了殖民者和英国人之间"对彼此情感的许多误传"："Address to the Colonists" (January 1777), in *Writings and Speeches*, III, 285。这再次表明了斯密所认为的公共团结之缺乏。

物的自然结构"中的障碍。

> 我们和他们之间隔着 3000 英里的海洋。没有办法可以阻止距离对政府影响的削弱。在下达命令和执行命令之间，波涛汹涌的大海使得时间已过数月，且只要没有迅速解释哪怕一个问题就足以击溃整个体系。难道你胆敢愤怒地咬断大自然的锁链？那么对你而言，没有比对所有拥有广阔帝国的民族更糟糕的事情了；且这种情况的发生预示帝国被抛弃的所有可能。在大的生命体中，能量在末端的循环一定是不活跃的。这是大自然所说的，是不可改变的条件，是辽阔而分离的帝国的永恒法。[1]

伯克认为，殖民地与大不列颠之间的距离是美国人威胁发动叛乱的主要原因之一，也是许多作为应对措施的精妙联合方案的主要障碍。这篇演讲，尤其是上述一段，被认为是 19 世纪关于帝国争论中对于自然力量的最权威论述。

其他思想家将大西洋视为任何形式联系的阻碍。托马斯·潘恩（Thomas Paine）悲伤地评论道："上帝将英国和美洲分隔的距离是一个有力的自然证据，证明了一方的权力凌驾于另一方绝不是上天的安排。"[2] 杰里米·边沁（Jeremy Bentham）同样对远距离统治殖民地的可能性深表怀疑。[3] 在 18 世纪 90 年代至 19

---

〔1〕 Burke, "Speech on Conciliation with America," 124–25. 也见 Paine, *Common Sense*, 67。

〔2〕 Paine, *Common Sense* [1776], ed. Isaac Kramnick (Harmondsworth, 1986), 87。

〔3〕 注意边沁倾向于不区分英国管理的不同类型的殖民地。关于对其观点的深刻见解，见 Jennifer Pitts, *A Turn to Empire* (Princeton, 2005), ch. 3。

世纪 30 年代的作品中,他强调了试图控制一个全球性帝国的荒谬性,甚至将西班牙统治其殖民地所面临的困难与统治月球所面临的困难进行了比较:"它有半岛领地和海上领地!它有*地球上的领地*,也有*月球上的领地*。"[1] 边沁基于许多理由反对殖民地。在有关距离方面,他概述了三条主要论点。首先,他强调一个庞大而分散的帝国是"非自然统治"的产物,很难进行防卫。*"哦,但它们是我们力量的一大部分——更确切地说,是你的弱点的全部。在你自己的肉身里,你坚不可摧,在那些非自然的赘生物中,你弱不禁风。你曾在家里受到过攻击吗?但你从它们那儿收不到哪怕一个人的钱,一个六便士也拿不到"。他还提出了一个政治-经济上的理由,认为距离增加了战争成本,尤其是由于需要维持和供应一支昂贵海军。"他们进攻了吗?他们榨干了你的舰队和军队。"[2] 在最后的功利主义计算中,国家的负担不足以支撑如此的开支、应对如此的危险。最后,他重申了人们熟悉的论点,即距离使政治领导人对殖民地人民的诉求和需要漠不关心;与斯密一致,他强调正确理解那些生活在偏远地区的"陌生人"的生活并不可能。就其本身而言,殖民统治既不公正,也是政治上的轻率。

那么,由一个永远不知道、也永远不可能知道他们

---

[1] Bentham, "Rid Yourselves of Ultramaria!" (1820-12) in ibid., *Colonies, Commerce, and Constitutional Law*, ed. Philip Schofield (Oxford, 1995), 52. 原文即为斜体。

[2] Bentham, "Emancipate Your Colonies!" (1793) inibid., *Rights, Representation, and Reform*, ed. Philip Schofield, Catherine Pease-Watkin, and Cyprian Blamires (Oxford, 2002), 296 and 305. 原文即为斜体。这本小册子最初被私下传播,于 1830 年终于由边沁出版,其观点没有改变。

的意愿和需求的民族来统治对他们有利吗？关于他们，你究竟能知道些什么？他们的愿望是什么？他们的诉求是什么？你一无所知。你知道的是他们已经改变了的愿望，他们在两个月前的诉求，且最好的情况也是已不再忧虑或无法再忧虑的诉求。[1]

在他生命的最后时刻，边沁注意到北美独立的最佳论据并不能以自然权利的语言表述，而这种自然权利语言是他所极力反对的。他认为，"在这样的距离下，好政府不可能存在，而分离对双方的利益和幸福都有益处"。[2] 事实上，他希望到 19 世纪末，澳大利亚能从一个"依赖英国君主政治的殖民地转变为一个代议制民主国家"。[3]

这些批判的观点在接下来的几十年里不断重复，并构建了关于帝国性质和意义的辩论结构。但是在 19 世纪，世界发生了巨大的变化，因为距离问题遭遇了新的解决路径。由"陌生人"组成的广泛政治联盟的概念，已被紧密融合的全球盎格鲁-撒克逊共同体的愿景所取代。

---

〔1〕　Ibid. , 292 and 293.

〔2〕　Ibid. , "Memoirs of Jeremy Bentham" in *The Works of Jeremy Bentham*, ed. John Bowring (Edinburgh, 1843), 10, 63.

〔3〕　Bentham, "Postscript" (1829) included with "Emancipate your Colonies," 314. 然而，边沁在这一点上并不总是完全一致，因为他也在这个时候（在韦克菲尔德的邀请下）提出了一个未公开的计划，在澳大利亚建立一个新的殖民地，这部分模仿了美国，Philip Schofield, *Utility and Democracy* (Oxford, 2006), ch. 8。

## 变动中的自然（约 1830—1870）

> 我们可以夷平群山，让海洋成为我们的坦途；没有什么能阻挡我们。
>
> 托马斯·卡莱尔：《时间的预示》（1829）

19 世纪前中期见证了一场全面的技术革命，其范围涉及交通、材料、军备和医药。这场革命的影响意义非凡且角度多样。在 19 世纪末，尼采认为现代世界的特征是傲慢，他对"我们在机器和技术人员毫无顾忌的发明创造的帮助下对自然的掠夺"感到绝望。早些时候，托马斯·卡莱尔（Thomas Carlyle）曾用一种更模棱两可的风格吟诵道："我们迎战粗野的大自然，且凭借永动的引擎总能获胜，并满载战利品。"[1] 卡莱尔对前工业化时代田园牧歌式过往的挽歌，最初是为质疑从上帝手中夺取自然控制权的痴狂。[2] 这一史诗般的事业是理论和实践的双重演练，将专注于破解物理世界错综复杂而又难以捉摸的密码的科学攻势，与随后通过发展新的工程实践对这些发现的开发利用相结合——以"人"的形象（并为"人"的目的）重塑自然。政治想象力亦同样被重塑。

〔1〕 Nietzsche, *On the Genealogy of Morality* 〔1887〕, ed. Keith Ansell‑Pearson（Cambridge, 1994）, 86；以及 Carlyle, *Critical and Miscellaneous Essays*（NewYork, 1896）, II, 60, quoted in Michael Adas, *Machines as the Measure of Men*（Ithaca, 1989）, 213。

〔2〕 卡莱尔虽然认识到这项任务史诗般的伟大，但他是维多利亚时代对这场斗争的好处仍深感怀疑的许多人之一。见 John Burrow, "Images of Time" in Stefan Collini, Richard Whatmore, and Brian Young（eds.）, *History, Religion, and Culture*（Cambridge, 2000）, 219。

法国大革命和拿破仑时代也是英国托利党的反动时期之
一。[1] 对抗法国、镇压内部异议、防止帝国其他领地的反叛
(如爱尔兰和部分加勒比岛屿的反叛) 尽管于 18 世纪 90 年代没
有成功, 但成了统治精英们的优先考虑事项。帝国被越来越多地
视为一种等级和从属关系, 而非像美国殖民者经常认为的那样是
一个 "自由帝国"。贵族与尚武的风气盛行, 而将帝国的各组成
部分并入不列颠神圣王国的想法在当时受人厌恶。[2]

在整个 19 世纪的前半叶, 分散的地理位置与匮乏的交通方式
共同影响了人们对帝国的态度, 即便到 1848 年, 帝国在很大程
度上仍然 "在人们的视野外被遗忘"。[3] 但在 19 世纪 30 年代末
和 40 年代, 关于物质空间限制政治共同体有效运作的长期设想
愈发受到审视。对于一些评论家, 特别是那些着眼于未来的评论
家而言, 新生的蒸汽船技术导致了对伯克所谓的无懈可击的 "永
恒法" 的重估。然而, 对大多数帝国理论家而言, 距离仍然是宪
法及社群整合的一个突出障碍, 因此必须发展其他形式的政府。
殖民地 "责任政府" 的理论对那些想要保全帝国之人有如此强烈
的吸引力, 部分原因是当时的主流理念认为远距离有效统治是不

---

〔1〕 关于英国及帝国的总体语境, 见 C. A. Bayly, *Imperial Meridian* (London,
1989); Mark Francis, *Governors and Settlers* (London, 1992); Eliga H. Gould, "The A-
merican Revolution in Britain's Imperial Identity" in Fred M. Leventhal and Roland Quinault
(eds.), *Anglo-American Attitudes* (Aldershot, 2000), 23–38; 以及 Boyd Hilton, *A
Mad, Bad, and Dangerous People*? (Oxford, 2006), esp. chs. 1–5。

〔2〕 Michael Duffy, "War, Revolution and the British Empire" in Mark Philp (ed.),
*The French Revolution and British Popular Politics* (Cambridge, 1991), 118–45; 以及 C. A.
Bayly, "The First Age of Global Imperialism, c. 1760–1830," *JICH*, 26 (1998), 28–42。

〔3〕 Miles Taylor, "The 1848 Revolutions and the British Empire," *P&P*, 166
(2000), 151。

可能的。[1] "殖民地改革"运动亦出于类似的考虑。韦克菲尔德明确借鉴了边沁的观点，这位政治经济学家和"系统殖民"（systematic colonization）的预言家坚持认为，远距离统治对殖民发展有害，因为与"母国"的沟通需要数月时间，而伦敦的官员们几乎不知道或不关心几千英里之外正在发生的事情。这种担心是他支持"地方自治"的主要理由之一。正如他在《英格兰与美利坚》（*England and America*，1833）一书中所写，"让那些殖民地成为新地方的社会，它们将拥有在自治政府和远距离政府之间进行选择的权力。而它们会选择自治这一点是任何一个熟悉远距离统治之弊病的人都不会怀疑的"。[2]

新技术，特别是远洋轮船和电报带来的富有想象力的革命改变了争论的方向。1833年皇家威廉号（Royal William）蒸汽船横渡大西洋，标志着全球交通新纪元的开始。尽管这项技术广泛的实际影响直到19世纪后期才被察觉，因为在展示原型和生产商业上可行的产品以及所有必要的支持基础设施之间存在相当长的时间距离。用卡莱尔的话来说，19世纪的前几十年是"机器时代"（Age of Machinery），其背后是工业化的残酷降临以及（对他而言）随之而来的所有罪恶。但直至维多利亚中后期，这种新机器才在重构全球交通方面得到广泛而重要的应用。[3] 在皇家威廉号起航后仅仅四年，电报就获得了专利。不同于蒸汽，它的影响更具有革命性而非渐进性。这也揭示了一个事实，即远距离的

---

〔1〕 对于维多利亚时代后期的观察家而言，距离在塑造19世纪中期政策中所起的作用是显而易见的：John Colomb, "A Survey of Existing Conditions" in White (ed.), *Britannic Confederation*, 6。

〔2〕 Wakefield, *England and America* [1833], in *The Collected Works of Edward Gibbon Wakefield*, ed. M. F. Lloyd Prichard (Glasgow, 1968), 580.

〔3〕 Carlyle, "Signs of the Times," 100-101.

即时通信已成为可能。然而，就像蒸汽机一样，电报经过多年的进一步发展才开始对国内社会和全球政治做出重大贡献。1851年，英吉利海峡第一次被一条正常运行的电缆穿过，而1866年电缆才正式穿过大西洋。[1] 政治思想转变的关键不在于新技术发展的实际细节或时机，而在于它们所产生的新的想象可能性。帝国主义的宫廷诗人鲁德亚德·吉卜林（Rudyard Kipling）后来宣称："在这世界的摇篮里——在这大地的索带上／文字，是人类的文字在闪烁、震颤、击打。"他自豪地称赞电报电缆，"他们已经杀死了他们的时间父亲"。[2]

　　作为殖民地改革者最大的希望寄托对象，达勒姆勋爵（Lord Durham）在其1839年关于加拿大叛乱的著名报告中强调了科技日益增长的作用。[3] 他的报告提出了两项主要建议：第一，统一上、下加拿大；第二，赋予这个新实体"责任政府"。达勒姆清楚地认识到其计划中距离的重要性，他对加拿大广袤领土内基础通信设施的缺乏提出了批评。达勒姆坚持认为，新技术的发现将在联合英国和法国殖民者的计划中发挥重要作用。尽管他并没有详细地研究，但他同样意识到最近"伟大实验的成功"所带来

　　〔1〕 关于同时期报刊上的回应，可参见 Kenneth Chew and Anthony Wilson, *Victorian Science and Engineering Portrayed in the Illustrated London News* (Stroud, 1993), 35 and 38-40。1858年曾出现过一条存续时间较短的大西洋电缆。电缆的铺设于1872年到达澳大利亚，1876年到达新西兰，1879年到达南非。评论可见 C. P. Lucas, "Introduction" to George Cornewal lLewis, *An Essay on the Government of Dependencies* (Oxford, 1891 [1841]), xli。

　　〔2〕 Kipling, "Deep-Sea Cables" [1896] in *Rudyard Kipling's Verse, 1885-1932* (London, 1934), 173.

　　〔3〕 这份报告在19世纪被认为是帝国政策的决定性文件，尽管这一定义并不准确，见如 Charles Oman, *England in the Nineteenth Century*, 248；以及 Lucas, "Introduction," xxvii。关于揭穿这一说法的修正主义者，见 Ged Martin, *The Durham Report and British Policy* (Cambridge, 1972)。韦克菲尔德对该报告的起草产生了重要影响。

的未来可能性，在这个实验中，皇家威廉号成功地穿越了大西洋。[1] 在这份报告发表之时，人们对距离的看法及其与世界的关系正在发生变化，关于"征服"自然的可能性的矛盾观点导致了对帝国未来截然不同的看法。新技术富有想象力的影响在乔治·路易斯（George Cornewall Lewis）颇有影响力的《论附属国政府》（*Essay on the Government of Dependencies*，1841）一书中表现得更为明显。他认为，距离解释了为什么英国需要形成一种附属国体系，而非强加直接的统治，因为如果这些土地触手可及，它们便完全可以并入上级议会的管辖。[2] "尽管现代文明的技艺提供了交通的便利，但即便在当下，人们也很快会同意最强大的共同体如要管理一块领土，也必须在该领土与最高政府之间插入一个次级政府"。因此，距离是"使最高政府有必要以此种形式管理它的原因"。他明确地借用伯克来驳斥亚当·斯密殖民地代表计划的现实性："该计划的主要异议（作者没有注意到的异议）在于殖民地与英国的距离。在一个最高政府的管辖被距离所阻碍之地……为了与任何一块领土迅速交流，有必要将这个遥远的领

---

〔1〕 见如 *Lord Durham's Report on the Affairs of the British North American Colonies*，ed. C. P. Lucas（Oxford，1912［1839］），II，204，213，and 316-19。他写道："在世界各地尤其是在美国的伟大的现代技术发明，完全改变了遥远国家之间的交流特性和渠道，它将使所有北美殖民地之间保持经常性的交流。"（*Report*，II，316）也见 Appendix C，327，involume 3。

〔2〕 Cornewall Lewis，*An Essay on the Government of Dependencies*（London，1841），183. 路易斯在这里还引用了伯克的演讲 "Conciliation with the Colonies"（379-400）。路易斯是一位多产的政治作家，后来担任英国财政大臣。关于对他作为一个"机敏而扎实的思想者"的深刻评价，见 Walter Bagehot，"George Cornewall Lewis"（1863）in Bagehot，*Biographical Studies*，ed. R. H. Hutton（London，1889），206-47。

土作为附属国进行统治。"〔1〕另一位著名的殖民评论家亚瑟·米尔斯（Arthur Mills）在其对殖民地代表计划的批评中同样引用了伯克关于距离的论点，但他也认识到新技术将对帝国产生变革性影响。"我们联合纽带的真正建立并不是通过幻想（议会代表）体系，即使我们能够实现，这种体系也毫无价值"，他认为，"这其实需要经由自治权力的逐渐扩大，而这些自治权力已经让与我们殖民地的立法机关。同时，这也需要运用现代航海技术，进而使那些地理上遥远的殖民地离我们更近"。〔2〕

意见开始出现分歧。有些人考虑到最新的技术发展，随后推断它们的潜力并为未来做计划；还有更谨慎的大多数，他们更愿意关注不确定的当下。伯克的幽灵仍在徘徊，甚至塑造着对自然产生的政治可能性的理解。但对于那些准备展望未来的人而言，有迹象表明未来将出现根本性的变化。1839 年，G. A. 杨（G. A. Young）在为伦敦议会中的加拿大代表进行辩护时写道，由于蒸汽船的出现，"伯克先生对类似计划的反对现在无法继续持续"。〔3〕牛津大学德拉蒙德政治经济学（Drummond Professor of Political Economy）教授赫尔曼·梅里维尔也同样乐观。事实上，他在不列颠美洲帝国的解体与后来的扩张时期之间架起了一座具有启发性的桥梁。他的《殖民与殖民地讲义》（*Lectures on Coloni-*

---

〔1〕 Cornewall Lewis, *An Essay on the Government of Dependencies*, 187 and 301. 尽管路易斯无法接触到斯密当时未发表的手稿，他声称斯密在其代表计划中没有注意到距离的危险，因而在学术上并不准确（见 Smith, "Thoughts on the State of the Contest with America," 382）。

〔2〕 Mills, *Colonial Constitutions* (London, 1856), lxviii. 这本书在其死后的 1891 年重印。米尔斯也是保守党议员（1857—1865 及 1873—1880）。关于他对帝国的看法的演变，见 Edward Beasley, *Mid-Victorian Imperialists* (London, 2005), ch. 2。

〔3〕 Young, "The Canadas," *The British and Foreign Review*, 8 (1839), 328.

*zation and Colonies*, 1841） 一书同时体现了对现时的悲观主义和对未来的乌托邦主义，这在很大程度上界定了19世纪的帝国理论。在1839年出版的一本关于移民殖民地的介绍性著作中，他集中讨论了这些殖民地的增长潜力，并观察到唯一结合了三个"主要繁荣条件"的地区是"那些距离我们半个地球的地区"。"且以我们目前的交通工具、所有的改良技术和增长的进取心都没能也不可能成功地克服这一巨大的距离障碍"。代价过于高昂，且"与母国交流的缓慢给商业活动带来了许多不便，使较好的殖民者阶层极不愿意移居当地，进而阻碍了社群道德和智力的发展"。[1] 但梅里维尔并不沮丧，因为他突然兴奋地发现"我们正处于一场革命的前夕"。蒸汽和电报创造了一个美丽新世界，在这个新世界中，殖民体系将最终建立在牢固的基础之上，"因此，在今后的50年里，很可能会发生一种与西班牙人在美洲登陆后的前半个世纪所发生的性质上类似、程度上更接近的变化"。[2]

不到十年后，两位年轻的革命分子也对科技发展的政治影响感到惊讶："由于各种生产工具的迅速改进和交通工具的极大便利，资产阶级将所有民族甚至是最野蛮的民族也吸引进文明之中。"在马克思和恩格斯看来，新技术增强了资本主义打破世界和创造世界的力量，同时也加强了全球交通，并在最落后的社会中促成了"社会革命"。这种暴力而又必要的颠覆为一个光明的

---

〔1〕 Merivale, *Introduction to a Course of Lectures on Colonization and Colonies* (London, 1839), 12. 繁荣的更为模糊的主要条件是："为人口快速增长提供的空间和土壤"，"财富生产的自然优势"，以及"对母国的安全依赖，至少在他们生存的第一阶段"（12）。作为一个坚定的自由党人，梅里维尔随后先后在殖民部（1848—1860）和印度事务部（1860—1874）担任常任国务次官。关于他的思想和事业，见 Beasley, *Mid-Victorian Imperialists*, ch. 3。

〔2〕 Merivale, *Introduction to a Course of Lectures*, 16.

后资本主义未来铺平了道路。[1] 对大多数帝国拥护者而言，主
张建立一个同质的、中央管理的全球性联邦政治体仍然是在追求
意识形态上的晦涩难解。在《代议制政府》（*Considerations on
Representative Government*，1861）一书中，约翰·密尔以一种绝对
的表述方式重复了伯克式评论。他批评了在议会中设立殖民地代
表和建立一个完整的殖民地联邦的计划，他认为：

> 这些建议产生的公平感和公共道德概念值得所有人
> 赞扬；但这些建议本身与政府的理性原则是如此不一致，
> 以至于它们是否已被任何理性的思考者认真接受都令人
> 怀疑。相隔半个地球的国家不具备属于一个政府或一个
> 联邦的自然条件。

这是他去世前重申的观点。[2] 在密尔出版《代议制政府》
两年后，自称是斯密信徒的戈德温·史密斯将英国殖民地之间的

---

〔1〕 Karl Marx and Friedrich Engels, *The Communist Manifesto* 〔1848〕, ed. Gareth
Stedman Jones (Harmondsworth, 2002), 224. 马克思关于印度需要一场"社会革命"的
观点，以及英国无意中带来一场革命的方法，都在他于 19 世纪 50 年为一份美国报纸
所写的文章中得到了概述。见如 "The British Rule in India" (June 25, 1853) 以及
"The Future Results of the British Rule in India" (August 8, 1853)，均载于 *New York Daily
Tribune*，并重印于 *Karl Marx and Friedrich Engels on Colonialism* (Moscow, 1960), 31–
36 and 76–82。然而，马克思在 19 世纪 70 年代改变了他的立场，变得更加批判帝国的
影响。这一转折见 Gareth Stedman Jones, "Radicalism and the Extra-European World: The
Case of Karl Marx" in Duncan Bell (ed.), *Victorian Visions of Global Order* (Cambridge,
2007)。

〔2〕 Mill, *Considerations on Representative Government*, *CW*, XIX, 564. Mill, letters
to Arthur Patchett Martin, October 10, 1871, and Henry Kilgour, August 15, 1870, *CW*,
XXII, 1758–59 and 233. 1865 年，伯里子爵在他的书中也引用了伯克关于距离的观点，
见 *Exodus of the Western Nations* (London, 1865), II, 424–25，他得出"自然法反对永
久联合"的结论 (426)。

巨大距离作为他充满争议的"殖民地解放"倡议的中心主题之一。虽然在其他方面伯克是他的宿敌，但他最终在这一点上与伯克站在了一起。他以伯克的口吻谈道："我们不需要详细讨论这样的可能性或权宜之计，即从地球的另一端召集那些不能在六个月内前来的参会者，来决定英国是否应该为一些影响自身的问题而发动战争，也许迟到一小时也不允许。"[1] 因此，史密斯对议会制联邦的计划进行了严厉的批评，尤其挑出斯密这位苏格兰伟人的计划进行批判。

一代人之后，这样的争论已经失去了大部分影响力。对技术力量的普罗米修斯式信心催化并构建了关于更大的不列颠的争论，进而导致帝国可能性的根本重铸。大自然不再被视作为伯克曾经激烈对抗的那个不可改变、不可捉摸的宿敌；它被超越、击败和驯服了。

### 科学乌托邦时代的帝国政治思想（约 1870—1900）

> 如今，我们只需指出科学已经做了什么并依靠所知的科学还将做什么，就可以打破伯克所谓"对抗自然"的异议。
>
> 尼科尔斯：《对联邦制的预言式反对》（1886）

19 世纪的后半叶充斥着一股坚定的信念，即相信科学技术的力量可以解决社会上的各种问题。在这个时代自然科学空前进

[1] Smith, *The Empire* (Oxford, 1863), 85.

步，同时人们寻找与其相匹配的"社会的（或政治体）的科学"的努力也在当时达到了巅峰。科学方法被广泛学习，且为理解和管理国家提供了一种强有力的、具有文化权威性的思维方式。[1] 以新技术为代表的影响广泛的政治主张找到了受众。1870 年，艾华·詹金斯警告道，大英帝国正面临"解体"，而建立一个帝国联邦是唯一恰当的应对措施。他认识到这样的建议必须克服关于自然的争论。"孤独的困难如盐柱一般矗立——这是一种对过去绝望的迹象，一种呆板的迹象，一种对希望的空虚缺乏的迹象。距离——这个遥远视野中的魔女，现在被视为联盟所面对的棘手女巫"。[2] 但是，他坚持认为自然的"永恒法"不再是不可改变的障碍。拯救帝国的行动成为必需，而环境已然改变，蒸汽和电报的出现"摧毁了距离的障碍"。女巫已被放逐，詹金斯乐观地展望未来：

> 可以说，我们每年都在时间和交互设施上更接近我们的殖民地。在不久的将来，与澳大利亚的蒸汽交通将变得频繁、惯常和迅速，电报系统也将变得庞大和廉价，以至于任何实际的困难都不会妨碍一个代议制的联邦政府的运行。[3]

82　　　 1875 年，福斯特在爱丁堡发表了一场旨在阐述帝国未来的演

---

〔1〕 19 世纪 60 年代还见证了推想型文学（speculative literature）描写世界的方式的转变，其强调速度和新通信技术在加速生活体验中的作用。Nicholas Daly, *Literature, Technology, and Modernity*, 1860–2000（Cambridge, 2004）.

〔2〕 Jenkins, "An Imperial Confederation," *CR*, 17（1871）, 78.

〔3〕 Ibid., "Imperial Federalism," *CR*, 16（1871）, 179；及 Ibid., "An Imperial Confederation," 78。

讲，题为《我们的殖民帝国》（*Our Colonial Empire*）。演讲中，福斯特探讨了近十年里帝国政治思想的一系列主题。首先，他很快在开场白中指出他只会谈论移民殖民地。其次，他明显满意地注意到帝国话语中措辞的转变："现在还有谁在谈论抛弃殖民地？如今还有什么呼声比维护我们的帝国更受欢迎呢？"最能说明问题的是，他富有感情地谈及在面对全球联合时如何跨越时空障碍，而在过去，"时间和空间的困难将……驱使它们（殖民地）独立"，但现在情况已变，因为与伯克的宣言相反，"科学连接了地球的两端，波涛滚滚的海洋可能不再构成一个国家各个省份之间的障碍"。[1] 最后他主张成立一个帝国咨询委员会。在随后的一篇文章中，福斯特预言了帝国联邦联盟的建立，并回答了关于建立一个被广阔水域分割的政治共同体的可行性问题。"是的"，他谈道，"这也许是件新鲜事；但还有另一个新奇之处，那就是蒸汽和电力的政治效果"。这一点得到了出庭律师弗朗西·德·拉比耶埃赫（Francis de Labillière）的呼应，他曾是新西兰殖民者，也是超议会联邦的知名拥护者。他认为，新技术使得反对联邦的"海洋分割"（oceanus dissociabilis）论变得多余。并且，在帝国联邦联盟诞生的威斯敏斯特宫酒店会议（Westminster Palace Hotel Conference，1884）上，保守党议员威廉·史密斯（W. H. Smith）也认为，出于"一切现实目的，电报和蒸汽拉近了与最遥远、最偏僻的殖民地的关系，且较100或200年前大不列颠的遥远、偏僻位置而言，也使得这些殖民地更加支持伦敦首府的利益"。历

---

〔1〕 Forster, "Our Colonial Empire," as reported in the *Times*, Monday, November 6, 1875, 9. See here Burke, "On Conciliation with the Colonies," 9. 类似的观点，也见 the *Times*, 25 October 1872。关于福斯特演讲的重要性，见 F. P. de Lablillière, "British Federalism," *PRCI*, 24（1893），110。

史学家查尔斯·卢卡斯（C. P. Lucas）在他为乔治·路易斯 1891
年版《论附属国政府》所写的序言中指出，路易斯在 19 世纪 40
年代提出的许多观点已经被新技术所废弃。他还明确地挑战了作
为路易斯立场核心的伯克的论点，谈道："现代科学是这样一种事
实，它使过去和现在的一切比较都失效了，并且使一切关于未来
的计算变得不确定。"[1]

83　　这种想象转变的最权威表述出自希里的笔下。在《英格兰的
扩张》中，他认为，建立一个真正的更大的不列颠是一件只有在
19 世纪下半叶才能考虑到的事情，因为在之前距离是政治联合不
可逾越的"障碍"。帝国扩张如此之广，以至于其"几乎因距离
而解体"。然而，这种障碍已被克服，因为"科学给了政治有机
体新的循环系统以及新的神经系统，它们分别是蒸汽和电"。希
里本可以更进一步地指出，按照这一观点的逻辑，即使在 30 年
前，一个完全成熟的更大的不列颠也不可能发生。他观察到，在
"18 世纪，伯克认为不可能跨越大西洋建立联邦"，但这不再是
一个可行立场，因为"自从伯克的时代以来，大西洋已经缩小，
直到它看起来比希腊和西西里岛之间的海还窄"。拉比耶埃赫在
1894 年写道，蒸汽和电报"几乎克服了距离的问题"，"以至于一
个联邦帝国的前景在 50 年前几乎是一种幻想，在 25 年前显得十

〔1〕　Forster, "Imperial Federation," *NC*, 17 (1885), 206; Labillière, "The Contraction of England and Its Advocates," *NR*〔June1884〕, reprinted in Labillière, *Federal Britain* (London, 1894), 160（原文为斜体）; Smith, in *Imperial Federation*; *Report*, 33; 以及 Lucas, "Introduction," xli and xlii。尽管卢卡斯对联邦的激进计划持批评态度，但他建议允许殖民地代理人进入重新配置的上议院。在提及海洋地位的变化时，约瑟夫·张伯伦同样认为，殖民地"由以前似乎分割我们的海洋与我们相连"。Chamberlain, "The True Conception of the Empire," speech at the Annual Royal Colonial Institute Dinner, Hotel Metropole, March 31, 1897, in Charles W. Boyd (ed.), *Mr Chamberlain's Speeches* (London, 1914), II, 2.

分遥远，而如今已呈现出紧迫而切实的样态"。[1]

　　描绘政治辩论性质变化的最有效方法之一正是强调用以想象世界的语言的转变。塑造地球概念的本体论规则发生了根本转变，这伴随着描绘它的新方法和新词汇的激增。新鲜的隐喻和令人回味的短语被注入 1870 年之后的帝国政治思想，这在一定程度上有助于重新理解地球的大小与帝国的政治命运之间的关系，也为未来增添了一些紧迫感、传奇性或必然性。人们对科技近乎奇迹的力量赞不绝口。两种形式的语言变革别具一格：广泛使用有机（特别是身体）比喻来描述帝国；而通常援用的"空间和时间"（或反之）被湮灭、弃置或孤立。前者标志着一个真正统一的殖民帝国的最终出现，后者则标志着大自然被人类理性和智慧的力量击败。这两种表达方式都不是真正的原创，因为它们都寄生在传统的国家中心话语之上；帝国理论家们借鉴并阐述了以往只在指涉相邻政治共同体时才使用的表达方式，并将其扩展至全世界。在我们当下，充斥着激进新颖性与"时空湮灭"诉求的全球化话语往往只是简单地复制了维多利亚时代晚期对全球政治动态的解释方式。

　　在帝国政治思想中，"时间和空间"这对词语愈发广泛地使用其实借用了一种语言，这种语言最初出现于对铁路深刻影响的一种表达。随着铁路的扩建成为技术重塑想象之力量的早期标志，它也带来了一场语言革命以捕捉这种转变。"以时间湮灭空间"（the annihilation of space through time）这句短语与现代性的光辉产生了强烈共鸣，并作为科学之可靠性的词汇被使用。它在

84

----

〔1〕 Seeley, *The Expansion of England*, 74–75；及 Labillière, *Federal Britain*, 12。

19世纪40年代广为流传，尽管其起源悠久而闻名。[1] 铁路"缩小"了西欧和美国等发达工业国家的规模，打破了以往关于距离、速度和国家地理的概念。在评论1843年巴黎和鲁昂之间的铁路开通时，诗人海因里希·海涅（Heinrich Heine）宣称，"时间和空间的基本概念已经开始动摇。铁路扼杀了空间，留给我们的只有时间"。他认为自己目睹了一件"天意之事"（providential event）。[2] 伴随这些发展，政治可能性的范围发生了变化。

这一科学主义语言被帝国政治理论家采用并改造。福斯特在威斯敏斯特会议上宣称，"科学发明已经克服了时间和空间的困难，在此之前它们使得分离几乎成为必要"。在1872年太平洋电缆铺设初步成功之后，《泰晤士报》宣称"大西洋电缆湮灭了大约2000英里的空间；而澳大利亚电报湮灭了不少于12000英里的空间"。皇家殖民地研究机构名誉秘书长弗雷德里克·杨（Frederick Young）声称，"电报神奇而神秘的作用"已"在全世界事务中发动了一场真正的革命"。[3] 作为新技术带来的世界历史变革

---

〔1〕 埃德蒙·伯克曾引用亚历山大·蒲柏（Alexander Pope）的话写道："海洋依然存在，你不能把它抽干。且只要它继续在它现在的海床上，那些因距离而削弱权威的原因就会继续存续。'诸神啊，湮灭时空，让两个情人幸福吧！'——这是一个虔诚而热情的祈祷——但和那些极为庄严的政客们的许多严肃愿望同样合情合理。"Burke，"Speech on Conciliation with America，"131. 在伯克的编辑们的脚注中，这段（来源不明的）段落被认为由蒲柏撰写。

〔2〕 Quoted in Wolfgang Schivelbusch, *The Railway Journey*（Oxford，1986），37. 关于"时间与空间"的具体引述时间，见 Michael Freeman, *Railways and the Victorian Imagination*（London，1999），21 and 150–71。

〔3〕 Forster, comments reported in *Imperial Federation*：*Report*，27；the *Times*，November 16，1772，reprinted in *PRCI*，3（1872），36；以及 Young，comments printed in the *PRCI*，8（1876–77），118–19。也见 Lord Rosebury, *Imperial Federation*：*Report*，36。杨是一位为争取殖民地联合而不懈努力的活动家。其传记简评见 Young, *A Pioneer of Imperial Federation in Canada*（London，1902），215。关于他的主张，见他在报纸上关于帝国话题的大量通信 Young Papers, University of Cambridge Library, RCMS, 54/III/21。

的结果，卢卡斯认为"对政治问题的概括将不得不随着变动的时间和空间的意义而不断地被重新塑造"。[1] 自然不再是永恒枷锁的印记，它现在成为"湮灭"的对象，成为被人类的思想和现实作品强力战胜的实体。作为一名对联邦主义者持同情态度的保守党评论家，诺顿勋爵（Lord Norton）用同样的术语捍卫当时殖民地和伦敦之间的宪法关系。他认为，帝国的"道德联合"已经很强大了，"湮灭的时间和空间越多，这种联合就越紧密"。[2] 历史学家弗里曼坚持坚信帝国联邦的计划注定会失败，因为它建立在一种难以置信的说法之上，即认为有能力在如此不同的群体之间建立共同的政治认同。但他很清楚蒸汽和电报的影响："现代科学已经湮灭了时间和空间……这样，从最遥远的英国殖民地到威斯敏斯特所花的时间，不再比英格兰和苏格兰合并时从设得兰群岛（Shetland）到伦敦所花的时间要长。"[3] 时间和空间语言的政治上的不确定性源于对所感知的地球"缩小"的结果的不确定性。对部分人而言，这是一个毫无意义的时刻，并不预示着政治组织的可能性将发生重大变化；但对另一部分人而言，这预示着史无前例的新颖性。

在《后现代的状况》（*The Condition of Postmodernity*，1989）一书中，大卫·哈维将"时间和空间"语言开始表示对世界感知

---

〔1〕 Lucas, "Introduction," xlii.

〔2〕 Lord Norton, "Imperial Federation—Its Impossibility," *NC*, 34（1884），514. 诺顿勋爵的姓名为查尔斯·阿德利（Charles Adderley），他是一位重要的殖民地改革家，也是殖民地学会的创始人。他对帝国的看法围绕着一个盎格鲁-撒克逊人的非联邦的道德联盟展开，见 Edward Beasley, *Empire as the Triumph of Theory*（London, 2005），ch. 7。也见 Norton, *Imperial Fellowship of Self-Governing British Colonies*（London, 1903）。

〔3〕 Freeman, "The Physical and Political Bases of National Unity" in White（ed.），*Britannic Confederation*, 52. For more on Freeman's views, see chapter 4.

[86] 转变的两个不同时期合并在一起。他认为，1848 年应被视为关键性标志，而 19 世纪中期见证了资本主义空间扩张的迅速加速，"资本主义陷入了一个难以置信的阶段，即为征服空间而进行大规模长期投资"。[1] 关于这一转变在地球表征上所起的关键作用，哈维是正确的，但在声称 19 世纪 40 年代见证了对"空间与时间"的重新想象时，他忽略了一个至关重要的问题，即在 19 世纪对空间的感知经历了两次截然不同的转变。19 世纪 30 年代和 40 年代，随着铁路革命的兴起，离散的国家空间似乎"缩小"了，空间受到了致命的"伤害"。但直到 19 世纪的最后几十年，它才在全球范围内被"湮灭"。整个世界似乎在收缩。[2] 当维多利亚在 1837 年登上王位时，拉比耶埃赫写道："没有一个有远见的人会想到开通与澳大利亚的电报通讯，或人们可以在两周内从伦敦旅行至加拿大的太平洋海岸。"[3] 帝国话语中术语变化的滞后表明想象力的两次转变之间相隔了一代人。

　　帝国语义学的第二种转变是广泛使用有机隐喻来描述殖民帝国的总体性。有机思想当然远非新事物，其包含于维多利亚时代晚期政治思想的主要语言之一，而帝国的话语又一次从更广泛使用的词汇中汲取营养。然而，帝国"生物般"增长的概念在以往并不常见，因为有机实体的概念预设了构成"生命形式"的各部分之间的相互依存关系。因此，各组成部分通常被认为是相连

---

〔1〕　Harvey, *The Condition of Postmodernity* (Oxford, 1989), 241, 252, 261, and 264.

〔2〕　早期示例见 J. Stephen, "The Atlantic Telegraph and its Lessons," *FR*, 5 (1866), 442; 以及 [Anon.], "Atlantic Telegraph," *CM*, 12 (1865), 364-73。关于通信技术与有机语言关系的评论，也见 Laura Otis, "The Metaphoric Circuit," *JHI*, 63 (2002), 105-29。

〔3〕　Labillière, *Federal Britain*, 251.

的，这就允许比如有领土边界的国家被构想为有机体。正是蒸汽（以远洋轮船为媒介）和电力（以电报为媒介）被认为提供了一种将帝国视为一个整体，一个紧密联系的、能够高度一体化运作的政治机体的方式。这种表达方式尤其指明了帝国和哺乳动物（可能是人类）身体之间的亲密联系，因此，希里撰写了"政治有机体"的"新循环系统"理论，罗恩侯爵讨论了政治冲击在瞬间传遍了帝国的"四肢"，保守党议员约翰·希顿（John Hennik-ker-Heaton）则断言"电报和邮政是整个社会的神经和动脉"。希里认为，这些殖民地"不是自给自足的，它们只是四肢，其生命依赖于其之外的心脏和大脑"。[1] 对詹金斯而言，这个有生命危险的帝国代表着一个"有害的有机体"，而对埃格顿而言，它只是一个"单一的有机体"。[2] 澳大利亚政治家亨利·帕克斯（Henry Parkes）概述了加强伦敦与南太平洋关系的理由，他认为至关重要的是将帝国的"身体和四肢""捆绑在一个能自我维持、血脉相连的巨大政治有机体中"。而理想主义哲学家缪尔黑德使用他的哲学盟友所推广的有机习语，宣称"新的动脉和神经系统开始形成"于英格兰种族的各个部分之间。[3] 另一位观察家甚至作了更直接的类比，他认为："如今，整个地球在某种程度上就

87

[1] Lorne, *Imperial Federation* (London, 1885), 113; Henniker-Heaton, "The Postal and Telegraphic Communication of the Empire," *PRCI*, 19 (1888), 172; 以及 Seeley, "Introduction" to *Her Majesty's Colonies* (London, 1886), xxiii. 约翰·希顿曾在澳大利亚长时间担任记者和政府官员；在 1885 年至 1910 年，他担任保守党议员（坎特伯雷选区）。

[2] [Jenkins], "An Imperial Confederation," 77; 以及 Egerton, *A Short History of British Colonial Policy* (London, 1897), 451。

[3] Parkes, "Australia and the Imperial Connection," *NC*, 15 (1884), 869; 以及 Muirhead, "What Imperialism Means" [1900] reprinted in *The British Idealists*, ed. David Boucher (Cambridge, 1997), 243。

像我们自己的身体。电线代表神经，信息从最遥远的区域传递到政府的中央层面，正如感觉在我们的身体里被传递到感觉中枢一样。"[1]

人们仍然可以感受到伯克威严的气势。拉比耶埃赫声称，如果伯克生活在一个世纪后，他无疑会是一名帝国联邦主义者。[2] 在调查了 20 年来关于联邦的激烈争论后，拉比耶埃赫认为支持这一想法的人正不断增加，并断言技术已经"神奇地消除了过去的不可能性"。[3] 伯克过早地将自然法则定性为一种"不可改变的条件"、一项联盟不可消除的障碍。由于距离的问题已经消除，在殖民帝国的各个组成部分之间建立一种更紧密、更富有成效的联系不仅成为可能或可取，而且成为确保英国伟大之必需。而他认为伯克应该会认识到这一点。

与赞美并存的是对技术改善能力的怀疑。电报的速度通常很慢，覆盖范围有限，且成本高昂。人们普遍抱怨垄断使得电报系统无法向最广大的群众普及，而这种垄断最有力的反对者约翰·希顿则抗议称，这样做的结果是，"除了少数富人，其他所有人都无法获得帝国通信"。科技增强帝国联系的潜力正在被挥霍。尽管如此，他仍坚信通信的力量，坚信电报所带来的日益增长的相互依赖，因为电报提供了"加强和延续作为联盟基础的共情的手

---

[1] Gabriel Stokes, reply to a speech by Lord Salisbury, reprinted in *The Electrician*, November 8, 1889, 13.

[2] Labillière, "British Federalism," 96. 其他使用斯密-伯克辩论来构建论点的例子，见：George Ferguson Bowen, "The Federation of the British Empire," *PRCI*, 17 (1885–86), 290; Frederick Young, *On the Political Relations of Mother Countries and Colonies* (London, 1885), 16–17; W. M. Greswell, "Prize Essay" in *England and Her Colonies* (London, 1887); 以及 John Morley, "The Expansion of England," *MM*, 49 (1884), 252。

[3] Labillière, "British Federalism," 97.

段"。他认为新技术具有近乎神奇的力量，并对新时代作颂歌道：
"它们比杀人的战船更强大，比兵团的力量更强大，比财富和管理天赋更强大，比维多利亚女王治下至死不渝的正义更强大，它们正是在海上诞生的无数纸屑，以及将她的王国内各个分散部分连接起来的两三根细线。"这条系于帝国的脆弱铜腰带所造成的结果是，如缺乏一种像波浪一样越过地表的"共情的悸动"，"任何不幸、欢乐、希望、惊讶或恐慌之事"都不会在世界任何地方发生。[1] 新通信技术不仅消除了距离，而且（因此）通过让人们更频繁、更亲密地相互联系，形成了一种共同体意识，这一点被许多更大的不列颠的支持者认为至关重要，因为它被认为可以促进殖民者和英国人民之间以及不同殖民地之间的团结。在谈及新技术时，詹姆斯·布莱斯认为："在我们这个时代之前，从未没有人梦想过存在任何一种手段，它收集、传播并集中公众舆论，同时加速其形成并加强其行动力。"另一位联邦主义者写道，其结果是"一种非同寻常的收缩状态"。[2] 地球一个地区的行动几乎同时在另一个地区产生了强烈的共鸣。一种遍布全球的公共身份的生成和维持（至少看起来）终于成为可能。

那些对更大的不列颠联邦持批评态度的人所引证的观点说明了政治话语革命的力量。几个世纪以来，距离一直是建立更紧密宪法关系的反对者的核心立场，但在约1870年后，其很少被使

〔1〕 Henniker-Heaton, "An Imperial Telegraph System," 907-10; 以及 Henniker Heaton, "The Postal and Telegraphic Communication of the Empire," 172。关于帝国通信的实际情况，见 Simon Potter, *News and the British World* (Oxford, 2003)。

〔2〕 Bryce, "An Age of Discontent," *CR*, 59 (1891), 19; 以及 Francis de Winton, "Address," *Proceedings of the Royal Geographical Society*, 11 (1889), 621。弗兰西斯·德·温顿 (Francis de Winton) 是以英国协会地理学分会 (Geographical Section of the British Association) 主席的身份发表讲话的。

用，且即便使用也是以严格限制的方式。沉默恰恰是最响亮的回答。当然，尤其是弗里曼在内的一些人继续引述关于距离的论点，他们倾向于坚持认为，尽管世界在一些重要领域确实缩小了，但这并不意味着建立一个跨洲政治共同体成为可能。对弗里曼而言，问题不只在于距离，而是"理想国家"需要"由一个政府统治的人民居住的……连续领土"。尽管在其他方面很重要，但即时通信并没有改变国家的性质。莫莱也持类似观点，他追随密尔在《论代议制政府》中关于"政府的理性原则"的讨论，认为尽管新通信技术不断发展，但所涉及的"巨大的地理距离"仍然为殖民帝国的统一提出了一个无法克服的问题。他认为，将美国作为这样一个联盟的先例非常具有误导性，因为美国是一个"地理上相连"的国家，其组成部分没有分散在世界各地。[1] 与此同时，为了回应福斯特对联邦的强烈诉求，罗恩认为有必要询问殖民者自身对于政府政策的未来方向的想法，且他认为轻率的超联邦方案不太可能满足他们的愿望。但他也强调，现在向他们提出这样的问题变得容易，因为"电报使澳大利亚像维多利亚街一样接近殖民部"。[2] 对于建立一个健康政治共同体的必备条件，联邦的反对者和支持者所持的看法趋于一致；对于技术在挑战自然施加的政治限制方面所产生的影响，他们则作出了不同的解释。

---

〔1〕 Freeman, "The Physical and Political Bases of National Unity," 35 and 52; 以及 Morley, "The Expansion of England," 256-57。

〔2〕 Lorne, "Unity of Empire," *NC*, 17 (1885), 403. 这篇文章是对福斯特的联邦制议程的一种质疑性回击；同样的风格和版本见如 Viscount Bury, "The Unity of the Empire," 381-96。

## 重塑全球政治想象

无论人们是否反对新技术或帝国秩序的新理想，维多利亚时代工程师的成就促成了人们看待世界的方式及他们与世界关系的根本转变。人们认为，过去关于帝国庞大且难以驾驭的规模的劝告不应再决定对全球其他地区的政策。回过头来看，批评人士是正确的，他们认为更大的不列颠的许多支持者对科技抱有不切实际的妄想。事实上，人们可能与地球另一端的人交流，但并不一定会产生社群意识或共情，遑论共同利益。殖民地民族主义的不断崛起，以及殖民地对联邦观念的普遍不信任均是这一事实的注脚。但这些问题似乎并没有困扰那些夸夸其谈的乐观的技术拥护者。全球化的当代支持者应从这段经历中吸取教训。

1889 年，英国首相兼外交大臣索尔兹伯里勋爵在电气工程师学会（Institute of Electrical Engineers）成立晚宴上作开幕演讲。他的评论无疑让邀请其出席者感到高兴，因为这是维多利亚时代科学与全球政治之间密切联系的最引人注目的表述之一。这是一份对这个充满自信的时代的致辞，在这个时代里，人们相信人类的聪明才智能够战胜古老的政治统治问题。他首先高度评价了"电气学为人类带来的巨大收益"，并声称在外交部"我们是依靠电报而生存的"，同时称赞电报"如同把所有人聚集在一个巨大平面上，在那里他们可以看到所有的行为，听到所有的言论，在这些事件发生的瞬间评价所有的政策"。因此，电气工程师们"几乎在一瞬间拼合了整个智慧世界对当时地表上发生的一切事情的看法，并在一瞬间将这些信息提供给统治人类的机构"。最后，他宣称这是"我们这个时代政治中最显著的特征"。[1]

"漫长的"19世纪见证了人们想象世界方式的转变。尽管这一转变总是被争论、质疑，尽管它产生了对其可能结果的各种解释，但在维多利亚统治期间，地球似乎在许多观察者的眼前收缩了，它最终变得小巧而适合管理。这种意识结构的变化催化了政治思想性质的转变，彻底改变了政治共同体尤其是移民帝国的可能的构想方式。在"七年战争"结束至19世纪初的这段时间里，尽管短暂涌现出一些关于大西洋两岸"联盟"的宏伟愿景，但关于距离和政治共同体的争论呈现出相当的一边倒之势。这些争论以伯克最为有力的观点表述为主：自然是一个不可改变的对手，它限制着政治工程。但随着19世纪的展开，这幅图景开始变得模糊；随着新通信技术的发明及其随后成为维多利亚帝国的驱动引擎和象征标志，政治思想家们也在重新审视其关于可行共同体的空间限制的观点。建立一个全球性政治体甚至是一个国家的想法首次成了一个似乎合理的主张。但这种转变缓慢而不平衡，19世纪中叶弥漫着对蒸汽和电力时代到来的困惑和理论冲突。时代的迹象难以解读，未来也不明朗。对部分人而言，这是一段不安的调整时期；人类的发展或过于异想天开，或过于仓促局限，以至于无法产生较大影响。他们是伯克的后继者。然而，对另一部分人而言，新技术带来了巨大的机遇，他们乐此不疲地抓住了这些机遇。至19世纪下半叶，主要自19世纪70年代始，"时间和空间"的"湮灭"才成为一个普遍想法。帝国联邦运动与更广泛的更大的不列颠理想是这种政治想象转变的最突出表达。

[1] Marquis of Salisbury, Speech, printed in *The Electrician*, November 8, 1889, 13.

# 4

# 帝国、民族与国家

　　一个由不列颠所有土地组成的牢固而紧密的联盟，将
会形成一个可以控制整个世界的国家。

　　查尔斯·阿曼：《19世纪的英格兰》（1899）

　　关于更大的不列颠的争论包括民族性、国家地位、联邦制、种族以及帝国统治形式等问题。为巩固他们所认为的殖民纽带的现有优势，联合主义者同时鼓吹一种道德秩序愿景，即一个优越的盎格鲁-撒克逊种族正仁慈而坚定地为这个混乱的世界提供稳定和领导力。有的建议较为温和，有的则极度雄心勃勃，有的旨在加强殖民地和"母国"之间的现有联系，有的试图建立一个一体化的全球性国家——一个使历史书中的那些国家相形见绌的巨大政治体。包括希里和福斯特在内的一些主要人物明确主张这样一种国家，尽管大多数人有意回避这一争议性提法。更加全方位的方案引起了相当大的攻击甚至是怀疑，但猛烈的批评并没有浇灭帝国主义者对未来宏伟愿景的热情，全球性政治体的梦想几乎一直渗透进英国的政治思想，直至非殖民化时代的到来。波考克曾写道："大西洋是一个巨大的海峡，大陆之间相互对峙，但太平

洋才是这个蔚蓝星球（planet Aqua）的真正表层。"[1] 在自信地跨越"蔚蓝星球"的过程中，许多更大的不列颠支持者设想了一种新颖的政治联合形式。

全球性政治体的愿景不仅仅是对未来的预测，而是对尚未到来的时代的梦想。人们经常认为，这个实体的轮廓可以在帝国的现有结构中隐约发现，但其只是一种影子似的形式，且为确保英国的强大，这种内在结构需要建立在一个不同的宪法基础之上。这一论点假定了两种基本形式。一种认为移民殖民地是英国政府重要的外部附体，并试图加强它们之间错综复杂的联系。另一种则认为它们是英国不可分割的组成部分，因此需要对英国国家地位的可能性进行雄心勃勃的重新排序。两者均以前一章所探讨的距离的消除为前提。民族性也是一个基本问题，尽管它可能再次指向不同的方向：一些联合主义者认为殖民地是独立的或处于萌芽状态的民族，另一些人则认为更大的不列颠是一个单一的不可分割的民族。后一种观点体现了一种关于民族全球化的激进主张，这一观点坚持认为一个紧密结合的、具有自觉凝聚力的政治共同体如今可以遍及地球表面，摆脱传统上界定此愿景范围的空间限制。因此，更大的不列颠可以被描绘成一个复杂的政治结构，由以同一民族性为基础的半自治（有时甚至是独立）国家组成，或是一个多民族政治体。这两种立场都基于英国人民种族团结的主张。这些排序是复杂的，时而相互冲突，其变化反映了流动中的更大的不列颠概念的多样性，也反映了在民族性、国家地位、联邦制和种族的意义和范围方面更加缺乏的共识。

本章探讨了部分政治和理论上的变化。在下一节中，我强调

---

[1] Pocock, "Between Gog and Magog," *JHI*, 48（1987），334.

了联邦观念如何从英国政治话语的边缘走向中心。随后，我强调了帝国如何按照维多利亚时代的政治思想惯例被视为一个国家，并详细考察了希里有关"世界国家"（world-state）的概念。最后一节考察了构成帝国辩论的、关于民族性和种族的部分不同观点。

## 转向联邦制

> 整个世界的形势表明，我们正在从一个国家时代进入一个联邦时代。

乔治·帕金：《帝国联邦》（1892）

19 世纪晚期，"联邦"一词的使用在帝国话语中虽不总是但也经常不准确，在其名号下流动的各项计划并没有任何严格意义上的联邦元素。[1] 即使存在错误，它也是一种重要的标签行为，并标志着英国政治思想传统的转变。联邦曾经被认为是外来之物，如今已经成为政治词汇的合法元素。长期以来，人们对邦联

94

---

[1] 批评见 Henry Thring, "The Fallacy of Imperial Federation," *NC*, 19（1886），22；以及 Richard Jebb, "Imperial Organization" in Charles Sydney Goldman（ed.），*The Empire and the Century*（London，1905），333-6。根据《牛津英语词典》（*Oxford English Dictionary*，www.oed.com），"联邦"一词的第二种定义是指："b.（英）帝国的联邦，帝国联邦。这是对帝国各组成部分关系所提议的重新调整，根据这一调整，殖民地将与母国共同分享为整个帝国的安全和福祉而采取的所有措施的控制权和成本。"迈克尔·伯吉斯认为理想情况下需要区分联邦主义（Federalism）和联邦制（Federation），前者表示对多样性的积极评价，后者是一种特定的政府形式。Burgess, "Federalism and Federation" in Burgess and Alain-G. Gagnon（eds.），*Comparative Federalism and Federation*（London，1993），3-14；以及 Preston King, *Federalism and Federation*（London，1982），ch. 1。然而在本章中，我将这两个术语交互使用，正如它们在当时一样。

式的政治安排一直持怀疑态度，且在 19 世纪的大部分时间里，人们对首创的美国国家-联邦变体也存在相当大的怀疑。托克维尔认为，联邦不是一种适合欧洲国家采用的政府形式，它在美国之所以可行，只是因为它的环境非常有利，尤其是该国相对孤立。[1] 现代英国是一个复合国家（composite state），相较于 1688 年后宪法的含混，联邦结构似乎没有带来更多优势，并在面对内部和外部威胁时显得脆弱。"联邦制的话语"，波考克认为，"位于英国的政治话语史之外，但又不时困扰着英国；它被神秘地创造出来，同时也被那些塑造了英国历史和盎格鲁-不列颠人心智的一切事物所排除"。[2] 这一论点被许多更大的不列颠联邦的反对者采用。根据乔治·贝登堡（George Baden-Powell）的说法，"联邦原则无法在英国土地上扎根。走向民族团结的趋势一直存在"。[3] 这种情况一直持续至 19 世纪中期，在此期间，联邦制成为英国政治思想家愈发感兴趣的话题。它被视为世界历史上一个全新而危险时期所面临的许多问题的答案。波考克认为 1780 年至 1830 年这段时期应该被看作一个"鞍形期"（sattelzeit），即话语范式和社会政治领域中的概念变动激荡的时代。它标志着"早期现代性"的结束和现代的诞生，同时也产生了一个新的政

---

〔1〕 Tocqueville, *Democracy in America*, trans. Henry Reeve (London, 1862), I, ch. 8, esp. 192.

〔2〕 Pocock, "Political Theory in the English-Speaking Atlantic, 1760-1790: (2)," in Gordon J. Schochet and Lois G. Schwoerer (eds.), *The Varieties of British Political Thought, 1500-1800* (Cambridge, 1993), 296. 帝国联盟的历史学家同样认为：J. E. Kendle, *Federal Britain* (London, 1997), 41；以及 Michael Burgess, *The British Tradition of Federalism* (Leicester, 1995), 17。

〔3〕 Baden-Powell, "National Unity," *PRCI*, 16 (1884-85), 53.

治术语。[1] 在"早期现代性"时期结束后，联邦制进入了英国的政治话语，即便其是从一个侧面进入的。此时，关于联邦的思想首先被复兴，随后实验于北美的前英国殖民地。至 19 世纪末，关于联邦制的优点甚至必要性的争论已成为政治辩论的老生常谈。

联邦制日益增长的重要性似乎由两个相互交织的因素推动：美国令人瞩目的发展轨迹与人们对帝国未来的担忧。对于联邦制的崇拜者而言，吸引他们的主要是美国的国家模式，而不是德意志王国的（前邦联）松散聚集模式。美国内战（1860—1865）提供了一个关键的测试事件。对部分人而言，这场灾难似乎彻底证明了美国模式已经破产，它过于柔弱以至于无法约束一个高度集中的主权权力所能管控的社会力量。[2] 这一立场被保守党《评论季刊》的撰稿人们采纳。正如年轻的罗伯特·塞西尔（Robert Cecil，后来的索尔兹伯里勋爵）在文章中所宣称的，这场战争是"世人所见的最不光彩的失败"。[3] 不过，这只是少数人的立场。许多观察人士认为，北方的成功以及战后该国的经济活力表明联邦制是一种强大的政府形式。被广泛认为是联邦制联盟问题的权威专家的爱德华·弗里曼拒绝将战争的爆发归咎于联邦制的异常，而是将注意力集中在一系列历史偶发因素之上，尤其是奴隶制度在道德和政治经济方面造成的社会分裂。"所有这些（关于

---

[1] Pocock, "Political Theory in the English-Speaking Atlantic, 1760-1790: (2)," 311. 术语"鞍形期"源自 Reinhart Koselleck, *Futures Past*, trans. Keith Tribe (Cambridge, Mass., 1988)。

[2] 见如 J. M. Farrar, "The Rise and Decline of the Confederate Government, *CR*, 40 (1881), 229-45。

[3] [Robert Cecil], "The Confederate Struggle and Recognition," *QR*, 112 (1862), 545.

战争的）事实证明了一个无可争辩的真相，那就是联邦宪法不一定是一部完美的宪法，联邦政府形式不能排除困扰所有政府形式的各类弱点和危险。"[1] 这场冲突并没有挑战联邦原则本身，而美国在这场灾难中幸存甚至似乎变得愈发强大的事实表明联邦具有极强的弹性。随着美国的繁荣，联邦制被证明是正确的。[2]

96 从 19 世纪 30 年代起，关于殖民帝国未来的辩论也推动了联邦观念进入主流政治。授予殖民地"责任政府"引发了关于如何最好地组建殖民地内部结构以及帝国制度本身的辩论，这一辩论最终导致了 1867 年至 1868 年加拿大联邦的公认成功。自此以后，联邦成为帝国理论和实践中的一个既定标志。这一发展形成了关于联邦制大不列颠以及爱尔兰自治运动争论的部分知识背景。[3]围绕这些辩论的是一种笃定的氛围：世界似乎注定是联邦的。实际存在的联邦组织的激增，以及对大型全权政治体的普遍趋势的广泛信仰——这一主题将在第 9 章进一步探讨——均支持了这种信念。"当我们将目光从过去转向未来"，亨利·西季威克（Henry Sidgwick）在 19 世纪 90 年代中期写道，"在我看来，联邦制的扩张是与政府形式相关的最有可能的政治预言"。迪尔克对此表示赞同，他在 1890 年写道，"我们的时代是一个联邦的时代"。与此同时，霍布森明确将民主与联邦制国家形式的演变联系起

〔1〕 Freeman, *History of Federal Government* (London, 1863), 91 and 110-14. 也见 Freeman, "Federation and Home Rule," *FR*, 16 (1874), 173; 及 Freeman, "Some Impressions of the United States," II, *FR*, 32 (1882), 325; 以及 J. N. Dalton, "The Federal States of the World," *NC*, 16 (1884), 115-17。

〔2〕 John Burrow, "Some British Views of the United States Constitution" in R. C. Simmons (ed.), *The United States Constitution* (Manchester, 1989), 124; 及 Paolo Pombeni, "Starting in Reason, Ending in Passion," *HJ*, 37 (1994), 319-41. 也见第 7 章。

〔3〕 J. E. Kendle, *Ireland and the Federal Solution* (Kingston, 1989).

来，声称"无论是现在还是将来，民主运动似乎均与联邦制国家的形成密切相关"。[1] 联邦已成为进步的一个新维度，甚至是其终点。包括西季威克、斯宾塞、霍布森和霍布豪斯在内的许多自由国际主义者均认为"文明"国家的联邦化是确保全球和平与民主的最有效的制度安排。[2] 对他们中的一些人而言，更大的不列颠可以作为实现这一目标的一种手段。

分析联邦制的主要文献来源包括《联邦党人文集》以及托克维尔、约翰·密尔和弗里曼的著作。特别是弗里曼，他于 1863 年出版了维多利亚时代关于这一主题的代表作——《联邦政府的历史》（*The History of Federal Government*）。最热情的支持来自自由党与激进派，尽管从 19 世纪 80 年代开始，美国宪法对保守党的吸引力越来越大，因为它被认为（通过其权力制衡体系）提供了一种打破行政权力所追求的雄心勃勃计划的手段。[3] 这并不能说明此种崇拜较为普遍，因为仍然存在许多热忱的单一制国家的捍卫者。约翰·奥斯丁（John Austin）和戴雪在他们富有影响力的著作中提供了两项最有力的辩护，前者受边沁启发的法理学观点在其死后成名，后者反对联邦制的观点受到其对爱尔兰自治 97

---

〔1〕 Sidgwick, *The Development of European Polity*, ed. Eleanor Sidgwick（London, 1903), 439; Dilke, *Problems of Greater Britain*（London, 1890), I, 97; 以及 Hobson, *Imperialism*（London, 1902), 350。西季威克的书根据 19 世纪 90 年代中期的演讲改编。

〔2〕 Duncan Bell and Casper Sylvest, "International Society in Victorian Political Thought," *MIH*, 3（2006), 1-32; 也见 Bart Schultz, *Henry Sidgwick*（Cambridge, 2004), 619。

〔3〕 Murray Gerlach, *British Liberalism and the United States*（London, 2001); 以及 John Pinder, "The Federal Idea and the British Liberal Tradition" in Andrea Bosco（ed.）, *The Federal Idea*（London, 1991), I, 99-118。关于保守党的支持，见 Burrow, "Some British Views of the United States Constitution"。

运动坚定观念的影响。[1] 邦联从未获得广泛的支持，因为它被认为是一种软弱的政府形式，并且被那些积极评价联邦政府之人挑选出来加以批判。尽管如此，它在帝国问题的辩论中确有偶尔的支持。伯纳德·霍兰德（Bernard Holland）于 1901 年写道，他的理想"不是一个联邦国家，也不仅仅是一个联盟，而是介于两者之间，也即通过各国向王室联合形成的邦联"。[2]

弗里曼将联邦权力只对组成政府行使职能的"邦联体系"与拥有对个体公民行使权力的"最高联邦政府"的"复合国家"加以区分。[3] 只有后者可以被归类为真正的联邦。尽管大多数作者都认识到邦联和联邦之间的区别（即使他们对术语的使用常常漫不经心），但在对其各自属性以及各种中间结构的描述方式上仍然存在相当大的分歧。事实上，西季威克与希里一样均认为邦联和联邦之间的区别被赋予了"可能是过分的重视"，因为这种区别很难精确地加以说明。相反，他认为它们大体上是连续的，邦联倾向于发展为联邦。[4] 由于认识到这种歧义，西季威克创造了"联邦性"（federality）一词，"也即，为了政府的某些重要目的而将各共同体加以联合，同时又为了其他某些重要目的而将它们分开并使其独立"。这一条件适用于一系列权力显著下放的

〔1〕 John Austin, *The Province of Jurisprudence Determined* (London, 1832); Dicey, "Home Rule from an English Point of View," *CR*, 42 (1882), 66-86; 以及 Dicey, *Lectures Introductory to the Study of the Law of the Constitution* (London, 1885)。也见 Christopher Harvie, "Ideology and Home Rule," *EHR*, 91 (1976), 298-314。

〔2〕 Holland, *Imperium et Libertas* (London, 1901), 301. 也见 John Colomb, "A Survey of Existing Conditions" in Arthur White (ed.), *Britannic Confederation* (London, 1892), 3.

〔3〕 Freeman, *History of Federal Government*, 10-13. 原文为斜体。

〔4〕 Sidgwick, *The Development of European Polity*, 433. 也见 *The Elements of Politics*, 4th ed. (London, 1919), 530-39。这个版本与 1896 年的第二版几乎完全相同。

情形，但"联邦性的终局模式"出现在美国。[1] 这是一个对帝国联邦主义者而言非常有用的术语。

关于更大的不列颠的争论包含了对联邦制的各种不同理解。但总体而言，这个词突出了同时捍卫统一和多样性、保护并经常 98 加强殖民者之于"母国"地位的抱负。此外，联邦制确保了政治的抑或经济的手段，以协调同处在一个支配一切而持久稳固的结构中的各个单元。

## 国家地位与帝国

如果新兴的联邦主义语言为帝国理论家提供了一种语境，那么国家语言亦如此。这里我并不涉及斯宾塞所谓"政府的适当权力范围"，这个表述旨在描述国家机构能够干预社会和经济的限度。我更关注的是广泛存在、但较少理论化的设想，即国家地位的必要和充分条件。[2] 作为一种描述性的分类，国家是指一类特定的政治单位——一个在概念上（理想情况下）区别于帝国、区域、殖民地、城邦、县、省及简单政治社团的单位。但也不仅如此。维多利亚时代对国家的理解，尤其是对全球性国家（global state）的理解，常常包括显著的道德的或形而上的特征，它远不止是一套工具性和功能性的制度。更大的不列颠的支持者并非将其视为政治组织的简单模式——在亚里士多德政体矩阵中划定坐标，而是表达道德目标的模式。

---

〔1〕 Ibid. , *The Development of European Polity*, 428, 430, and 435, 原文为斜体；以及 Sidgwick, *The Elements of Politics*, 532-33。

〔2〕 Spencer, "The Proper Sphere of Government" 〔1843〕 in *The Man Versus the State* (Indianapolis, 1982), 181-265.

过去常认为维多利亚时代缺乏一种国家话语，但正如詹姆斯·梅多克罗夫特（James Meadowcroft）所言，大约 1880 年至 1914 年间见证了"国家的理论转向"。[1] 18 世纪至 19 世纪初期，"国家"一词偶尔被使用，但它只是一组经常互换的语词中的一个，这些语词包括"共荣体"（commonwealth）、"民族"、"政府"、"政治体"（body politic）、"政治同盟"、"主权"等。尽管这些语词尤其是"政府"和"民族"在整个 19 世纪持续起到重要作用，但在维多利亚时代后期，有关政治体性质的讨论开始围绕"国家"这一概念。西季威克在翻译瑞士法学家约翰·伯伦知理（Johann Caspar Bluntschli）颇具影响力的著作《国家论》（*Theory of the State*）时哀叹道，这个新的关注点很少导致理论精炼或概念创新。[2] 尽管如此，它建立在将帝国想象为国家的语境之中，而本章的论点之一在于关于更大的不列颠的大部分争论应被视为对国家地位兴趣繁盛的表现。

"国家"是一个具有多重涵义的概念，对部分人而言依然是个不必要的或外来的语词。[3]（这部分地解释了为什么有些思想家在描述更大的不列颠时公开使用"国家"一词，而有些则用其他同类词语描述。）尽管"国家"的涵义有所扩张，但对其最通常的理解简单明了：它界定了一个有边界的主权空间，以及一个

99

----

〔1〕 Meadowcroft, *Conceptualizing the State* (Oxford 1995), 3. 也见 Cécile Laborde, "The Concept of the State in British and French Political Thought," *Political Studies*, 48 (2000), 540-57。

〔2〕 Sidgwick, *EHR*, 1 (1886), 378-82. 见 Bluntschli, *The Theory of the State*, trans. D. G. Ritchie, P. E. Matheson, and R. Lodge (Oxford, 1885). 这是德语版的第六版翻译。关于伯伦知理，见 Martti Koskenniemi, *The Gentle Civiliser of Nations* (Cambridge, 2001), ch. 1。

〔3〕 关于"国家"（state）的部分不同含义，参阅 Sheldon Amos, *The Science of Politics* (London, 1883), 63-67。

独立的、达到一定"文明"标准的政治共同体。[1] 一系列基本假设支撑了这一理解，尽管不是所有的思想家都同意所有的假定，成功的国家地位也可被追溯至一系列家族相似性（family resemblance）的前提条件，其中四点尤为关键：第一，国家由其主权所定义，在内外事务中享有自主决定权，在自治上获得其他国家的认可；第二，国家被认为是自然形成的（经常被当作或类比为家庭发展的自然结果）；第三，国家覆盖了可以清楚界定的、邻接的领土空间；第四，其需要高度的社会与文化同质性，常常以民族性或种族的语言表达。[2]

根据当时对国家地位涵义的通常理解，所有的超议会帝国联邦方案——实际上是大部分议会方案——都可以被视为在要求建立一个国家。这个政治-经济实体由属于同一民族或"种族"的人民组成，由被授权的、从属于最高联邦立法会议的单一代议制度体系管理。基于分权原则，联邦意味着地方立法机构对特定的、按领土划分的政策领域享有高度自治权。联邦的集中意味着最高权力机构可以存在于威斯敏斯特新设的"参议院"或者重新配置的议会。这个机构有权决定战争与和平、贸易以及其他关于整个共同体的一般事务的议题，但对于众多地方事务没有决定权。这一组成模式符合西季威克关于"联邦性"的条件。所有这些也被距离的"湮灭"所支撑。当帝国联邦主义者规定了从不平等同盟到平等同盟的转变，并规避了一种支持合并国家以构成联邦的替代方案时，殖民地和英国都被重新想象。戴雪观察到了这一想法，他是关于帝国联邦最激进的批判者，并抱怨这一方案暗

100

---

[1] 更清晰的论述见 Sidgwick, *The Development of European Polity*, 1 and 25-28。

[2] 有关这些类别的进一步详细说明，见 Duncan Bell, "The Victorian Idea of a Global State" in Bell (ed.), *Victorian Visions of Global Order* (Cambridge, 2007)。

示着成立一个"新的联邦化国家"。[1] 政客约翰·布莱特也注意到了相关论点的后果，嘲讽道，"这一想法很滑稽，因为包括联合王国及其所有殖民地在内的大英帝国应该源自同一国家（country）、同一种为了防御目的的不可分割的利益"。[2] 议会外（extra parliamentary）联邦的支持者则不那么直接，因为他们试图重新激活现存的秩序，而不愿意推动宪法改造工程，遑论构建新的议会——尽管从某种程度上，他们确实对现实问题小心翼翼，但他们中的许多人也在想象未来的激进变革。无论如何，正如我们所见，显然一部分人坚持将更大的不列颠视为一个国家。

尽管许多联邦主义者直接面临着将帝国转变为国家的思潮，部分人依然对如何定位他们的方案保持犹豫。他们常常羡慕地提到美国这个典型的联邦国家的原型，将其视为他们思想的模板，并且常常用国家理论的语言直接描述他们的方案。澳大利亚历史和政治学家威廉·维斯加特（William Westgarth）提供了一个有限的议会外联邦方案，寻求"一个政府"下的"一个庞大、完整、不可分割的权力"。[3] 但是，不论是出于习惯还是出于谨慎，许多联合主义者仍忙于使用帝国话语，这一话语形成并再生出不同类型的政治组织语言。这也提出了一系列反复出现的挑战，许多

101

---

〔1〕 Dicey, *Introduction to the Study of the Law of the Constitution*, 8th ed.（London, 1915），lxxxiv. 这种批评是在对前 30 年提出的宪法改革的讨论中提出的。戴雪把帝国联邦的理想称为一种"错觉"，并为其不切实际提供了一系列理由，包括组成单位之间在财富、权力和利益上的差异，防卫必要性和领土毗连性的缺乏，以及联邦制最终本质上是一种软弱的政府形式。

〔2〕 John Bright, speech on January 29th, 1885, Birmingham, cited in W. E. Forster "A Few More Words on Imperial Federation," *NC*, 17（1885），552–53.

〔3〕 Westgarth, "The Unity of the Empire," *NR*, 4（1884），507. 维斯加特是一位自由贸易主义者，也是一位多产的历史学家和政治作家，并于 19 世纪 50 年代后期移居英国。他是殖民地学会和帝国联邦联盟的创始人之一。

挑战尤其面向从属与平等间的协调。弗劳德以经典共和主义者的姿态指出，问题的核心在于"一个自由民族不能统治另一个自由民族"。弗劳德（他的思想将在下一章中详细阐述）对最为雄心勃勃的联邦主义者的宪法方案保持谨慎，他宁可采用一种更古老的话语；他的理想未来在于一个"大洋国"式的"共荣体"，这个政治体"通过共同的血液、共同的利益、共同的荣耀结合在一起，只有联合才能保卫它们"。[1] 根据其定义，大洋国不是一个基于从属关系的帝国，而是一个给予所有组成部分政治平等的单一架构。弗里曼批判地认为帝国联邦存在"语词上的内在矛盾"："帝国不可能是联邦，联邦也不可能是帝国"。[2] 以支配定义的政治体不可能同时被一个下放立法权及平等代表权的制度体系所管理。这是一个被那些公开将更大的不列颠标榜为国家的人们所巧妙地回避的问题。

在 19 世纪末，移民殖民地通常被视为英国人在星球上无人居住的、未被充分利用的空间中自然甚至不可避免地扩散的产物。这一观点产生了一种观念，即移民殖民地帝国的组成部分可以被视为正在建构一个有机的联合体。"如果在扩张过程中没有什么值得特别荣耀的话"，希里认为，"那也同样没有强制或不自然的因素"。[3] 包括希里、霍布森和戈德温·史密斯在内的不同人物

---

〔1〕 Froude，*Oceana*（London，1886），2 and 12. 也见 George Parkin，*Imperial Federation*（London，1892），15-19。

〔2〕 Freeman，"The Physical and Political Bases of National Unity," 45. For a similar argument, see William Lobban, "Is Imperial Federation a Chimera?" *WR*, 136（1891），55-56.

〔3〕 Seeley, *The Expansion of England*, 296. 不过，也有人对这种观点持批评态度。如约翰·莫莱认为，殖民体系是一个脆弱的"人造帝国"。Morley, "The Expansion of England," *MM*, 49（1884），252.

均持这种对天定命运式的殖民政策的理解。正是因为殖民政策是基于英国人的拓殖，而非一系列制度或道德的强加，所以可以被认为比其他形式的帝国建构更自然、更健康。事实上，其可以被视为国家建构的一个要素。据一名评论家所述，19世纪末见证了关于殖民帝国的历史作品的井喷。这并非巧合，且很大程度上系由于希里所著的《英格兰的扩张》。[1] 为了充分地解释当下并提供建构未来的基础，展示一种帝国生长的目的论轨迹格外重要，这一轨迹既旨在及时视帝国为自然的产物，也用于对帝国的及时定位。

此外，更大的不列颠将是一个主权国家。那些热衷于建立咨询委员会（Advisory Council）的人们原封不动地保留了英国的宪制。议会联邦主义者则呼吁重塑公民权，并改变殖民地的宪法地位，而不是建立一个新的立法议院。这一愿景也指向全球性国家。一个联邦主义的殖民地支持者要求建立一个"真正的帝国议会"取代"英格兰、苏格兰和爱尔兰议会的错误称谓"，他认为，如给予代表权，那么殖民者将会"感到他们成为这个强国的一部分"。[2] 实质的创新在于超议会联邦主义者的方案，他们的愿景——当他们不得不将其详细勾勒出时——通常包括创建一个新的议院（有时被称为"参议院"），并同时缩小英国议会的权力和议事范围，英国议会将被重新组织为一个监管英国国内事务的地方立法机关。维多利亚殖民地前总督乔治·弗格森-博文（George Ferguson-Bowen）吸收了约翰·密尔的《论代议制政府》中第17章有关联邦制的讨论，要求建立一个完全成熟的联邦政

---

〔1〕 H. Morse Stephens, book review, *AHR*, 4 (1899), 712.

〔2〕 [A Colonist], "A Proposed Reform of the English Constitution," *FM*, 8 (1873), 602.

治组织。这一联邦拥有一个"与美国国会、德国帝国议会类似"的帝国委员会。拉比耶埃赫则完全认识到其方案的宪制寓意:"第二个议会和行政部门必须被建立"。[1] 同时,一名澳大利亚联邦主义者认为,"如果我们将建构一个帝国联邦,我们必须构建一个帝国议院(imperial chamber)来使其运行",这"看上去非常简单,也非常合理"。弗雷德里克·杨则倡导"在帝国议会中建立一个完整而公平的代表体系"。这需要设立一个新的参议院。这一联邦——他与美国对比并将其定义为"国家"——将"意味着在帝国政府中的平等参与,并在整体上完全分享其权力的行使"。他还认为,更大的不列颠应当"单一、平等且不可分离"。他的帝国雄心并不低调:"通过上帝的启示,更大的不列颠的使命将是成为这个世界的首要殖民国家"。[2]

对于大英帝国现存的准联邦制结构,甚至对联邦制本身的性质,更大的不列颠计划往往采取模棱两可的态度。正如阿尔法乌斯·托德(Alpheus Todd)在其著作《英格兰议会政府》(*On*

103

---

[1] 见 Ferguson-Bowen, "The Federation of the British Empire," *PRCI*, 17 (1885-86), 287;及 De Labillière, "Present Aspects of Imperial Federation," *IF*, 1/1 (1886), 5。超议会方案示例见:Jenkins, "Imperial Federalism," *CR*, 16 (1871);及 Jenkins, "An Imperial Confederation," *CR*, 17 (1871),他要求建立一个"在最高联邦政府领导下的联邦立法机构联盟"(78);[Urquhart Forbes], "Imperial Federation," *LQR*, 4 (1885), 334;Dalton, "The Federal States of the World";Daniel Cooper, *A Federation of the British Empire* (London, 1880);Samuel Wilson, "A Scheme for Imperial Federation," *NC*, 17 (1885), 590-98;及 Edward Salmon, "Imperial Federation," *FR*, 68 (1900), 1009-19。

[2] W. J. Bradshaw, "Imperial Federation" in, *England and Her Colonies*, 79-80;Young, *On the Political Relations of Mother Countries and Colonies* (London, 1883), 14 and 15;及 Young, *Imperial Federation of Great Britain and Her Colonies* (London, 1876), 43 and ix。也见 Granville Cunningham, *A Scheme for Imperial Federation* (London, 1895), 11。

*Parliamentary Government in England*，1867）一书中指出，殖民帝国的宪法地位正是广泛的无知和误解的源头。在他的续作《英国殖民地议会政府》（*Parliamentary Government in the British Colonies*，1884）中，这一问题被完整叙述。[1] 界定的不清晰并不令人惊讶，因为帝国是经济、司法、政治制度及其实践的复杂拼图。这个拼图被描绘成"一个包含了几乎每一个种族和语言，以及整个宜居世界的灭绝或尚存的民族碎片的政治博物馆"。[2] 许多评论家将殖民帝国视为联邦或准联邦，尽管这一联邦脆弱且不平等。例如，霍布豪斯对比"严格"意义上的美国变体，认为"英殖民帝国是松散、非正式的准联邦制"，并强调在"严格的英国意义上"，"界限并没有被厘清，大部分留给了一种心领神会"。[3] 西季威克认为完全的联邦对于一个政治体制而言是"表面可行"，他承认联邦各组成部分规模和力量上的差异使得联邦设想本身看上去很轻率。"如果基于各种理由"，他继续谈道，"联邦是可行的，最好的临时性替代方案似乎是建立一个一定范围内的殖民地自治政府，这有点类似于联邦中的准国家（part-state），但不受它们组成的国家的中央政府对其行为的正式控制"。[4] 这样的含混性历史悠久，约翰·密尔在40年前即声称殖民帝国包含了"一个不平等的联邦"。

---

〔1〕 Todd, *On Parliamentary Government in England* (London, 1887〔1867〕), x-xii; 及 Todd, *Parliamentary Government in the British Colonies* (Boston, 1880)。

〔2〕 Arthur Mills, *Colonial Constitutions* (London, 1856), xxxix.

〔3〕 Hobhouse, *Democracy and Reaction*, ed. Peter Clarke (Brighton, 1972〔1904〕), 154. 也见 J. R. Seeley, "Georgian and Victorian Expansion," *FR*, 48 (1887), 136。Robert Garran, in *The Coming Commonwealth* (London, 1897), 110-11, 这位澳大利亚著名记者、公职人员罗伯特·加兰提出大英帝国是形式上的"半联邦制"。

〔4〕 Sidgwick, *Elements of Politics*, 548. 关于各组成单位大小上需要大致一致, 也见 Sidgwick, *The Development of European Polity*, Lecture XXIX。

> 所有殖民地……对其自身事务享有全权，正像可以
> 作为一个最松散联邦的成员一样。它们的权力比美国宪
> 法下的各州还要完整，甚至可以决定是否对来自母国的
> 商品征税。它们与英国的联盟是联邦结合中最不紧密的，
> 但也不是一种严格意义上的平等联邦，母国保留了联邦
> 政府的权力，尽管在实践中缩减到其最小的范围。

在大部分帝国议会方案以及所有的超议会方案中，这种权力的保留均消失不见。密尔认识到了引进殖民地代表制的后果："在这样的体制下，殖民地与母国自然完全平等，而将不再有从属关系。"这样的转换将改变原宪法关系的性质，以至于过去的词汇不再合适而需要新的词汇。不再依赖母国的殖民地可以被认为是新政治体完整且平等的一部分，并为将殖民帝国定性为国家打开了大门。但密尔并没有准备支持这种转变，他注意到殖民地与"母国"之间组成"平等联邦"的方案，认为这种方案虽然可行，但最终不符合"政府的理性原则"，尤其是这一方案没有考虑到遥远领地间共同利益之缺乏，以及各地选举代表间充分审议之不可行。"即便对于严格意义上的联邦意图"，他写道，"构成联邦的关键条件也并不存在"。[1] 他在 1871 年的一封信中重申了这一主张："当联盟的各个成员散落在全世界，我不认为联邦原则可

---

〔1〕 Mill, *Considerations on Representative Government*, *CW*, XIX, 565. 他还把殖民帝国称为"改良的联邦"（modifed federation）: letter to John Plummer, January 24, 1864, *CW*, XXXII, 146。西季威克也提出了类似的担忧，即分散的帝国缺乏利益协调，见 *The Elements of Politics*, 547-48。请注意，密尔谈到联邦是解决希腊帝国问题的理想办法："Grote's *History of Greece* 〔IV〕," *The Spectator*, March 10, 1859, *CW*, XXV, 1128-34。

以成功运行；且我认为相较于平等的联邦，英国人宁愿分离。"[1] 联邦制更大的不列颠的支持者想要驳斥这种观点，且正如我们在前一章看到的那样，他们确实这样做了。他们提出，前提条件已经发生实质意义上的变化，而这些主张也应被淘汰。[2] 他们质疑了密尔规范论证的社会政治分析。

105 　　在弗里曼的《联邦政府的历史》中，这一模糊性进一步加强。该书的大部分综合了《联邦党人文集》及托克维尔和密尔论著中阐明的理论观点，[3] 并同时被更大的不列颠的支持与批判者所引用。弗里曼认为，一个联邦政府需要满足两个条件："首先，联盟成员需要对只涉及自身的事务保持完全独立。其次，所有成员须服从涉及全体成员集体事项的共同权力。"这得出了他广泛使用的理想联邦定义："一个联邦共荣体的理想形式是相较于其他民族构成单一国家，但涉及内部政府时却由许多国家所组

---

〔1〕　Mill, letter to Arthur Patchett Martin, October 10, 1871, *CW*, XXII, 233. 原文为斜体。

〔2〕　密尔在《代议制政府》中的讨论受到了帝国联邦主义者的批评：见如 William Greswell, "Imperial Federation" in London Chamber of Commerce, *England and Her Colonies* (London, 1887), 2。联邦主义的批评者也利用它来寻求支持：John Morley, "The Expansion of England," 255-57。

〔3〕　弗里曼尤其是《联邦党人文集》的崇拜者；他给布莱斯写道"这是有史以来撰写的最明智的书之一。我曾经称波利比乌斯及《文集》分别为这一主题的旧约和新约"。Letter, July 10, 1884, in *The Life and Letters of Edward A. Freeman*, ed. W. R. W. Stephens (London, 1895), II, 324. 然而，他对他的同胞如何理解好联邦制的复杂性持悲观态度——正如他给布莱斯所写，"鲜有人知道"。Letter, May 22, 1887, in *Life and Letters*, II, 367.

成。"[1] 同样，联邦可以被同时视为一个国家和一系列国家的集合，是单数也是复数，全凭观察的视角决定。鉴于弗里曼著作的知名度，联邦制本身的模糊性使得更大的不列颠可以被看成一个国家。然而，不同于西季威克和密尔，弗里曼明确认为，殖民地不是联邦的一部分，因为尽管它们享有高度的内部独立，它们"与其他国家的关系既不取决于殖民地本身，也不取决于殖民地公民"。[2] "王在议会"（Crown in Parliament）拥有终极权威。这种非对称性受到了许多雄心勃勃的联邦主义者的挑战。

福斯特的温和愿景是创建一个咨询委员会，他直接引用了弗里曼的定义，却无视了他对现存帝国性质的主张。他的抱负是建立一个"和平、勤劳、守法的联邦"。[3] 然而，他也坚持认为，殖民帝国某种程度上应被视为一个单一政治体，因为其包含了"一个国家相对于其他国家的管辖范围"。"我并不是说通过联邦将使帝国成为一个相对于外部势力的共荣体，而是因为目前它正是一个共荣体"。然而，它形成了一个"不完美、不完整的片面联邦"，必须使其臻于完善。[4] 弗里曼直接否定了福斯特对其定义的使用。此外，他还认为福斯特所呼吁的联邦不是"完美的"

106

〔1〕 Freeman, *History of Federal Government*, 3 and 9. 他写道，"一个共荣体只要能成为……一个真正的联邦就足够了，联盟保留了几个成员国内部的完全独立，而它拒绝它们与外部强国采取任何单独的行动"（15）。莫瑞·福西斯（Murray Forsyth）对弗里曼的定义进行了批评，他认为一旦一个政治体采取联邦制，它就拥有了国家性质，并且不能以这种双重焦点的方式审视：Forsyth, *Unions of States* (Leicester, 1981), 7。

〔2〕 Freeman, *History of Federal Government*, 3, 9, 26.

〔3〕 Forster, *Our Colonial Empire* (Edinburgh, 1875), 31; 以及 Forster, "A Few More Words on Imperial Federation," 555。

〔4〕 Ibid., "Imperial Federation," *NC*, 17 (1885), 201 and 202. 也见 ibid., comments, in *Imperial Federation League*, *Report on the Adjourned Conference and of the First Meeting of the League* (London, 1884), 12。弗里曼的定义也被用于 Jenkins, "An Imperial Confederation," 72-73; 以及 De Labillière, *Federal Britain*, 64 and 94-95。

联邦（Bundesstaat），而是较弱的"不完美的"邦联形式（Staatenbund），这种政治组织模式注定会因其固有的弱点而失败。[1]然而，就像超议会联邦主义者一样，福斯特对于是否要放弃未来建立帝国参议院的想法显得自相矛盾。他曾经说过，他预见到有一天咨询委员会被一个完整的议会所取代。[2] 但在这些温和派中，很少有人明确把更大的不列颠视为一个国家。这在很大程度上是战术原因：他们决定留在一个被狡猾地称为"现实政治"的领域中（这个修辞将在下一章中分析），而全球性国家被赋予了众多完全的代议制机构以及一个全新的处于支配地位的参议院，这在许多人看来不过是个幻想。

迪尔克关于联邦的愿景经历了重大变化，这在一定程度上说明了人们在态度上更为深远的转变。在《更大的不列颠》中，他主张建立澳大利亚殖民地的"邦联"，尽管他认为这可能会导致澳大利亚殖民地的独立。[3] "邦联对帝国利益的影响是一件简单的事。虽然邦联会使殖民地更早独立，但是如果它们联合，而不再是作为如此多独立的国家，那么它们更有可能成为一个有价值的盟友"。与戈德温·史密斯一样，他声称"支持分离的最强有力的论据，即它能让我们更接近不列颠种族的虚拟联盟，本身略显自相矛盾"。他还阐述了对联邦的一般性批评，然而他认为"与其他联邦宪法一样，新西兰宪法未能赋予足够强大的中央权力以满足几个州之间的利益分歧"。这种制度在希腊、德国和美国也失败了，"可以说，在交通日益发达的日子里，只要联邦在哪

---

〔1〕 Freeman, "Imperial Federation," *MM*, 51 (1885), 433–44 and 441.

〔2〕 Forster, comments, Executive Committee meeting of the IFL, January 27, 1885, in the IFL Minute Book, British Library, Add Ms., 62778, 43.

〔3〕 Dilke, *Greater Britain* (London, 1868), II, 108–109 and 156. 注意，在这里术语"联邦"和"邦联"是交互使用的，这很常见。

里可行，一个更紧密的联盟在那里更有可能生存"。[1] 大约 25 年后，当他写《更大的不列颠的问题》时，他的立场已经改变了。首先，他看到了向联邦制的普遍转变，包括 1865 年"美国主义的胜利"、加拿大的试验、1870 年德国联邦政府的成立、1874 年瑞士通过的新宪法以及 1885 年澳大利亚奠定的联邦基础。当看到加拿大联邦的成功时，他写道："再大的困难都可以用这种方式克服。"[2] 正是在这种情况下，他才谈到人们生活在一个联邦的时代。他再次主张建立澳大利亚联邦（包括新西兰），尽管他仍然对建立一个包罗万象的帝国联邦的雄心勃勃的计划持怀疑态度。

迪尔克的主要希望似乎依赖于现存帝国关系的持续，直至更紧密的结合条件的偶然出现。他的理想解决方案是一个（非议会）的"自治国家之间的平等联盟"，尽管他对这个结构的细节含糊其辞。然而，这个联盟需要增加国王的权力，因此不太可能受到英国选民的欢迎，因此，他把希望寄托在连接殖民地的非政治联系上。他认为，即使澳大利亚这个"年轻的国家"独立，它与英国之间的联系"主要取决于人们的情感"，而且"这种情感可能仍会无限期持续下去"。[3] 迪尔克的著作渗透着帝国话语的共同主题：一种帝国作为教育引擎的思想。与家庭有关的思想再一次注入了政治联盟的讨论。这种教育愿景在两个方向上有所调整。当提到帝国的印度和非洲时，人们通常会谈论在英国统治下的人民的幼年时期。[4] 有人认为，教化使命在于培育、鼓励和

---

〔1〕 Ibid., II, 108-109 and 157; I, 344. 关于史密斯，见第 7 章。

〔2〕 Ibid., *Problems of Greater Britain*, I, 60.

〔3〕 Ibid., I, 458-59.

〔4〕 Uday Singh Mehta, *Liberalism and Empire* (Chicago, 1999), 28-36.

劝诱"落后"地区的人民，直到他们达到适合自治的"文明"水平。密尔写道，帝国权力应该以"父亲"的方式行事，引导其"学生"走上自治之路，以帮助推动他们迈入"更高的进步阶段"。[1] 这种监护制度的主要目标正是"野蛮人"的心智，这也是它试图纠正的问题所在。对更大的不列颠的讨论充满了孩童想象，除了这里的所指有所不同外，其目标不再是人民，他们毕竟是英国居民的后裔或亲戚，而是他们所生活的政治体。需要监督的是集体而不是个人，是整体而不是部分。澳大利亚、加拿大和新西兰才是"年轻的"和"不成熟的"。这个类比可以用在不同的场合。对某些人来说，即使这些地区已经成熟，形式的统一也是力量和荣耀的先决条件。对于包括迪尔克和史密斯的其他一些人而言，更大的不列颠的前提是殖民地的最终独立，因为孩童观念意味着孩子们会成长为自立的成年人。审慎政策的目的是确保各不相同的家庭成员保持亲密，而主要的困难在于不断地重新调整父母和日益自主的后代之间的关系。正是在这里，情感起了如此重要的作用。如果这种养育任务执行得很糟糕，如果要求太多——这里迪尔克将不那么需要的"帝国联邦"包含在内[2]——那么殖民地就会与英国疏远。

## 希里与"世界国家"

在希里 19 世纪 80 年代和 90 年代的著作中，他反复强调英国

---

[1] Mill, *Considerations on Representative Government*, *CW*, XIX, 394-95, 567.

[2] Dilke, *Problems of Greater Britain*, 458："在殖民地的母国最好的朋友认为，试图建立一个共同的帝国议会本身就会毁灭帝国，而我同意他们的观点，如果帝国要有一个议事机构，它必须非常不像议会。"

国家以及帝国的性质已被误解。他认为"作为一个国家","英格兰已经完全脱离了欧洲，成了一个世界国家（world-state）"。[1]虽然这样的结构已经有了轮廓，但这一轮廓只是构成了他雄心勃勃的愿景的基础，因为他寻求建立一个"伟大且稳固的世界国家"，一个尚未实现的持久的政治体。[2] 希里没有讨论他所设想的具体的宪法结构，但他对帝国的看法，在其去世后出版的著作《政治学讲义》(*Introduction to Political Science*, 1896) 中对联邦制的讨论，以及尤其是他对美国的崇敬，均指向了一个超议会的全球性组织，一个大不列颠合众国。

梅多克罗夫特注意到，在《政治学讲义》中，希里最初对国 <sup>109</sup> 家的定义非常宽泛，几乎囊括了所有形式的人类共同体。[3] 因此，也许有人会认为至少在最低程度上希里声称更大的不列颠是一个国家并没有什么不同寻常之处。然而这将是一个错误，因为在评估更大的不列颠的地位时，他使用了"民族国家"（nation-state）的狭隘理解。在他的三卷本历史著作《施泰因的生平》(*The Life and Times of Stein*, 1878) 中，他描写了德国近代史上的一位关键人物。他写道，国家"只是一种机器，许多人通过它来保护他们的共同利益"。紧随费希特之后，他认为与国家的纽带相比，民族的联系"更本能，或者可以说更像动物"，因此，"作为一个民族的国家是一个有机体，其远远超过其仅仅作为一个国家所拥有的生机和活力"。两种截然不同但又相互补充的思

〔1〕 Seeley, *The Expansion of England*, 293. 也见 Seeley, "Georgian and Victorian Expansion," 133。

〔2〕 Ibid. , *The Expansion of England*, 169 and 75.

〔3〕 Meadowcroft, *Conceptualizing the State*, 45-47; 以及 Jens Bartelson, *The Critique of the State* (Cambridge, 2001), 52。也见 Seeley, *Introduction to Political Science*, 17; 以及 Seeley, *Natural Religion* (London, 1882), 185。

想——国家和民族——的融合是人类社会进化的最新发展，且他认为这是一种罕见的现象。[1] 在这个特定的意义上，更大的不列颠是一个国家。

希里写道，这种国家"是由在某种意义上同质的人组成的，不仅在血统上同质，而且在思想或对世界的看法上也同质"。[2]他认为（民族）国家统一需要具备三个必要的先决条件：存在"种族共同体"、"宗教共同体"和"利益共同体"。他声称，[3]前两个条件显然存在于殖民地："如果英国和她的殖民地合并在一起，准确地说，不是一个帝国，而是一个非常大的国家，这是因为那里的人口都是英国人，风俗制度也相同。"[4] 但这也需要利益、经济、政治和道德的统一，而这在以前并不可能。这一论点是对更大的不列颠联邦的一种主要批评的回应，该批评认为即使广泛分散的团体表现出文化上的共性，也鲜有实质性的利益诉求能够融入他们。[5] 这是密尔关于"理性政府"条件的主要论点之一，希里试图通过提出宗教和种族统一的存在产生了利益的统

〔1〕 Seeley, *The Life and Times of Stein*, *or Germany and Prussia in the Napoleonic Age* (Cambridge, 1878), II, 17and 35. 也见 Seeley, "History and Politics, II," *MM*, 40 (1879), 297；及 "Georgian and Victorian Expansion," 126。关于希里思想中国家的重要性，见 H. A. L. Fisher, "Sir John Seeley," *FR*, 60 (1896), 193。

〔2〕 Seeley, *Introduction to Political Science*, 137.

〔3〕 Ibid., *The Expansion of England*, 11, 50, and 220；以及 ibid., *Introduction to Political Science*, 68-70, 尽管他在这个问题上的犹豫不决可参见下文。

〔4〕 Ibid., *The Expansion of England*, 301. 为了混淆问题，他还曾把加拿大和澳大利亚称为"英格兰的大型大陆国家"：ibid., "Introduction" to *Her Majesty's Colonies* (London, 1886), xxii。

〔5〕 见如 Robert Lowe, "The Value to the United Kingdom of the Foreign Dominions of the Crown," *FR*, 22 (1877), 618-30；及 Morley, "The Expansion of England"。利益的共同性是一个被强调的主题，见如 De Labillière, *Federal Britain*, 198; George Parkin, *Imperial Federation*, 37-43；以及 Jenkins, "An Imperial Confederation," 69.

一来对抗这一论点。希里认识到，没有这样的统一，一个成功的联邦是不可能的——毕竟，联邦是"极难筹备的政治安排"。[1]在《欧洲合众国》(*United States of Europe*，1871)这篇关于欧洲和平潜力的推测性的准康德式文章中，希里认为一个完整的大陆联邦是解决国家间不断战争问题的唯一办法。但他对成功的机会深表怀疑。[2]欧洲联邦将会失败，因为各个国家的利益分歧太大，而更根本的原因在于，它没有基于语言、宗教或种族的共同身份以作为团结之基础。这样的问题并没有影响到更大的不列颠，因为它"总体上摆脱了那种拖垮了大多数帝国的弱点，即仅仅是机械地强迫不相容的民族联合"。[3]根据这种观点，殖民地和英国的利益是一致的，因为它们植根于英国"种族"的共同文化。

更大的不列颠是一个充斥着亿万人口的全球政治空间，并以共同的历史和共同的风俗制度连接。殖民者并非漂洋过海的移民，而是一个"世界威尼斯"的公民，"海洋是它的街道"。[4]过去，曾有"更大的法兰西"、"更大的西班牙"以及"更大的荷兰"种种叫法，但后维多利亚时期英国人的经历是独一无二

〔1〕 Seeley, *Life and Times of Stein*, III, 238.

〔2〕 Ibid., "The United States of Europe," *MM*, 23 (1871), 436-48. 关于他对战争的观点，见 Duncan Bell, "Unity and Difference," *Review of International Studies*, 31 (2005), 559-79。

〔3〕 Seeley, *The Expansion of England*, 46.

〔4〕 引起共鸣的短语见 ibid., 288。罗伯特·布朗宁 (Robert Browning) 在《加鲁比的托卡塔》(*A Toccata of Galuppi's*, 1855) 中描述威尼斯："啊，因为那里有海洋的街道；上面有人们所说的/……夏洛克的桥拱，还有举办宴会的洋房/我从没有离开过英格兰……就好像我看到了一切。" Browning, *Poetical Works*, ed. Ian Jack (Oxford, 1970), 579.

的，且他提到英格兰的扩张"是其他任何国家无法媲美的"。[1]
以前的帝国既没有更大的不列颠这样的地域扩张，也没有其文化
和政治的统一，且以往的帝国也没有存在于一个空间"湮灭"的
世界中。大英第一帝国的各部分相距遥远，且运作于一个扭曲的
商业经济体系之中，不可能共享相同而生死攸关的利益。

> 在这种情况下，虽然可能有殖民地，但不可能有更
> 大的不列颠。一个更大的不列颠的物质基础必须建立在
> 占领大片领土并将敌对国家驱逐出去之上。在这种物质
> 意义上，更大的不列颠是在 17、18 世纪建立的。但是，
> 形成这一物质基础的思想仍然匮乏。[2]

自由贸易的出现和新技术的发展已经改变了物质环境和认知
环境，让一种思想使大众充满活力的时机已经成熟。在一个最终
意识到"民族性原则"力量的时代，一种新的全球英国政治意识
形态开始出现，它熔合了一个全球国家的各分散部分。希里写
道，更大的不列颠

> ……是一个庞大的英格兰民族，且唯有这个民族分
> 布得太广，以至于在蒸汽和电力时代到来之前，其种族
> 及宗教的牢固而天然的纽带因距离而几乎完全消失了。
> 一旦美国和俄国的实例证明在广大地区建立政治联盟已
> 经成为可能，那么不久，更大的不列颠不仅将成为现实，

---

〔1〕 Seeley, "Introduction," xv.
〔2〕 Ibid., *The Expansion of England*, 72.

而且将成为一个强大的现实存在。[1]

更大的不列颠的人民面临着一个选择，希里用当时典型的术语将其描述为一种鲜明的二元对立：分离或联邦统一。"这样的分离将使英国与欧洲大陆上最接近的几个国家处于同一水平上，这些国家人口众多，但不及德国，更无法与法国平起平坐"。[2]如果没有殖民地，英国将会变得非常弱小。他认为，"其他选择则是英格兰可能很轻松地完成美国所做的事情，也就是说，将遥远的各个部分结合成一个联邦"。如果它实现了这一目标，更大的不列颠将比"迄今为止世界上任何政治联盟都更强大"。[3] 似乎是为了证明他对这一问题公正的"科学"好奇心，他宣称："我们绝不能想当然地认为哪种选择是可取的。"[4] 他谈道，他的演讲试图探索这两种选择，以便预测哪一种对国家最优。然而，答案是由他分析的语言、结构和语气决定的。而他提出的英国政策的目标应是确保"一个稳固而永久联盟的基础"，这个建议也为这一观点提供了支持。[5]

虽然希里没有直接将其与大英帝国相联系，但他对联邦制最详尽的研究可以在他的朋友兼同事西季威克所编的《政治学讲义》中发掘。他讨论了联邦可以采取的不同形式，并主要借鉴了

112

〔1〕 Ibid., 75. 希里将美国称为一个"世界国家"（293）。也见 Seeley, "Georgian and Victorian Expansion," 138-39。

〔2〕 Ibid., *The Expansion of England*, 15-16.

〔3〕 Ibid., "Introduction," xi and xii.

〔4〕 Ibid., *The Expansion of England*, 16.

〔5〕 Ibid., "Georgian and Victorian Expansion," 139. 这种公正客观的诉求当然蒙蔽了部分人：Walter Frewen Lord, *Lost Empires of the Modern World* (London, 1897), 355, 赞扬了希里"不偏不倚的语言"。

《联邦党人文集》、托克维尔以及弗里曼的观点。[1] 他认为，对
"联邦制"和"单一制"的严格区分具有误导性，因为这样做
"太过正式、太过文字化"。由于所有大国最终都是复合国家，即
它们是由一些半自治的行政单元组成，因此，区分其与联邦是没
有意义的。[2] "我不认同在单一制国家与联邦制或联邦国家之间
存在本质上的区别，也不认同一种为复合、另一种为单一的逻
辑"。判断被考察国家的关键仅仅在于评估其赋予地方政府权力
的程度。"我们称地方性盛行之处为联邦制，集权性盛行之处为
单一制"。[3] 事实上，他声称每一个"没有足够中央权力的政治
联盟在我们的体系中均应被称为联邦"，因此他推测，"几乎所有
非常大的帝国"都是联邦，"因为在这些帝国中，中央权力不可
能在如此遥远的地方有力地行动"。这与西季威克的"联邦性"
概念相呼应。帝国联邦主义者的野心在于利用、具体化并增强这
些纽带。但他对更大的不列颠有更具体、更有力的想法。他认
为，区分两种不同类型的联邦实体至关重要："联邦国家"与
"邦联国家体系"。希里对邦联持批评态度，认为其在本质上弱
113 小，大多数帝国均属此类。另一方面，联邦国家可以成功，但其
需要"一套立法、行政和司法的完整权力配置……首先是对一个
国家政府的依赖"。[4] 他指出，美国是一个"充满活力、组织有

---

〔1〕 请注意，像许多其他联邦主义者一样，希里交替使用了"联邦"和"邦联"
这两个术语（见如 *Introduction to Political Science*, 63, 85, 205）。然而他后来的讨论表
明他很清楚两者之间的差异。

〔2〕 Ibid., 94-95. 鉴于当时所有的主要国家均为复合国家，他认为法国各大
区、美国各州和英国各郡之间"在这种联合中没有根本的区别"。

〔3〕 Ibid., 95. 更加令人困惑的是，在讨论联邦制的不同类型之前，希里确定了
两种单一制国家，分别为集权型和分权型（97）。

〔4〕 Ibid., "The United States of Europe," 440.

力、机制完整的国家"范例。[1] 从这个意义上讲,更大的不列颠应成为一个联邦制国家。

## 种族与民族

更大的不列颠不仅被认为是一组横跨全球的政治机构——无论作为一个准国家,抑或是一个即将到来的国家。它也被视为一个由共同的规范、价值观和目标所联结的共同体。在这里,种族和民族的观念进入人们的视野。与现在一样,当时这些术语的使用常常混乱且缺乏精确性,民族和国家也经常交替使用。[2] 尽管存在语义上的混淆,众多不同范式仍然可以被识别。几乎所有人都认为,主要系同一种族的人居住于更大的不列颠,形成了希里所称的"族群的联合"(ethnological unity)。[3] 就其本身而言,这是一个种族政治体。然而,同一宽泛的民族性概念却存在两种不同的解释。更大的不列颠的部分理论认为其包含了多个独立民族,其他理论则认为它由一个民族组成。这种区分不是基于对民族性内容的相互冲突的定义,而是基于民族本身的潜在弹性。这一方面的辩论的焦点在于是否有可能跨越全球距离以解释一种民族自觉意识。

关于种族和民族性的观念以复杂且往往令人困惑的方式交织

---

〔1〕 Ibid. , *Introduction to Political Science*, 97-99. 考虑到他的亲德情绪,希里更喜欢用德语来表示不同类型的联邦,这也许并不奇怪,*Bundesstaat and Staatenbund* (97)。也见 Seeley, "The United States of Europe," 440-43。

〔2〕 讽刺的是这反映了民族主义的知识系谱,正如伊斯特凡·洪特所指出,西哀士(Sieyès)的民族在概念上与霍布斯的国家概念没有区别,见 *Jealousy of Trade* (Cambridge, Mass. , 2005), 447-529。

〔3〕 Seeley, *The Expansion of England*, 50.

在一起。人们普遍认为，在 19 世纪的最后几十年里，一种新的基于生物学的种族理论模式取代了更为温和的普遍主义和一元发生视角。后者尤其发生在 18 世纪，认为所有的种族在原则上平等，但随着时间的推移，各种族由于外在因素的影响以显著不同的速度发展。更为恶毒的"科学种族主义"（scientific racist）意识形态被认为是维多利亚时代中期帝国侵略上升的先决条件。这两种概念之间的区别明显：前者排除了平等或进步的可能性，而后者至少在原则上允许平等或进步。然而，这幅图景存在问题——它既夸大了"启蒙运动"思想家之间的一致性和同情程度，也夸大了 19 世纪中期理论的断裂。[1] 种族主义的生物学形式无疑在帝国主义的部分争论中发挥了作用，且在许多帝国实践中，被用来证明欧洲白人较之他们的殖民地臣民拥有天生的优越性。种族主义和无知充斥着维多利亚时期对世界的描述。尤其在印度兵变（1857）和艾尔总督争议（1865）的影响下，种族话语的基调发生了转变，变得（甚至）更为激进，导致敌意和自卫这一有害组合日益增强。但是，至少在 19 世纪末之前，关于文明、进步、种族和社会的基本理论假设是否经历了根本性的转变则尚不清晰。

更大的不列颠的种族概念寓于这些更广泛的辩论之中。更大的不列颠系由一个共同种族所支撑，人们亦认为如此。这个种族主要由与"英格兰人"（或不列颠人、"盎格鲁-撒克逊人"）相关的信仰、传统、风俗制度和行为特征加以定义。总体而言，这些均是易变的，由历史而非自然塑造——尽管这种易变性所开辟

---

〔1〕 也见 Peter Mandler, "'Race' and 'Nation' in Mid-Victorian Thought"; Mandler, *The English National Character* (London, 2006); 以及 Stuart Jones, "The Idea of the Nation in Victorian Political Thought," *EJPT*, 5 (2006), 12-21。

的空间（通常）被"白人"的界限含蓄地划定了。[1] 这种语言也并不稳定，正如我们可以从希里对一个强大国家的先决条件的描述中看到这一点。在《英格兰的扩张》中，他提出了三项不同的主张。他首先提出，除了宗教共同体和利益共同体之外，"种族共同体"的存在至关重要；随后他用后者代替了"民族性共同体"；最后，他谈到"种族共同体，或者更确切地说对种族共同体的信仰"，"当它大规模出现时，就等同于语言共同体"。他举的这种语言"种族"的示例即"英国人"和"法国人"。他再次将种族和民族分类混为一谈，认为更大的不列颠的"民族性"足够强大，可以接受"大量的法国人和荷兰人，以及大量的卡非人和毛利人"的存在，而不会"玷污整体的族群共同体"。[2] 与此同时，迪尔克的著作在生物学和建构论的种族概念之间反复滑动。[3] 这种滑动是维多利亚时代许多政治著作的共同特征。

　　沉默的行为也表明了仇外情绪的存在和种族主义的作用。关于更大的不列颠的争论显而易见地相对缺乏对拟议政策中土著居民地位的关注——这些人经常在殖民统治下遭受巨大的苦难，在澳大利亚的部分地区可以认为达到种族灭绝的地步。[4] 由于对印度的占领明显是以不同的统治方式，在讨论更大的不列颠时可

---

　　[1] 关于"盎格鲁-撒克逊主义"难以捉摸的内容的各种变种，见 Krishan Kumar, *The Making of English National Identity* (Cambridge, 2003), 206-207; Julia Stapleton, "Citizenship Versus Patriotism in Twentieth Century England," *HJ*, 48 (2005), 155-56; Mandler, *The English National Character*, ch. 3; 以及 Paul Rich, *Race and the British Empire* (Cambridge, 1986), ch. 1。曼德勒认为与许多维多利亚中期人相比，支配帝国联邦辩论的"盎格鲁-撒克逊主义"并没有被"条顿化"(*The English National Character*, ch. 4)，尽管在更大的不列颠的支持者中存在例外，如迪尔克和戈德温·史密斯。

　　[2] Seeley, *The Expansion of England*, 11, 50, and 220.

　　[3] 对比如 Dilke, *Greater Britain*, I, 24-29 and, I, 123, 268, and 298。

　　[4] A. Dirk Moses (ed.), *Genocide and Settler Society* (Oxford, 2004).

以简单地绕过尤其是印度在内的帝国侧面，但对于殖民者用暴力从他们的土地上驱赶出来的人群，同样的策略不能被使用。对于这个问题，或对于加拿大的法国移民、南非的布尔人的定位问题，大部分没有讨论，或者只进行了极少的讨论。即使有讨论，也往往敷衍了事、含糊其辞。[1] 帝国主义者有时表现出残忍、暴力的蔑视。弗劳德曾经（在一次私人谈话中）主张"消灭"那些威胁要杀死统治他们的"白人"的"祖鲁人和卡非人"。[2] 在当时的一项常见做法中，迪尔克将他在旅行中遇到的"种族"置于文明标尺之上。虽然他对澳大利亚土著居民和"堕落"的"印第安人"几乎持完全否定态度，但他在夸赞研究毛利人的东方学专家时最为积极。迪尔克的《更大的不列颠》以其残忍的自恃著称，而他曾一度指出"劣等种族的逐渐灭绝不仅是自然法则，也是对人类的赐福"。[3] 这是此观点中的一例，而这一观点在那个19世纪相当普遍。弗劳德也宣称在与"文明"力量接触后，世界上许多"更弱小"的族群将不可避免地消亡，这最终将有益于人类。[4] 尽管他（有限地）钦佩毛利人，但他认为这是他们必然降临的命运。[5] 这种修辞同时抹去了责任和选择，用历史铁律的必然性取代了有效的能动性。包括迪尔克在内的自由主义者

116

---

〔1〕 这是一个偶尔被评论家提及的话题：Morley，"The Expansion of England，"255-56。

〔2〕 这句话是在 1879 年与乔治·汉密尔顿勋爵（Lord George Hamilton）的一次晚宴谈话中说的，其被完整引证于 Michael Bentley，*Lord Salisbury's World*（Cambridge，2001），225。

〔3〕 Dilke，*Greater Britain*，I，130. 也见 Dilke，*Greater Britain*，I，123，and ch. 5；II，96-97。关于推定的范围，见 M. Hickford，"'Decidedly the Most Interesting Savages on the Globe，'"*HPT*，46（2006），122-67。

〔4〕 Patrick Brantlinger，*Dark Vanishings*（Ithaca，2003）。

〔5〕 Dilke，*Greater Britain*，I，392.

提出了这一论点，他们强调那些注定要灭亡的族群的命运不应该被人为地加速，且他们确实经常批评移民们的暴力，但他们仍然认为，进行认真的抵抗毫无意义：命运是不能被阻止的。

在维多利亚时代的政治思想中，民族性以及更普遍意义上的民族性格扮演了一个核心角色，尽管这个角色经常非常模糊。一般认为，一个正常运作的国家需要有强烈的民族认同意识。但这意味着什么？密尔对民族性的定义是无可争议的：

> 如果人类中的一部分因其与他人之间不存在的共情而团结在一起，则可以说他们构成了一个民族。产生这种民族感的原因可能是多方面的，有时其受到种族和血统认同的影响，语言共同体和宗教共同体对此做出了巨大贡献，地理界限是其原因之一。但最强烈的因素是对政治祖先的认同；民族历史的拥有以及随之而来的共同回忆；与过往同一事件相关的共同骄傲与屈辱、快乐和遗憾。然而，这些条件本身均非必要，也非充分。[1]

这种描述值得注意，因为其描述了与民族性相关的特定特征的范围，也因为其没有对这些特征的重要性进行排序，或强调特定的组合如何产生凝聚力或引发冲突。这反映出利用民族性涵盖广泛现象的普遍做法。然而，统一这些特征的是这样一种观点，即民族性是一种意识的产物，是确保政治稳定的最重要的社会团结形式。在 19 世纪中后期，自由党尤其被民族所吸引，他们经常强调它的民主品格、解放潜能，以及与 "人性之爱" （love of

---

[1] Mill, *Considerations on Representative Government*, *CW*, XIX, 546. 参见 Georgios Varouxakis, *Mill on Nationality* (London, 2002)。

[117] humanity）的相容性。在维多利亚时期政治思想的主流中，"民族性"的反义词不是"外国的"或"世界性的"，而是"地方性的"、"省域的"以及"狭隘的"。这是向普遍性迈出而非退却的一步，而这种形式的民族主义，也即支持被视为民族的团体的自治，通常被理解为一个广泛的国际主义愿景的构成基础。[1]

对于部分帝国思想家而言，殖民地正处于形成新民族的过程中，甚至已经形成了新的民族。这一与原初不列颠民族的分化过程被认为是殖民者所处的截然不同的物理环境、社会结构、经济制度和新生的文化传统的结果。承认殖民地民族性日益强大的力量可能导致不同的理论方向。它可以强化殖民地应被允许分离这一观点，尽管这在当时被认为不可避免。它也可以强化一种观点，即更大的不列颠的未来取决于盎格鲁-撒克逊种族的道德共同体。这就是我们将在第 7 章中看到的戈德温·史密斯的观点。迪尔克强调了超越种族共性的民族可变性。他持一种民族性格的环境概念，即物质和社会条件的动态结合塑造了个人和集体的性格：加拿大人和美国人在"类型"上非常不同。但这种"类型"植根于同一基础，即合并了美国和更大的不列颠的"盎格鲁-撒克逊族领土"（Saxondom），"使我们超越小英格兰公民地方主义的是我们更大的'盎格鲁-撒克逊族领土'的公民身份，这个领土上包括了世界上一切最优秀、最聪慧之人"。[2] 在他的思想中，种族和民族常常难以区分；1899 年，他指出"出于共同的民

---

〔1〕 见 Jones, "The Idea of the National in Victorian Political Theory"; Jones, *Victorian Political Thought*, 49; Belland Sylvest, "International Society in Victorian Political Thought"; 及 Georgios Varouxakis, "'Patriotism,' 'Cosmopolitanism,' and 'Humanity' in Victorian Political Thought," *EJPT*, 5 (2006), 100-18. 正如维罗扎基斯（Varouxakis）所指出，当时民族主义和爱国主义之间并没有明显的区别。

〔2〕 Dilke, *Greater Britain*, II, 150 and 156.

族情结和种族爱国主义",更大的不列颠得以联合。[1] 然而,对殖民地"民族主义"日益强大的信念也引发了停止、减缓或至少重新引导这一危险进程的紧急呼吁。这也许是帝国主义者的主要反应,他们已承认殖民地要求民族自决的力量。然而,这可能再次导致对未来的不同看法。它可以阻止正在萌芽的多样化,寻求把殖民者锁回他们起源的原初民族。或者,它可以巩固更大的不列颠作为一个由某种形式的联邦宪法结构维系在一起的多民族政治体的愿景。为了强调联合的紧迫性,希里坚持了前一种立场。118后一种立场则由罗斯伯里等人勾勒,1884 年 1 月他在阿德莱德(Adelaide)发表演讲,指出澳大利亚不能再被视为殖民地,而应作为"一个不是在期待或未来里的民族,而是在行动和事实中的民族"。他坚持认为,更大的不列颠应被视为"一个各个民族的共荣体"(a commonwealth of nations)。[2]

在爱德华七世时代,由于承认殖民地对民族自治的迅速发展的要求,多民族共荣体的愿景开始使关于全球民族国家的希里式思想相形见绌。也即,尽管全球性国家的梦想从未消失,但它正日益与单一全球民族的概念脱钩。在 1905 年,《泰晤士报》知名记者威廉·莫佩尼(W. F. Monypenny)将帝国构想为一个"世界国家",一个以文化同质和利益联合定义的政治体。他声称,这是一种"超越民族性"的"新政治概念"的体现,这一概念允许在其中的各个民族共同繁荣发展。通过同时摆脱狭隘的"民族

---

〔1〕 Ibid. , *The British Empire* (London, 1899), 139.

〔2〕 Speech in Adelaide, January 18, 1884, reprinted in George Bennett, *The Concept of Empire*, 2nd ed. (London, 1962), 283. 类似的措辞也见 Forster, "Imperial Federation," *NC*, 17 (1885), 201。关于如何将一种日益增长的民族性定性为与帝国忠诚对立的问题,见 Douglas Cole, "The Problem of 'Nationalism' and 'Imperialism' in British Settlement Colonies," *JBS*, 10 (1971), 160–82。

排他性"和严酷中央集权的"恺撒专制主义"的控制，它为一种新的政治秩序指明了道路，这是一种真正的"世界主义理想"。[1] 利奥·艾默里（Leo Amery）将殖民帝国描述为"一个统一的整体，一个伟大的世界国家，由平等、独立但不可分割的联合的国家组成"。他宣称，这是一个"新理想"，一个"伟大的联邦"，与"不断进步的文明所带来的更广阔视野和更宽广人性"相适应。[2] 理查德·杰布（Richard Jebb）主张在国王的统一力量下建立一个平等民族议会的松散邦联，而国王将作为一个有名无实的领袖及亲密关系的象征。[3] 与此同时，盎格鲁-撒克逊共荣体的想法是圆桌运动（Round Table movement）的核心，因为正如莱昂内尔·柯蒂斯（Lionel Curtis）于 1916 年所写，"加拿大人、澳大利亚人和南非人都认为自己是不同于不列颠群岛人民的民族，正如英国人认为自己是不同于美国公民的民族"。也即，他们已经获得了一种"自觉的民族意识"。[4]

119　　然而，在维多利亚晚期的思想家中，最普遍的观点是更大的不列颠的人口基于同一民族性组成。正如我之前所言，希里为"更大的不列颠在民族性上是同质的"这一"总体主张"辩

---

[1]　Monypenny, "The Imperial Ideal" in C. S. Goldman ( ed. ), *The Empire and the Century* ( London, 1905 ), 23 and 27.

[2]　Amery, "Imperial Defence and National Policy" in Goldman ( ed. ), *The Empire and the Century*, 181–82. 也见 Leo Amery, "Imperial Unity," speech, July 15, 1910, in Amery, *Union and Strength* ( London, 1912 ), 2。

[3]　Richard Jebb, *Studies in Colonial Nationalism* ( London, 1905 ), 300. 也见 Jebb, *The Britannic Question* ( London, 1913 )。关于早期君主制在辩论中的作用，见 Duncan Bell, "The Idea of a Patriot Queen?" *JICH*, 34 ( 2006 ), 1–19。

[4]　Curtis, *The Problem of Commonwealth* ( London, 1916 ), 68.

护。〔1〕《殖民者》（*The Colonist*）杂志 1874 年的一篇头条社论强调当时普遍使用的术语的衰落，文中写道："一个具有帝国性质的国家（Imperial State）不存在缺口，不存在鸿沟；它是一个单一民族的持续扩张。"〔2〕拉比耶埃赫希望"我们种族永久的政治团结"，宣称"民族团结精神是现代文明进步中最有益的影响之一。它造就了意大利，它造就了德国……凭借一块磁石的力量（原文如此），民族的磁力将大不列颠和更大的不列颠吸引在一起，形成一个更紧密的、不可分割的联盟"。〔3〕历史学家埃格顿谈到"共同的民族地位"将更大的不列颠的人民团结在一起，而为帝国联邦联盟制作的小册子指称联邦是"确保我们民族在全世界继续联合的一种手段"。〔4〕在这个意义上，民族扮演了一种社会黏合剂的角色，其连接着帝国的各个分散部分。民族使得帝国既成为英格兰自然生长的结果，又成为一个有凝聚力的整体。

〔1〕 Seeley, *The Expansion of England*, 49 and 63. 在 164 页，他指出人们当时并没有把加拿大视为肯特。也见 Seeley, "Introduction," xxiv–v。

〔2〕 [Anon.], "A Colony and Parliament," *The Colonist*, June 26, 1874, printed in *Imperial Federation of Great Britain and her Colonies*, ed. Young, 152.

〔3〕 De Labillière, *Federal Britain*, 35–171. 也见 Samuel Wilson, "A Scheme for Imperial Federation," 590；及 Young, *An Address on Imperial Federation*, 23。

〔4〕 Egerton, *A Short History of British Colonial Policy*, 477；以及 "What Is Imperial Federation?" (1890), 其副本可在帝国联邦联盟执行委员会总务委员会（General Committee of the Executive Committee）的会议记录中找到，British Library, Add MS, 62779, 256。

# 5

# 宪法的政治学

120 　　所有民族都有自己的偶像，这些偶像由他们亲手打造，他们像面对上帝一般叩拜它们……英国人崇拜的是英国宪法。

　　　　　　　弗劳德：《英格兰的战争》（1871）

　　政治理论的历史学家们常常忽视了争论被构建并以某种方式表达，以引起特定群体的共鸣的过程。他们也忽视了用特定思路加强、美化或反驳这些群体的偏见和观点的方式。在激励（或试图激励）政治行动方面，最重要的不仅仅是逻辑上的一致性甚至"合理性"（rationality）——无论如何定义该词，而是对那些已经沉浸在自己意识形态世界中的听众讲演时的说服力。政治和概念上的转变与其说是逻辑上的甚至是"真理"上的，不如说是确定的信念和提出的调整路线之间潜在的"契合"。据此，昆汀·斯金纳认为"所有的革命者都……被迫退回战斗"。因此，这种变革的关键——至少在没有暴力的情况下——在于对塑造社会规范架构的现有政治话语模式的"修辞重刻"（rhetorical re-inscription），其方式是通过重塑政治词汇以满足或适应特定目的。[1]

为了获得广泛的支持，更大的不列颠愿景必须在推广过程中使之与英国政治思想和实践的古老传统相一致。帝国拥护者知晓这一点，且他们进行了长期而艰苦的斗争，以确立他们所珍视的计划在历史上（以及政治上）的合法性。政治创新的必要性问题以及伦理地位问题构成了这场争论的框架。更大的不列颠尤其是帝国联邦结构是一种新的背离，还是仅仅是现有制度的延伸或衍生？是要逃离过去，还是要拥抱过去？一些帝国主义者崇尚新颖性，要求建立复杂的新的政治形式；另一些人则认为只需要进行微小的渐进式调整。简单而言，激进派更有可能推动宪法改革，保守党更有可能淡化或批评宪法改革，而自由党则会不安地摇摆。与此同时，联邦计划的反对者谴责他们眼中的乌托邦梦想，指出这些梦想是毫无意义、不切实际甚至是危险的政治投机行为。帝国话语因此折射出困扰了一代英国思想家在政治改革范围上的分歧。

在维多利亚时代，人们普遍认为社会变革是不可避免的，民主的崛起就是最引人注目的体现；历史朝着特定的方向展开，政治行动必须适应这一无法抹去的事实。正是这种命定概念支撑了进步的观念，且尽管它的构成元素可以追溯到 18 世纪公民社会发展的"冰退"（stadial）理论，但它在很大程度上属于 19 世纪的信条。它最杰出的支持者是托克维尔、约翰·密尔，以及风格迥然不同的卡尔·马克思。正如约翰·伯罗（John Burrow）所

[1] Skinner, *Visions of Politics*（Cambridge, 2002），I, 149–50（see also 175–88）. 有关政治创新及变革概念的其他讨论，见 Raymond Geuss, *History and Illusion in Politics*（Cambridge, 2001），159–62；以及 Duncan Bell, "Language, Legitimacy, and the Project of Critique," *Alternatives*, 27（2002），327–50。

言，这一信仰可以同时用以辩护彻底的变革和彻底的保守。前者是因为变革被视为是内在的，因此只需要鼓励它，可能还需要些许引导；后者是因为顺应历史潮流总好于逆流而上。[1] 但是更大的不列颠联邦是不可避免的吗？对一些人而言这显然是正确的：联邦制是英国宪法最终不可避免的演变，是（英国）历史的终结。这是对迪尔克所说的"联邦时代"的一种症候反应。[2] 政治行动者的作用仅仅是揭示变革的进程。有时这似乎就是希里所暗示的方向。然而情况对大多数人而言远非如此，联邦必须克服巨大的困难才能获得保障。当然，后一种观点被证明更为准确。但即使是持这种观点的人，也倾向于强调英格兰人民（以及因此而来的英格兰风俗、习惯和制度）在世界历史上跨越大陆和海洋的传播。他们用一种政治宿命的形式代替了另一种。

因此，在考察更大的不列颠的政治理论时，重要的是将重点放在构建论点的习语之上，放在为了帮助确保公众意见和（最重要的）精英意见的支持而采用的大量策略之上。在这样的考察中，我们看到了它们最终失败的关键原因之一：无法让更广泛的受众相信全球性联邦政治体与英国宪法结构的相容性。在本章中，我叙述了殖民地联合主义者（也包括反对殖民地联合主义者）所使用的部分论点和修辞手法，强调宪法的可感知性质决定了被认为合法的论点类型。接下来的两节分析了为什么众多帝国主义者鼓励对更大的不列颠的未来形态作含混不清的处理，并将此作为一种故意的政治策略的一部分；我还分析了宪法如何成为争夺帝国未来的主要战场。随后一节是对长期存在的公民人文主义主题和词汇——我称之为"公民帝国主义"语言——在辩论中

122

---

〔1〕 Burrow, *Whigs and Liberals* (Oxford, 1988), ch. 2.

〔2〕 Dilke, *Problems of Greater Britain* (London, 1890), I, 97.

所发挥作用的审视。最后一节以此为角度解释了弗劳德对帝国的看法。

## 作为美德的含混

为回应对冷漠的恐惧（如第 2 章所述），帝国主义者反复强调对普通民众进行帝国价值教育的必要性。弗雷德里克·杨写道，我们所需要的是"民族心智的普遍觉醒"。"必须为联邦做好准备"，希里谈道，"必须激发相应的感情，必须提倡相应的观点和思维方式，这些都将在联邦中自然地表达"。[1] 只有通过说服那些经常冷嘲热讽的听众，让他们相信帝国尽管脆弱但仍存在的联合以及日益使帝国脆弱的各种威胁，更大的不列颠的支持者们才能尝试引入具体的政策建议。改变公众意识性质的需求有助于解释为什么人们像被念了咒语般坚持认为没有必要为构建全球性帝国政治体提供详细的计划。首先必须唤醒整个民族。含糊其辞是一种有意为之的策略，尽管最终可能适得其反。[2] 但这不仅仅是确定开始制度改革的最有效顺序的问题，因为有人认为过早地将计划引入政治进程可能会引发破坏性的反弹。"我们的联邦运动正在获得强大的力量——这种思想占据了人们的头脑"，福斯特谈道，"但我们可能会因为任何不成熟的计划而使它大大倒退"。拉比耶埃赫评论道，"过多的细节有可能将伟大的原则扼杀在摇篮里"；而威廉·格瑞斯韦尔则认为，阐明精确的计划"会

123

---

〔1〕 Young, *An Address on Imperial Federation* (London, 1885), 15; 及 Seeley, "Professor Seeley at Cambridge," *IF*, 6/6 (1891), 176。

〔2〕 对于政治思想中含混不清的积极价值的总体评论，见 Michael Freeden, "What Should the 'Political' in Political Theory Explore?" *Journal of Political Philosophy*, 13 (2005), 117–24。

立即导致毁灭"。对罗恩而言，现在"就如何最好地实现更紧密的联合并制定一些现成的计划还为时过早。任何新的运动在开始时都很可能被误判和误解"。[1] 如涉及宪法设计、关税和税收政策、司法机构的管辖范围和权力、主权范围的划分等细节问题，那将会鼓励人们围绕程序和机制展开弄巧成拙的辩论。只有在一开始便广泛接受一般的观念之后，才能审议这些问题。

这不仅仅是不加思考的忽视或智识上的胆怯，尽管它确实准许逃避困难的技术问题。相反，它被认为是一种不可避免的政治和修辞策略。布拉西勋爵（Lord Brassey）概括了这一信仰背后的理由："鼓动往往是所有行政或立法行动的必要先决条件"。[2] 约瑟夫·张伯伦则在 1895 年的一次演讲中给出了更为乐观的解释："我从各方面都听说帝国联邦是一个空洞而徒劳的梦想"，但是他继续讲道，"在他们自己的时代里，那种对人们的想象力产生如此强大影响的梦想以某种不可理解的方式实现了"。最重要的一步是让人们开始梦想——然后引导这些梦的方向。"最伟大的

---

〔1〕 Forster, letter to Sir George Bowen, 1886〔n. d.〕in the *Life of the Right Hon. W. E. Forster*, ed. Sir Thomas Wemyss Reid（London, 1888）, II, 526; de Labillière, *Federal Britain*（London, 1894）, 189; Greswell, "The Imperial Federation League," *NR*, 14（1889）, 191; 以及 Lorne, *Imperial Federation*（London, 1885）, 23。也见 Samuel Wilson, "Imperial Federation," *NR*, 4（1884）, 383; J. W. Longley, "Canada and Imperial Federation," *FR*, 49（1891）, 466; George Parkin, *Imperial Federation*,（London, 1892）, 297 - 99; 以及 Forster, "A Few More Words on Imperial Federation," *NC*, 17（1885）, 553。

〔2〕 Brassey, "Address Delivered before the Bradford Chamber of Commerce, January 21, 1880" in, *Papers and Addresses by Lord Brassey*, ed. Arthur Loring and R. J. Beadon（London, 1894）, 45; 以及 J. C. R. Colomb, *Imperial Federation*（London, 1886）, 4。托马斯·布拉西是黑斯廷斯地区的自由党议员（1868—1886），他是帝国联邦联盟的核心人物。他系联盟的名誉司库（honorary treasurer），并在担任委员会主席期间撰写了提交给格拉斯顿的报告。他还担任过澳大利亚总督（1895—1900）。

事情——用铁路术语表达——是找到正确的道岔。如果我们这样做，将来我们就会走上平行的轨道。如果我们犯了任何错误，我们就会分叉得越来越远，直至完全分离"。[1] 为了获得对他们计划的支持，殖民地联合主义者不仅需要说服政治精英群体，还需要说服来自中等阶级和工人阶级的人群。这种欲求反映出公众舆论的力量日益受到重视，意见必须仔细斟酌。希里以一种典型的高人一等态度认为，工人阶级"像孩童一样幼稚地忽视了更大的政治问题"，因此公众舆论"必然受到一些宽泛而简单的思想的引导"。[2] 帝国改革的方案必须易于理解。但重要的不仅是论证的内容，使其触及合适的听众同样重要。关于更大的不列颠的争论预示着对"公众"理解的转变。约翰·密尔在 19 世纪 60 年代早期阐明了一个长期存在的问题，他认为，殖民地联邦制无法满足"政府理性原则"的关键原因之一在于殖民者与英国人民"不属于同一公众"。[3] 他们在利益和共情之间缺乏基本的和谐。然而，对于许多更大的不列颠的拥护者而言，公众已经超越了（英国）国家的传统边界，包容了殖民帝国的移民社群。他们日益富裕，获得了政治上的选举权，并通过新颖的通信技术与"母国"联系在一起。公众的范围已经覆盖了整个地球。

不仅刻意的含混不清是成功的先决条件，耐心也是。罗恩在他的帝国联邦课本中指出谨慎行事至关重要。我们将需要一段时间"向殖民地传播思想，如果他们能将思想带在身边，就能得到

124

---

〔1〕 Speech to celebrate the opening of the Natal railway, reprinted in *The Times*, November 7, 1895；以及 Chamberlain, letter to the Duke of Devonshire, July 4th, 1897, cited in J. L. Garvin, *The Life of Joseph Chamberlain* (London, 1929–68), III, 193。

〔2〕 Seeley, "Political Somnambulism," *MM*, 43 (1880), 30 and 42；及 Seeley, *The Expansion of England* (London, 1883), 190。

〔3〕 Mill, *Consideration on Representative Government*, *CW*, XIX, 564.

所有美好结果"。但许多联邦主义者太过热衷于推行他们的想法，正如一位作家所观察到的，他们简直"毫无耐心"了。[1] 行动过早或用力过猛将是致命的，这将破坏长远未来成功的任何机会。正如查尔斯·阿曼所写，"这件事必须在很大程度上由情感解决；将联盟强加给那些不服从者将是致命的"，且因此"进展必然会减慢"。但会有多缓慢？罗恩预计建立一个有效运转的帝国咨询委员会需要 25 年的时间。拉比耶埃赫声称一个真正全球性的"联邦制英国"至少需要 30 至 40 年的时间才能实现。另一位联合主义者写道，联邦制是"只有我们的子孙才有希望看到的"理想。[2]

125 　　由于对耐心的要求以及对这一事业的跨代承诺，年轻人的教育成为压倒一切的重要问题。传授更大的不列颠价值的重要之处，不仅在于塑造成年人群的思想，而且也在于塑造未来公民的思想。联合主义者热衷于在英国和殖民地传播这一讯息，从而改变人们对帝国的过去、现在和未来的看法。他们鼓励并资助演讲者进行巡回演讲，召开展览会并出版史学文献、地图册和指南，所有这些都是为宣传帝国的正面形象，同时也强调变革的必要性。人们经常谈论这种教育必须从小就开始，向孩子们灌输"帝国精神"至关重要。史蒂德甚至提议让希里负责一所传授英格兰

---

〔1〕 Lorne, *Imperial Federation*, 20; 以及 Anon. , "The Integrity of the Empire," *FR*, 59 (1896), 739。

〔2〕 Oman, *England in the Nineteenth Century* (London, 1899), 260; Lorne, "Our Relations with Canada and the Great Colonies," *PRCI*, 15 (1883-84), 51; Labillière, comments, *PRCI*, 8 (1876-77), 131; 以及 Anon. , "The Integrity of the Empire," 750。

全球民族价值的大学。[1] 最终的目的是灌输一种明确的全球民族自觉。然而，这种论点凸显了帝国主义者观点之间的严重紧张关系，并突出了一种矛盾。这种矛盾一方面反映在对问题紧迫性的反复（有时是歇斯底里的）感叹，另一方面则是（通常出自同一个人）对一种慎重而长期的方法的一再重申，该方法旨在为一个重新配置的更大的不列颠做准备。我们很难明晰这两种时间逻辑是如何协调的。

不幸的是，尽管更大的不列颠联邦的支持者成功地引起了一场关于帝国宪法改革潜在收益的广泛辩论，但他们似乎如此不愿提出具体建议的事实意味着将自己暴露于强大的批评压力之下。他们可能会被当作咆哮着的外行而不予理睬，这使得即使是同情他们的观察者也很难对他们的思想作出判断。[2] 此外，这还导致了这样一种局面：那些对更大的不列颠联邦持批评态度的人往往没有什么具体的东西以供猛烈批判，他们转而构造（然后肢解）讽刺式的观点，从而迫使帝国主义者进一步采取防御姿态。在对帝国联邦最有力的抨击中，弗里曼认为，为了整体一致，帝国联邦要么暗示帝国的全部——包括不可信的"印度人"——都必须包括在内，要么暗示，如果将一地居民是否会说英语作为识别哪些地方将被囊括的关键，则美国必须进入帝国的范围。"无

126

〔1〕 H. F. Wilson, "The Public Schools and Imperial Federation," *IF*, 1/11（1886），304-305；Stead, *The Life of W. T. Stead*, ed. Frederick Whyte（London, 1925），II, 209-10. Bernard Porter, in *The Absent-Minded Imperialists*（Oxford, 2004），强调了许多学校缺乏帝国教育。乔治·帕金（George Parkin）可能是这项事业的主要传教士，他在帝国联邦联盟的资助下开始了各种跨帝国的演讲之旅。见如 George Parkin, *Round the Empire*（London, 1892）。关于帕金的观点，见 T. Cook, "George R. Parkin and the Concept of Britannic Idealism," *Journal of Canadian Studies*, 10（1975），15-31。

〔2〕 此观点见 Arthur Mills, "Imperial Federation," *ER*, 170（1889），247。

论如何"，他在给时任帝国联邦联盟牛津分会主席詹姆斯·布莱斯的信中抱怨道，"大不列颠王国及其议会将不得不降至罗得岛州及其立法机构的水平"。[1] 然而，几乎没有帝国主义者支持这些观点；绝大多数人明确地在他们对更大的不列颠的概念上划定了种族界限，即坚持盎格鲁-撒克逊人特征。且虽然确实有少数人寻求与美国建立正式的联盟，但毫无疑问更多的人将其视为一种幻想——我们将在第 9 章中对此进行更详细的探讨，大多数人认为这是一种难以置信的愿景。格瑞斯韦尔很可能在暗指弗里曼的过程中驳斥了囊括美国人的观点，他认为这是"荒诞言论的顶峰"。而 1892 年《帝国联邦》的一篇社论则将弗里曼和史密斯关于合并印度的说法形容为"荒谬"。[2] 澳大利亚政治家罗伯特·斯陶特宣称："博学的历史学家和教授可以定义联邦的含义和联盟……的必要性。但仅仅是名字并没有什么意义。联盟可能成立吗？抑或英格兰将失去她的殖民地吗？这些都是这个国家必须回答的问题。"[3] 以弗里曼为代表的这种反应与许多联邦理想支持者的急躁一道引起了越来越多的整齐声音，他们要求制定详细的计划。其结果是向格拉斯顿提交了一份灾难性的妥协方案，该方

---

〔1〕 Freeman, "The Physical and Political Bases of National Unity" in Arthur S. White (ed.), *Britannic Confederation* (London, 1892), 33-56; letter to James Bryce, December 16, 1886, in W. R. W. Stephens, *The Life and Letters of Edward A. Freeman* (London, 1895), 356-57. 莫莱提出了相似的观点：Morley, "The Expansion of England," *MM*, 49 (1884), 254。

〔2〕 Greswell, "The Imperial Federation League," 186；以及 the Editorial, *IF*, 7/7 (1892), 86。也见 F. P. de Labillière "Present Aspects of Imperial Federation," *IF*1/1 (1886), 5-6。弗里曼的论点同样被攻击，如 [Urquhart Forbes], "Imperial Federation," *LQR*, 4 (1885), 325-26。

〔3〕 Robert Stout, "A Colonial View of Imperial Federation," *NC*, 21 (1887), 356.

案经长时间磋商后制定，但立即遭到拒绝。[1] 似乎主张含混不清者终究是正确的。

"现实"政治的观念是维多利亚帝国思想的核心。它作为一种政治行动的典范被更大的不列颠联邦的反对者视作攻城槌使用，而支持者们反过来——通常是作为绝望的回应——试图宣称这是他们愿景的指导特征。现实政治与纯粹的理论形成了鲜明对比，后者被视为一种有趣的学术追求，但与政府的日常事务几乎完全无关。联邦计划的批评者们很快就对他们所认为的那些无法或不愿理解复杂政治生活的人的异想天开嗤之以鼻。一个更大的不列颠联邦不应被视作一项*政治*计划加以认真对待；它充其量是一个锻炼智力的游戏，是为受教育阶级提供的针戏（pushpin）。此外，"现实"政治的观念与对经验的积极评价有关：现实的做法是有一个可供政治家和观察家借鉴的成功先例。在操作时，他们可以将想法与过去所谓的经验教训进行依照和对比，并就任何特定方案的可行性得出结论。抽象事务需要用经验性理解的更大可靠性加以缓和甚至代替。这是维多利亚时代晚期帝国辩论中盛行的、所谓"反理论"的政治理论化模式的另一个方面。这也是一类长期存在的（大部分是错误的）观点的一个示例，这些观点强调了英国"心智"的反智识性质及压倒性的实用主义性质。[2] 亚瑟·米尔斯评论道，联邦"不在现实政治的范围之内"。对约翰·莫莱而言，希里的观点虽然可能作为一种"哲学"沉思练习而令人钦佩，但却"带着含混和朦胧的色彩"。维多利亚前总督威廉·福斯特（William Foster）傲慢地指出，帝国联邦问题"允

127

---

〔1〕 Michael Burgess, "The Federal Plan of the Imperial Federation League, 1892" in Andrea Bosco (ed.), *The Federal Idea* (London, 1991), I, 139-53.

〔2〕 这种观点被巧妙地剖析于 Stefan Collini, *Absent Minds* (Oxford, 2006)。

许大量抽象甚至超验理论的进入，且即便能自圆其说，也大大超出了通常政治经验的范围"。[1] 他引用托克维尔的观点，认为联邦制会导致政治集中的增加，因此会遭到抵制。因此，对于更为谨慎的联邦主义者而言，某些修辞上的策略——最引人注目的是对宪法创新和剧变的颂扬——似乎预示着麻烦。不论他们是否相信其更大的不列颠计划是新颖的，像这样宣称他们的计划无疑是政治自杀。无拘束的现代性野心遭遇了政治传统的障碍。

　　更大的不列颠的支持者坚持认为他们的思想属于现实政治的范畴。最显而易见的方法是呼吁适度的改变，比如创设非立法性的咨询委员会。这很可能是因为许多支持这类计划的人认为这是解决困扰帝国问题的最好办法，但尽管如此，还有一种可能性是这些人只是认为至少在可预见的将来里，其他更全面的建议太不现实以至于不可能得到支持。许多帝国主义者对当下持谨慎态度，但对未来却持乐观态度，他们将潜在的更大的不列颠联邦推迟至未来几年中某个不确定的日期。另一种方法系试图改变辩论的条件。1888 年，约瑟夫·张伯伦指出，尽管尚未提出可行的联邦计划，但他真诚地相信这一理想。"我并不认为"，他谨慎地谈道，"这项计划是不可能的"。但在 10 年内他改变了自己的立场，表示由于通信革命带来的巨大变化（"我们湮灭了空间"），也由于连接殖民地和英国的"纽带"迅速"加强甚至倍增"，帝国联

---

〔1〕 Mills, "Imperial Federation," *ER*, 170（1889），250；Morley, "The Expansion of England," 241 and 247；及 Foster, "Fallacies of Federation," *PRCI*, 8（1876-77），79。也见 Mills, *Colonial Constitutions*, 2nd ed.（London, 1891），8；以及 Mills, "The Problem of Empire," *FR*, 37（1885），345-51。

邦属于"现实政治"的范畴。[1] 在这里，技术和政治的发展改变了可行性的指针。而我将要转向的另一种选项则认为，无论提出何种方案，都要符合宪法。

## 帝国爱国精神与宪法

问题在于，我们能否在不革命性地违反现行宪法规定的情况下，逐渐达到这种整个帝国代表制的状态呢？

威廉·维斯加特：《帝国的联合》（1884）

戴雪在其颇具影响力的宪法分析中指出英国宪法中有两类规则。首先，英国宪法包括习惯法和制定法，两者均属于法院的司法领域。其次是"宪法惯例"（conventions of the constitution），即统治精英不成文的实践和信仰。后者在这些类别中较无定型，代表了这个国家的"政治道德"或"宪法道德"。约翰·密尔同样认为，宪法中的"不成文准则"（unwritten maxim）是对权力来源和权力限制的广泛持有的假设，其构成了"这个国家的积极政治 129

---

〔1〕 Chamberlain, "Relations with the United States and the Colonies," Devonshire Club, April 9, 1888, in Charles W. Boyd (ed.), *Mr Chamberlain's Speeches* (London, 1914), I, 323；以及 Chamberlain, "Commercial Union of the Empire," Congress of the Chambers of Commerce of the Empire, London, June 9, 1896, in Boyd (ed.), *Mr Chamberlain's Speeches*, II, 366。

道德"。[1]（不成文）宪法的离散结构为政治论点的设定和判断建立了规范框架，塑造了帝国理论的可接受限度。正是在这个领域，更大的不列颠联邦的支持者展开了一场最重要的斗争，并最终失败了。除了那些最不雄心勃勃的人之外，试图（重新）定义宪法的含义成为当务之急，而主要的问题在于，为适应不断变化的政治环境，宪法需要修改多少或者可以修改多少。他们对宪法的描述包括动态、富有弹性、不断发展且有适应能力，但也从未失去它在长年积累的政治智慧中的根基。他们的批评者质疑这种对宪法灵活性的解读。

如果说对国家命运的焦虑催生了对更大的不列颠的诉求，那么这些方案的新颖性问题构造了辩论中各主角所使用的修辞手段，而且确实指导了具体构想。这里存在两条平行但又相互冲突的线索。一条强调了在必要性的支持下进行大胆创新的需要：英国和整个大英帝国必须转型或解体。随波逐流、混乱无序、畏首畏尾，这些都是英国政策的特点，因此需要进行彻底的改革。这挑战了现行的宪法秩序。另一条采取了相互冲突的攻击路线，可能更符合当时辉格史观的感受。它的拥护者要么建议进行微小的改革。更有趣的是，他们要么试图宣称建立一个更大的不列颠联邦的想法并不激进，它与现行宪法相兼容。重要的是，在微小变革（如咨询委员会）的呼吁者之间，并没有清晰地反映出对谨慎的坚持和对创新的颂扬之间的差别。全面联邦的一些支持者认为

---

〔1〕 Dicey, *Lectures Introductory to the Study of the Law of the Constitution*（London, 1885）, esp. ch. 1；以及 Mill, *Considerations on Representative Government*, *CW*, XIX, 422。关于 19 世纪 "宪政主义者用语" 的重要性，见 James Vernon, "Notes Towards an Introduction" in Vernon（ed.）, *Re-Reading the Constitution*（Cambridge, 1996）, 1；James Epstein, *Radical Expression*（Oxford, 1994）, ch. 1；以及 J. P. Parry, *The Politics of Patriotism*（Cambridge, 2006）, esp. pt. I。

他们的建议并不要求国家的"积极政治道德"发生根本改变，这些建议可以适应于现有的宪法框架。

一种常见的策略是坚持将帝国问题置于日常政治生活的混乱之上。殖民地联合主义者认为，帝国的未来应该超越党派间的勾心斗角、肮脏妥协和利益冲突所造成的历史变迁，且他们经常攻击政党制度本身，视其为利己主义和政治短视的体现。由于那些琐碎争吵，真正重要的国家问题尤其是帝国问题常常被边缘化。[1] 他们试图使帝国与公众（民族）利益相连。正是由于这个原因，自由党和保守党轮流担任帝国联邦联盟的主席。拉比耶埃赫总结了他的观点：

> 决不能将它（帝国联邦）视作政党问题……它是真正保守的，因为有什么比保护我们的帝国免于瓦解更值得呢？就这个词的最佳意义而言，它是自由的，因为还有什么能比保持不列颠种族的兄弟情谊，并保持英格兰人民和各殖民地人民、保持所有信仰和阶层的人民在全民族意义上团结在一起，而永不成为彼此的外国人的想法更自由、更开明的呢？[2]

尽管如此，殖民地联合主义者在某种意义上想要兼得鱼与熊掌：他们试图将帝国投射到一个无党派的领域，但与此同时他们迫切希望在政党机器变得愈发有效和强大的时期将帝国牢牢地控制在现实政治的范围之内。他们发现这两种立场难以调和。

[130]

---

〔1〕 见如 Seeley, "The Impartial Study of Politics," *CR*, 54 (1888), 55–57; Seeley, "Ethics and Religion," *FR*, 45 (1889), 511–12；以及下文弗劳德的讨论。

〔2〕 De Labillière, *Federal Britain*, 171–72.

迈克尔·伯吉斯注意到，人们普遍认为帝国已经代表了一种"朦胧的"联邦形式，他指出联邦主义者并不要求任何彻底的宪法剧变。[1] 这当然是一个经常被重申的主张，尽管我在前一章试图驱散它的迷雾。但这远不是唯一的争论策略，且它掩盖了关于帝国改革的辩论如何引发对宪法本身的争议。对部分人而言，他们方案的新颖性显而易见并值得颂扬。正如大英帝国在世界历史上独一无二一样，更大的不列颠联邦也不能从英国编年史中借鉴任何示例。正如希里所言，一个更大的不列颠联邦要么是现代社会的顶峰，英国国家建构的发展过程的终点，要么正如其在各类激进派眼中那样，代表了一种新的现代性的开端，且不受过去的思想和制度的阻碍。

英国的政治想象力被革命的幽灵所困扰。这一幽灵由伯克和卡莱尔的咒骂所唤起，并且不可磨灭地与法国大革命的暴力联系在一起。这是一场大火，其火焰由 19 世纪中叶重创欧洲的危机所剧烈煽动，且尽管由于国内没有相应的冲突导致英国的独特性得到加强，但 1848 年事件也成为对严重政治误判和忽视宪法智慧的危险的警告。[2] 这个幽灵是更大的不列颠吸引那些持更紧张政治倾向者的原因之一，因为它提供了一种改善被认为是革命所必需的社会先决条件的方法（正如我在第 1 章中所探究）。但这也意味着，殖民地联合主义者在推销他们的计划时必须谨慎行

----

〔1〕 Burgess, "Imperial Federation," *Trivium*, 13（1978），80.

〔2〕 Parry, "The Impact of Napoleon III on British Politics," *TRHS*, 6th series, 11（2001），147 - 75；Leslie Mitchell, "Britain's Reaction to the Revolutions," 83 - 99；及 Robert Gildea, "1848 in European Collective Memory," 207-37, both in Richard J. Evans and Hartmut Pogge Von Strandmann（eds.），*The Revolutionsin Europe*, *1848 - 1849*（Oxford, 2000）；及 Miles Taylor, "The 1848 Revolutions and the British Empire," *P&P*, 166（2000），146-80。

事，他们需要坚持认为彻底而和平的变革是可能的，且不会危及国家的稳定。在这一努力中他们可以借鉴一个值得注意的先例，因为麦考来在其巨作《英格兰史》（*History of England*，1848）第二卷的最后几段中将 1688 年前后的光辉事件描述为一场"保存性革命"（preserving revolution），即这是一场回顾过去的、保守而又新颖的革命，而且他还指出，由于这种相对和平的政治过渡，英国不会屈服于 19 世纪的"破坏性革命"（destroying revolution）。[1] 更大的不列颠的支持者通过强调他们的（通常是激进的）计划的非激进性质来重申这一观点。正如拉比耶埃赫所评论的，"这里存在一种革命与另一种革命；在这个国家和其他许多国家都发生过最保守性质的革命"。而希里写道，"我们已经将革命简化为一项制度，并赋予它合法的形式"。[2] 杨在宣称"存在一种革命与另一种革命"之后谈道："革命在其正确的意义上仅仅意味着一种不使用暴力的彻底变革，随着时间的推移，这种彻底变革可能成为必要，并且可以通过宪法的方式得以实现。"他在其他地方写道：

> 英国宪法经由不同的时代环境和人民情绪缓慢地发展起来。虽然从某些逻辑角度来看它似乎是笨拙和不可行的，但总体而言它运行良好。议会应该在其大厅内为接收殖民地腾出空间，这将与它古老的传统保持和谐，

132

---

〔1〕 Macaulay, *The History of England from the Accession of James II*, ed. Peter Rowland（London, 1985〔1848〕），II, 508. 这篇文章写于 1848 年 11 月，当时人们对美洲大陆上发生的事件记忆犹新。在麦考来宏大的叙事中，殖民帝国是一个引人注目的缺位，而希里认为这是麦考来错误判断历史进路的证据。

〔2〕 De Labillière, comments, *PRCI*, 6（1874-75），83. 原文为斜体；Seeley, *Introduction to Political Science*, ed. Henry Sidgwick（London, 1896），194-95。

并使之成为真正的帝国议会。[1]

即使是最直率、最雄心勃勃的联邦主义者——杨同时表现出了这两种特征——也意识到，在讨论宪法时他们必须小心行事。他们认为，宪法是不断进化的，有能力在适应和引导变化的同时不失去它的本质（无论那难以捉摸的品质可能是什么）。

在未来建立新世界以掌控旧世界的史诗般愿景令其他更大的不列颠的支持者强烈感到这不仅是在夸夸其谈，而且在战术上也不适当。他们在这一点上无疑是正确的，即对改革英国政治制度必要性的夸张自信引发了敌意，且许多对联邦制最严厉的批评者据此把注意力集中在这类方案对宪法的影响上。这个问题从一开始就困扰着更大的不列颠运动。1870 年，威廉·维斯加特在对自由党议员罗伯特·麦克菲（Robert Macfie）提出的超议会方案的批评性回击中指出，"不论其作为一个抽象的理论有什么优点，人们可以肯定地预测一个涉及如此根本性转变的计划将永远不会实现。这种转变只有通过革命才能发生，且即使我们应当革命，也不可能采取这种复杂的方法"。[2] 他建议在议会中实行殖民地代表制作为替代。皇家殖民地研究机构的活跃成员、著名的帝国活动家埃迪（C. W. Eddy）认为，至关重要的是"按照古代宪法的路线行事"，同时避免"这些令人吃惊的建议，因为这些建议容

---

〔1〕 Young, in a discussion following George Chesney's call for a reformation of the Privy Council, "The British Empire," *PRCI*, 15 (1893-94), 178；以及 Young, *On the Political Relations of Mother Countries and Colonies*, 16。也见 Young's comments in *Imperial Federation of Great Britain and Her Colonies*, 18-20。

〔2〕 Westgarth, "Practical Views and Suggestions on Our Colonial Relations," *PRCI*, 3 (1870), 14. 也见 Westgarth, "Propositions for the Reform of our Relations with the Colonies," *PRCI*, 3 (1871-72), 84-90。

易使人不安、使胆怯者震惊、使谨慎者惊慌、使商界人士焦虑并唤醒纳税人的恐惧，但愿不会在基金持有人中引起恐慌"。他继续谈道，不需要"起草宪法的艰苦、危险和革命过程"，就有可能确保帝国的联合。[1] 斯陶特在指出联邦制需要成文宪法后抱怨道，这"与英格兰的先例相违背，将在英国宪法史上形成一个新起点"。而皇家殖民地研究机构的另一名成员警告道，超议会计划"完全不符合我们的直觉"。[2] 在南非任职的高级外交官格雷厄姆·鲍尔（Graham Bower）匿名撰文，强调了可行性要求以及对更冒险之物的追求所带来的局限性："坐下来并起草一部诗意的盎格鲁-撒克逊乌托邦的理想宪法是很容易的；这样的工作虽然像做梦一样令人愉快，但在实际用途上却毫无意义。英格兰民族的精神反对彻底的变革或革命性的措施。"[3] 在对这些攻击的回应中，拉比耶埃赫指出，联邦对于现代世界并不陌生。他在1871年写道："很明显，没有必要为我们的帝国制定更多的理论性的、详细的联合计划，因为世界上就有联邦在运作的范例。不列颠联邦不是一个纯粹的理论，也不是一个原创的想法。它的支持者只是些模仿者，但他们不是投机者，而是务实者，他们希望

133

---

〔1〕 Eddy, "What Are the Best Means of Drawing Together the Interests of the United Kingdom and the Colonies?" *PRCI*, 3（1875-76），6. 他建议扩大枢密院的职权范围。

〔2〕 Stout, "A Colonial View of Imperial Federation," 355；以及 Trelawny Saunders, comments, *PRCI*, 11（1879-80），165. 这一评论是在一次对超议会计划高度质疑的讨论中提出的，见 A. Staveley Hill, "An Empire's Parliament," *PRCI*, 11（1879-80），其中希尔（一名保守党议员）坚持认为，基于宪法的灵活性，他的想法可以得到调整（153）。也见［Arthur Elliot］"Colonial and Imperial Federation," *ER*, 192（1900），264。

〔3〕 "Centurion," *An Essay on Practical Federation*（London，1887），5. 相反，他呼吁设立一个咨询委员会，并要求殖民地政治家参加内阁的有关会议。

我们的帝国采纳或适应一种经过充分检验的政府制度。"[1]

1886 年，保守党前殖民地大臣诺顿勋爵（Lord Norton）轻蔑地指出，他在过去几年中目睹了大量"兜售宪法"的行为，它们反而捍卫了"民族不感兴趣的……宪法改革"。[2] 这一观点引起了广泛共鸣，给那些更加大胆的联邦主义者提出了严峻的挑战。对超议会计划，他嘲笑道："英格兰人民将他们古老的议会制度转变成这样一种宪法的可能性，与他们有意恢复封建制度或七国时代的可能性一样大。"且一位"大臣如果带着废除议会的方案来到下议院，并为联邦国会签发令状，那么他将立即被送至疯人院"。"母国"和殖民地之间的"道德联盟"已经足够强大。他在一篇名为《不可能的宪法》（*Impossible Constitutions*，1886）的文章中明确吸收了戴雪的观点，并警告道："把一个帝国瓦解成一个联邦是与美国的成就——将各州联合成一个联邦体系——背道而驰的。"[3] 保守党尤其迫切地强调他们方案的进化性质，而无论这些方案多么雄心勃勃。萨缪尔·威尔逊（Samuel Wilson）提议建立一个完全代表制的联邦议会，他未提供任何细节以打搅其读者，并坚称这只需要对宪法进行"有弹性的延伸"。在他看来宪法是可塑的，而非一成不变的。[4]《国家评论》的一名坚定支持者在回应杨的帝国参议院计划时写道，"很难想象这个国家会冷

〔1〕 Labillière, *Federal Britain*, 71. 原文为斜体。也见 Robert Collier, Second Baron Monkswell, "State Colonization," *FR*, 43（1888），397。

〔2〕 Norton, "Impossible Constitutions," *NR*, 7（1886），704. 也见 C. R. Lowell, "English and American Federalism," *FR*, 43（1888），189-95。

〔3〕 Norton, "Imperial Federation—Its Impossibility," *NC*, 16（1884），512-13；以及 Norton, "Impossible Constitutions," 708。

〔4〕 Wilson, "Imperial Federation," 382. 斯塔夫里·亚历山大·希尔（Alexander Staveley Hill）是另一位支持超议会计划的保守党人："一个帝国的议会"（An Empire's Parliament）。

血地采纳这一方案或类似的任何东西"。他还强调自己提出的设立咨询委员会的计划缺乏新颖性，而宪法有能力在不发生严重摩擦的情况下将它们整合。毕竟，"要让英国人听从任何不完全符合其现行政府体制的计划需付出很大的努力"。另一位保守党人弗雷德里克·维克斯（Frederick Wicks）同样批评了许多计划中细节之缺乏，但他也对全面的变革本身持谨慎态度，暗示大多数方案"过于激烈，无法立即采用"。他认为下议院至关重要，必须维护它的威望。"英国宪法的价值是，当社会中紧急事件演变而来的意想不到的力量发生时，它总能轻松地发挥其作用。它具有天然的艺术性，能够无限地变动"。[1] 他同样主张设立咨询委员会。

约翰·莫莱是密尔的信徒与帝国联邦的激烈反对者，他在对希里《英格兰的扩张》充满敌意的评论中将焦点集中在宪法问题上。和弗里曼一致，他也对威斯敏斯特宫的未来地位提出了质疑。坐落于泰晤士河边的哥特式宗教复兴主义大厦与宪法一道是这个国家伟大和稳定的象征；对维多利亚时代晚期的许多人而言，它是自由、平衡和秩序精神的具体体现。挑战它就意味面临被政治遗忘的风险。莫莱认为，如果帝国联邦成为一个真正意义上的联邦，它将把神圣的"议会之母"降级为区区"州立法机构"。这在政治上不可接受。抑或如果英国想要通过制定一部由英国全权负责的"联邦"宪法来确保其在新世界的主导地位，其结果将使之不能被归类为一个联邦，因为它只是以另一种名义复制现有的压迫式统治模式。这个"理想"，他总结道，"是不切实

135

---

〔1〕 Montagu Burrows, "Imperial Federation," *NR*, 4 (1884–85), 372–73; 以及 Wicks, "The Confederation of the British Empire Practically Considered," *NR*, 8 (1886–7), 68and 76.

际的、幼稚的和倒退的"。[1]

部分殖民地联合主义者采取的进一步策略是宣称美国模式只是英国政治传统的一个写照，而联邦制是英国宪法的延伸（甚至是变体）。因此，即便超议会方案的新颖性也是虚幻的。他们使用了一个共同论调：梅因和弗里曼都指出了连续性，后者宣称"美国宪法……是变化了的英国宪法——无疑是巨大而重要的变化，环境的变化使其成为必需"。弗里曼宣称，美国是"大洋彼岸伟大的英格兰共荣体"。[2] 帝国联邦主义者道尔顿（J. N. Dalton）虽以类似方式提出观点，但他有着截然不同的目标。他将美国宪法描述为对现有英国政治形式的巧妙改造，甚至宣称美国是由"国会中的帝国两院"（Imperial Houses of Parliament in Congress）所统治。[3]

他们最具争议的动作之一是将帝国联邦与爱尔兰自治运动相联系。鉴于这个问题上的分歧以及它所激起的暴力的政治激情，这成为大多数殖民地联合主义者极力避免的问题。《帝国联邦》的编辑们否认爱尔兰自治与帝国之间存在任何联系，因为他们都很清楚，如果将爱尔兰自治与一个更有争议的问题联系在一起，

---

[1] Morley, "The Expansion of England," 254 and 258. 也见 Goldwin Smith, *Three English Statesmen* (London, 1867), 211; 以及来自一位社会主义批评家的评论, William Clarke, "An English Imperialist Bubble" (1885) in *William Clarke*, ed. H. Burrows and J. A. Hobson (London, 1908), 80. 莫莱的政治思想融合了科布登和密尔的思想, 见 D. A. Hamer, *John Morley* (Oxford, 1968)。自由党同僚对他的联邦制立场的批评, 见 J. A. Murray Macdonald, "The Imperial Problem," *CR*, 80 (1901), 489-90。

[2] Freeman, "Some Impressions of the United States," *FR*, 32 (1882), II, 345; 以及 Freeman, "The Growth of Commonwealths" [1873] reprinted in *Historical Essays*, 4th series (London, 1892), 375。也见 [Henry Maine], "The Constitution of the United States," *QR*, 157 (1884), 1-32。

[3] Dalton, "The Federal States of the World," *NC*, 16 (1884), 109. 然而, 希里否认了这种联系: *Introduction to Political Science*, 210。

可能会影响对他们的支持。[1] 虽然大多数联合主义者似乎都是爱尔兰自治运动的反对者，但仍存在部分人试图将这些问题联系起来。[2] 对布莱斯而言，爱尔兰仅仅是一个更大愿景的一部分。他在给弗里曼的信中写道，爱尔兰的联邦解决方案将导致帝国的联邦化，随后是不可避免地恢复与美国的联盟。[3] 保守党出庭律师乔治·伍德布恩（George Lancaster-Woodburne）同时强调宪法的灵活性以及爱尔兰议员对稳定的威胁，他认为爱尔兰自治是一种必要的纠正措施。他支持超议会计划时的措辞具有启发性："在寻求帝国联邦的正确方法时，我们必须准备接受一些新事物——对宪法的一些改变——但与此同时，我们在采取一项彻底而成功的措施时必须尽可能维持我国目前的宪法形式。"[4] 在世

136

---

〔1〕 Editorial, *IF*, 3, (August 1888), 146-47. 戈德温·史密斯描述了他们试图避免的危险，"Straining the Silken Thread," *MM*, 58 (1888), 241-46。George Boyce, in "Federalism and the Irish Question" in Bosco, *The Federal Idea*, I, 119, 乔治·博伊斯（George Boyce）夸张地宣称，如果没有"爱尔兰问题"，联邦制"就不值得在不列颠岛进行严肃的政治讨论"。关于联邦制与殖民地之间关系的长期争论意味着联邦制无论如何都将占据重要地位。

〔2〕 见如 George Ferguson-Bowen, "The Federation of the British Empire," *PRCI*, 17 (1885-86), 288; Alexander Galt, "Relations of the Colonies to the British Empire," *PRCI*, 14 (1882-83), 391-409; Cunningham, *A Scheme for Imperial Federation*, 29; [Jenkins], "Imperial Federalism," 168; 及 M. Finch-Hatton, speech to the House of Commons, 12 April 1886, as recorded in *IF*, 1/9 (1886), 263。参见 Michael Burgess, "The Imperial Federation Debate in Great Britain, 1861-1893," unpublished PhD thesis, University of Leicester, 1976, ch. 6; 以及 Eugenio Biagini, *Ireland and the British Nation* (Cambridge, 2007)。在爱德华七世时期，圆桌会议的部分成员努力将爱尔兰问题和帝国问题结合: J. E. Kendle, "The Round Table Movement and 'Home Rule All Round,'" *HJ*, 11 (1968), 332-53。

〔3〕 Bryce, letter to Freeman, February 18, 1887, cited in Christopher Harvie, *The Lights of Liberalism* (London, 1976), 222.

〔4〕 Lancaster-Woodbourne, "Imperial Federation and Home Rule," *NR*, 5 (1885), 612.

纪之交，记者爱德华·萨尔蒙（Edward Salmon）建议印度同爱尔兰一样也可以提供（有限的）联邦代表："正如联邦制应该解决爱尔兰自治问题——且甚至依照殖民地自治的路线来解决这个问题，而这种自治往往会受到民族主义者的羡慕和赞赏——那么它或许也能解决让印度在威斯敏斯特拥有发言权的问题。"[1] 然而，将殖民地联合与爱尔兰政治相结合是一种冒险的策略，也是大多数帝国联邦主义者所回避的策略，他们担心自己的事业会因自治运动的失败而受到损害，党派政治纷争可能会影响他们的跨党派理想。除此之外，大多数更大的不列颠的支持者根本不认为爱尔兰应该由都柏林管理；他们有的希望爱尔兰独立，如查尔斯·达菲，更多的则认为爱尔兰是英国不可分割的一部分。虽然（不列颠）联邦制原则尤其在约瑟夫·张伯伦时期在关于爱尔兰的辩论中占据突出位置，但这两个问题的结合损害而非帮助了更大的不列颠事业。正如迪尔克在 1890 年所写，"在随后的时间里，关于爱尔兰自治的讨论确实在一定程度上削弱了帝国联邦联盟的影响力，尽管其谈论者及组织一直非常小心地避免在这个问题上表态"。[2]

通过塑造有关更大的不列颠辩论的影响因素，围绕宪法含义的争论限制了政治变革的可能性。相较于那些主张大胆创新者，这场争论中的一些观点——那些温和改革的主张——更容易为大多数人接受。帝国参议院管理这一全球性政治体的想法是一种新颖的观念，它成功地吸引了许多人的注意，即便他们并非直接地

---

〔1〕 Salmon, "Imperial Federation," *FR*, 58 (1900), 15. 萨尔蒙是一位多产的帝国评论家，他编辑了 *Home News for India and Australia* (1889–99), *Saturday Review* (1899–1913) 以及 *United Empire* (1920–37)。

〔2〕 Dilke, *Problems of Greater Britain* II, 481. 也见 H. E. Egerton, *A Short History of Colonial Policy* (London, 1897), 456; 以及 Gavan Duffy, "Some Fruits of Federation," *IF*, 5/3 (1890), 68。

支持。但其支持者在厚脸皮地宣传其新颖性时，往往强调他们与英国政治话语中盛行的进化和有机传统的背离，这便减少了他们成功的机会。从这个意义上而言，伯克的阴影沉重地笼罩着维多利亚时代的帝国思想。那些强调新颖性者常常被斥为不计后果的乌托邦梦想家；那些没有强调创新者或诉诸非真正意义上的联邦（这将在已经混淆的争论中加剧混乱），或终结关于使宪法获得几乎无限灵活性的争论，而后者未能说服小心翼翼的统治阶层。在超议会联邦的伪装下，更大的不列颠从一开始就注定要失败。但通过它那漫长而又令人费解的垂死挣扎，人们可以深入洞察维多利亚时代政治话语的本质，其中行动者必须努力克服现行的语言和道德惯例。据此，人们可以深入了解政治辩论的性质。

## 公民帝国主义

维多利亚时代的政治思想充斥着对现代商业社会原子说的抱怨。这一批评在整个 19 世纪中回荡，且源自自由派圣公会教徒、浪漫主义者、社会主义者、保守的有机主义者、哲学理想主义者和新自由党人等。殖民地联合主义者倾向于同意这一观点，且他们加入了一个独特的转折，认为大英帝国特别是更大的不列颠提供了最好的回应。尽管共和主义（或公民人文主义）在维多利亚时代政治思想中的作用在最近的学术研究中占有显著地位，但帝国却因其缺席而引人注目。[1] 然而，关于殖民地未来的辩论中

[1] 见如 Burrow, *Whigs and Liberals*; Stefan Collini, *Public Moralists* (Oxford, 1991), 108–10; 以及 Eugenio Biagini, "Neo-Roman Liberalism," *History of European Ideas*, 29 (2003), 313–39. 在欧洲政治思想的历史编纂学中，术语"公民人文主义"和"公民共和主义者"(civic republican) 经常交互使用，下文亦如此。

弥漫着共和主义主题，这帮助塑造了部分主要帝国思想家的思想。它们在弗劳德的哈灵顿式《大洋国》（*Oceana*，1886）中得到了最有力的阐述，在其他不同人物如迪尔克、布莱斯和（我们将在下一章看到的）希里的作品中也随处可见。[1] 公民帝国主义构成一个较晚的、局部的，但仍然标志着共和主义的开花结果；从其地理范围和政治野心来看，如果不考虑其纯粹性和复杂性，它的确可以被视为这一经久不衰、不断变化的政治习语的典范。它将责任、个人及公共美德、爱国主义、对奢侈的蔑视以及公共利益的优先置于政治世界的中心。帝国和自由被认为紧密相连。由于害怕工业资本主义社会的堕落与城市的悲惨状态所预示的社会、政治和道德危险，许多帝国主义者将目光投向了广阔的殖民帝国，希望重塑一种新鲜而强悍的帝国臣民。更大的不列颠是一个舞台，在这个舞台上，对帝国爱国精神之道德和精神再生力量的愿景将付诸实践。

公民帝国主义不是一个孤立而自主的传统，一个与其他模式的帝国意识形态分离的立场，它也不是"自由帝国主义"的对立面。这类清晰的区分具有误导性，既没有体现 19 世纪（及以后）自由主义的复杂性，也没有体现共和主义语言的关键点——也即，我们称之为共和主义者的前几代思想家所使用的具体词汇以及他们所关心的关键问题。而共和主义语言贯穿于维多利亚时代自由主义思想和实践的复杂事件，尽管它们肯定不是唯一贯穿的

---

〔1〕 艺术评论家和社会理论家约翰·罗斯金（John Ruskin）是思想家的另一个示例（尽管他自称属于保守党），他的帝国思想被公民帝国主义所影响，尽管它肯定不能还原为公民帝国主义。他对弗劳德的思想产生了相当大的影响。关于他的帝国愿景的最清晰表述之一，见 "Inaugural Lecture" as Slade Professor at Oxford in 1870, reproduced in *The Works of John Ruskin*, ed. E. T. Cook and Alexander Wedderburn（London, 1903–12），XX, esp. 42–43。

语言。[1] 共和主义者的主题和语言帮助构建了自由主义的某些
形式，同时也对其他形式的自由主义提出了强有力的挑战。政治
哲学家和政治理论历史学家一段时间以来对共和主义者传统的研
究倾向于关注其所谓独特的自由概念。[2] 研究将注意力集中于
个人和国家之间的关系上，往往围绕"自由国家"的居民应如何
看待外国征服和强权政治造成的损害问题展开。然而，从遥远的
古希腊和罗马起源，至文艺复兴时期意大利城市国家的重新诠
释，再到英美世界，共和思想一直关注着帝国与自由之间的动态
关系。对许多作家而言，这两者紧密相连：国内的自由（甚至可
能需要）与海外的帝国相容——尽管如果理解和实施不当，帝国
本身可能会对这种自由构成威胁。[3] 公民帝国主义是这种思维
方式的继承者，它强调在现代世界实现高贵和伟大地位的必要
条件。

公民帝国主义沉浸在全球性英国联邦共荣体的荣耀之中，并
珍视造就了这种伟大地位的民族传统。它反对自私的个人主义，
强调公共责任、忘我的利他主义并提倡高尚的爱国主义，所有这

---

〔1〕 我将进一步探讨这个问题，见 Duncan Bell, "Virtue and Empire" in Bell and
Quentin Skinner（eds.），*Republicanism and Global Politics*（Cambridge，forthcoming）。

〔2〕 最有影响力的论述见 Quentin Skinner, *Liberty Before Liberalism*（Cambridge，
1998）；以及 Phillip Pettit, *Republicanism*（Oxford，1997）。关于这些争论的概述，见
Cécile Laborde and John Maynor（eds.），*Republicanism and Political Theory*（Oxford，forth-
coming）；及 Daniel Weinstock and Christian Nadeau（eds.），*Republicanism*（London，
2004）。

〔3〕 Eric Nelson, *The Greek Traditionin Republican Thought*（Cambridge，2004）；
Mikael Hörnqvist, *Machiavelli and Empire*（Cambridge，2004）；Hörnqvist, "The Two Myths
of Civic Humanism" in James Hankins（ed.），*Renaissance Civic Humanism*（Cambridge，
2000），105-43；David Armitage, *The Ideological Origins of the British Empire*（Cambridge，
2000），esp. ch. 5；及 Bell and Skinner（eds.），*Republicanism and Global Politics*。我将在
第 8 章回到帝国对自由造成的危险。

些都在全球范围内适用。其支持者担心物质主义、资本主义和奢侈的腐败力量；他们强调责任高于权利，政治高于经济，有吸引力的民族主义高于不受约束的世界主义，并用积极的帝国爱国者对抗消极的臣民。他们还反复强调财产独立所带来的好处，特别是殖民地的生产性农业土地所有权。这有助于解释许多帝国主义者对迁徙至城市和城市工业化所表达的高度怀疑。这并不奇怪，因为农业与人类种植之间的深厚历史渊源可以追溯到罗马。毕竟，拉丁词"colonia"源自动词"colere"，意为耕种或耕作。[1]这种富有想象力的联系一直是西方帝国扩张历史的中心主题。

斯蒂芬·科里尼认为，18世纪的美德观念和维多利亚时代的性格观念有许多共同关键特点，最明显的是禁欲主义和苛刻的政治伦理要求。维多利亚时代的思想以早期公民人文主义语言中的

140

"生存与突变"（survivals and mutations）为标志，尽管他坚持认为它们至少在一个重要方面有所不同：它们的"报应意识"（sense of nemesis）。[2]这种差异源于对历史时间的不同概念，因为18世纪的人文主义者基于周期性兴衰观念而害怕腐败，而维多利亚时代的人则担心经济停滞会威胁到他们关于进步未来的开放式观念。这确实是一个重大的不同，其影响将在第8章中讨论。然而对于公民帝国主义者而言，他们的报应意识依然存在：帝国兴衰的逻辑威胁着吞噬英国，正如它之前的所有帝国一样。为逃脱这种命运就必须进行彻底的变革。帝国腐败的危险由萨勒斯特和波利比乌斯所预示，再由爱德华·吉本重新阐述，最终注入了维多利亚时代的想象，而公民帝国主义者通过坚持建设强大

---

〔1〕 Moses Finley，"Colonies—An Attempt at a Typology," *TRHS*, 5th series, 6 (1976), 173.

〔2〕 Collini, *Public Moralists*, 108–10.

更大的不列颠的必要性予以回应。

维多利亚时代晚期的辩论并不是古代美德政治学的直接重演，且他们也未将其视为 18 世纪关于古代人和现代人各自优点之冲突的未经调和的重复。相反，公民帝国主义是一种适应并受 19 世纪晚期帝国语境影响的语言。[1] 它诞生于现代工业资本主义社会，其支持者一方面为现代商业的成就感到自豪，另一方面又极度警惕商业精神过度扩张的危险。公民帝国主义被同时定义为它所反对及所代表之物。其主要针对对象之一是感染了"曼彻斯特主义病毒"的自由主义者。[2] 这种自由主义的特点据称是功利主义式的说理，构成一种对利益的狭隘痴迷以及使人衰弱的个人主义。最重要的是，它被认为是对帝国的批判态度的基础。尤其在 19 世纪 60 年代，自由主义开始与"若非敌意也是对殖民地的冷漠"相联系，且人们普遍认为（正如我在第 2 章中所提及），自由党政府或计划放弃帝国的重要基础，或让帝国因漠不关心而分裂。[3] 正是反对此种形式的自由主义（或至少是对它们的一种粗略的讽刺），公民帝国主义的立场才得以明确表达。141 换言之，敌人既是旧的，又是新的——旧是因为过度的财富和不受约束的商业精神长期以来一直被视为对共和主义愿景的危害，新是因为敌人主要是 19 世纪工业资本主义的产物——政治经济学

---

〔1〕 关于 18 世纪有关奢侈的广泛争论的分析，见 Istvan Hont, "Luxury and Commerce" in Mark Goldie and Robert Wokler（eds.），*The Cambridge History of Eighteenth-Century Political Thought*（Cambridge, 2006），379-419。洪特在他处提到了文艺复兴时期关于国家荣耀的主张和 18 世纪关于商业现代性的辩论之间的"政治协同作用"：Hont, *Jealousy of Trade*（Cambridge, Mass., 2005），11。我认为，这在 19 世纪进程中的各种帝国语境下均有体现，并在关于更大的不列颠的争论中开花结果。

〔2〕 Edward Salmon, "The Colonial Empire of 1837," *FR*, 61（1897），863.

〔3〕 引证来源于 Egerton, *A Short History of British Colonial Policy*, 455。

家和他们的商业和政治精英追随者。

人们认为，物质主义在三个不同的方面具有破坏性，尽管它们经常相互重叠。首先，它可能导致个人腐败。东方令人厌恶的纵情声色与恶习卷土重来，从内部破坏了政治体，这是长期存在的（东方学）问题，而这一问题在 18 世纪上升至突出位置，伯克不懈地追诉沃伦·黑斯廷斯（Warren Hastings）就是例证。[1]这里最常见的攻击目标是"纳波布"（nabob）们，他们是回归英国的印度统治阶层。现代奢侈也会损害那些与帝国没有直接关系的人，或是通过巩固削弱工人阶级的社会和经济条件，阉割他们的阳刚之气，或是通过创造一个富有但软弱的统治阶级。这一切结合在一起创造了一个无法、也无兴趣保护和扩大自身力量与荣耀的社会。第二个维度由此而来。商业社会造成了日益严重的经济不平等，引发了潜在的不稳定的政治后果，并加剧了对受到摧残的工人阶级奋起挑战压迫者的恐惧。一个两极分化的社会将是一个脆弱的社会。最后，还有一个更间接的影响，即人们经常认为商业精神腐蚀了爱国主义和对超越一切的共同利益的信仰。个人变得越来越自私，将自身利益置于公共责任之上。[2]这些人很乐意看到帝国或年久失修，或在某些情况下——最引人注目的是自称为"曼彻斯特学派最后一员"的戈德温·史密斯——呼吁殖民地的"解放"。新西兰前总理尤勒思·沃格尔警告道，失去殖民地的英国的危险在于"会变成一个贪财的小国——第二个荷

---

〔1〕 见 Miles Taylor, "Imperium et Libertas?" *JICH*, 19 (1991), 1-23；关于黑斯廷斯，见 Nicholas Dirks, *The Scandal of Empire* (Cambridge, Mass., 2006)。

〔2〕 希里对（基于功勋的）贵族的古典观念的辩护——超越党派阴谋、高尚的品格，及以公共利益名义的行事——可以看作是对此的回应：*The Life and Times of Stein* (Cambridge, 1878), III, 564；及 Seeley, *Introduction to Political Science*, 328-30。

兰"。[1]

这些思路汇聚在一起并重新诠释了殖民主义的美德（而不仅仅是经济利益）。关于更大的不列颠的争论主要围绕着成功殖民所产生的和必需的性格的讨论。如第 2 章所述，在 19 世纪的大部分时间里，移民一方面被视为解决社会问题的安全阀，另一方面被视为贪婪和雄心勃勃的年轻人以及贵族中不那么成器的子女们的一种逃离手段。尽管经济学家一再坚持殖民地的价值，尽管许多移民提倡者做出了积极努力，但殖民者自己却经常遭到蔑视，他们在最好的情况下被视为不幸之徒，且经常被视为恶棍。爱德华·韦克菲尔德在《观殖民的技艺》（*A View on the Art of Colonization*，1849）一书中写道，"总体而言，殖民地和殖民者实际上，以及在英国绅士的评价中，都是低等、卑贱、不值得尊重的，他们被这里碰巧了解殖民地社会状况的有身份者所厌恶和鄙视"。[2] 虽然这很可能有点夸张，但它反映了一种普遍的态度。在整个 19 世纪中，移民也经常因对土著居民的残暴行为而受到批评，这些批评通常来自支持帝国的英国人，他们担心帝国的某些组成部分被统治的方式。[3] 关于更大的不列颠的辩论见证了一次试图改变这种负面形象的认真尝试。殖民地被重新想象为"母国"的组成部分；当下的殖民者是忠诚、吃苦耐劳且壮实的个体，是 18 世纪乡村党（country-party）政治思想中民族自耕农

----

[1] Vogel, "Greater of Lesser Britain," *NC*, 1 (1877), 831.

[2] Wakefield, *A View on the Art of Colonization* [1849] in *The Collected Works of Edmond Gibbon Wakefield*, ed. M. F. Lloyd-Prichard (Glasgow, 1968), 837. 也见 Arthur Mills, *Systematic Colonization* (London, 1847), 33-34。后期的批评见 Dilke, *Problems of Greater Britain*, II, 244-46。

[3] 见如 John Stuart Mill, *Considerations on Representative Government*, *CW*, XIX, 771-72。

骨干的后裔。殖民地被视为转变性格的场所。鲜明的二元论广泛
存在。殖民地宣传者所承诺的新鲜空气和令人振奋的生活方式与
维多利亚时代晚期英国城市的悲惨形成了对比。[1] 这一愿景不
仅仅是少数最重要的公共知识分子的专属领域；它在英帝国的流
行语言中广泛存在，尽管经常被分散在各处。例如，在新西兰的
一本学校教科书中可以找到对殖民者理想形象的经典总结。这本
书系由一位著名的学者型帝国主义者撰写，目的是向年轻人传授
有关帝国的知识：

> 一个成功的殖民者必须具有坚强的性格，他坚忍不
> 拔，面对困难毫不退缩，面对可怕的危险沉着镇定，吃
> 苦耐劳，且不过分吝啬用自己的双手劳动；他必须热爱
> 这片土地，就像古老的英国条顿人的祖先一样；他必须
> 积极进取，渴求抓住新的机会改善自己在世界中的地位，
> 并同时被贸易和农业精神所驱动；他必须在大海中找到
> 快乐，大海将把他送至他的新家，且他将把自己家中的
> 劳动果实托付给大海。所有这些品质都体现在英格兰民
> 族的性格中。[2]

143

殖民主义同时要求并塑造了一种特殊的个人类型，这种类型
将有助于培养和捍卫不列颠全球性共同体的荣耀。

---

〔1〕 在宣传材料中，殖民地的形象往往借鉴了女性贞操（和纯洁）的古典形象：
Dominic David Alessio, "Domesticating 'The Heart of the Wild,'" *Women's History Review*,
6（1997），239-69。关于殖民主义的性别问题，也见 Grant, *Representations of British
Emigration, Colonisation, and Settlement*, ch. 8。
〔2〕 J. A. Hight, *The English as a Colonising Nation*（Wellington, 1903），19. 海特
（J. A. Hight）当时是坎特伯雷大学学院政治经济学和宪法史的讲师。

在关于更大的不列颠的争论中，公民帝国主义这一主题的普遍存在也有助于解释随后帝国思想被哲学理想主义所激励的事实。[1] 它如此广泛地引起共鸣的原因之一在于理想主义强调公共利益、责任、公益服务以及自我和共同体的共同构成，它被证明符合于现存的思想范式，并为政治话语中的一些老生常谈的问题提供了新的语言和新的哲学辩护。也即，理想主义者并不是简单地将黑格尔的形而上学引入到充满敌意的经验主义语境中，而是编纂了那个时代的许多道德和政治假设。[2] 理想主义在帝国话语中实现了软着陆，与维多利亚时代晚期凸显的公民帝国主义主题相吻合。

## 弗劳德与"大洋国共荣体"

弗劳德是那个时代最重要的历史学家和政治评论家之一。他的思想特征已被证明非常令人费解——他被贴上了激进的保守党、自由派卡莱尔式信徒，以及（更令人难以置信的）明确的"伟大的自由党人"标签。[3] 这些解读均抓住了其多面知识分子形象的某些方面，但它们也遗漏了他思想的部分基本内容，尤其

144

---

〔1〕 这一直是最近学术兴趣的一个主题；如见 Jeanne Morefield, *Covenants Without Swords* (Princeton, 2005)；E. H. H. Green, "Idealism, Conservatism, and Collectivism" in his *Ideologies of Conservatism* (Oxford, 2002), 42–72；及 Daniel Gorman, "Lionel Curtis, Imperial Citizenship, and the Quest for Unity," *The Historian*, 66 (2004), 67–96。

〔2〕 理想主义和自由派圣公会教徒之间的紧密联系，见如 Jones, *Victorian Political Thought*, ch. 3；及 James Allard, "Idealism in Britain and the United States" in Thomas Baldwin (ed.), *The Cambridge History of Philosophy, 1870–1945* (Cambridge, 2003), 43–59。

〔3〕 Burrow, *A Liberal Descent* (Cambridge, 1981), Part III；Peter Mandler, *The English National Character* (London, 2006), 69；及 Michael Bentley, *Lord Salisbury's World* (Cambridge, 2001), 225。

是关于帝国的部分。弗劳德当然受到了他的良师益友卡莱尔的影响，但他有独立的思想。[1] 他的宗教怀疑和精神生活的骚动、他受卡莱尔的启发，甚至他通过历史写作的媒介以阐述政治理论的行为，都使他成为维多利亚时代者（homo Victoriana）的一个范例。尽管他是那个时代的人，但他与那个时代格格不入。他拼命地想要逃离和超越他认为正在摧毁他所钟爱的英格兰和现代世界的罪恶。从古典共和思想中汲取灵感的他回顾哈灵顿，甚至进一步向古人寻求有助于建设更美好未来的原料。

弗劳德在其学术生涯的大部分时间里更关心宗教而非外交事务。他对宗教改革进行高度赞赏的著作《从沃尔西的倒台到击败西班牙无敌舰队的英格兰史》（*History of England from the Fall of Wolsey to the Defeat of the Spanish Armada*，1856-1870）并没有强调英国的帝国扩张。[2] 然而从19世纪70年代早期开始，帝国在他的作品中变得更加引人注目，这与约翰·伯罗所说的他日益"悲观而保守"的语调相吻合。[3] 这种转变与他对现代世界的悲观分析直接相关，并浓缩于他的宣言"我们正在经历一场关乎民族生存的危机"之中，且正是在这个时候，公民的维度逐渐加强并补充了他的卡莱尔式词汇。他对现代英国的结论是悲观的：它已经在自由主义的信条下按部就班地堕落了。弗劳德非常厌恶他

---

〔1〕 关于他从卡莱尔处的借鉴及与卡莱尔的距离，见 A. F. Pollard, rev. William Thomas, "James Anthony Froude," *Oxford Dictionary of National Biography* (www.oxforddnb.com)。

〔2〕 Froude, *History of England from the Fall of Wolsey to the Defeat of the Spanish Armada*, 12 vols. (London, 1856-70). 对这项工作最敏锐的分析见 Burrow, *A Liberal Descent*。他早年涉足了帝国圣徒传记，尽管未能明确说明与维多利亚时代的扩张存在关联，见 Froude "England's Forgotten Worthies," *WR*, 2 (1852), 32-67。

〔3〕 Burrow, *A Liberal Descent*, 281. 伯罗还注意到弗劳德对"博林布鲁克和18世纪乡村党的语言"的依赖（282），尽管他没有大量提及帝国主义的公民元素。

所生活的那个社会。他痴迷于"英格兰的自由天赋"，在他看来这种天赋大部分已成为过去，而未来的唯一希望在于帝国的联合。他在"母国"各处都看到了腐败。这场疫病最明显的后果出现在城市中。对弗劳德而言，人口过度增长是一个明显的危险；仿佛马尔萨斯的幽灵已回归。这个国家过于拥挤，不断扩张的城市成为道德沦丧、社会和经济混乱的场所，从而成为政治不稳定的根源。他引用了贺拉斯（Horace）的一段话，指出了罗马衰落的原因与当下英国的危险状态之间的相似性：随着人们从农田涌向城市，他们暴露在日益严重的恶习之下。"衰败爆发于他们的中心，而如果英格兰成为政治经济学家所期望的模样，罗马的命运在我看来很可能就是她的命运"。[1]

弗劳德与那个时代的总体趋势（以及大多数其他更大的不列颠支持者）相区别的一个关键方面在于他的历史时间概念，这与他的同辈们相当程度上的进步宇宙学（progressive cosmology）并不一致，而是借鉴并修改了卡莱尔的观点。正如伯罗所言，卡莱尔将"希伯来-基督教的偶像崇拜和报应范式"与德国理想主义哲学相结合，并提供了一种与古人的现世循环观相对应的后浪漫主义。[2]

---

〔1〕 Froude, *Oceana*, 395, 2, 25, and 10. 关于他对罗马衰落的恐惧，也见 Froude, *Caesar* (London, 1879), 5-7.

〔2〕 Burrow, *A Liberal Descent*, 253. 关于弗劳德对进步这一普遍信仰的挑战，见如 "On Progress," *FM*, 2 (1870), 671-91。关于他对哈灵顿以及 18 世纪腐败思想的借鉴，见 John Burrow, Stefan Collini, and Donald Winch, *That Noble Science of Politics* (Cambridge, 1983), 190。然而，弗劳德在这一问题上并不一致，他发现很难完全摆脱对进步的信仰，并偶尔会陷入对国家发展的辉格史式辩护。正如他在 1864 年所写的那样："历史可以说重复着一个教训，它也是唯一的教训；即世界是建立在道德基础上的；即从长远来看，好人将得好报；即从长远来看，恶人将遭殃。但这不是科学。" Froude, "The Science of History" [1864], in his *Short Studieson Great Subjects* (London, 1877), III, 1-25.

对卡莱尔而言，历史是一个跌宕起伏的故事，其循环往复，并充满了破坏性、可责性和惩罚性。弗劳德的愿景没有如此激烈，但时间结构仍然完好无损。卡莱尔和弗劳德从与罗马的比较中得出了两个教训：第一，英格兰正处于破坏性的内部动荡带来的危险之中，而这种内部动荡夺走了罗马的辉煌；第二，需要具有对英国继承罗马人帝国衣钵的必要性的信仰。[1] 一方面，罗马提供了历史兴衰范式的历史载体；另一方面，它也展示了一个充满活力而强大的帝国。这两种愿景之间的张力——本质上是在历史循环的不同时期所截取的片段——改变了两者的帝国著述。

性格的观念是弗劳德历史-政治思想的核心。性格不仅是个人发展的问题，而且是政府政策的中心问题："所有明智的政治家在处理国家事务时，首先会注意正在对其民族性格产生的影响；制度、使命、职业、习惯和生活方式，此外还有其他考虑因素，首先是由基于性格的测试来加以衡量和估计。"因为国家在这一任务上的失败，国家正在衰落，但它并没有失去一切——至少尚未失去一切——弗劳德警告道，这正如英国人的根本性格"只是在沉睡"。唤醒它、将它从目前的沉睡中拖拽出来需要强有力的政治领导力和一个更有活力的政治生活概念。他认为，"一个民族的财富从长远来看取决于组成它的人民的精神和身体状况，且全人类的经验表明，一个灵魂和四肢健全的种族只能在犁地和铁锹的操练中、在自由的空气和阳光中、在乡村的乐趣和愉悦中才能被抚育和培养，而这永远不可能发生于禽鸟聚集的排水沟、滚滚的黑烟与机器不停歇的叮当声中"[2] 但现代社会的趋势——尤

---

〔1〕 见如 Carlyle, *Chartism* in Carlyle, *Selected Writings*, ed. Alan Shelston（Harmondsworth, 1971）, 202。

〔2〕 Froude, *Oceana*, 154, 109, 8, 246.

其是那些与自由资本主义相关的趋势——阻止了这种愿景。

自由主义展示了三种致命的恶习，它们对英国的稳定和伟大地位均是致命的，包括：物质主义、个人主义和小政府主义（"守夜人"）的国家概念。物质主义是这个国家的大众宗教；奢侈被认为是个人财富的过度积累和铺张炫耀，也正是物质主义的后裔。"奢侈"，弗劳德哀叹道，"不再被贬为一种罪恶"，而是"被鼓励作为一种刺激劳动的手段"。在另一篇文章中他写道："（自由主义的）现代信条似乎自满地认为奢侈可以刺激贸易。事实表明，奢侈扰乱了社会秩序，切断了人与人、阶级与阶级之间的友好纽带，并产生了不信任和仇恨。"[1] 通过分化社会，奢侈动摇了政治体。而之所以其被允许如此行事，是因为国家的现代自由主义概念未能提供应对这一威胁的必要资源。在斯宾塞式的简略描述中，国家不过是利己主义的个体的不协调聚集，是一个缺乏共同目的的空壳。根据弗劳德的观点，这一愿景本身以蔓延的个人主义为前提，而这种个人主义侵蚀了团结社群、调和阶级和确保伟大地位所必需的情感纽带。"在现代，人们自我管理，因此他们对自己忠诚"。他对自我、社会和国家的古老理解紧追不舍，并赞扬了"古代的社会观念"，而这一观念培养了"英格兰人最渴望"的"爱国主义、忠诚、尽职、忘我和责任心"的美德。在这样一个社会里，"什么是属于人的自我这一感觉"——

----

〔1〕 Ibid. "Reciprocal Duties of State and Subject," *FM*, 81（1870），290；及 ibid., "On Progress," *FM*, 2（1870），687。

147 他称之为"他的权利"——"明显不存在"。[1] 个人应该受到义务的约束，而不应被视为拥有不可剥夺的权利；社会最好被理解为一种合作的分层安排，由共同的目的和利益团结在一起；而国家应被视为一个道德实体，其优先次序是明确的："遏制不必要的奢侈，防止资本家以牺牲穷人为代价获取财富，并公平地分配产业利润"。[2] 他宣称，一个"健全的国家是由健全的人所组成，他们身体健康、四肢强壮并言行一致——勇敢、清醒、节制、善良，对他们而言，道德比财富和知识更重要，责任是第一位的，人的权利次之。简而言之，在那里人们成长、生活和努力工作，内心保持着我们的祖先所称的'敬畏上帝'"。这个"健全的国家"并不一定是民主的，因为弗劳德相信民主滋生了他极力想要避免的危险：贪婪和享乐主义。[3] 相反，他持一种家长式的愿景，在这种愿景中，明智而仁慈的精英统治着心满意足的自由人民，通过对民族的忠诚和所有阶级的相互依赖将他们联系在一起。

诊断很清晰；治疗的良方在于更大的不列颠的广阔空间。弗劳德的梦想是建立一个"统一大洋国"，一个"像美利坚合众国一样紧密联合"的政治体，但这一梦想从未精确地加以说明。虽然弗劳德与帝国联邦运动存在联系，但他并不提倡正式的联邦结

---

〔1〕 Ibid.，"Reciprocal Duties of State and Subject，" 293 and 288；以及 ibid.，"Party Politics，" *FM*，10（1874），11。见如 Froude，"On Progress，" 683。"作为社会的一员，人与他的自然权利分离，而社会反之对他有所亏欠，社会必须偿还这笔债务。只有这样他才能获得自由"。他的自由概念见"On Progress，" 682。关于希里对自由的"消极"概念的各种批评，见其 *Introductionto Political Science*，Lecture V。

〔2〕 Froude，"Reciprocal Duties of State and Subject，" 290. 关于对贫富差距扩大的批评，见 ibid.，"On Progress，" 685。

〔3〕 Ibid.，*Oceana*，154；及 ibid.，"On Progress，" 684；及 also "Party Politics，" 4。

构，这不仅是因为他反对联邦的具体计划，而且因为他通常对成文宪法持高度批评态度——它们容易僵化。[1] 他还对针对殖民地的强迫立法持谨慎态度："如果自然纽带不够牢固，那么机械纽带也自然站不住脚"，且其结果将是"由政客们精心设计的联邦制会在第一次感受压力时崩溃"。过早地推动联邦制的建立将威胁到他努力争取的成功，因为"宪法是为国家而制定，而非国家为宪法而设定"。尽管存在这种怀疑，但他还是预见到在某个遥远的日子为帝国制定正式的联邦宪法的可能性，这至少可能发生在殖民者要求的情况下。与此同时，由于大洋国的轮廓在帝国目前的结构中已经清晰可见，所以没有必要进一步扩张——它的物质轮廓是"已实现的事实"。"英格兰人"遍布世界各地，他们是一个"实现了的家庭"，而殖民地的人口"和我们英格兰一样多"。一系列切实可行的措施可以包括向有才能的殖民者开放军职和公职体系，以及向殖民地的杰出人士授予更多荣誉，而这些措施足以表明分离主义情绪已成为遥远的记忆。与希里一致，弗劳德认为主要的改变是文化和认知上的改变——人们只需要开始运用一种不同的方式、运用一种转变了的眼光来看待帝国。一旦他们如此行事，他们就会意识到可能会失去什么。但这尚未为时已晚，也并非一个不切实际的梦想："所有成功实施的伟大政策曾经看上去都是如此的不可行。"[2] 但两个主要重叠区阻碍了这一愿景。首先是对物质主义和利己主义的信奉，这是曼彻斯特学派及其大批追随者的特征。其次是党派制度本身，作为他所厌恶的"党派

148

---

〔1〕 Ibid. , *Oceana*, 91, 354–56. 1870 年，他呼吁建立一个帝国委员会，由所有殖民地的代表参加。Froude, "England's War"〔1871〕reprinted in ibid. , *Short Studies on Great Subjects* (London, 1907), III, 281.

〔2〕 Ibid. , *Oceana*, 103, 393, 300, 395, 15–16, 393–94.

主义"（factionalism） 的体现，其威胁了公共利益的表达，并使得无党派的集体行动极其难以实施。[1]

　　大洋国将为移民浪潮提供一个目的地，而弗劳德认为这对更大的不列颠而言非常必要。他特别担心移民涌入美国，并对移民选择目的地背后的经济原因感到失望。毕竟，生活中有比金钱更重要的东西。他写道，在大洋国人们可以"在人类所欲求的最有利的条件下"生活，其结果是产生了"新鲜的英格兰民族"。它将是一个由（大部分）相同种族和民族的个人组成的自治政治组织，基于"共同的血液、共同的利益和对联合所能获得的伟大地位的共同自豪"而联合。因此，英国政策的目标应该是建立一个足够强大和"健康"的政治体，以"对抗命运的风暴"。[2] 大洋国将统治海洋，"众民族中的女王从外部来看无懈可击，并且在内部享有和平与健康……这是摆在大洋国面前的另一种选择，在各个方面都比在经济上更可取。"[3] 弗劳德用严厉的措辞驳斥了对有关联邦财政方面的批评。"如果自由放任主义的使徒们能哪怕相信一次这并非政治学上的定论的话，那么联邦制的条款、帝国委员会的性质、地方立法机构的职能、殖民地目前的争论抑或是税收的分摊都不是难以解决的问题"。[4] 相反，答案在于回到政治学的部分最初词汇，利用共和传统的古老资源来为更大的不列颠描绘一个光辉的未来。

149

---

〔1〕 尤其见 ibid. , "Party Politics"；及 ibid. , *Caesar*。

〔2〕 Ibid. , "England and Her Colonies," 15；及 ibid. , *Oceana*, 12 and 15。

〔3〕 Ibid. , *Oceana*, 11；及 ibid. , "England and Her Colonies," 14。也见 Labillière, *Federal Britain*, 233–35；及 Vogel, "Greateror Lesser Britain," 820。

〔4〕 Froude, "England and Her Colonies," 14；以及 ibid. , "Party Politics," 8。

# 6

# 联合的使徒

我们过多地思考大不列颠，而过少地思考更大的不列颠。

希里：《英格兰的扩张》（1883）

约翰·希里并不是一个多产的更大的不列颠联邦支持者，也不是第一个宣扬这一信条的人。但由于他的口才、毅力和智识权威——以及无可挑剔的时机——他大大提升了那些要求改变"母国"和殖民帝国关系的人的财富和信誉。希里在维多利亚时代后期的许多重要辩论中发挥了重要作用。在关于宗教信仰本质的普遍冲突中，他曾是一个声名狼藉的人物，尤其是因为他就基督道德榜样所著的畅销书《视观此人》（*Ecce Homo*，1866）。他积极推动高等教育改革，包括让古典大学招收妇女。他是历史学学术研究专业化的先驱者，同时也对政治学作为一个独立学术研究领

*197*

域的发展产生了巨大影响。[1] 但他最为人铭记的身份是帝国的赞颂者，其最为著名的《英格兰的扩张》（1883）一书可谓更大的不列颠的圣经。在希里去世后，历史学家费雪（H. A. L. Fisher）写道，这是"一本家喻户晓的书，也是一个家喻户晓的短语"，它的出版标志着"盎格鲁-撒克逊种族的大众教育时代"。"我怀疑"，他总结道，"是否有任何历史著作对一个国家的普遍政治思想产生过如此巨大的影响"。[2]

希里对历史学的理想是将其作为"政治才能的学校"，这就要求历史学家努力塑造公众辩论，展示过去的重要性及其与未来的关系。在此意义上，他是自封的政治意识的设计师。在一篇关于弥尔顿（John Milton，希里心目中的英雄之一）的文章中，他认为《失乐园》的作者"是一位政治家，但他也有宗教和信仰；他是个虔诚的人，但他的宗教信仰并没有使他成为一个政治上的寂静主义者（quietist）"。希里继续谈道，最重要的是弥尔顿"感受到了民族生活的团结"。[3] 这一愿景既体现了希里对自己作为民族思想教育家的角色的定位，也体现了他积极参与的政治家风范。

在希里的思想发展过程中，我们目睹了一系列广泛分享的政

〔1〕 [Seeley], *Ecce Homo* (London, 1866); Seeley, "A Midlands University," *FR*, 42 (1887), 703–16; 以及 ibid., *Introduction to Political Science*, ed. Henry Sidgwick (Cambridge, 1923 [1896]). 也见 Peter Burroughs, "John Robert Seeley and British Imperial History," *JICH*, 1 (1973), 191–213; J. G. Greenlee, "A 'Succession of Seeleys,'" *JICH*, 4 (1976), 266–83; Reba N. Soffer, *Discipline and Power* (Stanford, 1994); 及 John Burrow, Stefan Collini, and Donald Winch, *That Noble Science of Politics* (Cambridge, 1983), ch. 6。

〔2〕 Fisher, "Sir John Seeley," *FR*, 60 (1896), 191 and 193.

〔3〕 Seeley, "Milton's Political Opinions," in ibid., *Lectures and Essays* (London, 1870), 102 and 103. 关于弥尔顿的共和主义，见 David Armitage, Arm and Himy, and Quentin Skinner (eds.), *Milton and Republicanism* (Cambridge, 1995)。

治目的——体现在更大的不列颠联邦的民族荣耀和团结——如何通过一种特殊的途径得以实现。希里的思想形成于一系列来源的令人印象深刻的整合。他将孔德实证主义、兰克历史主义、德国浪漫主义、公民共和主义，以及最终源自塞缪尔·柯勒律治（Samuel Taylor Coleridge）并经由托马斯·阿诺德（Thomas Arnold）和费雷德里克·莫里斯（F. D. Maurice）传播的广教会主义（broad churchmanship）融为一体，并向其中额外加入一种当时牛津剑桥对"比较方法"（comparative method）的迷恋。它们在他的思想中调和并成为一个共同体，这样他和广教会神学家便可以以相同的决心在现代商业社会充满冲突的舞台上寻求和谐。正如任何 19 世纪末的人物一样，他的智识形象是多维度的，且其无法被概括为一系列关于更大的不列颠"智识基础"的主张。如果这样做，就会忽略一个更大、更重要的事实，即更大的不列颠相互冲突的愿景得到了不同政治派别的支持。虽然希里在智识上是一个与众不同的人物，但他的思想和情感也受到了第 2 章中描述的焦虑情绪的影响。尤其是从 19 世纪 80 年代初开始，他就对不断恶化的国际形势感到担忧，不断担心他挚爱的"英格兰"将如何适应动荡的全球政治动态。他同样深切关注民主的出现可能引起的国内动乱。这两者交织在一起，且在某种程度上往往被他的当代诠释者所低估。[1] 更大的不列颠是他面对与不列颠民 <sup></sup>152

---

〔1〕　关于希里的有帮助的叙述，见于：Deborah Wormell, *Sir John Seeley and the Uses of History* (Cambridge, 1980); Richard Shannon, "John Robert Seeley and the Idea of a National Church" in Robert Robson (ed.), *Ideas and Institutions of Victorian Britain* (London, 1967), 236-67; Burrow, Collini, and Winch, *That Noble Science of Politics*, ch. 7; Reba Soffer, "History and Religion" in R. W. Davis and R. J. Helmstadter (eds.), *Religion and Irreligion in Victorian Society* (London, 1992), 133-51; David Worsley, "Sir John Robert Seeley and His Intellectual Legacy"; 及 Krishan Kumar, *The Making of English National Identity* (Cambridge, 2003). 然而，没有人充分强调这些问题的交织，或神学对其更大的不列颠愿景的转变。

族命运之根基相冲突的多重挑战的解决方案。且他很享受传播此信息的机会:"我愿意做我极感兴趣的教义的行动着的使徒。"[1]希里将改变社会某些方面的冲动与伯克式的渐进主义及对传统的尊重相混合;他欢迎有限的变革,但害怕(暴力的)革命,并最终乐于支持并滋养英国人生活中的众多传统社会和政治安排。他的思想也弥漫着公民帝国的一些主旨。

在第4章中,我概述了希里关于全球性国家的概念。本章则探讨其政治思想的总体结构,将他广泛的历史、道德和神学讨论范围与他的帝国愿景相联系。他对神学和公共生活之间关系的理解是解开其政治思想的钥匙,这也是我在下一节要讨论的话题。随后是对其"世界民族主义"(cosmopolitan nationalism)的讨论。然后,我考察了他对英国政治生活恶化的看法,这一时期发生在他撰写《英格兰的扩张》之前;他先前(有所保留)的乐观情绪让位于对英国政治体稳定性的担忧,他对更大的不列颠的兴趣应该置于这一背景下。倒数第2节展示了他对"更大的不列颠的无际空间"的关注,这在一定程度上系他对英国政治发展关切的一种解决方案。[2]我展示了他对政治变革、宪法和英国文化的性质的理解如何与他对"世界国家"未来的构想相关联。最后,我分析了他对印度的看法,展示了他是如何以典型的自由主义方式在亚洲同时倡导作为伦理理想的政治自决和专制主义。在部分重要方面,这与他对爱尔兰的看法相似。

---

〔1〕 "Sir John Seeley and National Unity," letter quoted by H. F. Wilson, *Cambridge Review*, 16 (1895), 197.

〔2〕 引证来源于 Seeley, *The Expansion of England*, 34。

## 人性之爱：走向新的"政治宗教"

在 19 世纪 50 年代写给著名古典学者约翰·麦耶（J. B. Mayor）的一封信中，希里表达了他对孔德实证主义"新正统"的担忧。他认为，这一信条之所以能够站稳脚跟，不是因为其任何内在价值，而是因为缺乏令人信服的其他选择。他在没有实质证据的情况下坚定地宣称黑格尔"绝对不会这样做"，但他尚不能提供任何替代方案。20 年后，他在他的《自然宗教》（*Natural Religion*）一书中概述了一种可能回应，试图在更为传统的英国国教神学的轨道上描绘出他所认为的实证主义的最佳特征。[1] 在希里试图在现代的、后达尔文的思想可吸收的术语中重新表述宗教——尤其是重建规定性的道德准则所必需的基础——的过程中，我们见证了尼采典型而深刻的宣言的一个示例："在英格兰，为回应每一个从神学中得到的小小解放，个人必须以一种令人恐惧的方式重申自己作为道德狂热者的立场。"[2]

希里遵循了一条典型的"极端"福音派后裔的轨迹。[3] 他

153

〔1〕 Seeley to J. B. Mayor, March 2, 185?, Seeley Papers, University of London Library, MS903/1A/1. 在学习和超越孔德的尝试中，希里并非唯一一个自由派圣公会教徒；也见 F. D. Maurice, *Social Morality* (London, 1869), 18-19 and Lecture XIX。

〔2〕 Friedrich Nietzsche, *Twilight of the Idols* [1888] in Nietzsche, *Twilight of the Idols, and The Anti-Christ*, ed. Michael Tanner (Harmondsworth, 2003), 80. 尽管希里在很大程度上"摆脱"了传统的神性，以及与之相伴的超自然的全套理解，但这一问题尚远不清楚——在《视观此人》中（1866），他反复示意对超然王国的信仰，而在《自然宗教》（1882）中他的出发点是否认这种信仰，且在其第三版序言（1891）中他重申了他的非传统基督教，在其中他将超自然主义描述为宗教的"偶然"——这段文字恰当地阐释了 1860 年后他所徜徉的英国道德思想的潮流。

〔3〕 Boyd Hilton, *The Age of Atonement* (Oxford, 1988), 334.

避开了早期在他的同时代人中常见的信仰危机，从年轻时对福音主义的沉浸滑向一个不那么无情的道成肉身主义（incarnationalism），从一个严酷而可疑的世界愿景滑向一个更为温和的愿景，在这一愿景中，耶稣的生活系作为人类行为的高尚榜样。尤其是，希里从广教会神学家阿图·史丹利（A. P. Stanley）、弗雷德里克·罗伯逊（F. W. Robertson），以及特别是托马斯·阿诺德和莫里斯那里得到了启发。[1]"广教会"一词系于19世纪早期创造，尽管不具有相当的准确性。这些信徒在面对超自然主义和圣经直译主义时分享着一种更自由的神学情感，他们将对立的高教会（受牛津运动影响的盎格鲁天主教）和低教会（福音派）相结合。[2]其产生的背景系围绕柯勒律治，他关于教会和国家关系的观点影响了广教会神学家，他的"知识阶层"（clerisy）概念也被采纳，尽管我们将看到其系以一种改进的形式被采纳的。[3]希里的宗教自由主义似乎在他在伦敦生活期间得到了加强，在那里，他进入了自由主义知识分子和政治圈子，尽管他的宗教观点

---

〔1〕 至19世纪50年代末，希里在他与家人的通信中表达了他对广教会的钦慕，见如 J. R. Seeley to R. B. Seeley, September 29, 185?, Seeley Papers, MS903/2A/2 and J. R. Seeley to Mary Seeley, April 3, 1855, Seeley Papers, MS903/2B/1。也见 Seeley, "The Church as a Teacher of Morality" in W. L. Clay (ed.), *Essays in Church Policy* (London, 1868)。

〔2〕 [W. J. Conybeare], "Church Parties," *ER*, 98 (1853), 273-342. 尽管莫里斯本人对"广教会"这一标签持谨慎态度，而更喜欢"基督教社会主义者"，但当时这一称呼已被用于他身上，如今也是一个普遍的指称。见 Todd E. Jones, *The Broad Church* (Lanham, Md., 2003), ch. 3; Jeremy Morris, *F. D. Maurice and the Crisis of Christian Authority* (Oxford, 2005); 及 Bernard Reardon, *From Coleridge to Gore* (London, 1971)。

〔3〕 见 Coleridge, *On the Idea of the Constitution of the Church and State* (London, 1830). 希里（已发表的）对柯勒律治的最明确的引用体现在 "Milton's Political Opinions," *Lectures and Essays*, 99。关于其知识阶层的愿景，见 Seeley, "Ethics and Religion," *FR*, 45 (1889), 507-58。

并未像最初时那样激进。[1] 事实上，他可以被看作是广教会神
学家们的相当传统的追随者，这些神学家专注于（通常是大写
的）教会和国家之间的相互关系，寻求调和现代性与传统性，并
培养人们的精神品质，他们同时渴望通过消除宗派间和阶级间的
冲突以确保民族统一。[2] 希里认为，英格兰国教会未能完成其
被委任的任务，即在道德上教育这个民族，也未能为社会提供和
谐感和使命感。[3] 在 19 世纪的最后 20 年里，他开始将这项任务
的重担从传统宗教机构转移到一种他希望成为的、重新配置的历
史学科，转移到新的知识阶层肩上。历史学家不仅仅是过去的战
争和君主的书面编年史编纂者，或者是揭示自由进程的目的论编
纂者，而且是民族命运的使徒。

当《英格兰的扩张》不被视为帝国主义的政治宣传册时，它
常常被描述为一个希里所提倡的"科学的"历史编纂学方法的研
究示例。这也是希里对此书的态度。[4] 但是，他的历史编纂学
方法和他对科学的理解只有在一个更广泛的神学框架中才能得到
充分的洞察。希里试图生成一种信仰，即民族的统一可以被自由
派圣公会所提供的和谐道德指南系统地掌握；他试图通过历史学

〔1〕 关于他 19 世纪 60 年代在伦敦的时光，见 Wormell, *Sir John Seeley and the Uses of History*, ch. 1。他的教育环境也相当自由主义，John Burrow, "The Age of Reform" in David Reynolds（ed.）, *Christ's*（London, 2004）, 111–43。1869 年，他被任命为剑桥大学钦定教授（Reguis Chair）。

〔2〕 关于自由派圣公会理论中国家意涵的经典研究，见 Matthew Grimley, *Citizenship, Community, and the Church of England*（Oxford, 2004）, ch. 1。

〔3〕 Seeley, *Natural Religion*, 43 and 135–37。也见 "The Church as a Teacher of Morality"。

〔4〕 见如 Henry Sidgwick, "Editor's Preface" to Seeley, *Introduction to Political Science*, xi. 这一观点的支持见 J. G. Greenlee, "A 'Succession of Seeleys,'" *JICH*, 4（1976）, 268。1880 年，希里写道："历史学属于科学，而非文学。" Draft letter to C. E. Maurice, April 8, 1880, Seeley Papers, MS903/1A/2.

155 研究使神学家们所表述的关于共同体、历史、国家和民族的模糊的抽象概念焕发生命。他毕生对改善民族教育体系的痴迷，以及他对帝国和世界政治的看法，都是统一的道德神学愿景的一部分，这一愿景奠定了"政治宗教"的基础。传播这样一种愿景非常重要，因为他认为"宗教决定着整个文明的构造，决定着人类的未来"。[1]

希里的一位朋友，著名的古典学学者理查德·杰布曾询问他为什么没有遵守他在《视观此人》序言中所作的承诺，撰写一部专注于基督神性的续作《视观上帝》（*Ecce Deus*）。让杰布十分惊讶的是，希里回答道，他已经撰写了那本所承诺的书——《施泰因的生平》。[2] 这个怪异的回应向我们展示了希里所设想的政治、历史和宗教间的深刻关系。在他认为自己最重要的两本书《自然宗教》和《施泰因的生平》中，他的整体观念得到了最具启发性的阐述。[3] 前者试图在这个自然主义冲动与科学意志无处不在的世界里系统地探索信仰的基础和信念的目的。后者则详细地研究了其认为系现代德国奠基人的事业和思想。它们在同一时期构思并创作，应被视为一个单一知识体的两个元素，一个是对他的政治神学的理论阐述，另一个是对其中部分最重要问题的案例研究，这些问题由他的一位英雄付诸实践。

与许多同时代的人一致，希里对如何调和科学与宗教这一挑

---

〔1〕 Seeley, *Natural Religion*, 218.

〔2〕 Caroline Jebb, *The Life and Letters of Sir Richard Claverhouse Jebb*（Cambridge, 1907），85-86.

〔3〕《自然宗教》在 1875 年到 1878 年之间首次以连载的形式在《麦克米伦杂志》（*Macmillan's Magazine*）上发表，这段时间正是希里研究并撰写《施泰因》的时期。该书在 1882 年以图书形式出版，在这一年里，他也进行了一系列演讲，《英格兰的扩张》正以这些演讲为基础。

战十分着迷。在《自然宗教》一书中，他分析了获取知识的现代
形式和宗教信仰领域之间的关系，这些关系在个人意识和社会中
均有体现。这是一种超越性的尝试，即同时结合 18 世纪自然神
学和 19 世纪实证主义最有价值的方面。对希里而言，两种截然
不同但又相互关联的知识形式同时存在，它们分别是理论知识和
实践知识。关系到神圣时——"在观察上帝的领域"——两者对
应于神学（理论）和宗教（实践）。"通过神学，上帝的本性得
以确定，且从对其的理解中消除了对上帝的错误看法；通过宗
教，所获得的真理在心灵中反复思索，并被想象和情感同化"。
神学最终关注的是"自然对人类的态度"，其中自然被定义为
"在我们的经验中已知的宇宙统一法则"。这些法则包括社会历史
的法则，例如那些控制政治团体的形成和生长的法则。（不过，
这不与泛神论相混淆，因为崇拜的焦点不是自然的具体表现，如
表现为多样且差异化的物理形式，而是把自然看作一个整体，一
个不可约的统一体。）神学研究元伦理（metaethical）和形而上学
问题，诸如美德的特性、诱惑的本质、人类良知的作用和局限。
"总而言之"，他问道："对一个责任感已觉醒的人而言，生命仍
然值得拥有吗？宇宙是一个宜居的地方吗？"因为对希里而言，
对自然的科学分析就是对宇宙规律的探索，科学就是"严格意义
上的神学。"且由于历史学系对社会发展规律的探索，从"适当
的意义上讲"，它也属于神学。[1]

　　另一方面，宗教系基于崇拜、对尊敬的冲动和有关尊敬的行

156

---

　　[1] Seeley, *Natural Religion*, 52-53, 66, 68, 56, and 257. 希里的观点可以被看
作是大卫·纽瑟姆（David Newsome）所称的对人类智慧的广教会理解的一部分，这种
理解是"进步启示"的工具。Newsome, *The Victorian World Picture* (London, 1997),
214-15.

为而建立。神学涉及理性和人类心灵的认知功能，而宗教则更关注感受性、想象力和同理心；它既关乎理性，也关乎情感。宗教由三个要素构成："对可见事物的崇拜导致艺术，对人性的崇拜导致所有的道德规范，主要表现是基督教，而对上帝的崇拜是所有哲学和科学的灵魂"。通过阐明历史学、自然科学和哲学的神学规训，这幅三联画的第三部分集中于对"自然中的上帝"（God-in-nature）的崇拜。这是《自然宗教》（如果不是自然宗教本身）一书主要关心的方面。第一部分的美学焦点指向了希里对文学和诗歌的强烈热爱，尤其是那些伟大的浪漫主义作家的作品和情感。与莫里斯一样，他也崇拜拜伦、华兹华斯，尤其是歌德。他把歌德视为现代修养的典范，认为他是人类在同时追求艺术、科学和哲学方面的卓越化身，因此他是最高级别的"宗教"思想家。[1] 希里三联画的中间部分阐明了他的道德观念：正是他将宗教视为崇拜的理解支撑了他的伦理体系。在讨论施泰因时，希里的立场再次浮现："没有道德的宗教对他来说是怪物，所以他无法理解没有宗教的道德。"[2]

在《伦理学方法》（*The Methods of Ethics*，1874）一书中，希里的好友西季威克描述了三种进行伦理判断的"方法"：直觉主义（与常识道德大致相同），理性利己主义（主要针对自己的幸福），功利主义（旨在普遍幸福）。西季威克认为，由于"实践理性二元论"（dualism of practical reason），即不能理性地在功利主义和利己主义之间进行抉择，神圣奖惩（divine sanction）为伦理

---

〔1〕 Seeley, *Natural Religion*, 131-32, 96-111；以及其 *Goe the Reviewed After Sixty Years*（London, 1894）。也见 *The Life of Frederick Denison Maurice*（London, 1884），II, 59。除了广泛发表文学作品外，希里还匿名发表了自己的部分（糟糕的）诗歌：[Seeley]，*David and Samuel*（London, 1869）。

〔2〕 Seeley, *Life and Times of Stein*, III, 556.

行为提供了理想的指导。"当然",他们将"足以使它始终符合每个人的利益,尽(个人)所知以促进普遍的幸福"。[1] 然而,西季威克哀叹自己无法完全相信这种幻象,因为这要求上帝存在的具体证据,而他却无法提供。希里以不同的理由提出异议,他提出了一个更政治性而非哲学性的质疑。他对任何源自超自然主义的道德体系都进行了深刻的批判,而超自然主义认为人类的行为应受到来世的永恒快乐或惩罚的确定性的制约。他把这种说理形式称为"道德上的法律学派"(legal school in morals)。[2] 这不仅在神学上站不住脚,而且不可逆转地导致了政治上的不作为:"对未来的生活充满希望,甚至充满热情信念是一回事;总是徘徊在未来生活而轻视当下的生活就是另一回事"。在"这样一个愿景旁",他接着说,"所有的历史性事件、国家和民族的所有天命都消失了,而人们若非修道士,就会成为寂静主义者"。[3] 超自然的信仰模式可能会阻碍或阻止政治行动。

　　希里并没有走向他所谓的 18 世纪自然神论的偏离轨道,相反他认为自然宗教作为对(广义)自然的崇拜可以维持一种基于对人性及人类崇拜的道德体系。人们要学会对他人慷慨且仁慈,他　158

---

　　[1] Sidgwick, *The Methods of Ethics* (London, 1874), 463-64. 语境见 Ross Harrison, "Utilitarians and Idealists" in Tom Baldwin (ed.), *The Cambridge History of Philosophy, 1870-1945* (Cambridge, 2003), 255-66. 约翰·凯恩斯 (John Maynard Keynes) 后来评论道,西奇威克"除了怀疑基督教是否真实、希望它存在但证明了它不存在之外,什么都没做"。Keynes, letter to Bernard Swithinbank, March 27, 1906 (Keynes Papers, King's College, Cambridge), quoted in Bart Schultz, *Henry Sidgwick* (Cambridge, 2004), 4.

　　[2] Seeley, *Natural Religion*, 160 and 166. 也见 Seeley, *Introduction to Political Science*, 177-78。

　　[3] Ibid., *Natural Religion*, 254., 他后来提出了另一个相关的批评,认为对不同伦理立场(包括功利主义和"绝对命令")的信徒而言,合作影响社会和政治变革是最好的选择,而非挑战彼此基本的元伦理信仰, Seeley, "Ethics and Religion," 504-505。

们将从对历史学知识阶层所提供的教训的理解中获得指导——尽管他从来都不清楚具体何物会激发这种善行，或其应包含哪些元素。他在早些时候曾写信给西季威克，指出功利主义伦理不足以指导行动，因为单凭理性无法识别道德的根源——"共情的本能"。他接着谈道，哲学家们的"方法论"教导也不能帮助激发出"必须为自身遵守的唯一法则，即爱"。[1] 在这里，希里以一种不同的方式表达了对动机来源的担忧，这困扰着西季威克对功利主义的解释。他试图在《自然宗教》中使这一立场系统化。"通向美德的宗教"，他写道，"必须是崇拜人类的宗教。人们以国家、祖先、英雄、伟人、圣人、圣母之形式进行崇拜，或在个人生活中以朋友、母亲、妻子或任何崇拜对象之形式进行崇拜。其一旦抓住了心灵，便使所有的人类都显得神圣，将一切与人的交往都变成了一种宗教仪式"。[2] 这里我们看到了希里对宗教、道德、历史和政治的观点之间的直接联系。且他对崇拜对象的排序具有指向性，因为他将"国家"放在首位。这就说明了他的优先性：国家是其他对象现在或过去生存的范围，因此它优先于其他对象；国家包括社会和社会中的所有人。这一易于理解的洞悉是希里政治信仰的核心。

## 民族世界主义的政治神学

不出所料的是，希里对"现代"的世俗自由国家十分不满，在这个国家里，宗教被压缩进一个封闭的私人领域中。他以此为

---

〔1〕 Ibid., letter to Sidgwick, July 2, 1867, Sidgwick Papers, Trinity College, Cambridge, Add Ms c95/64~73.

〔2〕 Ibid., *Natural Religion*, 166, 168.

视角看待英国的政治发展。他认为这种情况是反常的，因为人类历史的全景在很大程度上系由宗教动荡的笔触所描绘；宗教及其机制和信仰模式在社会和政治发展中，甚至在现代国家制度的起源和演变中发挥了根本作用。在现代世界，宗教的中心是民族国家。对希里而言，任何人类社群都可以被贴上"国家或教会之名"的标签，且两者几乎可以互换。这一主张源于他对作为一种制度构造的教会的看法，他认为教会是一种"围绕国家的思想、情感和信仰的氛围；事实上，它的文明或多或少有形且可见"。[1] 人们未能抓住对政治和宗教相互渗透的非历史性理解，而即便是这种理解仍不能充分把握当下。没有宗教的生活机械且毫无意义。

对希里而言，现代历史上一个重要的阶段始于民族性原则下国家的建成。作为"反拿破仑革命"的结果，19 世纪最重要的政治发展在于"民族性主义"（nationality doctrine）的意识和力量不断增强。在准黑格尔式精神中，19 世纪见证了民族国家自觉意识的涌现。这一现象首先在西班牙出现，拿破仑的军队在那里摧毁了西班牙国家的体制，但随后又面临西班牙民族的猛攻，西班牙民族在最初的破坏中幸存后开始寻求恢复其政治命运。他钦佩地写道，当"国家分崩离析"时，"整个民族团结在一起，以自身的活力推动了一种新的国家形式的建立"。正是在这个对希里的历史理解至关重要的时期，"一种新的思想占据了欧洲"。这种思想并非民主或自由……而是民族性"。[2] 他宣布，从那时起民族主义开始了它的胜利征程。希里对民族主义的迷恋存在两个主

---

〔1〕 Ibid. , 183-85, 200.

〔2〕 See also Seeley, *Life and Times of Stein*, II, 20 and 17; 以及 ibid. , "Georgian and Victorian Expansion," *FR*, 48（1887）, 126。

要的知识来源：特别是以施泰因为实例的德国浪漫主义思想以及自由主义的圣公会神学，后者受到柯勒律治的作品，同时也受到了日耳曼有机浪漫主义思潮的影响。通过对施泰因思想发展的解释，希里从费希特的《告德意志同胞书》（*Addresses to the German Nation*，1807-1808）中获得了灵感。[1] 费希特不仅强调了民族教育的作用；他还宣扬了一种民族统一的整体理想，并将国家设想为一个道德实体。"在这里，我们确实听到了反拿破仑革命的警钟，以及随后发生的所有民族性战争的声音"。在费希特的作品中，希里发现了他对民族和国家的区分的铺垫。"费希特宣称，民族不仅不同于国家，而且是更高更伟大之物"。希里的民族主义最终成为他的政治宗教的一个分支，他对民族概念的虔诚可以从他的论据中看出。他认为在费希特的观点中，过去和现在在民族主义中的联合 "确保了人类在尘世的不朽"。[2] 正是对盎格鲁-撒克逊种族对尘世不朽的追求最终塑造了希里对更大的不列颠的愿景。

　　在评估任何个人的政治思想时，准确地追踪对其产生影响的思想往往是一项艰巨的任务。对希里的观点亦如此，尤其是他在吸收自由派圣公会各人物截然不同的思想时，呈现出一种相对平衡。然而，我认为希里的思想深受柯勒律治及其崇拜者莫里斯的思想的影响。他将弥尔顿、卡莱尔、拉斯金和柯勒律治称为 "天才政治家"，认为他们是英国政治的预言家，他们力量的关键在于他们牢牢地重复着一个简单的观念。对柯勒律治而言，贯穿其著作的 "唯一信念" 是 "所有仅满足温饱的政治主张的空洞，以

---

〔1〕 详情见 Seeley, *Life and Times of Stein*, II, 29-42; 以及 Fichte, *Addresses to the German Nation*, ed. George A. Kelly（New York, 1968［1807-1808］）。

〔2〕 Seeley, *Life and Times of Stein*, II, 34 and 41.

及将政治建立在哲学和宗教的普遍原则之上的必要性"。[1] 希里
完全赞同这两种想法。事实上，从这个角度来看待希里为更大的
不列颠所作的顽强的智识努力将有益于理解。虽然他认为在所有
先知中柯勒律治是最伟大的哲学家，但在阐述他关于国家的概念
时，他更多地借鉴了阿诺德和莫里斯。[2] 在《政教宪法》（*On
the Idea of the Constitution of the Church and State*）一书中，柯勒律
治主张在法律上应承认英格兰教会是宪法的内在组成部分，是国
家巨大的土地和商业利益的平衡力量；它是政治国家中必不可少
的半自治元素。阿诺德进一步指出，从某种意义上说，教会和国
家是"完全相同的"，且在其《教会改革原则后记》（*Postscript to
Principles of Church Reform*，1833）一书中，他提出"达到最高程
度完美的国家就是教会"。与此同时，莫里斯对教会和国家相互
构成的精神性民族的理想进行了极其有力的阐述。[3] 希里的民          161
族性概念和他对更大的不列颠的愿景将费希特的浪漫民族主义和
自由派圣公会神学交织在一起，且它经常经由公民帝国主义的词
汇加以阐释。

---

〔1〕 Ibid. , "Milton's Political Opinions," 99.

〔2〕 对柯勒律治的态度见 Seeley, "Milton's Political Opinions," 98。希里曾在给父
亲的一封信中写道，他"更像阿诺德风格而非莫里斯风格"，Seeley to R. B. Seeley,
n. d 185?，Seeley Papers, MS903/2A/2。这种远距离的尊敬是相互的，正如莫里斯非常
欣赏《视观此人》(Maurice to A. Macmillan, January 2, 1886, Seeley Papers, MS903/3A/
1)。尽管存在这些声明，但我认为虽然希里可能与阿诺德在神学上有更多的共同点
（至少在 19 世纪 50 年代），但他的政治思想似乎更多地归功于莫里斯，尽管这可能只
是因为莫里斯活得更久，且他因此撰写了一些同样迫使希里应对的问题。

〔3〕 Arnold, "The Church and the State" [1839] and "National Church Establish-
ments" [1840] in *The Miscellaneous Works of Thomas Arnold* [ed. Arthur P. Stanley] (Lon-
don, 1845), 466–75 and 486–92；及 Arnold, *Postscript to Principles of Church Reform* (Lon-
don, 1833), 19。也见 Maurice, *The Kingdom of Christ* (London, 1838)；及 Maurice, *So-
cial Morality*。

希里的立场可以被描述为"世界民族主义者"（cosmopolitan nationalist）。就他的情况而言——实际上在维多利亚早期和中期更为广泛——这并非一个矛盾的表达，因为他的国际（尤其是欧洲）政治概念植根于人类最终联合的理念，尽管其只是含糊地表达。他写道，未来"将见证民族宗教在一个伟大的普世宗教中蓬勃发展"。[1] 正是通过对人类崇拜的表达，以及扎根于一种非排他性的、非教区的对民族-政治共同体的依恋，爱的观念巩固了这种复杂（可能也不稳定）的混合体。在希里看来，当时存在着两个教会：一个是容纳所有物种的普世教会，对信仰者和非信仰者一视同仁；另一个是以现代国家形式制度化的民族教会。后者作为人类公共生活的最高体现被优先考虑，但它嵌入了前者的更广泛领域。这个有序的二元体系被希里经常提及的第三个（理论上不太明确的）领域打乱；他在普遍与民族之间插入了一个中间层面，即西方基督教世界，他认为，这是一种跨民族文明。[2] 此外，他认为欧洲各国构成了一个"社会"（society），在一定程度上受到共同价值观和共同文化的约束。"总体而言"，他接着谈道，"我认为对于一个民族，生活在社会中是健康的。正如个人，一个民族也应该研究它对其同胞们的行为，为此，它应该恭敬而急切地听取他们的意见"。在《政治学讲义》（*Introduction to Political Science*）中，他自信地断言"欧洲民族国家的兄弟情谊"

---

　　[1] Seeley, *Natural Religion*, 207. 关于教会的普遍主义，也见 Seeley, letter to Sidgwick, May 15, 1866, Sidgwick Papers。关于维多利亚时代的更广泛背景，见 Georgios Varouxakis, "'Patriotism,' 'Cosmopolitanism' and 'Humanity' in Victorian Political Thought," *EJPT*, 5 (2006), 100-18; 及 Tricia Lootens, "Victorian Poetry and Patriotism" in Joseph Bristow (ed.), *The Cambridge Companion to Victorian Poetry* (Cambridge, 2000), 255-80.
　　[2] 尤其见 Seeley, "The United States of Europe".

对现代文明的辉煌负有责任。[1] 他还坚持认为，美国这个充满
活力的旧世界的后代应被包括在这幅图景中。据此，希里预示了 162
一种多层次的、等级分明的全球秩序概念，但这种秩序是由一个
普遍宗教共同体所背书。

　　尽管希里不断地宣称民族的荣耀，但他并不是一个不加批判
的民族主义支持者。他认为，他所崇拜的纯粹理想经常被腐化，
在实践中它通常"过于狭隘而迂腐"。[2] 与我们这个时代的许多
自由民族主义者一样，希里对民族主义积极特征的看法，以及他
认为民族主义可以被控制在其所规定的范围内的信念，均显示出
其过多的天真。他担心欧洲日益军事化，担心强大的军队从欧洲
大陆的一端到另一端狐疑地打量着对方。[3] 他提防着革命的危
险，严厉批评使社会陷入恐怖的詹姆斯党人。正是由于法国大革
命与启蒙运动者思想的联系，使得莫里斯在阐述自己的观点时更
喜欢使用"人性"（humanity）一词，而不是同样恰当的"世界性
的"（cosmopolitan）。[4] 我们可以推测——考虑到他对莫里斯的
钦佩、对法国大革命的憎恨，以及他采用的神学词汇——希里的
观点是类似的。在《视观此人》一书中他批判了"普遍爱国主
义"（universal patriotism），即若无国家作为观念的实体，爱国主
义实际是"雅各宾主义"的一种形式。[5] 在《施泰因生平》一

---

〔1〕　Ibid. , *Introduction to Political Science*, 88；及 Seeley, "Our Insular Ignorance,"
869。评论见于 *The Expansion of England*, 225。

〔2〕　Ibid. , *Natural Religion*, 200.

〔3〕　Seeley, "The Eighty-Eights," *Good Words* (1888), 380.

〔4〕　这一点清晰体现在 Maurice, *Social Morality*, 19。

〔5〕　Seeley, *Ecce Homo*, 121. 他对雅各宾主义所谓的抽象的"普遍的人"（universal man）提出了批评，而更倾向于把注意力集中在植根于他们的社群中、或部分由他们的社群构成的个人身上。相关讨论也见 Shannon, "John Robert Seeley and the Idea of a National Church," 245-46；及 Maurice, *Social Morality*, 122-23。

书中他站在主人公的立场上，提出了对歌德和赫尔德据称是空洞世界主义的批判，同时援引柯勒律治捍卫爱国主义的美德。[1]正如在早期文章中所见，他对该词的使用是有限度的。

> 对爱国主义的滥用不能通过摧毁爱国主义本身来治愈；但是，爱国主义必须通过净化，剥夺它的排他性和终局性来加强。人类的基督教统一将作为最后一课来教导，这最容易学会，或者更确切地说，只有那些已经实现国家统一的人才会学会。[2]

对希里而言，一种非排他性的爱国主义虽然难以置信，却是一种值得追求的理想，也是他的政治信仰所要求的。民族国家不是不宽容的政治秩序，不是在广泛的人类共情的对立面，而是这种共情的一个重要组成部分。民族主义是希里独特的世界主义的构成要素。在他的论证中，他又一次追随了广教会理论家。毕竟，莫里斯在剑桥的一系列演讲中曾言"基督的和平王国"是"所有*民族*的王国。除非存在民族（Nations）且他们系有区别的民族，否则这个王国将失去了它的特色；它变成了一个世界帝国"。世界帝国与专制及消除民族差别相联系——"我试图向你们展现，为了建立一个普遍神圣社会而做的每一种努力都造成了多大的伤害，它将吞噬……自身的差异"。[3]毫无疑问，希里严厉批判了对拿破仑复兴普遍君主理想的尝试；或者说，他极力避

---

〔1〕 Seeley, *Life and Times of Stein*, II, 384–88.

〔2〕 Seeley, "The Church as a Teacher of Morality," 277. 柯勒律治将他关于国家教会的概念（特别关注英格兰国教会）与普世基督教会的概念对立起来，后者没有法律或政治边界。两者可以在同一空间共存，但不应混淆。

〔3〕 Maurice, *Social Morality*, 209 and 481. 原文为斜体。

免使用"帝国"一词来形容更大的不列颠，正如我们在第 4 章中看到的，他更倾向于称其为"世界国家"。他写道，帝国"似乎过于军事和专制，不适合于母国与殖民地的关系"，而帝国主义意味着专制统治，令人憎恨的拿破仑和英国史上克伦威尔的铁腕统治均源自帝国主义。[1] 尽管他认为专制不应该被机械地谴责——在某些情况下，例如当一个国家面临巨大的外部压力或一场生存战争时，其可以具有正当理由——他仍然对现代西方世界的"文明"国家采取这种做法持批评态度。而我们将会看到，印度则是另一回事。[2]

希里的世界主义受到了严重的限制，这正如康德的世界主义，而康德是旧斯多葛哲学最睿智的启蒙运动支持者。[3] 尽管与这位伟大的哲学家一致，希里的"目的"是在一个人性进步的更广泛框架内寻求一种民族共存的理想，但它也通过强调欧洲人的优越性，帮助捍卫了现有的国际政治权力结构和全球等级下的民族精神。 164

---

〔1〕 Seeley, *The Expansion of England*, 37. 关于克伦威尔，见 Seeley, *Introduction to Political Science*, 251；关于拿破仑，见 *A Short History of Napoleon the First*（London, 1886）。

〔2〕 他写道，自由"是好是坏视环境而定"，*Introduction to Political Science*, 127。有关自由的一般性讨论，见 Seeley, *Introduction to Political Science*, Part II, Lectures V and VI, 以及 *The Expansion of England*, 237-38。他认为自由的丧失在现代欧洲是危险的，原因首先在于缺乏相关的政治条件（尤其是外部压力），其次在于尽管专制有时是必要的，但它往往在不需要的时候徘徊不去。

〔3〕 这里见 Immanuel Kant, "Idea for A Universal History with a Cosmopolitan Purpose"［1784］in Kant, *Political Writings*, ed. Hans Reiss（Cambridge, 1990）, 41-54。Cf. James Tully, "The Kantian Idea of Europe" in Anthony Pagden（ed.）, *The Idea of Europe*（Cambridge, 2002）, 331-58.

## 逐渐阴郁的英格兰心智

在 19 世纪 70 年代和 80 年代，希里对"现实政治"世界的解释越来越脱离他理想的全球性宗教政治体愿景，而后者蕴含着不同民族教会的良性共存。他对英国政治以及英国与世界其他国家关系的解读与维多利亚时代晚期许多自由党人的解读相一致。在 19 世纪 60 年代和 70 年代初，他表达出对未来的信心。例如，他在 1870 年似乎对民主的影响持乐观态度，认为与更为野性的欧陆动物相比，英国的变种只是一种"驯服的家畜"，且他宣称社会主义并没有"在我们中间取得很大进步"。然而，希里在 1881 年写给他妹妹的信中谈道："相较于我出生前，我们现在更接近于一场革命。"他苦恼地说"激进主义无往不胜"。[1] 那时他对民主的前景相当紧张，警告道，英国人正梦游般地进入一个大众政治的新时代。他们对正在发生的变化毫无准备，甚至完全没有意识。他对周围的一切愈发表示谴责，并声称他已经成为"一个对当前政治制度的极度怀疑者"。希里对不列颠民族的现状感到焦虑。这个民族缺乏良好的教育和有效的领导，随着民主幽灵的逼近，它即将开始一场前所未有的政治变革，这预示着进一步分裂的可能性，也是一个广教会信徒最黑暗的噩梦。虽然希里仍然支持扩大选举权的必要性，但他认为这个国家还没有做好应对其后果的充分准备。"这个时刻将非常关键，因为这样的一个

---

〔1〕 Seeley, "The English Revolution of the Nineteenth Century," I, *MM*, 22（1870），251 and 246；及 J. R. Seeley to Bessie Seeley, April 9, 1881, Seeley papers, MS903/2B/1。

民族首次走上了政治投机之路"。[1]

这种现象的部分原因在于人民的性格缺陷。在维多利亚时代的政治思想中，个人和民族性格的概念是一个核心的解释性和规范性尺度。它具有解释性，被用来说明民族和个人如何随着时间的推移而发展，为什么部分成功而部分不成功，以及为什么两者都存在等级体系。它具有规范性，即特定类型的性格被当作榜样，其他的则被蔑视。事实上，对维多利亚时代的许多思想家而言，他们的自我信念在帝国的自满中膨胀，民族性格的伟大性解释了国家的多维度成功，也解释了国家不仅对"劣等种族"（lesser race）的支配，而且对它的欧洲邻国的支配。希里时而对性格这个概念表示出谨慎："没有任何解释是如此明显，或者如此轻易地被人发觉。没有任何解释是如此含糊、廉价且难以证实。"[2] 但在其他紧要关头，这一观点显然是他思想的核心。例如，他在 1889 年哀叹"前所未有的困惑和不确定性"笼罩了他的同胞们的视野，他还警告道，英国正在跌跌撞撞地走过"道德饥荒的时刻"，人民缺乏在一个迅速变动的世界中有效行动的力量和团结。"除了坚决的观点和坚定的目标，我们什么都有——总之，除了性格，我们什么都有！我们有丰富的感受、情感、想法、知识，只是没有性格！因此，在外国人看来这个民族是堕落

---

〔1〕 Seeley, "The Impartial Study of Politics," *CR*, 54 (1888), 59; 及 Seeley, "Political Somnambulism," *MM*, 43 (1880), 31; 关于爱尔兰自治在这一转变中的重要作用，见 Seeley, letter to Oscar Browning, April 6, 188 [?], Browning Papers, Modern Archive Centre, King's College, Cambridge, OB/1/1455A。

〔2〕 Seeley, *Introduction to Political Science*, 134.

的———一个正在衰败的民族"。[1]

希里对现代教育体系有害影响的恐惧源于这样一种信念，即教学应该关注人的"心智和性格"的发展。[2] 希里认为通过一套民族教育体系———一种体现民族荣耀的教育———塑造性格的同时塑造心智是历史学知识阶层的一项重要任务。他认为人民特别是工人阶级在很多方面都是未开化的，他以一种阿诺德式的风格蔑视他们的"庸俗"。和许多同行一样，当"文学皇帝和首相都是由普选产生"之时，他担心民主时代的文化价值被冲淡。为战胜世俗主义和物质主义这双重罪恶，即现代世界特有的纯粹个人主义和自私的"下层生活"，（民族）心智的培养是必不可少的。[3] 这是英国自由派圣公会长期关注的问题。柯勒律治在其《平信徒讲道集》（*Lay Sermons*，1817）的一册中提到，"需要一种博闻强识且有哲学思考的公众"来抵制政治经济学家在社会和道德上的破坏性影响，以及他们对令人厌恶的商业精神的反复灌输。[4] 这也是为何这位汉普斯特德的哲人（Sage of Hampstead）终究认为知识阶层脱离社会中的商业和土地利益是绝对必要的。希里例行谴责"拜金主义"，视其为"病态的产业"并将其界定

166

---

〔1〕 Ibid., "Ethics and Religion," 503 and 508. 性格问题也是他讨论印度（*The Expansion of England*, 203, 242, and 276）和美国（*The Expansion of England*, 156）的中心问题。也见 Seeley, "Our Insular Ignorance," 869；及 Maurice, *The Kingdom of Christ*, I, xxiii。

〔2〕 Seeley, "Our Insular Ignorance," 862；及 ibid., "Ethics and Religion"。

〔3〕 Ibid., *Natural Religion*, 91 and 107, and Part II。

〔4〕 Coleridge, "A Lay Sermon" [1817] in *The Collected Works of Samuel Taylor Coleridge*（Princeton, 1972）, VI, 170。此外，正如芮芭·索弗（Reba Soffer）所指出，在希里关于物质主义造成退化的观点和他父亲在这个问题上的观点之间存在连续性。Soffer, "History and Religion," 135-37. 关于柯勒律治的思想，见 Philip Connell, *Romanticism, Economics, and the Question of "Culture"*（Oxford, 1999）。

为"对最高的利益和旨趣漠不关心"。[1] 物质主义是英国人性格的主要缺陷之一，尤其是因为它妨碍了人们追求"高尚生活"，而宗教正是这种生活的活力源泉。但情况并非一直如此，每当希里回想起他的同胞们更为独立、坚毅的生活时，他的怀旧情绪就会不时高涨起来。在这里，我们见证了自由派圣公会和公民人文主义关怀的交集——这一交集也塑造了柯勒律治思想的许多方面。然而，希里的同辈人为自己发展了一种"申命记宗教"（Deuteronomic religion），这为他们提供了极大的慰藉，使他们的自私行为在道德上站得住脚。他写道，这个反常的宗教教导我们"因为我们诚实、和平、勤劳，所以我们的耶和华赐给我们充足的财富、我们进出口的膨胀、我们债务的减少，以及我们遍布半个地球的移民"。落入这种魔咒之中是错误的，因为它代表了真正"原始"信条的残余。[2] 内部的教化使命是必要的。

英国的教育体系（和教会）应该为文化的堕落以及大多数人与他们光荣的民族遗产的分离负责。希里哀叹道："那种思想上的荒芜、那种对原则的蔑视、那种我们几乎难以否认是英国人的特点的庸俗，其实并不总是这样。"[3] 这不仅仅是一个文化精英的抱怨（尽管也确实如此），因为正如我们所见，希里的文化概念最终是神学的，且奠定了他对民族"更高"生活的理解。如果人们未受教育，就会缺乏将自己想象成一个群体的一部分所必需的教养和知识；这将导致政治行动者的必要先决条件的缺乏。希里认为，对民族文学缺乏良好意识的"人""与过去没有任何联系，

---

〔1〕 Seeley, "The Church as a Teacher of Morality," 270.

〔2〕 Ibid., *Natural Religion*, 133.

〔3〕 Ibid., "Liberal Education in Universities" [1867], *Lectures and Essays*, 215.

他没有公民资格，也没有国家"。[1] 对希里而言，与缺乏帝国的向心力一样，缺乏包括广泛的英国文学和历史在内的适当教育是一个重要而必须面对的*政治*问题。

<sup></sup>虽然这个问题困扰着各个阶层，但它对工人的影响尤其巨大，因为他们中的大多数人"对更大的政治问题如同孩子一样无知"。[2] 他们的无知危及国家：除了缺乏足够的民族意识，他们还被迷信束缚，包括对可能出现社会主义者所承诺的政治"乌托邦"的信仰。这是革命的潜在前兆。"在英格兰，大众与思想家阶层的观念存在危险的分歧"。[3] 现在，历史学家比以往任何时候都更有必要完成他们的使命，即作为民族思想的塑造者和政治机体的精神治愈者。在希里看来，理想的民族国家需要在民主和贵族统治（在其古典意义上被理解为由最合适的人统治）之间取得良好的平衡。[4] 进步是脆弱的，需要不断的维持和监督。这是一种相当普遍的观点。在《代议制政府》一书中，密尔有关权衡专业性和包容性的必要性的痛苦讨论对此作出了最为著名的表述。在希里看来，缺乏统一的民族纽带导致了个人与国家之间以及不同阶级之间的疏远。不安的情绪在他的心头涌起。

希里宣称，1887 年是一段"抑郁、困惑和焦虑"的时期。[5] 尽管希里还有许多类似的说法，但他并不是一个绝望的悲观主义者，他对未来的态度呈现出些许的模棱两可。尽管有时他的写作

167

---

〔1〕 Ibid., "English in Schools," *Lectures and Essays*, 238.

〔2〕 Seeley, "Political Somnambulism," 42.

〔3〕 Ibid., "The Political Education of the Working Classes," 145；以及 ibid., *Natural Religion*, 208。

〔4〕 Ibid., *Introduction to Political Science*, 357. 关于他对贵族统治本质的深入讨论，见 321–31。

〔5〕 Ibid., "Georgian and Victorian Expansion," 124.

风格像个预示毁灭的预言家，也即后来的卡莱尔，但他也保持了很大程度的乐观。在对"母国"的政治生活日益感到担忧的同时，他还热衷于强调自 19 世纪前几十年以来情况已明显改善。他越来越关心国际形势，并发出"国际危险、巨大争端、庞大军队"的警告。他也热衷于强调殖民帝国不断增强的力量和帝国的联合。英格兰的持续扩张，以及自混乱的 19 世纪中期以来的团结，均代表了维多利亚时代"最光明的一面"，也给了他对未来的巨大希望。〔1〕更大的不列颠为他对"母国"和更广阔世界的恐惧提供了一个潜在的解决方案。

### 帝国联邦的必然性

1894 年，在首相兼帝国联邦联盟主席罗斯伯里勋爵的支持下，希里被封为爵士。正如罗斯伯里在给希里的信中所言，这个荣誉不仅是"我对您本人和您的工作的钦佩，也是我对您雄辩地阐述的帝国原则的坚定支持"的证明。〔2〕在某种意义上讲，希里作为一个狂热的帝国主义者的名望是相当讽刺的。他并不总是关心帝国；事实上，他很晚才对此产生兴趣。在他早期的一些著作中（将在下一节中探讨），他勾画了印度命运的一个方向，但在其中他没有对移民殖民地产生总体性的意识。甚至有人认为，在 19 世纪 60 年代早期到中期他可以和戈德温·史密斯一起被归

168

---

〔1〕 Ibid., "The Eighty-Eights," 380；以及 ibid., "Georgian and Victorian Expansion," 127。

〔2〕 Rosebery to Seeley, March 5, 1894, Seeley Papers, MS903/1B/14.

类为"分离主义者"。[1] 然而这一切将改变，至 19 世纪 80 年代早期他正准备着即将作为《英格兰的扩张》出版的讲演。这本书立即成为畅销书，并将他推向了争论的中心。[2] 随着他对英国政治现状的看法变得暗淡，对渗透于周围的政治和学术潮流敏感的希里对帝国的兴趣也在增加。

《英格兰的扩张》的主要论点——包括希里后来的许多著作的观点——认为现代英国历史上最重要的发展是帝国引人注目的全球扩张。这个过程中最重要的事件是在漫长的 18 世纪的第二次"百年战争"中对法国的胜利。[3] 社会和历史学家的作用是塑造大众心智，但他们都忽视了这些事件的重要性和最终意义。这一重大疏忽是对英国历史"孤立"理解的结果，是一种专注于议会辩论历史——"围栏中的唇枪舌剑"——和 1688 年后的自由不断发展的狭隘辉格史理解方式。麦考来正是这一错误进路的代表。[4] 这不仅是一种历史编纂学意义上的批判，（据其定义）也是一种政治批评。由于忽视了更大的不列颠的重要性，人民和

---

〔1〕 Worsley, "Sir John Robert Seeley and His Intellectual Legacy," 131; Wormell, *Sir John Seeley and the Uses of History*, 163. 这种观点得到了希里的部分证实，"The British Race," ［1872］*Education I* 4, (1881), 309-28, 以及讲座 "The British Empire" reproduced in the *Bradford Observer*, March 22, 1872. 沃斯利 (148) 继奥斯卡·布朗宁 (Oscar Browning) 之后提出，希里在 1879 年才开始着手研究帝国。

〔2〕 关于《英格兰的扩张》令人印象深刻的销售数据，见 David Worsley, "Sir John Robert Seeley and HisIntel lectual Legacy," 26; 具体评论见 John Gross, "Editor's Introduction" to Seeley, *The Expansion of England* (Chicago, 1971), xii-xiii. 这本书一直印刷至 1956 年，也即苏伊士运河事件中英国惨败的那一年。

〔3〕 Seeley, *The Expansion of England*, 26, and Lecture II; 也见 Seeley, "Georgian and Victorian Expansion".

〔4〕 Ibid., *Introduction to Political Science*, 236, 253, and 385; 及 Seeley, *The Growth of British Policy* (Cambridge, 1895), 1-2. 后来，希里斥责他的伯祖父是一个"江湖骗子"，这让年轻的特里维廉 (G. M. Trevelyan) 很不高兴。David Cannadine, *G. M. Trevelyan* (London, 1992), 27.

历史学家们忘记了联合的基础和目的，最终导致殖民地几乎分裂。因此，19 世纪中叶出现了一种危险的"系统性冷漠"，并几乎导致美国惨败的重演："我们开始挑动并主张分离。"[1] 尽管从那时起事情已经发生了变化——他还可以加上一句，这在很大程度上是由于帝国联邦主义者的努力——仍然有必要重新将人民与他们的遗产，以及他们的天命角色相联系。

尽管"系统性冷漠"已经被成功地质疑，但希里警告仍然有更多的工作要做。人民仍然没有从根本上改变他们对帝国的"想象"或"思考方式"；他们认为帝国仍然与祖国完全分离，就像分散在这个星球远端的外部土地的碎片。更大的不列颠的全部辉煌"非常需要被带回到我们的想象中"。尽管存在必要的物质基础，"我们还没有真正的更大的不列颠"。[2] 因此，必须教导公众意识到全球性民族国家的重要性。正如他在另一篇文章中所写的，毕竟"真正的革命时刻并不在于新立法的出台，而在于人们普遍认为变革必须到来的信念"。因此对希里而言，教育和政治动员相互交织，他特别强调了公众舆论在塑造英国政治时日益增长的影响力——"舆论已经变成了一种如此强大的力量"。[3] 政治意识先于立法行动；舆论引发了议会的变革。然而，需要组织和引导舆论，才能使其发挥重大影响。他认为，这样做的条件似乎已经存在，因为通过为形成意见而建立的多种不同的压力集团的作用，19 世纪发生了巨大的政治变化。引导"19 世纪英国革命"的最重要力量之一，事实上也是结束旧制度的普遍垄断的主

170

---

〔1〕 Seeley, "Introduction," to *Her Majesty's Colonies* (London, 1886), xv.

〔2〕 Ibid., "Introduction," vii; 及 ibid., *The Expansion of England*, 8 and 61。

〔3〕 Ibid., "The English Revolution in the Nineteenth Century," Part I, 241, and Part II, 353. 也见对（关于印度的）公众意见的评论，*The Expansion of England*, 190；以及第 5 章中的讨论。

要原因之一，正是各种"联盟"的影响，他们要求废除"谷物法"（Corn Laws），并进行广泛的议会和宗教改革。"这些联盟可以看作是除国家常设政府之外，为特殊目的而设立的一种临时政府"。正是在希里对"临时政府"效能之观点的语境下，他的帝国联邦联盟愿景及他对这一愿景的支持才能得以理解。[1] 政治动员的力量需要加以利用，并将其导向实现民族统一的目标。

在希里政治发展理论的框架中，一个重要但未被正确评价的领域是其对孤立的立宪主义的批判。对希里来说，停滞标志着政治死亡。[2] 历史没有也不能停滞不前："除非有所发展，否则任何一个国家的历史都不可能引人关注。无论多么繁荣，一成不变的政治生活是没有历史的。"保持"静止"并习惯性地与"亚洲式"政治秩序模式相联系是这一时期自由党的一种典型的恐惧。[3] 希里同样反对暴力革命，他利用流行的生物学隐喻，认为政治"有机体"不断变化，并在对内部和外部压力的积极反应中证明了它们的健康。"我们现代人肯定不太相信大的社会变动。发展是我们的口号。现在来自于过去"。[4] 在一篇揭示教会发展

---

〔1〕 Ibid., "The English Revolution of the Nineteenth Century," II, 353. 关于他对帝国联邦联盟的支持，见 ibid., "The Journal of the League," *IF*, 1/1 (1886), 4; ibid., "The Object to Be Gained by Imperial Federation," *IF*, 1/6 (1886), 206; 以及 Speech to the Imperial Federation League in Cambridge, May 29, 1891, reprinted in "Professor Seeley at Cambridge," *IF*, 6/6 (1891), 176。

〔2〕 Ibid., *Natural Religion*, 61. 也见 ibid., "Roman Imperialism" [1869], II, in *Lectures and Essays*, 45。

〔3〕 Ibid., *The Expansion of England*, 117. 关于希里对亚洲的观点，见 "Roman Imperialism," III, 66—68; 及, *Natural Religion*, 61。关于这一立场的示例，见 Matthew Arnold, "Democracy," 10 and 21; 关于中国的援引，见 John Stuart Mill, *On Liberty* [1859], *CW*, XVIII, 273。关于停滞观念的影响，见 Stefan Collini, *Public Moralists* (Oxford, 1991), 108 and 274。

〔4〕 Seeley, "Ethics and Religion," 514.

的文章中，他认为，一项"风俗制度的健康程度与其对过去的独立程度以及其改变自身以适应新环境的自信的自由程度成正比"。在之后的《政治学讲义》中，他写道："国家风俗制度的发展是有机体努力适应环境的结果。"[1] 因此，为了保持健康，风俗制度需要不断调整以充分适应其所处的不断变化的政治环境。如果这个微妙的调整和校准过程失败，就会导致不可改变的退化。理解这种动态的"环境主义者"（environmentalist）政治概念有助于解释为何希里认为帝国联邦是必要的，以及为何他相信帝国联邦可以实现，且并非乌托邦式的幻想。地缘政治形势的变化——以及日益加剧的威胁——加上英国政治的狂热状态，为变革提供了内外两方面的刺激，这就要求修改宪法并实现更大的不列颠的当务之急。冻结在原地将会招致灾难。我们再一次见证了希里试图预言时间的教训。

171

最后，希里将重点放在转变公众意识的必要性上，他希望能够通过帝国联邦联盟的作用加以启动和引导，这一联盟是众多成功的压力集团中最新的一个，而这些集团推动了 19 世纪的"英国革命"。这是他的知识阶层概念的另一个方面，这个阶层是英国政治道德的哨兵。首先，必须让公众意识到帝国面临的内外危险；随着政治想象力的转变，必须让人们相信解决这个国家以及这个世界所面临问题的唯一适当方案是将更大的不列颠的潜力具象化。这是一项艰巨的任务，自封为使徒历史学家的希里兴致勃勃地接受了这一任务。

---

〔1〕 Ibid., *Natural Religion*, 217；以及 ibid., *Introduction to Political Science*, 340。

## 联合的歧义：印度与爱尔兰

　　将更大的不列颠视为一个基本上同质的"世界国家"呈现出一个明显的问题：帝国的其他部分应扮演什么角色？与其他许多维多利亚时代晚期的殖民地联合主义者一致，对希里而言，更大的不列颠是一个想象中的政治共同体，它没有包括现有大英帝国的许多居民。在欧洲瓜分世界的高潮时期出版的希里政治著作中，最引人注目的一点在于他几乎没有提到非洲。希里在1887年发表的关于"乔治和维多利亚时期的扩张"的瑞德讲座（Rede Lecture）中宣称维多利亚时代最伟大的成就是帝国的扩张和巩固，但非洲甚至都不值得在此演讲中被简短地讨论。然而在他的著作中，印度则是一个被频繁援用的对象。

　　《英格兰的扩张》的第二部分致力于分析英国在印度过去、现在和未来的统治地位。对于英国在南亚的使命所带来的益处，希里的态度远比他对更大的不列颠的态度模棱两可。两者根本没有可比性。更大的不列颠是由效忠于母国的、移居的英国臣民居住的，印度人则构成了一个完全独立的政治发展范畴。它们完全不在英格兰国家的管辖范围之内。根据当代语言学的发现，他认为印度人系属雅利安种族，但其与欧洲的相似之处就此终结。他们曾经是伟大的，但后来他们被历史所抛弃了。"这个国家在现代没有取得任何成就。"[1] 印度现在是静止的，显示出一个病态

172

----

　　[1] Ibid., *The Expansion of England*, 242 and 243. 他在这里（242n）引用了 Max Müller's, *India, What Can It Teach Us?*（Oxford, 1883）。缪勒（Max Müller）是史密斯的朋友，他也影响了史密斯对印度的思考（关于印度，见第 7 章）。具体背景见 Tony Ballantyne, *Orientalism and Race*（Basingstoke, 2001）。

的政治机体的明显症状，其失去了动力与"活力"。而希里认为，这一"活力"乃一个健康的政治"有机体"所必需。

在《政治学讲义》中，希里将国家分为两大类：有机体国家和无机体国家。虽然这本书主要致力于对各种有机体国家进行分类，但他偶尔也会对这两类国家进行比较。有机体国家通常是活跃而能够发展的，而无机体国家是停滞的。这些政治体没有达到国家的标准（如第 4 章所述），它们之所以表现出真正的团结，是由于外部势力的干涉。它们大多是侵略和专制的产物。他认为，无机体国家"是征服的结果，但与有机体国家有着相似的外观，因为它采用并模仿了有机体国家的组织"。因此，它们最准确的名称应为"准国家"，其具有两个决定性特征：低生命力和广疆域。我们又发现了希里在一个关键问题上的模糊性。考虑到他关于这一定义的讨论以及他在《英格兰的扩张》中的观点，印度很容易被视为一个无机体国家的例子——也许是最主要的例子。正如他一再强调，印度由多样的族群所组成，其地域辽阔、缺乏政治意识且在几个世纪内一直遭受侵略和征服。它从来就不是一个"有意识的政治整体"，也不存在一个"同质的社群，而国家正是从这里诞生"。[1]然而，希里似乎不愿将其描述为一种无机体国家。这可能与他对"一切建立在暴力和征服之上"的侵略性政治体的严厉批评有关，而在这种国家里，严酷的专制统治是常态。[2]他不想把英国人与这样的恐怖行为相联系，这也是

173

〔1〕 Seeley, *The Expansion of England*, 185-86, 202, and 204. 这就是为什么只能发现一种地方性的"村落爱国主义"（206）。亨利·梅因的 *Village-Communities in the East and West*（London, 1871）对于推广这类论点尤为重要。具体背景见 John Burrow, "TheVillage Community and the Uses of History" in Neil Mckendrick（ed.）, *Historical Perspectives*（London, 1974）, 255-85。

〔2〕 Seeley, *Introduction to Political Science*, 73-74, 76, 367-68, and 168.

他决心证明英国人从一开始就没有真正"征服"过印度的最可能的解释。希里认为，要征服一个国家，首先就要假定它是一个统一的实体，而由于印度"没有任何民族性"，所以就没有可以被征服的"印度"。因此，早期英国商人和后来的东印度公司的行为虽然可能是不体面的，但不能被归类为征服行为。更确切地说，英国的扩张是由于一场"内部革命"造成的偶然情况。[1]仿佛系英国人被吸进了政治的真空，并为了自己和印度人的利益控制了局势且带来了稳定和秩序。

在希里看来，印度是一个由多种种族和宗教信仰组成的人造国家，缺乏团结的必要与充分条件。它不配拥有"民族"这个神圣的标签，因此"西方政治伦理学所依赖的基本假设不能被适用于印度"。[2]自决（Self-determination）在这种情况下毫无意义，因为"对独立的热爱系以政治意识为前提"，而他认为，"印度"这个名字"不应该同英国或法国这样的名称归为一类，因为这些名称意味着民族性，印度应该同欧洲这样的名字归为一类，因为欧洲代表了一组民族性，而这些民族由于物理上的分离而偶然获得了一个共同的名字"。同样地，希里适用于欧洲和北美国家的所有自由主义格言均与印度无涉。我们将在下一章看到，这正是戈德温·史密斯所采用的论证类型。如果说印度存在可以预见的联合，那也不过是在英国统治之后出现的，因为"无政府状态似乎自马哈茂德（Mahmoud）以来就在印度长期存在"。总体而言，他总结道："可以说，除了在英国统治下，印度从来没有真正统一

---

〔1〕 Ibid., *The Expansion of England*, 203, 207-208, and 228.

〔2〕 Ibid., *The Expansion of England*, 205. 迪尔克虽然同意印度不是一个国家，但还是批评了希里的观点。Dilke, *Problems of Greater Britain* (London, 1890), II, 94-95 and 98-99.

过，也没有形成过一个国家。"且即使接受了英国的统治，其统一也只是在 19 世纪中期达尔豪西勋爵（Lord Dalhousie）任内才真正完成。这并不是说印度将永远处于奴隶地位，因为"婆罗门教"是未来潜在的民族性运动的"萌芽"。作为一个对印度文化或政治生活没有直接经验或知识的人，希里在当时无法看出任何迹象。[1] 在《英格兰的扩张》出版两年后，印度国民大会党成立。

希里对爱尔兰的态度与他对印度的态度具有一种家族相似性。他对爱尔兰问题的评价基础在于他对天主教的负面描述，这也是他和史密斯的另一个共同特点。自由派圣公会教徒普遍不信任天主教，他们认为天主教代表了他们在宗教生活中所反对的一切，尤其是教条式的和排他性的信条。希里认为天主教是最不成熟的基督教教派；它受到僵化性的约束且易降低好政府的可能性。[2] 印度人的神秘主义迷信与祭司的封建主义迷信均可以从同样的角度看待，它们都模糊了进步的范围。在关于民族性的问题上，希里最为明确地将这两个国家联系起来。它们均不是不列颠民族的一部分。就像对待印度一样，希里认为英国对待爱尔兰的方式很容易受到批评。[3] 而爱尔兰问题的解决之道并非像一贯的自由民族主义所要求的那样提倡分离，也不是像格拉斯顿那样沿着崎岖的道路走向自治。毕竟，希里是一个"非常坚定的联合主义者"，他对任何涉及将权力移交给爱尔兰的计划都持高度批评态度，遑论将其解放。在 1887 年写给妻子的信中，他热切

〔1〕 Seeley, *The Expansion of England*, 228, 221, 198, 224, 226-7.

〔2〕 Ibid., *Natural Religion*, 168-69；以及 ibid., "The English Revolution of the Nineteenth Century," Part II, 450。

〔3〕 Ibid., "The English Revolution of the Nineteenth Century," II, 446.

地谈到了地方自治的持续动荡："公众斗争进行得相当顺利。《泰晤士报》确实在花精力对付巴奈尔（Parnell）。"[1] 希里会认为这样的精力值得花费。考虑到改善英格兰人和爱尔兰人之间的关系，他认为理想的解决办法在于酝酿并维持 19 世纪"英国革命"的趋势，即终结垄断，包括在工业化的北爱尔兰实行封闭的劳动力市场。[2] 至少在 1870 年，他认为这种做法可能会带来一种更公正的关系。但他的希望和乐观很快破灭了，他在 1885 年写道，爱尔兰人"比以往任何时候都更加绝望地疏远了"。[3] 在他的政治想象范围内似乎没有任何解决办法。这就使得人们更有理由关注一个可察觉的英国成功故事，以在更大的不列颠中分散人们对更为明显的爱尔兰疑难境况的注意力。

尽管希里与维多利亚时代的其他众多自由主义者一样，对英国扩张历史的许多方面都持批评态度，例如，他指出早期帝国开拓者获得权力的"不正当手段"，但他也增添了一个同样熟悉的限定语，即英国人的行为"不像其他许多人那么糟糕"。他还强调，这些"罪行""在殖民中几乎是普遍存在的"。[4] 在这里，他采用了谢丽尔·韦尔奇（Cheryl Welch）在讨论托克维尔对阿尔及利亚的态度时所说的"回避式修辞"（rhetoric of evasion），这种修辞在许多维多利亚时代的印度评论家中较为常见。[5] 特

175

---

〔1〕 Marquis of Lorne, "Report of the Proceedings," 58; 及 Seeley, letter to Mary Seeley, April 22 1887, Seeley Papers, MS903/2A/1。也见 Harvie, *Lights of Liberalism*, 225-26。

〔2〕 Seeley, "The English Revolution of the Nineteenth Century," II, 446-48.

〔3〕 Ibid. , "Our Insular Ignorance," *NC*, 18 (1885), 862.

〔4〕 Ibid. , *The Expansion of England*, 135-36.

〔5〕 Welch, "Colonial Violence and the Rhetoric of Evasion," *PT*, 31 (2003), 235-64.

别是，希里采用了"通过比较来辩护"这一辩论策略，他意识到英国人的行为有时是可恨的，但他并没有将这种洞见作为对帝国的普遍批评的基础，而是将英国人的行为与其他帝国势力进行有利的比较。这样的做法即为帝国方案提供了理由。对帝国主义罪行的既承认又相对化的行为暴露了自由帝国主义核心那令人不安的紧张关系。希里极力批评的最严重犯罪就是奴隶制。他提醒他的听众，17世纪的英国是这种令人憎恶的做法的领导者："恐怕从那时起我们就占据了主导地位，在贩卖奴隶的滔天暴行中玷污了我们自身，这超越了其他的民族。"他认为，即使是在更为开明的维多利亚时代，在英国控制下的土著居民的待遇也"没有值得夸耀之处"。[1] 尽管存在这些限制，希里认为仍然有必要继续统治印度。

但这是为什么呢？考虑到更大的不列颠与印度帝国之间的巨大差异，为什么不索性主张放弃后者，以便能够（甚至特别）使得前者更为紧密呢？毕竟，希里对留住印度所带来的好处持怀疑态度："我们从中得到什么好处，这并非立即显而易见。"在认识到印度对英国的经济重要性的同时，他也强调了占领印度所造成的巨大非经济代价。特别是，由于其地缘政治地位和广阔的疆域，它增加了与其他强国特别是俄国的战争危险。[2] 尽管存在这种复杂的担忧，他并不赞成印度的分离，而其他殖民地联合主义者也不赞成分离，尽管他们更倾向于谈论一个联邦制更大的不列颠的巨大利益。事实上，关于更大的不列颠的争论经常充斥着一种明显的不协调，即一面是对拥有印度帝国所带来的利益的怀

176

〔1〕 Seeley, "Our Insular Ignorance," 135–36; 及 ibid., "Introduction," xiii。

〔2〕 Ibid., *The Expansion of England*, 183; 关于印度贸易的重要性，见 191, 258–59, 263–64。

疑，另一面是对无论如何都要牢牢抓住它的强烈渴望，但这种渴望往往被不充分地解释。

希里认为，未来很可能有必要抛下印度；与此同时，"我们现在有义务继续管理印度，仿佛我们将永远管理她一样"。这与纪念过去、歌颂征服印度王公的英国英雄们无关，因为这种毫无根据的浪漫主义属于一种"原始的、完全过时的思想"。相反，希里提出了维持印度统治的两点理由。第一是英国人有义务留下；第二是对"教化使命"这一不再抱有幻想的概念的清醒认识。考虑到当前的政治状况，撤离是不可想象的，因为他们已经使印度的统治机制不能正常运作，英国人不能简单地离开而留下混乱。如果政治判断纯粹是基于民族利益，那么英国的退出可能会更优；然而必须把印度人的利益放在首位。希里认为，一个"相对好的政府比没有政府要好得多，即使是压迫政府的突然撤离也是一项危险的试验"。英国人有留下的责任，他们需要完成使命，去承担"巨大而难以忍受的责任"。[1] 这是对印度人的责任，也是对他们自己的责任，对他们优良性格的责任，因为自我牺牲（self-denying）的责任观念是维多利亚时代道德和政治话语的核心原则，是形成一个正直民族的核心组成部分。

在讨论印度时，希里借鉴了古典世界的经验，并借助了维多利亚时代的历史意识。他尤其作出了一项与罗马帝国的发人深省的比较（将在第 8 章中讨论）。他认为，在好政府的本质和形成美德政治的优先事项方面，人们可以从古人那里学到宝贵的一课。自由并不是政治中唯一令人钦佩的品质，也不总是最合适或最有用的品质。这是他的许多同胞所不能理解的，他们被自由不

---

〔1〕 Ibid. , 194–96, 183, and 195.

可化约的模糊而虚幻的观念所吸引。其他伟大的品质包括文明和民族性。罗马和希腊帝国——以及在印度的英国——与他们所统治的国家相比拥有高得多的文明水平，这既是其区别也是其合理性之所在。[1] 他们有大量的知识储备可以传授。在《自然宗教》里的零散段落中，希里明确指出了英国人在印度的文明（教化）责任，他把这些评论延伸到了《英格兰的扩张》之中。希里宣称，"现代教会的一个重要目标将是教育和组织边远的世界，这个世界在历史上第一次匍匐在基督教文明的脚下"。因为正如我们所见，希里认为文明具有一种明显的神圣内涵；这是宗教热忱的"公共方面"。[2] 然而，比起包括最为著名的詹姆斯·密尔和约翰·密尔在内的许多早期支持者，他对"教化使命"的看法要温和许多，对于"教化使命"能否轻易实现当然也更为悲观。因此，它代表了维多利亚时代晚期的一种思想，这种思想对英国人在世界各地传播自己的文明的能力（如果不是权利的话）不那么自信。[3]

西方文明——希里指的是西方基督教世界——有三个主要特征。首先，它促进和鼓励了科学以及与之相伴的对真理和实验的态度。其次，它假定了一种世界主义的人性观，其定义为超越部

〔1〕 Ibid., 238—39. 除了对西塞罗的部分评论外，他对希腊和罗马观点的主张存在历史问题，Richard Tuck，"The Making and Unmaking of Boundaries from the Natural Law Perspective" in Allen Buchanan and Margaret Moore（eds.），*States*，*Nations*，*and Borders*（Cambridge，2003），145。

〔2〕 Seeley，*Natural Religion*，221 and 201. 相当令人惊讶的是，德博拉·沃梅尔（Deborah Wormell）断言希里蔑视教化使命，并批评了"帮助"其他种族的道德说教愿景，Wormell，*Sir John Seeley and the Uses of History*，159。

〔3〕 关于具体转变，见 Karuna Mantena，"The Crisis of Liberal Imperialism" in Duncan Bell（ed.），*Victorian Visions of Global Order*（Cambridge，2007）；以及 Mantena，*Alibis of Empire*（Princeton，2007）。

族或民族界限的思考能力，也包括诸如尊重妇女和自由原则等特征。最后，它产生了自然的、不复杂的生活方式中的"喜悦和信心"，而非其他令人困扰的迷信和神秘主义。希里认为将这些价值观和信仰输出到无论是在国内还是国外的"落后"地区非常重要。他认为，有必要既教授"其之外的种族，也教授那些其之下的阶层"。[1] 印度就是这样一个目标，一个由迷信的信仰与迟钝的社会和政治风俗组成的庞大组织。它曾经是文明的，因此英国人并不是在和一个"落后"的民族打交道，而是在和一个被困于时间中的民族打交道。印度与中世纪时期的欧洲相对应，"使印度走出中世纪并进入现代"是英国的神圣使命，教育的时机已经成熟。希里宣称，"作为老师和文明人"，我们"勇敢地站出来"传授"我们知晓自己拥有的更卓越的启蒙"。[2] 希里对这样一种教育所带来的可能性赞不绝口："必须让印度人民打开真正的宇宙观，尽管这似乎会抹去并消除他们生活了 3000 年来的所有观念。"[3] 虽然印度在某些方面是一种负担，但英国人有责任指导土著居民。希里对印度抱有强烈的沙文主义，这表现出在文化上和种族上的傲慢与无知，而这也是他所处时代臭名昭著之处。同样，他也对自己许多同胞的堕落处境进行了严厉的批评。因此，他成功地将大量的排外情绪与对失去英国伟大性的惆怅感相结合。他在未来的更大的不列颠中寻求庇护。

---

〔1〕 Seeley, *Natural Religion*, 201-202.

〔2〕 Ibid., *The Expansion of England*, 244-45, 248, 252, and 260.

〔3〕 Ibid., *Natural Religion*, 243.

# 7

## 正义的先知

如果殖民地的宗教、政治和贸易制度与母国的制度直　179
接对立；如果我们有要求很高的选举资格以及一个贵族议
会，他们有成年选举权和民主的议会；如果当我们宣布自
由贸易为我们商业体系的原则时，他们却通过了贸易保护
的措施，那么"帝国的联合"又从何说起？

戈德温·史密斯：《帝国》（1863）

戈德温·史密斯认为，文字传达了说服人的力量：作为牛津
大学的钦定近代史教授，他在就职演讲中称，"驾驭优美而有力的
语言相当于拥有了一把通向人们心灵与思想的钥匙，而任何通过
意见支配他人者都必须拥有这把钥匙"。[1] 在长达半个世纪的关
于帝国的激进著作中，他试图将这一格言付诸实践。史密斯被他
的同僚们视为帝国的主要反对者之一，他因高调呼吁"解放"殖
民地而声名鹊起，但也遭到了同样程度的唾骂。根据功利主义政
治家罗伯特·劳的说法，他是一位"技艺超群的"帝国评论家；

---

〔1〕 Smith, *An Inaugural Lecture* (Oxford, 1859), 25. 关于史密斯的生平，见 E-
lisabeth Wallace, *Goldwin Smith* (Toronto, 1959)；及 Paul Phillips, *The Controversialist*
(Westport, 2002)。

但对其他人而言，他的观点带有煽动性和侵蚀性。福斯特警告道，没有"比他更有能力或更真诚的分裂政策的代表了"。[1] 事实证明了人们对史密斯论点的回应，即殖民地联合的支持者总是对史密斯的观点保持警惕，有时甚至近乎歇斯底里。在皇家殖民地学会的开幕致辞中，伯里勋爵（Lord Bury）表示，就风格和神韵而言，史密斯的作品"在现代文学的范围内是无与伦比的"，但"他的才华越高，他就越危险"。他继续谈道，事实上史密斯对他的许多年轻门徒的影响是"巨大的"，且这种影响需要加以阻止；这项工作将是这个新研究机构的指导目标之一。[2]

作为 19 世纪 60 年代出现的一股突出的意识形态力量，史密斯成了对自由党知识分子的主要影响者之一。在 1866 年发表的一首颇受欢迎的讽刺诗中，年轻的乔治·特里维廉（George Otto Trevelyan）将新一代描述为"受边沁哺育和史密斯喂养"。[3] 约翰·密尔观察到，史密斯不仅拥有"不惧于付诸行动的强烈道德信念"，更重要的是，他拥有"领导他人的决定性力量"。[4] 他

〔1〕 Lowe, "The Value to the United Kingdom of the Foreign Dominions of the Crown," *FR*, 22（1877），620；及 Forster, *Our Colonial Empire*（Edinburgh, 1875），28。也见 Charles Nicholson, comments, *PRCI*, I, 66；及 A. C. Cattanach, "On the Relations of the Colonies to the Parent State," *PRCI*, 2（1870），68。

〔2〕 Bury, "Inaugural Speech"［March 15, 1869］*PRCI*, I（1869-70），53 and 54.

〔3〕 Trevelyan, "Ladies in Parliament"（1866），reprinted in *The Ladies in Parliament and Other Pieces*（Cambridge, 1869），15.

〔4〕 Mill, letter to Herbert Spencer（August 15 1860），in Mill, *CW*, XVI, 1192. 但也见 Mill's critical comments on *The Empire* in his letter to J. E. Cairnes, 8 November 1864, *CW*, XV, 195. 关于他对大学自由党的影响，见 Christopher Harvie, *The Lights of Liberalism*（London, 1976）；J. P. Parry, *Democracy and Religion*（Cambridge, 1986），249-57；Paolo Pombeni, "Starting in Reason, Ending in Passion," *HJ*, 37（1994），320-21；及 R. T. Shannon, *Gladstone and the Bulgarian Agitation*, 1876（London, 1963），208 and 226。

不是一个老练的政治思想家，也不是一个系统的思想家。戴雪总结了史密斯的著作的潜力和局限，称他是"最后一位伟大的小册子作者"，而马修·阿诺德在《文化与无政府状态》(*Culture and Anarchy*, 1869) 一书中恰当地将他描述为"一个口才好且能量大的作家，尽管太过刻薄"。[1] 史密斯与其说是一位高深的理论家，不如说是一位辩论大师，他的著作揭示了一系列相互竞争的智识影响，其中的部分要素往往尴尬地交织在一起。他同时也体现了维多利亚时代自由主义的许多矛盾，他的激进主义与反犹太主义、强烈的文化沙文主义（尤其针对爱尔兰人）以及对赋予妇女选举权的强力反对共存。[2] 尽管史密斯于 1868 年移居美国（随后在 1871 年移居加拿大），但他仍然是英国智识生活中一个令人敬畏的存在；他多次介入帝国辩论，并引发了强烈的支持和愤怒的谴责。

在这一章中，我探讨了史密斯使用其钥匙的方式，特别是他自己对世界秩序未来的看法与他的许多批评者看法之间的联系。尽管他声名鹊起，尽管他的著作也引发了深深的敌意，尽管他批评了正式联邦的计划，但史密斯的观点在很多方面都与更大的不列颠联邦的支持者一致。他寻求他们政治计划的道德-文化版本，相信道德在保护英国的国内稳定和国际地位方面的优势地位。下一节我分析了史密斯的观点，即帝国的正式纽带应该被传统和种族的全球纽带所取代。随后的两节首先考察了他构建民族和种族性格概念的各项要素，其次考察了他在宗教、道德和政治制度之

[1] *Memorials of Albert Venn Dicey*, ed. Robert Rait (London, 1925), 182; 及 Matthew Arnold, *Culture and Anarchy and Other Essays*, ed. Stefan Collini (Cambridge, 1993), 229。这一刻薄体现在 Smith, "Falkland and the Puritans," *CR*, 24 (1877), 925-42。

[2] Smith, "The Jews," *NC*, 13 (1887), 687-709; 及 Smith, "Female Suffrage," *MM*, 30 (1874), 139-50。

间所作的联系。最后，我通过考察史密斯对印度和爱尔兰的看法，探讨了他思想中的部分紧张关系。

### 殖民地解放与盎格鲁-撒克逊民族的"光荣未来"

英国的伟大不在于她的帝国，而在于她自身。

戈德温·史密斯：《帝国》

史密斯以一名皮尔派保守党员（Peelite）的身份开启了他的公共事业生涯，他在 19 世纪 50 年代与格拉斯顿在大学改革问题上保持了友好合作。[1] 美国内战结束后，他被科布登和布莱特的学术圈所吸引，成了一名自诩的"曼彻斯特学人"。在他其后的漫长一生中，他一直坚持甚至是教条式地坚持这一立场；他的政治学和经济学似乎在 19 世纪 60 年代就已冻结且从未解冻，即使在随后几十年最动荡的政治和哲学变革中也是如此。[2]

尽管史密斯的观点始终如一，但在维多利亚统治时期他的心境明显急转直下。他为英格兰和整个世界担忧，也对英国在世界上的地位感到恐惧。贵族式的政府、政党政治的堕落、低沉的民

---

〔1〕 Harvie, *The Lights of Liberalism*, 108. 也见 Smith, letter to Gladstone, May 2, 1855, in Arnold Haultain（ed.）, *A Selection from Goldwin Smith's Correspondence*（London, 1910）, 7。史密斯最终对格拉斯顿的地方自治失去了耐心，*My Memory of Gladstone*（London, 1904）, 58-78。

〔2〕 通过比较可以看出他关于帝国的思想的基本连续性，见 *The Empire*（1863）, "The Empire" in *Essays on Questions of the Day*, 2nd ed.（New York, 1894 [1893]）, 141-95, 及 *Reminiscences*（New York, 1910）, 221-22。关于他对美国的观点，见 Smith, *Does the Bible Sanction American Slavery?*（Oxford, 1863）; 及 ibid., *The Civil War in America*（London, 1866）。

族士气、原始商业价值的主导地位、只追求自身物质利益的工人阶级，这些都困扰并最终威胁着这个国家。这是一个处于危机中的政治体，受到寄生的殖民地的阻碍并迅速放弃了它的经济优势。〔1〕"当然，每天我对英格兰的看法都变得更加黯淡无光"。〔2〕英国存在丧失其伟大地位的危险。他认为，世界正从温和的科布登式道路转向激烈竞争、帝国主义、沙文主义和战争。欧洲列强（可能还有他所钟爱的美国）愈发被卷入一场残酷的竞赛以瓜分世界。和他同时代的许多自由党人一样，在史密斯看来，19世纪70年代和80年代的政治生活似乎正严重恶化。正是此问题加强了他捍卫一个重振的全球盎格鲁-撒克逊社群的呼声。

在1862年至1863年间，史密斯为《每日新闻》（*Daily News*）撰写了一系列关于帝国的长篇书信，这些信件之后汇集成了一本畅销书《帝国》（*The Empire*，1863）。他激进地主张"殖民地解放"，提议切断构成殖民地和英国之间政治纽带的几乎"看不见的细丝"。史密斯一如既往地写道，帝国"建立在盲目的骄傲之上，完全忽视了英国伟大的真正来源"。且帝国是国家的负担，只服务于阶级利益："帝国的骄傲，以及沉溺于帝国的乐趣，只属于帝国阶级。"〔3〕这些书信引发了一阵评论。在下议院，迪斯雷利发起了一场轻蔑的攻击，宣称"教授和修辞学家们找到了应对每一个偶然事件的制度和应对每一个机会的原则；但我希望，你不会把大英帝国的命运交给那些书呆子和学究"。《泰晤士报》给予了同样的嘲讽，在评论他的第一封信中指称这位作者显然有

〔1〕 Letters to Max Müller, July 18, 1870; Mr Hutchins, May 6, 1886; 及 Mrs Hertz, September 17, 1879, in Smith, *Correspondence*, 27, 31, 188, and 82。

〔2〕 Letter to Salisbury, January 31, 1870, *Correspondence*, 19.

〔3〕 Smith, *The Empire*, xxi, 146 and 74-5. 这一观点的另一示例，见 Herbert Spencer, *The Proper Sphere of Government* (Indianapolis, 1982 [1843]), 220 and 261。

"病态心理"，并郑重地提出"重述这些东西几乎是对我们读者的侮辱"。[1] 然而，史密斯只是简单地遵循了惯常叙事，即殖民地迟早会在获得有限自治后寻求独立。尽管对他的批评铺天盖地，但仍有一些人称赞史密斯直面了一个棘手的问题，即使他们不同意其建议的范围。[2] 尽管史密斯的观点保持连贯，帝国话语的轮廓却在他周围转变，分离的想法变得越来越令人不快。在 19 世纪 80 年代和 90 年代，他的呼声一度被淹没。正如 1886 年一位观察者所欢欣鼓舞的那样，"戈德温·史密斯先生的学派的记录者就像大地獭一样绝迹了"。[3]

尽管史密斯在其著作中采用"大英帝国"一词作为所有由伦敦管理的领地的便捷简称，但他谨慎地指出，从技术上讲，"帝国"系指由征服所创造的一种政治形式。因此，理解帝国、殖民地和殖民附属国之间的区别至关重要。这种语义上的划分是解开他的帝国思想本质的关键之一，也是解开对他意图的持续误解的关键之一。关于（有限意义上的）帝国，他坚定地声称："帝国是征服的结果，而征服是野蛮人的欲望，他们像老虎捕食兽群一样捕食同伴。"对史密斯和希里而言，英国统治的唯一真正的"帝国"是在印度。[4] 在史密斯的整个学术生涯中，他都对商业贪婪、荣誉渴求及征服冲动持批判态度，无论是对英属印度帝国

〔1〕 Hansard, February 5, 1863, third series, vol. 169, 95; *The Times*, February 4, 1862, reprinted in Smith, *The Empire*, 11–18. 也见 B. Price, "England and Her Colonies," *FM*, 68 (1863), 454–70。

〔2〕 匿名贡献见 *WM*, 24 (1863), 248–49; the *Saturday Review*, April 25, 1863, 545; 及 Smith, *Reminiscences*, 170。

〔3〕 Anon., "The League and Its Journal," *IF*, 1/1 (1886), 18; 类似的结论见 F. P. de Labillière, *Federal Britain* (London, 1894), 204。

〔4〕 Smith, *Commonwealth or Empire*? (London, 1902), 32; 及 ibid., *The Empire*, 8 and 257。也见 ibid., "The Empire" and *The United Kingdom* (London, 1899), II, 384。

的建立，还是对迪斯雷利的沙文主义帝国主义——"这个国家如何因选择他为领袖而严重堕落"——抑或是对后来的南非战争。[1]

另一方面，殖民地是人类历史的一个固有方面：殖民只不过是不可避免的人类扩散和随之而来的社群建立，这些社群保持着对其原居地的依恋感。[2] 后来有人批评他断绝殖民关系的主张，对此他愤怒地回应说，这种批评是荒谬的，"令人高兴的是，要摆脱殖民地是极不可能的，因为母国和殖民地之间的关系是永远也不能废除的。"[3] 相反，他反对维持附属殖民地和"母国"之间不平衡的政治关系。"我不反对殖民地，正如我不反对太阳系一样。我反对在民族应独立时继续维系附属关系"。他所反对的是政治上的联系，而不是所谓坚不可摧的道德联系，且也正是这种殖民地性质的概念使他得以在美国谈论"我们的独立殖民地"。[4] 1867 年，史密斯写道，政治联盟的想法"是一场梦，我们很快就会从中醒来"。[5] 鉴于随后兴起的帝国联邦运动，以及维多利亚时代后期的帝国主义，这被证明是一个非常不准确的预言。

史密斯严厉批评了许多用于帝国的浪漫主义措辞。他鄙夷的

184

---

[1] Ibid., letter to Mrs. Winkworth, March 7, 1874; *Correspondence*, 47; letter to J. X. Merriman, December 1, 1899, *Correspondence*, 333.

[2] 对比希里（更标准）的定义，Seeley, *The Expansion of England*, 38.

[3] Smith, "Manchester School," *CR*, 67（1895），381. 关于这个论点的早期叙述，见 ibid., *The Foundation of the American Colonies*（Oxford, 1861），3。

[4] Smith, *The Empire*, 122, 165, 196；及 ibid., "The Empire," 163。相似的诉求见 George Cornewall Lewis, *An Essay on the Government of Dependencies*（London, 1841），176。

[5] Smith, *Three English Statesmen*（London, 1867），212；及 ibid., "The Political History of Canada," *NC*, 20（1886），31。

作品包括希里的《英格兰的扩张》、弗劳德的《大洋国》以及迪尔克的《更大的不列颠》。"在我看来",他抱怨道,"更大的不列颠连同它所属的一套思想和政治臆想均附着着一种谬论,仿佛相信地球是太阳系的中心一样"。[1] 他认为,这些观点是幼稚的修辞,暗示帝国在联合和目的论式发展的过程中仿佛形成了一个团结一致的政治实体。他们试图在几乎没有秩序的地方建立秩序,这表明他们对全球历史持一种欺骗性观点,而忽视了帝国创建和发展过程中的渐进和暴力的性质。但如果像通常那样认为史密斯是一名直截了当的"小英格兰主义者"(Little Englander),认为他对更大的不列颠的观念感到厌恶,那就大错特错了。史密斯对未来的看法与其他更大的不列颠的支持者有许多共同之处。他认为,英国在全球政治中是一支向善的力量,因此需要保护英国,使其免受他所担心的、正在发生的愚蠢的衰落之害。他不惧宣布自己是一名爱国者。[2] 在《帝国》一书中,他曾宣称:"当我们的殖民地各自成为国家时,一种伟大的盎格鲁-撒克逊联盟的特质可能会在亲密关系和自然情感中自发地产生,它是实际存在的,而不止于形式上。"20 年后,他谈道:"我是更大的不列颠中的一名忠诚甚至热情的公民,我最真诚地希望看到所有英格兰的孩子,包括美国的人民,通过心灵纽带与他们的父母联系在一

---

〔1〕 Ibid., "The Expansion of England," *CR*, 45 (1884), 531 and 524;及 ibid., *Commonwealth or Empire?*, 81。

〔2〕 Ibid., *The Empire*, vii; ibid., "Manchester School," 381;及 ibid., *Dismemberment No Remedy* (London, 1886), 31。

起。"〔1〕 在联邦主义者的运动达到高潮时，他声称："我对帝国联邦主义者的愿望怀有最大的敬意，且我本人也最诚挚地希望我们种族的道德联合，以及在丰功伟业上的通力合作。"〔2〕

　　迪尔克的观点或者至少是那些关于移民殖民地性质的观点都受到了史密斯的影响。迪尔克声称"支持分离的最强有力论据是它将使我们更接近英格兰种族的真实联盟，这多少有些自相矛盾"。〔3〕 史密斯认为，捍卫并扩大英国力量的最不确定的方式是通过在整个殖民地建立"英格兰人"和他们的种族同胞的非正式联盟。因此，史密斯明确区分了人为的联合和自然的联合。人为联合是指以建立宪法联系为基础的统一，往往违背各殖民地和联合王国的愿望和利益；正是骄傲、贪婪和无知造成了这种虚假的团结。这种"不自然"的政治联盟"只会带来不和、不幸和软弱"，而且"比毫无用处更为糟糕"。〔4〕 另一方面，自然的联合仅仅是殖民扩散的结果，并被种族和文化的联系所巩固。它比人为联合这一选项更强大、更持久。

---

〔1〕 Smith, letter to Professor Tyndall, October 6, 1882; 及 Smith, *Correspondence*, 137。也见 Smith, "The Political History of Canada," 29; 及 Smith, "Manchester School," 381-2。相似观点见 E. A. Freeman, who suggested a "fellowship of civic rights" between the Anglo-Saxons: *Life and Letters of Edward A. Freeman*, ed. W. R. W. Stephens (London, 1895), 384。

〔2〕 Smith, "Straining the Silken Thread," *MM*, 58 (1888), 242; 也见 ibid., *Canadaand the Canadian Question* (London, 1891), 265。关于史密斯是"小英格兰主义者"的说法，见 Wallace, *Goldwin Smith*, 19; 及 Harvie, *Lights of Liberalism*, 222。然而，许多人将史密斯视为"小英格兰主义者"的事实并不能准确反映他的意图或论点，而是对他所传达信息的接收情况的一种评论。事实上，史密斯和弗里曼所表达的这类观点——批判与移民殖民地的正式联系，但却为全球盎格鲁-撒克逊文化-道德联盟辩护——凸显了"小英格兰主义者"一词的不充分之处。

〔3〕 Dilke, *Greater Britain* (London, 1868), II, 157.

〔4〕 Smith, *The Conduct of England to Ireland* (London, 1882), 28; 及 ibid., letter to Mr. Justice Longley, January 15, 1887, *Correspondence*, 195.

史密斯用"血脉与情感"来连接世界上操英语的人民。培育这种情感所需的元素是模糊的，包括"语言、文学、交往、历史、传播习惯、风俗和思想形式"。[1] 这足以形成一个独特的盎格鲁-撒克逊文明的核心。"与殖民地的联系——血缘、共情与思想的联系——是我们伟大地位的一部分，不会因政治分离而受到影响"。随着史密斯对世界的看法越来越悲观，他坚信种族的道德团结是对抗黑暗的重要堡垒。"在我们的情感纽带尚未割断的情况下，殖民地解放是确保我们所有人都坚持并引以为豪的唯一方式"。[2] 这种对盎格鲁-撒克逊联合的信仰也成为更大的不列颠联邦的理论基础。史密斯认为，牢固关系的基础以及判断关系的方式是"互惠互利"的程度，而非相关各方的"情感"，这是因为政治联盟并不是"宗教团体"。作为对主张现代商业社会性的理论家的回应，他继续谈道："只有愤世嫉俗者才会轻视情感；只有傻瓜才会在它的基础上继续发展。"[3] 作为他关于种族界限的范围及限度这一论点的逻辑推论，他将美国纳入了他广阔的视野之中。[4] 联邦主义者则认为，史密斯的想法不切实际，甚至已经到了不相干的地步。弗雷德里克·杨认为，种族"道德联盟"是一个"完全没有任何实际意义的短语，就像对所谓的成文宪法同样含糊而轻蔑地讨论一样"。拉比耶埃赫同样评论道，史密斯的道德联盟想法"对于现实的帝国联邦主义者而言仍太过宏

---

〔1〕 Ibid. , "The Expansion of England," 531. 也见 ibid. , "The Political History of Canada," 31。

〔2〕 Ibid. , *The Empire*, 6；及 ibid. , *Three English Statesmen*, 212。

〔3〕 Ibid. , *The Empire*, 6, 35, and 36.

〔4〕 Ibid. , *Three English Statesmen*, 211-12；也见 ibid. , *The United Kingdom*, 385。

大和空想"。[1] 对于那些声称他的观点过于理想化的言论，史密斯的回应是坚持他的预言的现实性质，声称"种族道德联合的希望中不存在任何幻想"。[2] 也即，每一方都指责对方提出了脱离现实政治界限的想法。

在史密斯的殖民地独立主张中包含着双重责任：殖民地应该对自己的发展负责，能够承担自己所犯错误的后果，走自己选择的道路，而帝国权力有义务置身事外。"去扮演一个为民族生存而斗争的、人民的狱卒，是一个伟大而慷慨的民族无法再承受的角色"。[3] 史密斯确信有必要切断伦敦和殖民地之间的正式联系，他毫不意外地批评了那些试图加强这种联系、为了拯救帝国而改造帝国的计划。他对实现政治团结所呈现出的问题的分析是尖锐的，且在联邦论断开始渗透帝国话语的许多年前，他就已经考虑过这个问题并提出了一些有力的批评。[4] 帝国联邦的支持者在试图加强帝国的政治联系时追求的是一种"纯粹的妄想"，这是一种注定失败的政策。"给予一个民族一个自己的议会就是给予它独立。在同一个国王下的两个议会除了利益冲突、政策矛盾、分歧和混乱之外，从来没有也永远不会产生任何东西；而且，最终它们将愤怒地分离，属于英格兰这位各民族之母的荣耀将归于坟墓"。他认为，考虑到民族利益的自私本质，建立一个

187

---

〔1〕 Frederick Young, *An Address on Imperial Federation*, at *Cambridge*（London, 1885），16；及 Labillière, "Later Objections to Mr. Goldwin Smith," in *Federal Britain*, 211。

〔2〕 Smith, "The Empire," 175.

〔3〕 Ibid., *The Empire*, 233；及 "The Empire," 173。

〔4〕 史密斯对"联邦"的理解是片面的，其类似于密尔和弗里曼理论中的"邦联"概念，他认为联邦政府的政治权威只适用于组成的各议会，而不适用于受其管辖的个人（*The United States*, 123）；也见 Smith's letter to J. X. Merriman, December 17, 1878, *Correspondence*, 75。

新的帝国议院完全不可能。他还坚持认为，将殖民地领土联邦化为更大的政治单元的策略将背离而非迈向更大的不列颠联邦的理想。它可能会加强两国内部的民族主义潮流，从而挑战建立一个帝国范围的联邦的可能性。更重要的是，建立一个正式的帝国联邦的想法对他的自由民族主义情感来说是一种诅咒，因为它类似于欧洲大陆的"'普遍帝国'（universal empire）和普遍国家（universal state）的计划"。[1] 在近30年后的著作中，他仍然对此持批评态度，强调联邦主义者所暗示的目标缺乏具体计划。[2]

史密斯对正式联合计划的谴责结合了两条线索。第一条线索集中在将道德与政治经济学交织在一起。正如他以典型的曼彻斯特学派风格所写的那样，"一项真正伟大的政策通常是廉价的，因为它拥有道德力量"。[3] 在自由贸易时代，帝国没有获得任何经济上的回报，而为了保卫自己遥远的国土付出了不可原谅的代价。殖民地不愿意支付自身的防御费用，因此英国经常面临战争的危险，最明显的是就加拿大问题与美国人开战。[4] 财政问题不仅仅在于海外不必要的开支，还反映在对英格兰居民的不重视。史密斯对吉卜林式的"白人负担"观念持批评态度，这种观念是那个时代帝国意识形态的核心。[5] 用于帝国的资源被浪费了，而这些资源本来可以更明智地用在减轻国内贫困问题上。第

---

〔1〕 Smith, letter to Mr. Justice Longley, 195; ibid. , *Three Statesmen*, 211; ibid. , *Commonwealth or Empire*? 64; 及 ibid. , *The Empire*, 86。

〔2〕 Ibid. , *Commonwealth or Empire*, 64.

〔3〕 Ibid. , *The Empire*, vii.

〔4〕 这是一个在美国内战期间特别严重的问题，但这也是史密斯在他的著作中反复提到的问题。见 Smith, "Manchester School," 381-82; ibid. , *England and America*, viii; 及 ibid. , *The Empire*, 8。

〔5〕 Smith, letter to Mrs Hertz, November 9, 1899; Smith, *Correspondence*, 331. 尽管如此，关于他在这一问题上的虚伪请看本章最后一节。

二条线索遵循了密尔的轨迹。史密斯声称，宪法和普遍的政治制度不能简单地被改造并转移到各社群，而是应有机地发展并适应地方状况。与那个时代的许多帝国评论家一致，史密斯的作品中充满了关于孩童与人类发展的比喻，用以描述殖民地和英国之间的关系。他声称，为了"变得强大和受人尊敬"，"上述制度必须由一个国家根据自己的性格和所处的环境来发展"，且由于殖民地的依赖，它们仍处于"政治婴儿"的状态，其生长过早地受到阻碍。[1] 与他的许多大学自由党同僚一致，他支持民族自决的原则。[2] "必须允许奴隶像盎格鲁－撒克逊人一样拥有他的抱负"。[3] 他描绘了一系列强大而独立的民族，这些民族因共同的种族渊源而永远联系在一起；民族性被嫁接至种族之上（我将在下一节中回到这个主题）。但史密斯偏离了科布登和布莱特严格的不干涉主义准则，他认为军事干预他国事务有时是必要的，哪怕只是为了支持那些为民族独立而战的人。这种态度表现在他对1870 年英国对德国事业缺乏实质性支持的沮丧之中。[4] 史密斯认为，历史和性格赋予了英国一种责任，那就是宣传并在必要时用武力捍卫正在逐渐发展中的国际道德。

---

〔1〕 Ibid., *The Empire*, 3 and 13. 他在这里明确提到了密尔，可能是对其最近发表的《代议制政府》（London，1861）表示赞同。

〔2〕 Smith, *The Study of History* (Oxford, 1861), 34; 及 ibid., *Commonwealth or Empire*, 54。也见 Harvie, *Lights of Liberalism*, ch. 5。

〔3〕 Smith, "The Jews," 687. "No nation can live another's life": ibid., *The Empire*, 137.

〔4〕 Ibid., "Mr. Cobden," *MM*, 67 (1865), 90. 也见 ibid., *The Empire*, x; 及 ibid., "Manchester School," 133. 关于德国，见 letters to Max Müller, July 18 and August 8, 1870, *Correspondence*, 26 and 27。

## 帝国与性格

> 政治联合不是道德联合，道德的崇高也不会通过将其
> 拉伸至断裂而获得。
>
> 戈德温·史密斯:《帝国》

史密斯描绘了一种具体的全球政治"文明"观，在这种文明观中，不同道德和智力发展水平的文明共存，它们时而相互冲突且在很大程度上不相称，但如果采用了正确的政治和经济制度，它们最终就能够实现繁荣与和平的合作。破解其帝国思想内在逻辑的关键在于把握其对"性格"的理解。史密斯对盎格鲁-撒克逊人"光荣未来"的倡导基于一种种族和民族性格的概念，而这种概念往往是由环境、文化、宗教和政治传统的极其模糊的结合所形成的。正如他对政治和社会的看法，他对种族的理解在他的一生中始终如一，而种族思想本身却发生了巨大的变化。他对种族问题最深入的讨论可以在 1878 年出版的两篇演讲中找寻，第一篇是《罗马人的伟大》(*The Greatness of the Romans*)，第二篇是《英格兰的伟大》(*The Greatness of England*)。[1] 在这两篇演讲中都存在一种观点，即种族性格是政治生活的根本。他宣称，"种族的特性一旦形成，其就会成为历史上最重要的特征"。[2] 他试图梳理出罗马人统治世界的原因，以及英国人如何在近代历史上

---

[1] Ibid., "The Greatness of the Romans," *CR*, 32 (1878), 321–38; 及 "The Greatness of England," *CR*, 34 (1878), 1–19。

[2] Ibid., "The Greatness of England," 323.

占据如此重要的地位。他认为，若认为罗马人之所以伟大是因为他们是一个好战的种族，则这一断言过于简单化，因为这是一个循环论证：断言种族是解释前提恰是在回避问题，而非回答问题。他断言，分析那些塑造了罗马人、英国人或任何其他群体的种族特征的因素至关重要。

史密斯论点的结构建立在个人人格发展与人类集体（种族或民族）发展类比的基础之上。它们发展的方式具有广泛的可比性。[1] 尽管史密斯经常无法阐明"性格"、"种族"和"民族"之间的区别，但在他的思想中我们可以看到对种族身份的独特理解。与希里一致，他从广泛的文化角度来理解种族，是指因共同的语言、宗教、情感以及一系列传统和风俗而团结在一起的人民。民族（和"民族性"）的核心是种族，但它还意味着对某一特定领土的主权要求。"当一个种族的大量人民居住在一块紧凑的领土上，并拥有自己的语言、宗教、性格、法律、爱好、愿望和情感时，这就形成了事实上的民族"。[2] 这也暗示了某种程度的集体目的，并意味着一种由当地环境塑造的独特的公共身份感，且这种身份感可以随着时间的推移而演变。因此，生活在世界各地的"英格兰"殖民者社群将被期望发展出不同的民族特征。史密斯在无意中提出了拉马克式（Lamarckian）的文化传承观点，即民族特性经由习惯和模仿在几代人之间传递。虽然各个国家可以有相同的种族基础——如澳大利亚殖民地性格的盎格鲁-撒克逊基础，但各个国家的民族认同至少在一定程度上可以独立发展。对史密斯而言，他试图将自由民族主义者的共情与他

190

〔1〕 Ibid. , *The Empire*, 3.

〔2〕 Quoted in W. T. Stead, *The Americanization of the World* ( New York , 1901）, 105-106. 感谢凯蒂-路易丝·托马斯（Katie-Louise Thomas）对参考文献的帮助。

的文明观点相结合，因此种族是民族性的核心，但也远比民族性广泛。这是一个充满张力的复杂局面。例如，他的思想被向心力和离心力的冲突撕裂。他主要对联合的想法产生兴趣，但这与他对民族自决的支持很不协调。按照他的种族理论，随着时间的推移，个体民族可能会向不同的方向分叉，这样一来它们在盎格鲁-撒克逊土壤上的根即便没有死烂，也会枯萎。他们将失去共同体发展所必需的共同经历和利益。史密斯无法调和独立国家的不同发展轨迹与他关于种族联合的首要论点。

史密斯的种族思想借鉴了维多利亚时代的两条截然不同的路线，并以一种不稳定的方式将两者结合。首先，正如在他的知识地图上有如此多其他的内容，他的种族思想也充满了密尔的观念。密尔在他的《逻辑、推理和归纳系统》 (*System of Logic*, 1843) 一书中指出，在所有的社会科学中，对"民族（或集体）性格"的研究"完全处于婴幼儿期"。因此，人们需要一门"政治行为学"，一门"民族性格的科学"。[1] 在密尔看来，集体特征是历史变迁的结果，是偶然的、可塑的。对史密斯和密尔而言，种族性格至少最初主要是由人们生活的环境、土壤的质量和气候的性质所决定，因为"人主要是物质环境的产物"。[2] 因此，"种族"一词指的是一个民族随着时间的推移而积累起来的文化和行为特征的总和，这些特征是由"物质环境"的变迁、他们的宗教和宇宙论信仰的本质以及他们发展和生活的政治制度类型所塑造。英格兰得天独厚地拥有肥沃的土壤、温和的气候和突

---

〔1〕 Mill, *System of Logic*, *CW*, VIII, 904 – 905; 也见评论 ibid. , " Bentham" [1838], *CW*, V, 99。密尔将性格定义为"人们的意见、感情和习惯"（905），史密斯无疑同意这一定义。

〔2〕 Smith, "The Greatness of the Romans," 322 and 323; "The Ninety Years" Agony of France," *CR*, 31 (1877), 104; 及 "The Greatness of England," 9。

出的地理位置，所有这些都有助于形成优越的种族面貌。[1] 但史密斯和密尔之间的差异是显著的：对史密斯而言，种族特征随着时间的推移而变得稳固，但对密尔而言，种族特征则更加易变。

史密斯将密尔论证的第一部分——关注性格最初环境条件的部分——与当时流行的日耳曼种族理论相结合。[2] 条顿学家将英国政治稳定的根源归结为对风俗习惯的热爱，尤其是对自由的热爱，据说这种热爱源自德国北部的古老村落社群。[3] "民主条顿主义"最著名的传播者之一是史密斯的朋友弗里曼，而史密斯对条顿理论的采用与弗里曼类似。对二人而言，希腊和罗马的要素对于理解英国自由的复杂配方同样至关重要，而对于斯塔布斯（Stubbs）和格林（Green）而言，其根源几乎完全在于日耳曼人。[4] 然而，史密斯从来没有像弗里曼那样成为一名恶毒的种族主义者，也没有像他的朋友那样将种族的起源追溯到印度-欧洲的雅利安人联合时期。[5] 史密斯吸收了这些影响，但他没有

---

〔1〕 Smith, "The Greatness of England," *Lectures and Essays*, 39.

〔2〕 关于作为"条顿王国"（Teutonic Realm）的英格兰，见 Smith, "The Greatness of England," 9；也见 letter to Müller, September 4, 1871, *Correspondence*, 40。

〔3〕 条顿主义较著名的支持者包括金斯莱（Charles Kingsley）、弗劳德、弗里曼和斯塔布斯。见 Donald White, "Changing Views of the *Adventus Saxonum* in Nineteenth-and Twentieth-Century English Scholarship," *JHI*, 32 (1971), 585-94；及 Mandler, *The English National Character*, ch. 3。

〔4〕 Freeman, "Race and Language" [1877] reprinted in his *Historical Essays*, 3rd Series, 2nd ed. (London, 1892 [1879]), 176-230. 也见 Burrow, *A Liberal Descent* (Cambridge, 1981), Part III。术语"民主条顿主义"指涉对条顿学者报以理解的"进步自由党人"，该词源自 Peter Mandler, "'Race' and 'Nation' in Mid-Victorian Thought" in Stefan Collini, Richard Whatmore, and Brian Young (eds.), *History, Religion and Culture* (Cambridge, 2000), 239。

〔5〕 关于雅利安主义思想在帝国中的传播，见 Tony Ballantyne, *Orientalism and Race* (Basingstoke, 2002)。

完全消化，而是以一种苍白的综合形式反刍了它们。尽管他相信存在一个种族比较的尺度，且盎格鲁－撒克逊人被骄傲地置于顶端，但他也认为所有其他种族至少在原则上均会于有利的条件下升至顶端。"先天之物很可能是无法磨灭的，因此，处于较幸福环境中的较卑微种族可能会随着时间的推移达到较优越种族的水平，且没有人会以野蛮种族为荣"。[1] 每个种族都没有不可改变的本质阻碍其提升，阻碍其搭上进步的列车。在他的思想中，对达尔文关于适者生存观念的滥用导致了一种对"科学"的信任，而这种信任所扭曲产生的激进种族主义形式没有发挥任何作用。[2] 他相信人类平等的（尽管不是实践意义上）观念，至少每个人都有道德发展的能力；在这个问题上不存在自然的种族分化。史密斯断言，"在道德或智力本质上，全世界的人都一样"，他批评那些把所有解释归结为种族的理论家。[3] 但他对和平共处潜力的评估被他在美国目睹的种族紧张局势所动摇。这种局势突出了（他也认为）不同发展水平的种族生活在一起时所产生的难以克服的问题——他认为，明确的种族－文化边界的存在及需要从未如此的清晰。[4]

史密斯笨拙地结合了密尔和条顿主义的思想，这促使他试图

---

〔1〕 Smith, "The Greatness of England," 9.

〔2〕 他的部分批评见 Smith, *Commonwealth or Empire*, 37. 也见 ibid., *The Study of History*, Lecture I, 26, and Lecture II, 45; ibid., "The Ascent of Man," *MM*, 35 (1877), 195; ibid., *False Hopes* (London, 1886), 72; ibid., *An Inaugural Address*, 27–33; 及 ibid., "The Treatment of History," *AHR*, 10 (1905), 511–20。

〔3〕 Ibid., *Two Lectures on History*, I, 29.

〔4〕 Ibid., *The United States*, 408. 类似评论也见 ibid., *The Moral Crusader* (London, 1892), 190–92, 及 letter to Mrs. Winkworth, July 26, 1892, *Correspondence*, 247。值得注意的是，这里史密斯的大部分注意力都集中在美国的爱尔兰移民人口上，而史密斯对爱尔兰移民怀有极端的敌意。

编制一份英格兰民族特征的目录。他认为，不列颠群岛最初（在某种程度上仍然）居住着两个种族，即凯尔特人和条顿人，后者"是占统治地位的种族，并提供了英格兰性格和风俗的基础"。[1] 凯尔特人现在大多流离失所，他们分散在王国的边缘并主要集中在爱尔兰；他们是一个较弱的种族，通常不可靠，容易迷信且不适合自治。解释英格兰人优越性格的第一步在于他们住在一个岛屿上，因此他们最初以"勇敢而进取的种族"的身份定居。这些人能够征服危险的海洋从而在英格兰立足，因而具备了史密斯所认为的盎格鲁-撒克逊人成功的关键特征。"一个从海上来的民族，不仅可能特别精力充沛、自力更生，且定居后倾向于政治自由，而且海上移民的过程也几乎不可能不加强自由和独立的精神"。该岛有利的物理特征——相对而言不易受入侵、温和的气候、优良的土壤、与欧洲大陆相对隔绝——所有这些都进一步塑造了集体性格。他确定了最初可以追溯到撒克逊人征服的五个要素，当时"埃塞尔伯特（Ethelbert）和奥古斯丁（Augustine）在肯特海岸相遇"。象征着"条顿文化"的国王接见了"犹太教、基督教、罗马帝国及教会"的代表。盎格鲁-撒克逊人的种族性格就是在这种古怪的混合中形成的。第六种元素是在宗教改革时期加入的，那时古典共和主义进入了政治话语。[2] 这种明显的 193 思想倾向在他反复攻击常备军的危险和他对英国自由地产保有人和强健的自耕农的赞扬中表现得最为明显。[3] 此外，岛国特征

---

〔1〕 Ibid., "The Greatness of England," 2. Cf. R. Barry O'Brien, "Mr Goldwin Smith," *FR*, 41 (1884), 202-207.

〔2〕 Smith, "The Greatness of England," 1, 3, and 5. 迪尔克对海洋的性格塑造也表达了类似的观点："经验主义哲学家会告诉我们，所有爱好海洋的种族均必然兴盛。" *Greater Britain*, I, 389.

〔3〕 Smith, *Three English Statesmen*, 249.

加上岛上居民的勤劳和发明才能催生了繁荣的商业精神。[1] 英国人的伟大主要归因于这些因素的相互作用。然而，史密斯只是简单地列出了这些元素，并没有对这些元素或它们之间的关系进行详细分析。这是他著作的整体风格，基于断言而不是系统的论证。尽管如此，他的结论却是一个强大而自信的英格兰形象，这意味着无论史密斯的同胞们走向哪里——且他几乎总是谈论人——他们都能掌控环境并兴旺发达。[2] 他认为，正是这种性格造就了英格兰的伟大探险家和征服者，也意味着他们可以在没有中央政治监管的情况下取得成功，意味着他们可以在没有正式帝国的情况下繁荣昌盛，意味着最终更大的不列颠的道德和文化愿景能够得到满足。

## 宗教与自由

史密斯最初是在牛津大学结束宗教考试的运动中成名的。[3] 宗教与种族均对他理解政治的性质、内容和目的产生了至关重要的影响。但是，尽管他的政治观点在他成年后的大部分时间里都没有改变，他的宗教信仰却变得越来越乖僻。不同寻常的是，作为一名大学自由党人，史密斯出生于信仰广教会的家庭，因此成长在一个对公认的圣经权威持怀疑态度的环境中；这是一种永远伴随他的气质——尽管其往往不能转化为他对古典政治经济学中

---

〔1〕 Ibid. , "The Greatness of England," 6.

〔2〕 Ibid. , *The Empire*, 47.

〔3〕 见如 ibid. , *A Plea for the Abolition of Tests in the University of Oxford*, 2nd ed. (Oxford, 1864)；及 ibid. , *The Reorganisation of the University of Oxford* (London, 1868)。

宗教文献的态度。他的思想不受作为福音派复兴运动（evangelical revival）中心的关于赎罪的惩罚性教义的影响，也不受取代它的改良的道成肉身主义（incarnationalism）的影响。[1] 它也没有受牛津运动的神秘主义影响。然而，正如克里斯多夫·哈维（Christopher Harvie）所指出的，史密斯和其他大学自由党人一样，展示了福音派思想的"世俗化"，即"信念现在激励个人在为共同体服务中实现自我"。[2] 在史密斯的示例中，这被转化为一种密尔式的对公开辩论的痴迷以及一种教育公众、告诉公众他所看到的真相的愿望，尽管这些真相可能与传统的智慧相悖。[3]

史密斯和希里在宗教问题上的观点有时大不相同，有时又相互重合。对史密斯而言，宗教属于私人事务，且有组织的宗教需要谨慎对待，因为其领袖和追随者倾向于保守的政治活动。与希里不一致而与其他大学自由党人一致的是，他对教会和国家之间的联系持批评态度，且他在学术生涯之初就指出，这个问题"在我看来是英国政治中值得关注的一件事"。事实上，这种联系对于政治激进分子而言非常危险，因为教会往往是"邪恶的引擎"。[4] 史密斯一生都在批判英国国教——遑论天主教，且这一批判在他嘲讽地评论教会在南非战争中所扮演的角色时达到了顶点。[5] 但是，对教会的批评并不意味着向弥漫在福音主义中的、

---

〔1〕 Letter to the Reverend Arthur G. Whatham, December 24, 1897, *Correspondence*, 313.

〔2〕 Harvie, *Lights of Liberalism*, 27.

〔3〕 Smith, *Guesses at the Riddle of Existence* (London, 1897), vi.

〔4〕 Ibid., "The Ascent of Man," 203; 及 ibid., "The Manchester School," 383; ibid., letter to Roundell Palmer (later Earl of Selbourne), August 30, 1847, *Correspondence*, 2; 及 ibid., *Essays on Questions of the Day*, 96–97。

〔5〕 Ibid., Letter to Mrs Hertz, October 29, 1900, *Correspondence*, 363: "The Anglicans, of course, have been the worst."

与上帝直接交流的理想迈进。毕竟，尽管高教会及低教会有许多不同之处，但无论如何都有一个共同的围绕着《圣经》权威的正统观念，即存在一个超然的上帝以及宗教所扮演的救世者角色。[1] 史密斯无法沿着神学的道路走下去，他看到这条道路上布满迷信，于是他退回到更大的宗教怀疑主义中去，以至于他经常被指责为不可知论者。[2] 这便误解了他的立场，因为他仍然是一个宗教思想家；他反对的不是信仰，而是死板而轻率的教条。他不能被解释为一个"维多利亚时代的科学自然主义者"，这些自然主义者将世界看作一种可见的组织，一种可以通过实验手段进行研究的机械现象；相反，他与他的朋友约翰·丁达尔（John Tyndall）均是一名"先验唯物主义者"，[3] 他真诚地相信科学的主张，但仍继续信仰世界上（需要？）存在根本的灵性。

史密斯认为，宗教的主要目的是为提供一种宇宙论以指导社会中个人的行为。它是"政治道德"的基础，而"政治道德"是一种共同体生活的伦理观。这种观点被希里斥为"道德上的法律学派"。[4] 史密斯认为，如果没有一种注入了末世论的社会黏合剂，那么整个民族共同体将在道德上和精神上同时退化，因为宗教信仰所谕示的（积极或消极）诱因与它们在塑造个人性格和行为方面所起的作用将被一举消除。"上帝和未来的惩罚如不会实

---

〔1〕 Joseph Altholz, *Anatomy of a Controversy* (Aldershot, 1994), ch. 2.

〔2〕 Smith, *Guesses at the Riddle of Existence*, iv-viii.

〔3〕 关于"科学自然主义"，见 Frank Turner, *Between Science and Religion* (London, 1974)。特纳（Frank Turner）将莫莱、赫胥黎、斯宾塞、高尔顿（Galton）、弗雷德里克·哈里森（Frederic Harrison）和莱斯利·斯蒂芬（Leslie Stephen）囊括在这个广泛的范畴中。丁达尔是一位杰出的科学家，曾任皇家科学研究所院长，见 Stephen Kim, *John Tyndall's Transcendental Materialism and the Conflict Between Religion and Science in Victorian England* (Lewiston, 1991)。

〔4〕 Seeley, *Natural Religion* (London, 1882), 166。

现，那么将很难看出有什么可以约束一个普通人的自私，也很难看出有什么可以诱使他在没有现实强制的情况下为了公共利益而牺牲自己的个人欲望"。[1] 对史密斯这样一个热忱的自由党人而言，这是一个可怕的前景：如果人类行为没有一个神学支点，那么为抑制利己主义的强制将成为必要，这样就会侵犯神圣的个人自由。这一支点是生活在一个先进的、有凝聚力的社会的先决条件。[2] 最适合强化性格的宗教是新教基督教（这并不奇怪）。"道德渴求——追求理想的性格，无论系属个人抑或社会，前者都存在并贯彻于后者之中——似乎是基督教世界的生活、风俗、文学和艺术的独特注解"。[3] 盎格鲁-撒克逊种族从彻底成为新教徒中获得了强大的力量。虽然史密斯热衷于宣传宗教自由，但他认为这一基础对种族性格至关重要，并一再强调新教相对于其他宗教的优越性。虽然伊斯兰教令人不安，但与天主教的阴险祸患相比，它是微不足道的。他认为，进步的思想摆脱了神秘主义和教条的束缚，在理性之光的指引下走向对自由的热爱，而内在的"灵魂的绝对服从"则属于天主教，这两者不可能和解。[4] 在对弗劳德的《英格兰史》第五卷到第八卷的评论中，史密斯热衷于对比他所认为的与天主教有关的残暴政治制度，以及伴随着宗教改革和罗马教会被逐出英国政治生活而产生的"更健全的道德"。[5]

196

---

〔1〕　Smith, "The Ascent of Man," 203.

〔2〕　Ibid. , letter to Professor Tyndall, October 18, 1878, *Correspondence*, 66 and 69.

〔3〕　Ibid. , "The Ascent of Man," 199.

〔4〕　Ibid. , *The Empire*, 244；及 ibid. , "The Defeat of the Liberal Party," *FR*, 26 (1877), 14。关于伊斯兰教的"政治不宽容"，见 ibid. , "The Policy of Aggrandizement," *FR*, 22 (1877), 303。

〔5〕　Ibid. , "Froude's *History of England*, Vols. V-VIII," *ER*, 119 (1864), 243.

史密斯的思想中充满了悲观主义，且在他的进步信念与对英格兰及世界现状日益增长的悲观之间存在着严重的紧张关系。[1]对希里和史密斯而言，发现新的道德基础均至关重要。现代生活日益增长的物质主义令史密斯担心："透过迷雾，我们开始看到一个被强权政府压制的自私时代的轮廓。"[2]在德意志圣经批判学和不断进步的科学的影响下，他的宗教信仰似乎进一步退却；当他意识到社会中的宗教信仰正在消失时，他感到绝望，这不是因为失去了上帝，而是因为道德本身。史密斯认为，宗教在过去曾是革命的阻碍，但在他看来，现在宗教正迅速衰落，国家变得愈发脆弱。他甚至似乎放弃了对宗教团结社会这一功能的信念："我们必须接受科学和考证的结果。在所有这些困惑中，我们唯一的救赎是坚定地坚持真理，无论它将指引我们到哪里。"他徒劳地寻找替代办法，这促使他尝试设想民族联合的替代来源。尽管他从来都不是实证主义者，但他曾宣称："我希望实证主义者能尽快在民族性格下建立一个新的基础，取代正在迅速退缩的宗教性格。"[3]

政治道德在个人和集体的性格中被鲜明地描述，而其被牢牢编码的环境是进步制度发展和繁荣的必要条件。史密斯始终坚信

---

〔1〕 他对整个人类历史的概念建立在对进步的坚定信念之上，而这一信念的关键在于人类性格的发展。他宣称，他的历史理论"与进步主义相一致"。Smith, *Two Lectureson History*, "Introduction," 3；及 ibid., *On Some Supposed Consequences of the Doctrine of Historical Progress* (Oxford, 1861)。他根据"美德、科学和工业"这三个方面的进步来判断人类的进步。Ibid., *Two Lectures*, "Introduction," 3. 这三个元素在他处被称为"道德、智力和生产力"，(ibid., *On Some Supposed Consequences*, 9)。

〔2〕 Ibid., "The Ascent of Man," 204.

〔3〕 Ibid., "The Organization of Democracy," 318–19; ibid., letter to Mrs Hutchins, May 26, 1897, *Correspondence*, 302；及 ibid., letter to Mrs Hertz, January 1883, *Correspondence*, 103。

盎格鲁-撒克逊人的"自由之爱"（love of liberty）。[1] 他关于盎格鲁-撒克逊政治传统的本质和益处的观点最适合于通过他对美国的态度加以观察。和许多激进分子一样，史密斯是美国的狂热崇拜者。他认为，美国是政治上先进的现代性的缩影，摆脱了困扰英国政治生活的沉重历史负担。在《三位英格兰政治家》（*Three English Statesmen*）中，他提出——就像在他之前的迪尔克一样——英格兰的自由恰恰在美国得到最富有成效地发展。[2] 史密斯认为，美国殖民地实际上是更大的不列颠道德共同体的一部分，而正是乔治三世和他的大臣们的愚蠢导致了这个"伟大殖民地意外地、暂时地与母国分离"。基于他们共同的种族遗产，自由之爱连接着他们。"我们因为对自由事业的共同忠诚而团结在一起"。事实上，这种团结是如此强大，以至于史密斯可以宣称："身在美国即在英格兰。"[3] 种族、宗教和仁慈的政治传统的混合定义了盎格鲁-撒克逊人的性格样板。这是一个常见的激进重复。正如迪尔克所宣称的那样，"世界地图将表明，自由只存在于英格兰人的家园中"。[4] 这也是许多帝国联邦主义者都赞同的盎格鲁-撒克逊人概念，且也是他们主张联合的基础。

史密斯哀叹道，美国殖民者和英国政府之间的战争给"英格兰民族带来了一场巨大的灾难"。[5] 分裂本身并不是造成这种

〔1〕 Ibid. , *The United States*, 60. 也见 ibid. , letter to Professor J. K. Hosmer, October 25, 1890, *Correspondence*, 229。

〔2〕 Ibid. , *Three English Statesmen*, 143.

〔3〕 Ibid. , *Commonwealth or Empire?* 3 and 5；及 ibid. , *England and America*, "Introduction," iii。也见 ibid. , *Commonwealth or Empire?* 17。

〔4〕 Dilke, *Greater Britain*, II, 382.

〔5〕 Smith, *The Foundation of the American Colonies*, 30；及 ibid. , *The United States*, 74 and 57-63。

"邪恶"的原因，原因在于分裂没有和平完成这一事实；分离是不可避免的，战争却不是。不过，这种分离最终对两国都是有利的，因为它使两国可以走上自己的民族道路。事实上，分离为民族发展提供了无与伦比的机会，且他认为美国"共荣体"的建立是"其种族的伟大成就"，他也期待着"这一种族的美洲分支在其范围内自愿重聚"。[1] 史密斯的种族身份理论再一次出现了明显问题，因为随着美国民族性的发展，它会与英国人所走的道路产生越来越大的分歧，从而减少了双方富有成效的和解机会，遑论两者的联合。史密斯曾指出，美国最初是建立于"在法律必要约束下自由、自助和自我发展"的崇高原则之上。[2] 这是对他自身政治信条的简明概括。此外，《三位英格兰政治家》还充当了解读他对理想政治传统性质的看法的门户。在对皮姆、克伦威尔和小皮特的道德评说和粗略分析中，史密斯不断地回到自己内心深处的主旋律。[3] 该书系为了帮助牙买加委员会起诉艾尔总督而撰写的，与其说它是一部历史著作，不如说是一部关于他自

198

---

〔1〕 Ibid., *The United States*, 60 and 5. 史密斯主张美国和加拿大应该联合，这引起了巨大争议，见 ibid., "The Political History of Canada," and, *Canada and the Canadian Question*。

〔2〕 Ibid., *Commonwealth or Empire?* 4.

〔3〕 史密斯是克伦威尔的狂热崇拜者，并在 19 世纪中后期愈发如此。但这一支持被双重讽刺所困：首先，正如布莱尔·沃尔登（Blair Worden）所指出，托马斯·卡莱尔是维多利亚时期克伦威尔主义背后的"激励力量"，他是史密斯尖刻抨击的主要目标之一——这一点也由希里提出（"Milton's Political Opinions," *Lectures and Essays* [London，1870]，89-90）；其次，克伦威尔受欢迎的主要原因之一在于他被视为坚定的帝国主义者。Worden，*Roundhead Reputations* (London，2001)，chs. 9-10. 史密斯不喜欢卡莱尔式的"英雄崇拜"，见 *Three English Statesmen*，80-82。史密斯是《牙买加委员会声明》（*Statement of the Jamaica Committee*，1866 年 7 月）的起草者，尽管他的愤怒更多地集中在异常的军国主义行为给英国带来的危险，而非牙买加黑人的痛苦。R. Kostal，*A Jurisprudence of Power* (Oxford，2005)，157-59. 概述见 Bernard Semmel，*The Governor Eyre Controversy* (London，1962)。

身理想的历史重现之著作，其中充满了对盎格鲁-撒克逊人自由之爱的赞美，对自由贸易带来的集体利益的推崇，以及对采用或沦为另一种欧陆政治和宗教组织模式之危险的警示。史密斯一生中一直维系着对风俗制度的尊重，并与对各种风俗制度之于性格的增强影响的尊重相结合。

在史密斯看来，美国人热衷于保护主义，对此他仍持强烈批评态度。[1] 当自由主义的本质在19世纪80年代和90年代开始发生变化时，他仍然坚守着他所认为的政治经济学家和古典自由主义信条。"我忠于亚当·斯密，并愿与他一同下地狱"。[2] 对戈德温·史密斯而言，不受约束的自由贸易是消除全球不稳定的机制；这是他的全球政治学中文明概念的镇静剂。"我们已经接受了自由贸易的原则，这也许是最有力的原则，也是在人类事务的政治、社会和经济方面所产生的最富有成效的结果"。[3] 史密斯与他同姓者的关系并不密切，他对《国富论》的阅读也非常具有选择性。他用斯密的观点来反对殖民制度的经济可行性，他认为殖民制度导致了大手大脚的浪费，只能使商人和地主受益，但他对斯密提出的让美国代表出席伦敦议会的建议（见第3章）持强烈批评态度。[4] 在他作为斯密主义者的声明中，我们可以发现其在结合不可通约的理论体系时所暴露出的问题。戈德温·史密斯采用条顿学派关于盎格鲁-撒克逊自由起源的论点导致了与亚当·斯密的自由发展理论的直接冲突——尽管他显然没有意识到这一点。在这位伟大的政治经济学家看来，自由与商业的繁荣

199

〔1〕 Smith, "US Notes" in Haultain, *Life and Opinions*, 256. Smith, *Garrison*, 22. 也见 ibid., *The Empire*, 90。

〔2〕 Smith, Letter to Lord Farrer, June 22, 1892: *Correspondence*, 246.

〔3〕 Ibid., *The Empire*, 206. 也见 ibid., *The United States*, 186。

〔4〕 Ibid., *The Empire*, 77.

是同时期的，因此不能追溯到中世纪日耳曼平原星星点点、迷雾缭绕的森林空地之中。[1]

戈德温·史密斯所说的"自由"（liberty）意味着什么？在他对曼彻斯特学派思想的回溯性研究中，他写道"我们赞成自由，且我们的幸存者仍赞成自由。然而在我们的概念中，自由并不是自私和野蛮的孤立"。它意味着典型的"自我奋发和自力更生"的维多利亚时代理想。尽管有些不准确，但这正是越来越受欢迎的"新自由党"所持的观点，而不是他们的智识前辈们所持有的那种原子论的、最终以自我为中心的模式。这也不是公民帝国主义者为他们的对手描绘的图景。史密斯继续谈道，在他的理解中，"自助就是相互帮助，因为我们相互构成并相互联系，在一个自由的状态下，我们所有人在我们生命的每一刻都需要彼此的帮助；然而，在一个父权政府的统治下，无论是一个普通的暴君还是一个社会主义委员会，每个人都将更多地关注政府而较少地关注他的伙伴"。[2] 自诩为未来先锋的人往往会诋毁自己的过去，自由主义的历史也被新一代的思想家所改写。约翰·杜威（John Dewey）后来以一种维多利亚时代晚期人们再熟悉不过的语气指出，19世纪中叶的自由主义未能"坚持住自己"，其注定要进入一种"不稳定的平衡"状态，分裂成任何一种社会主义（正如他在密尔后期的作品中所看到的）或保守主义（在西季威克的思想轨迹中同样模糊地体现了出来）。[3] 但史密斯不为所动。他意识到，自从他第一次动笔撰文以来，世界已经向前发展了，且通过

---

〔1〕 Smith, *An Inquiry into the Nature and Causes of the Wealth of Nations* [1776] ed. R. H. Campbell and A. S. Skinner (Oxford, 1976), Bk. III.

〔2〕 Smith, "The Manchester School," 385–86.

〔3〕 John Dewey, review of A. M. Sidgwick and E. M Sidgwick, *Henry Sidgwick* (London, 1906), in the *Political Science Quarterly*, 22 (1907), 135.

贸易的道德作用所带来的世界和平的前景正在逐渐消失，但他认为，这仅仅意味着进步正在偏离轨道，而非进步的论点已经过时。"对于世界没有继续朝着科布登的政策、朝着自由贸易与和平的方向前进的嘲讽，科布登可以回答道，这对世界来说更糟糕了"。[1]

为了说明英格兰人性格的优越性，史密斯不断强调他所认为的英格兰和法兰西之间显著的政治和道德差异。[2] 盎格鲁-撒克逊人的政治传统与极为低劣的法国模式形成对比，后者被野蛮革命的致命循环所折磨。他认为，法国人一般都是卑躬屈膝的，因此他们在花费了大量时间面对的专制制度前并不坚定。以上加上他对条顿种族理论的信仰有助于解释他为何在普法战争（1870—1871）最初支持俾斯麦领导下羽翼未丰的德国。[3] 一定程度的地理决定论再一次成为他论点的核心，例如，他声称，由于法国有广阔的疆域，它便需要一支庞大的常备军，而这是导致专制政府的共同原因。但是性格较风俗制度更难以改变，虽然法国大革命改变了前者，但在重塑后者这一更根本的任务上却失败了。[4]

200

[1] Smith, "The Manchester School," 378. 史密斯还热衷于与社会主义划清界限，声称所有的激进分子和社会主义者的共同之处是对社会正义的广泛渴望（385）。1900年3月，在南非战争的阴影下，他给实证主义者爱德华·比斯利（E. S. Beesly）写了一封信，当时比斯利对世界状况的看法越来越悲观，他在信中说"我开始认为社会主义是唯一能够对付沙文主义的力量"。Smith, Correspondence, 347. 但这只是从顽固自由主义的短暂而投机的背离。

[2] 这是一种标准的辩论策略，Georgios Varouxakis, Victorian Political Theory on France and the French（London, 2002）；J. P. Parry, "The Impact of Napoleon III on British Politics, 1851-1880," TRHS, 6th series, 11（2001），147-75；及 Burrow et al., That Noble Science, ch. 6。

[3] 见 letters to Max Müller, on July 18, 1870, August 8, 1870, and January 8, 1871, Correspondence, 24, 27, and 36。

[4] Smith, "The Ninety Years' Agony of the French," 103-104.

正如我们所见，对史密斯而言，一个全球性帝国的政策——一个"世界范围的国家"（world-wide state）[1]——是一种会令人想起拿破仑欧洲大陆幻想的诅咒。史密斯尤其痛恨法国大革命及其对法国人性格的影响。革命"培养了一群密谋者，他们极度自私、极度没有原则，他们在侥幸变节的学派里接受了政治背叛的训练，并沉浸在违反无数誓言的背信弃义之中，同时也熟练地在革命中使用暴力"。[2] 革命的邪恶是他在著作中所经常提及的。"社会有机体正如身体构造一样并不完美；你可以帮助并有益地引导它的发展，但你无法改变它"。[3]

201 英格兰民族性格存在内部的张力，且不断受到威胁。史密斯声称，危险的根源同时存在于中心的上方、下方和边缘。首先，它受到了政府自身所追求的政策的挑战。在采取一种"扩张政策"，即在世界各地积极寻求大片土地的过程中，存在着一种迫在眉睫的危险，即统治精英会受到军国主义和专制贵族习惯的影响。[4] 此外还存在凯尔特人带来的潜在不稳定因素，尽管他们大多被困在苏格兰高地、西南部和爱尔兰。更不祥的是，那些反动的贵族们一心想维护他们不应得到的特权，这对进步自由主义的发展构成持续威胁，预示着对回归封建时代的永久恐惧。他论点的核心在于对政治发展的标准自由主义解读。随着商业的发展

---

〔1〕 Ibid., *The Empire*, 86.

〔2〕 Ibid., "The Ninety Years' Agony of the French," 105; ibid., "The Organization of Democracy," *CR*, 47（1885），320. 关于曼彻斯特信条的非革命性质，见 ibid., "The Manchester School," 383。

〔3〕 Ibid., "UtopianVisions" in *Essays on Questions of the Day*, 53. 有关革命危险的其他评论，见 ibid., *Three English Statesmen*, 2, 28, 40, 93, and 229; *England and America*, 14。

〔4〕 Ibid., "The Policy of Aggrandizement," 310-17.

和工业的繁荣，城镇开始发展并取代农村成为经济和政治生活的中心。这一转变预示着更大的自由呼声。因此，史密斯宣称自由主义的堡垒在于城市。但保守的乡村在英国政治生活中仍然是一股强大的力量，这导致了城市和土地利益之间的永久冲突。然而，随着人们对广泛参与政治的恐惧日益增长，危险也潜伏在城市中。在 1832 年和 1867 年扩大选举权的（有限）胜利之后，大众对来之不易的民主构成了威胁。史密斯认为，政府面临的危险是"民主激情、蛊惑式煽动与林立的派系"。[1] 英国在党派纷争和腐败的大众政治的致命影响下迷失了方向，这两者都助长了平民主义和沙文主义。盎格鲁-撒克逊人最优秀的性格和风俗制度都消失在这一不断延展的阴影之下。[2] "我担心"，史密斯在 1890 年写道，"盎格鲁-撒克逊人的制度现在在其本土受到极大威胁。工厂工人并不能构成一个民族的优秀质料"。[3] 在回顾曼彻斯特学派时，他写道，他们或许"太相信大众的政治智慧，太愿意同意选举权的全面扩大了"。[4] 史密斯再一次证明了自己是一个忠实于他所处时代传统的人。

---

〔1〕 Ibid., *The United States*, 128.

〔2〕 Ibid., letter to Mrs Hertz, January 1885, *Correspondence*, 163. 在一封致索尔兹伯里的信中（1870 年 1 月 31 日），史密斯提出了一个政党政府的替代方案——回归到"由枢密院管理，或者更确切地说由国家委员会（Council of State）管理的政府"。*Correspondence*, 23. 相似观点见 ibid., "The Moral of the Late Crisis," 313。

〔3〕 Ibid., letter to Hosmer, 229.

〔4〕 Ibid., "Manchester School," 383；及 ibid., "The Organization of Democracy"。

## 印度、爱尔兰与专制的必然性

　　我们从战争中拯救了印度。

戈德温·史密斯:《扩张政策》(1877)

　　到目前为止，我已经概述了史密斯关于盎格鲁-撒克逊种族未来的观点。尽管他反对英国继续统治移民殖民地，但他关心的是建立一个防御屏障———一个道德-文化上的更大的不列颠———以抵御日益激烈竞争的世界所带来的潜在危险。与希里和其他更大的不列颠的支持者一致，他非常关心维持英国的全球主导地位。但是，如何对待生活在英国统治下的数亿印度人？爱尔兰地方自治的混乱又该如何应对？这些问题挑战了19世纪晚期的帝国理论家，而由史密斯和希里提出的建议又一次在这一问题上被相同与不同之处所联系。

　　在一篇专门为收入《帝国》而撰写的文章中，史密斯概述了他对印度事务的初步思考。这个叙事以一种模棱两可的方式开始，结束时也同样模棱两可。一方面，他对英国最初对印度的征服、对涉及的个人动机、对稳定居住下来后的个人行为持批评态度。对史密斯的局部解读可能会让人得出这样的结论：他认为印度帝国的起源完全被蒙上了耻辱的面纱。他写道，在英国政治历程的编年史上，"英格兰的荣誉几乎没有比这更黑暗的污点了"，且他还在其他地方对"掠夺成性的英国人的恣意妄为"提出警

告。[1] 另一方面，他又捍卫最初的征服，并不时对早期帝国开
拓者"优秀而浪漫"的精神大加赞赏。[2] 他认为，征服是可以
被辩护的，因为当时这种行为很常见，且英格兰人也只是和其他
人所做的一样。进一步考量会得出被英国征服比被其他欧洲列强
征服要好的结论，而希里也是采用"比较辩护"策略的一个示
例。史密斯声称："没有人能够正当地质疑英国征服印度的道德，
因为"如果我们没有征服印度，法国就会征服印度"。[3] 这种要
求行为或事件在伦理上相对化的论证模式，与史密斯惯常的 203
（非）历史方法背道而驰，他的作品几乎总是弥漫着从现在的角
度对过去行为和人格的道德判断。为了捍卫帝国的根基，他不得
不彻底改变策略。

　　帝国征服的过程虽几乎不可避免，但史密斯认为从来没有人
计划将征服作为一种手段来摧毁印度的文明。[4] 英国人没有宏
伟的帝国计划，且印度在希里式的"一时心不在焉"（fit of ab-
sence of mind）中被征服了。他认为，征服的初衷是为了巩固贸
易垄断，但随着世界港口的开放，这已不再是继续统治的正当理
由。现在，双方都没有从这段联系中获得经济利益。因此，普遍
的假定是，仁慈引导了英国的政策，且其被这样一种信念所激
励：有可能将"落后"的印度人民提升至现代世界，将他们拖拽
甚至必要时脚踢或呵斥到启蒙时代。"从未有过如此大规模、如

---

　　[1] Ibid., *The United Kingdom*, 414；及 ibid., *The Empire*, 282. 也见 ibid., *Three English Statesmen*, 164。

　　[2] Ibid., *The United Kingdom*, 430.

　　[3] Ibid., *The Empire*, 258. 也见 ibid., "The Expansion of England," 526. 关于
"比较辩护" 见 Cheryl B. Welch, "Colonial Violence and the Rhetoric of Evasion," *PT*, 31
(2003), 235–64；以及前一章的讨论。

　　[4] Smith, *The Empire*, 261.

此热忱的尝试，以将善行与征服相融合"。[1] 史密斯在这里呼吁要谨慎，他指出，当你坐在舒适的伦敦时，很容易就会产生一种自负。但继续统治如此辽阔的土地不仅在经济上得不到什么好处，还可能带来有害的政治后果，比如帝国统治对贵族阶层的腐化影响。[2]

尽管史密斯的思想的总体趋势是这样的，但他仍然认为保持对印度的控制是必要的。英国人留在这里不是为了利润，也不是为了军事或政治上的优势，而是为了对居住在那里的人们承担"责任"。[3] 这一主张基于一种观点，而这种观点在自由党圈子中并不少见，即承认英国对破坏印度本土的政治结构负有责任，并认为这因此加重了英国的统治责任。[4] 这也是更大的不列颠联邦的支持者们在试图解决他们代表移民帝国提出的自决主张所可能产生的后果时经常引用的观点。[5] 他认为，英国人已经把自己逼至一个角落里，任由他们管理一个经济上无效率、政治上分裂的帝国，如果他们撤退，这个帝国将会因内乱而崩溃。与希里一致，史密斯也认为解放根本不适用于印度。但是，史密斯对于它为何不适用的论点却有所不同。对希里而言，印度从未被征服过，而对史密斯而言，重要的是印度已被征服这一事实。"殖民地解放的原则不适用于印度，因为印度是被征服的国家，不是殖民地；如果在我们离开后不作任何维护秩序的准备而放弃管

---

〔1〕　Ibid. , "The Expansion of England ," 527.

〔2〕　Ibid. , *The Empire*, 276−77；及 Smith, "The Policy of Aggrandizement ," 310−17。

〔3〕　Ibid. , "The Empire ," 158.

〔4〕　Ibid. , *The Empire*, 257. 也见 Dilke, *Greater Britain* , II, 383。

〔5〕　见如 Marquis of Lorne, *Imperial Federation* (London, 1885) , 80−81。

理，那将是在已经做过的事情之外又对这个族群犯下的极大错误"。[1]

在《帝国》的印度主题中，史密斯的观点始终如一，但语气却有所改变，并呈现出一种更加悲观、更具防御性的姿态。他将印度帝国描述为"世界上从未见过的最高贵的帝国"。史密斯再一次在道德基础上为最初的征服辩护，声称这在当时是正确的行为，尽管产生了不幸的后果。这是对过去的改进，"臣属种族"也受益于英国的慈善事业。"我们的头衔是武力而非掠夺，而本土主要王朝和强权的头衔才是掠夺"。如果英国人撤退，从而迫使印度人重新陷入一场所有人对抗所有人的战争，那这场战争将是失败的。如今英国占领印度的主要原因是稳定印度不同族群的固有暴力。"保留印度是毫无疑问的。英国在那里有一项真正的责任，她承担了一项伟大的工作，并在世界面前宣誓要履行它。她有巨大的利益和投资。她的离开将使印度斯坦陷入血腥和掠夺的无政府状态，而正是她的降临将印度从这一状态中拯救了出来"。[2]

这里的关键——和希里一样——在于史密斯的民族性概念。史密斯否认任何印度民族的存在，否认任何作为他基于印度独立而对英国的道德苛评的依据。相反，"除了先前征服留下的种族阶层之外，这里什么都没有留下"。他认为，印度被分裂成为独立的、原始的种族和宗教单元，所有这些单元都有着长期的、残酷

---

〔1〕 Smith, *The Empire*, 292.

〔2〕 Ibid., "The Empire," 144-46；也见 ibid., "The Policy of Aggrandizement," 307。史密斯还一反常态地赞扬了帝国主义（不仅仅是帝国）增进性格的潜力（"The Empire," 159）。在这里，他对英国政治衰落的悲观情绪似乎孕育了一种异想天开的计划，更类似于帝国思想的"伊顿公学运动场"（playing fields of Eton）方案。

的内讧传统。[1] 这样，最初的征服和持续的统治就可以得到辩护，因为没有一个民族性被征服；事实上，印度人确实得到了帮助，这一无私的举动温暖了世界各地的社会改革者的心。因此，史密斯可以同时为移民殖民地颁布一项自由民族主义计划，同时否认生活在英国统治下的数亿印度人具有这项计划的基础。由于印度人缺乏民族自觉，他反对立即撤离。事实上，他的家长式作风与他在别处批评过的"教化使命"的意识形态存在某种联系，"可以这样说，臣属种族比以往任何时候都更加为自己的利益而被征服者征服，这一点都不矛盾"。正是在这一点上，史密斯回到了他那个时代的自由党的理论传统上，尽管（像希里一样）他对成功的可能性可能不像许多人那么乐观。[2]

史密斯在爱尔兰问题上持一个非常类似的观点。他再一次宣称，理想情况下英国不应该介入，且占领的历史在许多方面均不光彩，"它的编年史令人作呕"。[3] 然而，殖民一旦建立，英国就对爱尔兰人民负有责任，他们不能简单地撤离。事实上，史密斯对两国之间的联系在这一点上最为清晰，因为他认为与印度政府可选择政策的范围相关的是，"如果给予印度独立，他们将把他置于一个杀人无数的无政府状态中，正如他们将看到，如果给予爱尔兰凯尔特人自治，他们也将把他交给政治土匪"。[4] 此外，

---

〔1〕 Ibid., "The Expansion of England," 526；及 ibid., "The Empire," 147。请注意与布莱斯关于印度的政治无政府状态、对英国统治的捍卫以及英国移民所面临的环境危险的论述之间的相似性，Bryce, "The Roman Empire and the British Empire in India" in his *Studies in History and Jurisprudence* (Oxford, 1901), I, 1-84。

〔2〕 Smith, "The Expansion of England," 527. 他的悲观情绪见 ibid., "The Empire," 155。

〔3〕 Ibid., *The Conduct of England to Ireland*, 3-5 and 9.

〔4〕 Ibid., "The Moral of the Late Crisis," *NC*, 20 (1886), 311.

爱尔兰在政治上从未统一过，"爱尔兰有明确的边界，但很难说它还有其他任何独立民族性的要素。"[1] 凯尔特人的性格也存在"政治软弱"，且正因为如此，他们才会蔑视自治和自由制度的可能性，反而会落入祭司阶层和腐败的克里斯玛式领导人的魔咒之下。教化使命再次成为史密斯统治理念的核心；这一论点再次将他引入了更大的不列颠众多支持者的知识宇宙。

那么接下来该何去何从？考虑到之前英国人造成的破坏，以及帝国给英国政治生活带来的危险，印度该如何管理得更有效率？爱尔兰的凯尔特人亦应如何管理？爱尔兰海对岸地方性危机的解决之道在于改革限嗣继承（entailment）和长子继承（primo-geniture）制度、解散爱尔兰教会、成立省议会，并在都柏林设立国王王座（Royal seat）。与密尔一致，对史密斯而言，爱尔兰问题的核心是经济，而不是政治或宗教；问题在于土地而非政府或上帝。[2] 他对爱尔兰解放（或自治运动）的想法深恶痛绝。对于印度，他主张减少几乎受到普遍批评的殖民地政府的责任，并赋予总督这个现场负责人更大的权力。[3] 史密斯曾在别处讨论过专制主义作为一种政治治理模式的本质，并且借用密尔在《论自由》（*On Liberty* 1859）中最著名的一个说法，认为这是"对无政府状态的改进，并可能导致有序的自由"。[4] "如果你有一个

206

---

〔1〕 Ibid. , *The Conduct of England to Ireland*, 40；及 *Dismemberment No Remedy*, 9。

〔2〕 Ibid. , *Dismemberment no Remedy*, 19 and 5；及 *The Conduct of England to Ireland*, 21, 26–27, and 10。也见 Mill, "What Is to Be Done with Ireland" ［1848］and "England and Ireland," Mill, *CW*, VI, 497–505 and 505–35；及 Mill, *Considerations on Representative Government*, ch. 9。

〔3〕 Smith, *The Empire*, 294–95.

〔4〕 Ibid. , *The Study of History*, Lecture I, 24. 见 Mill, *On Liberty*, *CW*, XVIII, 224–69；也见 Mill, *Considerations on Representative Government*, 394–95。

帝国"，史密斯继续谈道，"你必须有一个皇帝；且只有拥有绝对权力的副王（Viceroy）才能公正地对待臣属种族，尽管他对英国人的意见负责"。[1] 因此，被称为"帝国的激进敌人"的史密斯最终主张在东方扩大"专制"，并否认印度和爱尔兰民族主义者所宣称的自由。

---

[1] Smith, "The Expansion of England," 528. Cf. J. N. Dalton, "The Federal States of the World," *NC*, 34 (1884), 109n.

# 8
# 从古代到现代

这个世界见证了许多庞大而强大的帝国，历史记录下它们的低谷、鼎盛和衰亡，但是过去所有的经验虽然多样且富有教育意义，却不能很好地阐明我们正在思考的独特问题。

格雷厄姆·贝里：《与帝国关联的殖民地》（1886—1887）

本章将探讨在 19 世纪帝国政治思想的形成过程中人们运用历史的部分方式，这同时也是人们试图逃避历史的方式。这些方式试图使当下对帝国政治理论和维多利亚时代历史意识特征的理解复杂化。在一个沉迷于先例以及历史和传统之道德价值的政治文化中，更大的不列颠的许多支持者都否认古代世界丰富的智识资源，而几个世纪以来，正是古代世界在帝国想象中发挥着规范功能。相反，他们在当下寻找灵感。

在从文艺复兴以来的众多欧洲政治思想中，从古代世界（希腊或罗马，或两者皆有）的作家及历史先例中获取道德和知识权威已成为为帝国辩护的标准做法。此外，19 世纪末的大英帝国经常被它的支持者和反对者设想为一个新的罗马，而这在历史编纂学中已成为一个常态。[1] 理查德·詹金斯 (Richard Jenkyns) 指出，对于维多利亚时代人而言，当他们审视自己的帝国时"通常且不可避免地要将它和古罗马做比较"。理查德·辛格利 (Richard Hingley) 写道，"罗马帝国和大英帝国的相似之处在 19 世纪后期变得越来越重要"，且"英格兰人常常将自己等同于古代罗马人"。在指出亚当·斯密于《国富论》(1776) 中以对古典帝国的广泛讨论作为他著名的"论殖民地"一章的开头后，理查德·费伯 (Richard Faber) 坚持认为，"维多利亚晚期的帝国主义者继承了这种古典传统，且他们也很容易想到同样的比较"。[2]"如果说"，他谈道，"不列颠治世 (Pax Britannica) 一词系用拉丁语而受欢迎，那是因为罗马治世 (Pax Romana) 被视为比较和启发的典范"。[3]

　　这种描述并不完整，且可能会引起误解。在阐述他们的帝国

　　〔1〕 Raymond Betts, "The Allusion to Rome in British Imperialist Thought of the Late Nineteenth and Early Twentieth Centuries," *VS*, 15 (1971), 149–59; Richard Jenkyns, *The Victorians and Ancient Greece* (Oxford, 1980), 330–46; Andrew Thompson, *Imperial Britain* (London, 2000), 18; Linda Colley, "What Is Imperial History Now?" in David Cannadine (ed.), *What Is History Now?* (Basingstoke, 2002), 136; Richard Faber, *The Vision and the Need* (London, 1966), ch. 1; Anthony Pagden, *Lords of all the World* (London, 1995), 8; Pagden, *Peoples and Empires* (London, 2002), 28; Karma Nabulsi, *Traditions of War* (Oxford, 1999), 115–16; 及 A. P. Thornton, *The Imperial Idea and Its Enemies* (London, 1966), 60–63。

　　〔2〕 Jenkyns, The Victorians and Ancient Greece, 333; Hingley, Roman Officers and English Gentlemen (London, 2001), 26, 157; Faber, *The Vision and the Need*, 19 and 25; 见 Adam Smith, *An Inquiry into the Nature and Causes of the Wealth of Nations*, ed。R. H. Campbell and A. S. Skinner, 2 vols. (Oxford, 1976), 556–58. 辛利 (Richard Hingley) 正确地指出了这种比较的多面性，以及这种"灵活性和复杂性"(5) 如何有助于确保这种比较的广泛普及。也见 Norman Vance, *The Victorians and Ancient Rome* (Oxford, 1997), ch. 10。

　　〔3〕 Faber, *The Vision and the Need*, 25.

愿景时，更大的不列颠的支持者几乎压倒性地避开了罗马和希腊提供的模式。相反，他们将美国视为未来的建设性模板。这不是简单的历史想象力的失败，也不是智识上的疏忽或政治短视的产物，它代表着与以往帝国辩论模式的一种有意识的决裂。这个叙事由两个不同的部分组成。第一个部分是关于美国的吸引力——我将在下一章探讨这个主题。但还有另一个部分：尤其在这样一种通常将历史先例的使用视为政治辩论必要条件、古典学又在其中具有巨大知识权威的文化之中，为什么更大的不列颠的支持者们如此频繁地摒弃古代世界提供的丰富想象资源？从古代到现代转变的基础是一套关于历史意义和方向的信念。维多利亚时代的许多人从对希腊和罗马的解读中吸取了不同但又相互补充的教训，他们认为帝国会自我瓦解，这是一个经过历史检验的观点，但却与当时盛行的进步概念格格不入。至 19 世纪中期，人们普遍认为历史是进步的，且至少认为未来是开放的，而社会和政治组织是由过去塑造的，但并非注定要重蹈覆辙。至于英国，人们自信地认为它是这种面向未来的发展轨迹的先锋。[1] 仍存在部分人认为历史是循环往复的，其中包括 19 世纪 40 年代和 50 年代托马斯·阿诺德的许多追随者，但他们系属例外。[2] 然而帝国却表现出一种兴衰往复的逻辑。毕竟，早期尤其是在奥古斯都时代对历史循环的迷恋都是基于对古代世界政治动态的推断，特别是基于罗马的衰落。在 19 世纪，历史运动的愿景与最初产生它的政治体紧密联系。虽然欧洲的历史可以在进步的叙事中重新定

209

---

〔1〕 John Burrow, Stefan Collini, and Donald Winch, *That Noble Science of Politics* (Cambridge, 1983), 15–20, and Essay VI. 也见 Peter Bowler, *The Invention of Progress* (Oxford, 1989)。

〔2〕 Duncan Forbes, *The Liberal Anglican Idea of History* (Cambridge, 1952)。

位，但古人的历史仍然代表着一种永恒轮回的景象。帝国因这样的联想而获罪。

既然支撑许多社会和政治思想的普遍假设是"任何不进步之物都注定要衰落"，既然帝国在政治想象中是堕落的最恰当的具体示例，更大的不列颠也就不得不与进步的观念联系在一起。[1]人们必须确立它与先前所有帝国的距离，并肯定它的新颖性。考虑到建立一个永久的盎格鲁-撒克逊全球联盟的愿望，依赖古人为帝国的建设和维持提供知识权威的长期传统必须被推翻，或至少需要重新定位。这正是许多更大的不列颠的理论家所尝试的，他们将目光转向美国，将灵感的来源从过去转移到现在——全部以未来的名义。美国将成为一个替代品、一个现代的典范，它不仅提供了一个更合适的政治结构以为更大的不列颠树立榜样，且同样重要的是，它提供了一种富有想象力的方式来逃避过去预示的危险。关于英国是新罗马甚至是新雅典的主张夸大并过分简化了 19 世纪政治思想中古代世界的遗产。

这并不意味着罗马和希腊在维多利亚时代晚期的智识生活中扮演着无足轻重的角色。希腊偶尔被用来展现不同的帝国概念，而这在 19 世纪早期就已很普遍。与此同时，罗马不仅被广泛用作帝国统治的具体形式的典范，还被用作治疗邦雅曼·贡斯当（Benjamin Constant）所称的"征服精神"的良方。[2] 然而，在评估关于罗马的想象的共鸣时，有必要区分关于移民殖民地的主张和那些关于帝国其他组成元素的主张。绝大多数关于罗马的引

---

〔1〕 引证来自 H. S. Jones, *Victorian Political Thought* (Basingstoke, 2000), 35。

〔2〕 Constant, "The Spirit of Conquest and Usurpation and Their Relation to European Civilization" [1814] in Constant, *Political Writings*, ed. Biancamaria Fontana (Cambridge, 1988), 51-165.

用均指涉大英帝国在印度的领地。[1] 另一方面，在关于更大的
不列颠重要性的争论中，古人退居二线。对历史的选择性擦除以
及随之而来的对美国的转向，标志着英帝国思想史上的一个重要
突破。它也构成了维多利亚时代关于过去与现在、传统与现代关
系的辩论中的一个重要时刻。

下一节将通过探索罗马和希腊在整个 19 世纪中传授的一些不
同教训，为维多利亚时代晚期的辩论设定语境。此外，下一节也
将强调在维多利亚统治的最后几十年里，人们对罗马的重新关注
取代了希腊在帝国想象中的受欢迎程度。随后，我将分析部分支
持更大的不列颠的观点，展示它们与 19 世纪早期普遍存在的希
腊移民殖民统治模式的明显决裂，以及维多利亚晚期对罗马帝国
的迷恋。我特别概述了他们对历史的构想，以及他们如何且为何
强调古典比较的不相关性甚至是危险性。倒数第 2 节认为，为构
建关于稳定的全球性政治体的一系列强有力论点，殖民地联合主
义者试图建立一种观点，即殖民帝国没有先例，至少在美国作为
一个独立的国家出现之前即如此。各种试图逃离过去的尝试可以
告诉我们关于维多利亚时代的历史意识，最后我以与此有关的部
分思考作为总结。

---

〔1〕 虽然这种比较模式可以追溯到 18 世纪，但它可能在爱德华时代最为明显。
见如 James Bryce, *The Ancient Roman Empire and the British Empire in India* (Oxford, 1914/
1902); Evelyn Baring, Earl of Cromer, *Ancient and Modern Imperialism* (London, 1910);
及 J. A. Cramb, *The Origins and Destiny of Imperial Britain* (London, 1915)。深刻讨论见
Javeed Majeed, "Comparativism and References to Romein British Imperial Attitudes to India"
in Catherine Edwards (ed.), *Roman Presences* (Cambridge, 1999), 88–110; 及 Phiroze
Vasunia, "Greater Rome and Greater Britain" in Barbara Goff (ed.), *Classics and Colonial-
ism* (London, 2005), 34–68。

# 古人的功能

在很长一段时间里，古代世界的伟大地位如同梦魇一
般沉重地压在现代人的身上。

约翰·希里：《政治学讲义》（1896）

尼采在第二篇《不合时宜的沉思》（*Untimely Meditations*）中
观察到他所生活的、在许多方面都令人厌恶的时代是一个感恩于
过去的时代——他写道，这标志着"时代的历史教化"。对尼采
而言，这一方面"值得骄傲"，但也应保持谨慎，因为逃避历史
与拥抱历史、遗忘和铭记一样都是生活的前提。[1] 这种对过去
的迷恋在历史学科规训诞生的德国较为普遍，在尼采经常嘲讽的
英国也很普遍。[2] 这种历史的（甚至是历史化的）文化最重要
的表现之一在于对过去的理解在政治论点的构建、阐述和辩护中
发挥了形塑作用。希里在1880年指出，"英格兰人用伟大的历史
先例来引导我们在重大政治问题上的前进"。[3] 在这个意义上，
历史被认为与对经历的经验主义验证不可分割地联系在一起，因
此也与第5章中探索的"现实政治"的理想相联系。过去证明有

〔1〕 Nietzsche, "On the Uses and Disadvantages of History for Life"［1873］in his
*Untimely Meditations*, ed. Daniel Breazeale（Cambridge, 1997）, 60.

〔2〕 关于部分对"英格兰人"的典型批评意见，见 Nietzsche, *On the Genealogy of
Morality*［1887］, ed. Keith Ansell-Pearson（Cambridge, 1994）, 11-12。

〔3〕 Seeley, "Political Somnambulism," *MM*, 43（1880）, 32. 30年后，这一点仍
在被反复提及：J. Howard Masterman, *A History of the British Constitution*（London,
1912）, 1。

效的方法，现在也可以再行尝试；若无先例，就需要承担更大的举证责任。这种对历史功能的理解在整个 19 世纪和 20 世纪都非常普遍。

几个世纪以来，英国的政治话语中一直采用历史先例来捍卫或争论各种意识形态立场。对古代世界的解释常常发挥核心作用。在 17 世纪，"新罗马"的自由概念被恢复、重置并展开于关于国王权力合理范围的激烈辩论中。[1] 在 18 世纪，罗马多方面的遗产，尤其是其衰落所传递的伦理和经济信息，为许多其他不同的发展过程提供了丰富的知识资源：英国乡村党中辉格派提出的反对意见、美国建国时的意识形态结构以及新兴的商业社会理论都在一定程度上依赖于对古典政治体命运的解释。在《历史研究》（*Of the Study Of History*, 1741）一书中，大卫·休谟注意到，阅读历史"知识中最进步的部分"的收益之一在于能够"对最繁荣帝国的崛起、发展、衰落和最终灭亡作出评论"。英国历史以及罗马和希腊的历史知识均必不可少。一个多世纪后，密尔在《论自由》的开篇段落中仍能将希腊、罗马和"英格兰"的历史挑出，以作为"我们最早熟悉的"历史。[2] 据白芝浩的说法，212 "如果伟大的、单一的、连续的众民族没有整合在一起"，历史将是一份"由孤立事实组成的枯燥目录"——其历程就是一连串断断续续的人类事件"，且最重要的是，如果一段历史"突然在古代提到希腊和罗马，或突然在近代提及法国和英国"，人们很快

[1]  Quentin Skinner, *Liberty before Liberalism* (Cambridge, 1998).

[2]  Hume, "Of the Study of History," in Hume, *Essays, Moral, Political, and Literary*, ed. Eugene F. Miller (Indianapolis, 1987), 566；及 Mill, *On Liberty*, *CW*, XVIII, 217。

就会"看到俗世的历史将变得多么松散而漫无目的"。[1] 在 19 世纪，历史被认为是理解一个民族的道德和政治生活，理解它长期且经常痛苦的演变，并最终理解它的脆弱性的关键。对既来自古代也来自英国历史本身的关键历史运动和时刻的不同解读影响了对民主性质、天主教和宗教异端的容忍、君主制功能以及对自由的促进等等方面的辩论。[2] 维多利亚时代的人们充满着对时间的延展——他们对此的评价源于两者产生的复杂相互作用，这两者分别是历史方向的概念以及地质学和后来生物学的最新发展[3]——以及由此而来的道德教化的高度赞赏，他们塑造了自己的多重过去（而他们也反过来被这些过去所塑造）以适应不同的意识形态目的。历史与政治经济学一道构成了那个年代最具影响力的政治理论化模式。

帝国理论一直深嵌于更宽泛的政治思潮之中。尤其是现代欧洲帝国主义表现出对罗马的"想象依赖"。[4] 人文主义为全球探索、征服和占领的正当性提供了意识形态上的支持。在 18 世纪早期和中期，新罗马共和主义的语言渗透进大英帝国尤其是殖民地的辩护之中。然而，这种依赖最明显地表现为，几个世纪以来

〔1〕 Bagehot, "The Meaning and the Value of the Limits of the Principle of Nationalities" [1864] in *The Collected Works of Walter Bagehot*, ed. Norman St John-Stevas, 8 vols. (London, 1965-86), VIII, 150.

〔2〕 关于希腊的作用，见 Frank M. Turner, *The Greek Heritage in Victorian Britain* (New Haven, 1981); Jenkyns, *The Victorians and Ancient Greece*; Fred Rosen, *Bentham, Byron, and Greece* (Oxford, 1992); 及 Kyriacos Demetriou, "In Defence of the British Constitution," *HPT*, 17 (1996), 280-97。

〔3〕 John Burrow, *Evolution and Society* (Cambridge, 1966), 149-53; 及 Burrow, "Images of Time" in Stefan Collini, Richard Whatmore, and Brian Young (eds.), *History, Religion, and Culture* (Cambridge, 2000), 198-224。

〔4〕 Pagden, *Lords of All the World*, 12. 也见 Richard Koebner, *Empire* (Cambridge, 1961)。

关于帝国和自由之间腐蚀关系的经典辩论频繁地重现。[1] 但是 213
19世纪对古代人和现代人的比较总是矛盾且具有高度选择性的。
他们在知识、技术、经济和政治上的距离太远，以至于无法直接
复制和模仿。古代世界所产生的富有想象力的资源并没有刺激产
生其直接的翻版，而是滋养了各种常常相互冲突的欲求和需要：
它们为政治制度提供了鼓舞人心的模板，相应地也为高尚的个人
行为提供了榜样；它们体现了长久以来所珍视的美学形式的纯洁
性；它们通过学古典文学的崇拜者和学生的自觉的精英主义，强
化了性别、种族和阶级的差别；且它们提供了一个可替代的、甚
至是陌生的世界用以衡量当下。

在19世纪的大部分时间里，罗马在英国政治想象中的地位仅
次于雅典。[2] 在19世纪80年代早期的一篇文章中，希里提出，
这是因为在那个世纪的大部分时间里，英国人回顾过去"只是为
了一种崇高的愉悦"，且因为他们是在一种关于自由不断被揭示
的辉格史式喜好中寻求这种愉悦，所以在此之前罗马帝国一直
"被认为是无趣的"。"罗马共和国是因其自由而被纪念；研究早
期的罗马帝国是因为自由的痕迹依然可寻。但我们常常在2世纪
末合上书本，仿佛接下来的十几个世纪里都是腐朽和毁灭；直到
自由的痕迹开始在英格兰和意大利共和国重新出现，我们才满意
地重新讲起这个故事"。直到人们开始更为系统地将大英帝国理
论化，并讨论如何根据过去的教训有效地管理它之时，罗马帝国

---

〔1〕 David Armitage, "Empire and Liberty" in Martin van Geldren and Quentin Skinner
(eds.), *Republicanism*, 2 vols. (Cambridge, 2002), II, 29-47; Pagden, *Lords of all
the World*, chs. 1 and 7; Richard Tuck, *The Rights of War and Peace* (Oxford, 1999); 及
Andrew Fitzmaurice, *Humanism and America* (Cambridge, 2003)。

〔2〕 Hingley, *Roman Officers and English Gentlemen*, ch. 1; 及 Miles Taylor, "Imperi-
um et Libertas?" *JICH*, 19 (1991), 4-5。

主义才占据了更突出的地位。[1] 这并不意味着在早期完全不存在这样的讨论，例如，卡莱尔和麦考来热衷于将英国与罗马帝国的辉煌联系在一起，虽然这种联系常常含糊不清，但其对维多利亚时代后期人们的比较习惯产生了相当大的影响。[2]

214

对希腊帝国的崇拜可以被视为 19 世纪早期和中期英国普遍的希腊主义的一个重要方面。希腊至少以两种不同的方式出现，尽管它们经常重叠，但区分它们是必要的。第一种是作为创造力和天赋的象征。希腊政治作为文化创造力和个人自由空间的神话般图景在整个 19 世纪广为流传。这一愿景在部分浪漫主义者中尤其流行，且在诗歌中得到了最有力的表达，尤其体现在雪莱的《解放了的普罗米修斯》（*Prometheus Unbound*, 1820）的前言之中。他们并不是唯一欣赏雅典的人，法国自由主义者也对雅典的"文化辉煌"（cultural éclat）表现出了一种"本能的喜爱"。[3] 在这样的理解下，希腊虽然提供了灵感，但几乎没有详细的政治药方。这幅引人入胜的图景的重要性使得弗里曼宣称，乔治·葛罗特（George Grote）不朽的《希腊史》（*History of Greece*, 1846-1856）的伟大成就之一在于它阐明了希腊人的政治（尤其是制度

---

〔1〕 Seeley, *The Expansion of England*（London, 1883），237-38. 19 世纪初期和中期对罗马兴趣减弱的另一个原因与英国政治改革的影响有关。随着有关腐败和寡头政治的作用的争论越来越少，罗马失去了部分中心地位。也见 Burrow, Collini, and Winch, *That Noble Science of Politics*, 188-89. 而关于对自由国家的批判和维多利亚时代后期恺撒言论日益流行的关系，见 Frank Turner, "British Politics and the Demise of the Roman Republic," *HJ*, 29（1986），577-99。

〔2〕 Catherine Edwards, "Translating Empire?" in Edwards（ed.）, *Roman Presences*, 70-87.

〔3〕 Karen O'Brien, "Poetry Against Empire," *Proceedings of the British Academy*, 117（2002），282-83；及 George Armstrong Kelly, *The Humane Comedy*（Cambridge, 1992），58。

的）天赋，而这一话题长期以来笼罩在他们的"文学"成就的阴影之下。[1]

第二种用法更为精确，其指涉特定的政治制度。它主要关注民主，但也越来越多地包含帝国。在 19 世纪早期，雅典民主被用作政治辩论中专制的代名词，并构成保守党知识分子武器库中的一种强大武器，直至 19 世纪 40 年代葛罗特的积极评价才帮助人们重塑了对希腊人的想象。[2] 在这种语境中，越来越多的帝国评论家将希腊视为罗马的替代品。亚瑟·米尔斯在 1856 年写道："最频繁、最突出地展现给现代国家模仿的殖民政策模式是希腊模式。"他继续指出，这种模式"不依赖于（罗马式的）国家政策和经济理论的联合，而是依赖于宗教同情以及与祖先的联系"。[3] 这一观点尤其吸引了政治上的激进派，他们中的许多人如葛罗特一样都受到功利主义的影响。詹姆斯·密尔在 1823 年指出，罗马这一替代选择"非常具有缺陷"。[4] 究其原因在于"少数"支配了"多数"，以至于只有符合贵族阶级的利益时才会追求扩张。这既是一个典范，也是一个在现代世界中应该被回避的诱惑。老密尔和他之后的激进"改革者"们认为，希腊式的殖民提供了一个更适合模仿的模式，其是以在遥远的土地上定居并建立自治社群为前提，而这些社群与"母国"有着强烈的情感和

<sup>215</sup>

---

〔1〕 Freeman, "Grote's *History of Greece*," *North British Review*, 25（1856），142. George Grote, *A History of Greece*, 12 vols.（London, 1846-56）.

〔2〕 尤其见 Kyriacos N. Demetrious, *George Grote on Plato and Athenian Democracy*（Berlin, 1999）；及 Turner, *The Greek Heritage*, 189-204。

〔3〕 Mills, *Colonial Constitutions*（London, 1856），xix-xx. 米尔斯对与古代世界的直接类比持批评态度，他还指出罗马是一个很受欢迎的比较对象。

〔4〕 James Mill, "Colony," *Essays from the Supplement to the Encyclopedia Britannica*, *Collected Works*（London, 1995），4. 然而，老密尔的观点并不一致，特别是关于印度，Jennifer Pitts, *A Turn to Empire*（Princeton, 2005），ch. 5.

文化联系——尽管它们普遍不愿要求殖民地的立即独立。[1] 19 世纪 40 年代，约翰·密尔赞颂了希腊殖民地，称赞它们"如此迅速而绝妙地繁荣起来"，并确保了自由、秩序和进步，且他认为它们是英国殖民的一个很好模板。[2] 对于改革者而言，即使是在提出基本由后斯密式政治经济学的最新理论构建的论点时，运用经典也仍然重要。对希腊替代方案的钦佩也在政治光谱中随处可见，尤其体现在格拉斯顿的作品中——他在 1845 年至 1846 年间担任战争和殖民地大臣，后来担任首相并坚定地批评帝国联邦——他的思想受到韦克菲尔德的"系统殖民"概念和乔治·路易斯《论附属国政府》（1841）中对希腊殖民主义的积极看法的影响。[3] 虽然希腊化的愿景在 19 世纪的最后几十年里流传，但它在移民殖民地帝国的捍卫者中并没有广泛传播，且这一切都从更大的不列颠的辩护中消失了。[4]

在 19 世纪后半叶，将大英帝国与罗马作比较变得越来越普遍。这不仅反映在理论文献中，而且还在民族想象中占据中心位置，并被转译在行政实务甚至城市景观之中。19 世纪 50 年代中期，在新外交部（后扩展至包括印度事务部）的建筑竞赛中，满

216

---

〔1〕 Mill, "Colony," 5-9. 与希腊的其他积极比较，也见 John Arthur Roebuck, *The Colonies of England* (London, 1849), 137-41；以及与他后来的观点有所不同的地方，见 Arthur Mills, *Systematic Colonization* (London, 1847), 41-42。

〔2〕 Mill, "Wakefield's 'The New British Province of South Australia'" in *The Examiner*, July 20, 1843, reprinted in Mill, *CW*, XXIII, 739. 关于他对"希腊帝国"的崇拜，也见 "Grote's *History of Greece*," II, [1853], *CW*, XI, esp. 321-24。

〔3〕 W. E. Gladstone, *Our Colonies* (London, 1855), 11.

〔4〕 关于帝国联邦主义者对希腊的积极运用的一个罕见示例，见 Frederick Young, *On the Political Relations of Mother Countries and Colonies* (London, 1883), 3-4。迈尔斯·泰勒（Miles Taylor）认为迪尔克也采用了这种观点，Taylor, "Republics Versus Empires" in David Nash and Anthony Taylor (eds.), *Republicanism in Victorian Society* (Stroud, 2003), 32。

怀希望的参加者提交的设计题词包括"统治的秘密"（Arcana Im-
perii）、"永远为国王与祖国"（Pro Regina et Patria semper）、"权
力 与 荣 耀"（Potentatus et Gloria）以 及"罗 马 非 一 日 建 成"
（Rome was not built in a day）。在印度，英国官员们通常富有艺术
性地展现古典的姿势和穿着。[1] 从古人尤其是罗马人那里学到
的经验教训成为印度公务员入学考试的固定内容。[2] 曾担任殖
民地大臣的保守党人卡那封伯爵在 1878 年提出，唯一可与大英
帝国的广袤疆界媲美的先例是罗马。[3] 如此认为的永不止他一
人。对很多人而言，英国无论好坏都是不列颠帝国（Imperium
Britannicum）。更大的不列颠的支持者们倾向于不遵循这一趋势，
原因将在下一节讨论。然而这条规则也有例外，其中最突出的是
弗劳德，历史循环观点是其进行比较性凝视的核心，这已在第 5
章中进行了讨论。但詹姆斯·布莱斯表达了一种更广泛的观点，
他写道："人类的活动并不像古人想象的那样处于循环之中，而是

〔1〕 G. Alex Bremner, "Nation and Empire in the Government Architecture of Mid-Vic-
torian London," *HJ*, 48（2005），722；及 Bernard Cohn, *Colonialism and Its Forms of
Knowledge*（Princeton, 1996），30。然而，在 19 世纪上半叶占主导地位的印度古典帝
国架构，在 1857 年之后迅速失去了吸引力。Thomas Metcalf, *An Imperial Vision*（Lon-
don, 1989），1-18.

〔2〕 Heather Ellis, "Proconsuls, Guardians, and Great Men," unpublished paper, U-
niversity of Oxford, 2003；及 Phiroze Vasunia, "Greek, Latin, and the Indian Civil Service,"
*Proceedings of the Cambridge Philological Society*, 51（2005），35-69。

〔3〕 Henry Herbert, Earl of Carnarvon, "Imperial Administration," *FR*, 24（1878），
759.

显示了一种持续的、尽管经常中断的进步。"[1] 这意味着过去可以而且也应该被超越。

较之近期许多评论家考虑的范围，19 世纪产生的关于帝国合法性的历史叙事似乎更为复杂，也更具争议性。经典模型和范例的使用方式既证明了这一叙事的连续性又证明了其变化之处。在为某些扩张性帝国构建模式及专制政治统治形式辩护时，古人仍然被那些政府政策的攻击者和支持者所利用。然而，在想象殖民帝国的分散组成元素时，知识权威的基础出现了惊人的断裂。罗恩侯爵宣称，"帝国联邦" 是 "一个代表关于历史上各民族的全新思想的短语"，且 "在这里没有先例可以帮助我们"。[2]《威斯敏斯特评论》的一位撰稿人在展现当时对新颖性的普遍自豪感，以及对摆脱一个高度含蓄的历史词汇的经常性无力后写道："大英帝国在历史上的地位是无与伦比的。大不列颠是各民族的公认领袖（facile princeps）。"[3] 在一种痴迷于关注过去所谓经验教训的文化中，这种试图远离历史——或者至少疏远之前被认为是历

---

〔1〕 Bryce, "An Age of Discontent," *CR*, 59 (1891), 29. 也见 Seeley, "Ethics and Religion," *FR*, 45 (1889), 514; 及 Seeley, "Georgian and Victorian Expansion," 124。虽然认为古代历史观系属循环的这一观点在 19 世纪占据主流，但这并不是任何古代作家所持有的观点（至少在直接意义上）。见 Arnaldo Momigliano, "Time in Ancient Historiography" in his *Essays in Ancient and Modern Historiography* (Oxford, 1977), 179-205。然而，他们没有任何关于进步的概念。感谢奥斯温·默里 (Oswyn Murray) 对参考文献的帮助。

〔2〕 John Douglas Sutherland, Marquis of Lorne, *Imperial Federation* (London, 1885), 43 and 2; 也见 [Arthur Elliot], "Colonial and Imperial Federation," *ER*, 192 (1900), 270; 及 [Urquhart Forbes], "Britannic Confederation and Colonisation," *LQR*, 19 (1893), 250-51。

〔3〕 [Anon.], "The Federation of the British Empire," *WR*, 128 (1887), 484. 按照西塞罗的说法，拉丁短语 "公认领袖" 可以简单地指 "无可争议的第一" 或 "领导"（或者确切地说，是一个国家的领导人）。但是，它还有一个更具体的含义，即奥古斯都·恺撒及其继任者在罗马帝国中行使最高权力的称谓。

史至关重要方面——的做法是一个值得注意的过程。维多利亚时代关于更大的不列颠的争论标志着大英帝国政治思想性质的一个重要转变：知识、政治和道德灵感的来源从古人转向现代人。

## 帝国的终结：两种模型

> 没有任何一个过往国家的情况可以作为类比，以指导
> 我们对我们帝国内部的各种势力的评估。
>
> 罗恩侯爵：《帝国联邦》（1885）

维多利亚时代晚期的帝国话语中并没有充斥着对古代历史的详细分析。与布伦尼（Bruni）、马基雅维利、孟德斯鸠或博福（Beaufort）、斯密或休谟的著作不同，这些帝国评论家的历史著作既非条理清晰，也非见解独到。关于古代帝国的学术著作正在大学中产生——古代史是一门迅速发展且日益专业化的学科，尽管它仍在特奥多尔·蒙森（Theodor Mommsen）的阴影下苦苦挣扎，但关于衰落及衰亡的流行观念以及与帝国历史有关的一般意象只是一个模糊的比喻。[1] 它传达了一个直白而简单的信息： 218

---

〔1〕 牛津大学是英国古典文学的精神和知识之乡，19 世纪后半叶其见证了"伟大人物的顶峰"（The Zenith of Greats），尽管古代史只是在 19 世纪最后 20 年才在人文学科（Literae Humaniores）教学中取得突出地位，且即使在那时也没有多少原创且经久不衰的学术成果产生；古代史研究很大程度上源自蒙森，他的巨作《罗马史》在 1862 年至 1866 年被翻译成英语，很快就成了标准文本 [随后是他在 1886 年撰写的《罗马帝国诸行省》（*Provinces of the Roman Empire*）]。在蒙森的带领下，罗马历史的教学和研究的主要焦点在于帝国早期和共和国晚期，以及帝国行政的实践；直到 1903 年，帝国研究才作为本科生的教学课程正式设立。相较于对罗马世界的研究，对古希腊历史的研究是贫乏的。见 W. H. Walsh "The Zenith of Greats"，特别见 Oswyn Murray, "Ancient History, 1872-1914" in M. G. Brock and M. C. Curthoys（eds.），*The History of the University of Oxford*（Oxford, 2000），VII, 311-26 and 333-60。

"漫长的世界编年史只是一项对帝国兴衰的连续记录。"[1] 模棱两可的分析、简洁的叙述和引人入胜的情节编织的结合有助于解释帝国话语在同时代人中的广泛共鸣。衰亡的意象确实在更大的不列颠的"图像志体系"中扮演了重要角色。这一秩序由各种符号组成的想象体系、激动人心的仪式以及朦胧的（通常是诗意的）意象所构成，并提供了一幅关于共同的过去、混乱的现在和辉煌的未来的连贯而感人的图景。[2]

　　帝国历史的政治用途具有两种基本形式：一种是通常形式，另一种是特定形式。前者试图通过列举各种帝国兴衰的示例论证所有帝国的发展轨迹均相同——它们最终都崩溃了。这便是伯里子爵（Viscount Bury）的著作《出西方民族记》（*Exodus of the Western Nations*, 1865）的中心主题，这本杂乱无章的著作告诫英国人必须紧急准备放弃他们的殖民地，因为与历史必然性抗争将是灾难性的。盎格鲁-撒克逊人的全球扩张以及伴随他们而来的民主本身不应该被可能产生反效果的制度混乱所抑制。戈德温·史密斯对侵略性的扩张保持警惕和批评，他警告道："帝国的衰退是历史的主题。"[3] 保守党议员霍华德·樊尚（C. E. Howard Vincent）建议道："我们存在太多恐惧的理由。如果我们拒绝承认现状，那么除非在未来几年内建立起联系的链条，否则希腊和罗

---

　　[1]　[John Robinson], "The Future of the British Empire," *WR*, 38（1870），74. 罗宾逊（John Robinson）是一位帝国联邦主义的热衷者，也是纳塔尔的一名政客和记者。

　　[2]　也见 Duncan Bell, "The Idea of a Patriot Queen?" *JICH*, 31（2006），1—19.

　　[3]　William Keppel, Viscount Bury, *Exodus of the Western Nations*, 2 vols.（London, 1865）；及 Smith, "The Policy of Aggrandizement," *FR*, 22（1877），307. 伯里从殖民地公职人员转行为政客，同时也是殖民地学会的创始人。他的帝国思想受到托克维尔的影响，见 Edward Beasley, *Empire as the Triumph of Theory*（London, 2005），ch. 6.

马、葡萄牙和西班牙甚至荷兰等伟大帝国的命运就会降临到我们自身。"〔1〕历史告诉我们帝国都遵循一种可辨识的范式。

第二种形式倾向于借鉴希腊及罗马并着眼于具体案例，以说明促成帝国毁灭的政治动态。罗马和希腊给维多利亚时代的人们提供了两种不同的自我解体模式，尽管它们很少被清楚地描述出来。第一种可能也是最强大的一种是相信扩张的动力不可避免地会导致灾难。至少在近代欧洲思想中，这一观点被马基雅维利最为有力地表达了出来。他借鉴并调和了萨勒斯特和波利比乌斯关于罗马史的观点，并在《论李维》（*Discourses on Livy*）第二卷中提出，国家会不可避免地寻求扩张，但如此行事会丧失自由，最终在追求伟大地位（grandezza）的道德和宪法张力下崩溃。〔2〕在接下来的几个世纪里，这成了一种司空见惯的观点。包括孟德斯鸠、休谟、康德和贡斯当在内的许多好争辩的帝国建构批评者都指出罗马在道德和物质上的崩溃，以警告那些奉行贪婪的军事政策者可能会面临类似命运。罗马在自身扩张冲动的重压下崩溃的原因和后果则通过爱德华·吉本的史诗级作品进一步深入英国人的意识。〔3〕"我认为那些自称帝国主义者的人很有趣"，自由党著名政治家威廉·哈库特（William Harcourt）写道，因为"我总是记得吉本开篇提及的'温和的奥古斯都'，其中他展示了在

219

---

〔1〕 Howard Vincent, "The British Empire To-Day," *PRCI*, 16 (1884–85), 323.

〔2〕 Machiavelli, *Discourses on Livy*, ed. Julia Conaway Bondanella and Peter Bondanella (Oxford, 1997), II. 也见 David Armitage, "Empire and Liberty," 29–45; 及 Mikael Hörnqvist, *Machiavelli and Empire* (Cambridge, 2004)。具体论述语境见 J. G. A. Pocock, *Barbarism and Religion*, Vol. 3 (Cambridge, 2003), esp. Parts III–V。

〔3〕 Gibbon, *The History of the Decline and Fall of the Roman Empire*, ed. David Womersley, 3 vols. (Harmondsworth, 1995 [1766–78])。关于衰落与衰亡比喻的流行，见 Vance, *The Victorians and Ancient Rome*, 234–35; Hingley, *Roman Officers and English Gentlemen*, ch. 3; 及 Jenkyns, *The Victorians and Ancient Greece*, 73–77。

这个最伟大且最明智的帝国的头两个世纪里，帝国的基本原则是不扩张，而只要其脱离这一原则，他们就会陷入不幸"。[1] 在 19 世纪的文学与艺术作品中，衰退的比喻也同样常见，并导致了对卡伦·奥布莱恩（Karen O'Brien）所称的"超前式怀旧"（proleptic nostalgia）的迷恋。它预示着文明在未来的崩溃，而英国是一个脆弱的、最终注定灭亡的帝国，丁尼生在忧郁的《国王之歌》（*Idylls of the King*，1859）中最雄辩地阐述了这一点。[2] 艺术评论家、社会理论家及狂热的帝国主义者约翰·拉斯金（John Ruskin）在其《威尼斯之石》（*Stones of Venice*，1850）的第一卷的开头几行中也提到了类似的观点。他谈到英国在历史上的伟大地位，坚称英国人正自豪地与提尔（Tyre）和威尼斯站在宣称"支配……海洋"的队列中，但他接着警告道，正如其他两个"王权"（throne）一般，英国面临着严重的衰退危险。"第一个强权只留下回忆；第二个留下废墟；第三个继承了它们的伟大地位，但如果忘记它们的先例，将可能从更令人自豪的卓越地位走向不那么令人同情的毁灭"。[3]

至少三种关于罗马灭亡的不同分析性解释流传甚广，尽管它们经常被混为一谈。首先，如上所言，有人认为罗马的崩溃是由于奢侈的腐败力量和随之而来的美德的丧失。这段叙述在帝国的

---

〔1〕 Harcourt, letter to Rosebery, September 27, 1892, in A. G. Gardiner, *Life of Sir William Harcourt*（London，1923），II，197. 哈库特在 1886 年以及 1892 年至 1895 年间担任财政大臣。

〔2〕 O'Brien,"Poetry Against Empire,"269-96；及 Matthew Reynolds, *The Realms of Verse*，1830-1870（Oxford，2001），ch. 9. 具体语境见 Catherine Edwards and Michael Liversidge（eds.），*Imagining Rome*（London，1996）。

〔3〕 Ruskin, *The Stones of Venice*, Vol. 1〔1851〕, in *The Works of John Ruskin*, ed. E. T. Cook and Alexander Wedderburn（London，1903-12），IX，17.

激进批评者中尤为突出，他们强调了从殖民地服役中归来的"纳波布"们的潜在危险，他们掺杂的异国恶习威胁着英国的政治美德。"这难道不可能吗？"理查德·科布登（Richard Cobden）于1860年问道，"东方那些专断的政治准则对我们国内政治的反动可能会让我们本国变得腐败，正如希腊和罗马因与亚洲的接触而丧失斗志一样"。[1] 赫伯特·斯宾塞引用吉本的话谈道，"罗马以一种引人注目的方式展示了……一个奴役其他社会的社会如何也奴役了自己"。[2] 这一直是英国关于帝国争论的一个主题，至少从伯克对沃伦·黑斯廷斯的紧追不舍开始便是这样。另一种说法认为过度扩张、战争和制度瘫痪是衰亡的主要原因。对冒险的军国主义后果的批判以及通常伴随而来的商业和生产精神的缺失可以经常在维多利亚晚期的政治话语中找到。例如，希里就对罗马人"军事性格"的弱点进行了严厉的批评。大不列颠是商业的、多产的，其富有创造力和活力，能够驯服自然并产生财富；而罗马人尽管有着强大的军事力量，却不知道如何对他们所统治的土地进行建设性的利用。[3] 最后一种解释则认为原因在于罗马制度的过度中央化，权力集中在少数人手中并导致了最终的崩 221

---

〔1〕 Cobden, cited in Klaus Knorr, *British Colonial Theories*, 1570-1850（London, 1963〔1944〕）, 359. 也见 Frederic Seebohm, "Imperialism and Socialism," *NC*, 7（1880）, 726-36; Miles Taylor, "Imperium et Libertas"; 及 Burrow, Collini, and Winch, *That Noble Science of Politics*, 190。

〔2〕 Spencer, "Imperialism and Slavery," in *Facts and Comments*（London, 1902）, 115.

〔3〕 Seeley, "Roman Imperialism, II," *MM*, 20（1869）, 54. 虽然希里指出罗马帝国衰亡时过度奢侈所导致的"道德沦丧"所起的作用，他认为主要的问题是过度扩张所带来的军事人力的缺乏（"Roman Imperialism," II, 47-48）。然而，在这一点上他并非一以贯之，十年后他便一直认为"罗马帝国因道德沦丧而衰败"。Seeley, *Natural Religion*（London, 1882）, 237.

溃。这是孟德斯鸠开创性的《罗马盛衰原因论》(*Considerations on the Causes of the Greatness of the Romans and Their Decline*, 1734) 的核心关切问题。[1] 伯纳德·霍兰德 (Bernard Holland) 在其标题引人深思的《帝国与自由》(*Imperium et Libertas*, 1901) 一书中提出, 小的"民族"非常适合创造力的展现, 而一个分散的联邦制帝国可以在将相当大的自治权让与其组成单位的同时展现出强大的力量。而另一方面, 罗马已经被中央集权导致的堕落所摧毁。着眼于未来的他总结道: "罗马实验的失败并不能证明一个避免了这种危险的帝国可能不会受益于此并持续更长的时间。"[2]

然而, 历史并非简单透明。约翰·布莱特曾经斥责帝国联邦联盟没有注意到明显的历史教训, 对此联盟主席福斯特回答道: "是的, 但是历史如今给以我们很多的教训, 它们一个紧跟着一个, 以至于我们不易从中吸取教训。"[3] 对部分人而言, 它告诉他们帝国将不可避免地走向灭亡。帝国的批评者抓住了罗马衰落以及表面强大的脆弱形象。[4] 然而, 只要帝国的最终终结被投射到一个不确定但理想的遥远未来, 那么人们就不必担心, 因为对许多人而言, 帝国只是一个守护者, 因此只是暂时的构造物; 一旦各种要素都为"自治"做好了准备并且达到了"文明"的必要水平, 英国父母就可以(在当时常见的家庭比喻中)让孩子在

---

〔1〕 在随后的《论法的精神》(1748) 中, 孟德斯鸠为英国海上商业帝国模式进行了彻底的辩护, 这是另一种因罗马自由崩溃而终结的领土军国主义体系的对立面。Montesquieu, *The Sprit of the Laws*, trans. Anne Cohler, Carolyn Miller, and Harold Stone (Cambridge, 1989), ch. 27, Book xiii.

〔2〕 Holland, *Imperium et Libertas* (London, 1901), 13-14. 莫莱还批评了帝国联邦计划的集权, "The Expansion of England," *MM*, 49 (1884), 258。

〔3〕 Forster, "A Few More Notes on Imperial Federation," 553.

〔4〕 Goldwin Smith, "The Policy of Aggrandizement," 308. 也见 Morley, "The Expansion of England," 258。

世界上自由行动。这种情况可能首先发生在"移民"殖民地，然后发生在更遥远范围内的"野蛮"组成部分；但无论如何，这个时刻总会到来。对于更大的不列颠政治体的大多数支持者而言，这种将对未来的看法关联于对过去的理解是不可接受的——至少对移民殖民地是如此。罗马的衰落并没有强调帝国不可改变的命运，而是使他们相信，为确保未来的伟大地位，英国必须学习并超越古人。他们必须挑战历史，并按照自己的政治意愿来塑造它。牛津大学历史学家蒙塔古·布伦斯（Montagu Burrows）警告道："我们没有意识到，自己真实地位的危险正如同古罗马帝国所经历的一样。中心的衰退逐渐向末端蔓延；它们一个接一个地消失了，直到帝国王座本身，它毫无保护地被遗弃，最终在大崩溃中离场。""随着殖民地的分离"，爱德华·萨尔蒙认为，"大英帝国的衰亡即将开始"。阿巴思诺特（Arbuthnot）上校评论道，若不去教育英国人民（尤其是工人阶级）殖民地的重要性，"我担心不久就会有历史学家不得不承担起编纂大英帝国衰亡史的悲惨重任"。另一位热心的殖民地联合主义者对帝国的丧失提出警告，他总结道："尼禄在罗马燃烧时仍在虚度时光的传说将不再是帝国愚蠢和迷恋的最高例证。"[1] 他暗示，如果不采取激进的行动，现在的辉煌将化为尘土。帝国联邦联盟解散后的 1894 年正是吉本 100 周年诞辰，这并非帝国联邦运动中最具讽刺意味的事情。

另一种政治终结的概念与希腊的殖民模式有关。"古希腊城邦"，霍兰德解释道，"当它的人口超过了它的岩石岛屿或大陆海岸的边缘时，它就会派出一个移民队，就像蜂巢派出一群蜜蜂一

222

---

[1] Burrows, "Imperial Federation," *NR*, 4 (1884-85), 369; Salmon, "Imperial Federation," *FR*, 58 (1900), 1011; Arbuthnot, commentsin, *PRCI*, 12 (1880-81), 370; 及 [Urquhart Forbes], "Imperial Federation," *LQR*, 64 (1885), 331-32.

样。殖民者占领了一块新的领土，并在那里建造了一座城市，除非发生利益冲突，他们对母城保持着虔诚的尊重，但并没有实际的政治联系"。希里评价道，这一体制"给予殖民地完全的独立，但把它绑定在永久的联盟中"。[1] 但这样的模式有意义吗？弗里曼是帝国联邦最激烈的批评者之一，他认为，现代欧洲国家的殖民地，包括英国的殖民地，也许尤其是英国的殖民地与他们的希腊前辈有着很多共同点，但存在一个重要的例外：殖民地并非在一开始就已独立。在希腊体制下，"宗主国最多要求某种孝顺式的尊重、宗教式的崇敬，而这种尊重和崇敬大部分被殖民地慷慨地给予"。鉴于此，殖民地联合主义者没有可以借鉴的先例。"让我们至少记住，我们所提出之事与这个世界上之前发生过的任何事情都不一样"。[2] 布莱斯在一篇讣告中指出，这样的论证支撑了弗里曼对帝国联邦的尖锐批评：

223

　　……他不喜欢让殖民地与英国建立更紧密关系的任何计划，甚至似乎希望他们能像美国那样与英国断绝关系。这种看法一方面是由于他觉得这些殖民地都是新近获得的，与古老的英格兰无关，另一方面是由于他将其与希腊的殖民地作了类比因此给他留下的印象。他似乎认为，这些殖民地的先例表明，一个"宗主国"和她的殖民地之间真正的、恰当的关系并非政治上的相互依赖，

---

　　[1] Holland, *Imperium et Libertas*, 13–14; 及 Seeley, *The Expansion of England*, 69。
　　[2] Freeman, "Imperial Federation," *MM*, 51 (1885), 436 and 437–38. 也见 Freeman, *History of Federal Government* (London, 1863), 5–26。

而是由衷的友谊和乐于助人的性情，仅此而已。[1]

联邦主义者的典型回击同样坚定不移：正如福斯特在回复布莱特时所写，"现在不是对新颖事物惊慌的时候，空气中充满了它们……让我们不要像在国内立法中那样被殖民政策中的先例所奴役"。[2] 罗斯伯里勋爵也强调了逃离帝国史这个监狱的必要性。1883 年 12 月，他在悉尼的一次演讲中将大英帝国与罗马和希腊之间的距离拉开，并恳求他的听众："我只要求你们在与祖国打交道时记住一件事，正如我希望祖国的政治家在与你们打交道时记住这件事一样。你们和他们都不应该从先例或历史中去做过多的推理。它创造了自身的历史，它正在创造自己的先例，它正在引导自己走向未来，没有任何图表和罗盘可以指引它。"这也是他于 1884 年 1 月在阿德莱德重申的一个主题。他告诉听众，人类的未来掌握在不列颠"种族"（包括美国）的手中；然而未来有时会被对过去失败的看法所束缚。帝国不应被允许停滞不前，因为"让我提醒大家一下这个事实——当帝国，尤其是伟大的帝国最终崩溃时，它们往往崩溃得并不显眼"。[3]

在另一个 18 世纪的形象被使用时，"希腊模型"也被引用，这个形象即杜尔哥（Turgot）将成熟的殖民地视为从母树掉落的

〔1〕 Bryce, "Edward Augustus Freeman," *EHR*, 7 (1892), 502. 关于弗里曼和布莱斯有关联邦制的争论，见 Freeman's letters to Bryce, especially those on December 16, 1886, February 7, 1887, and November 11, 1889, all in *The Life and Letters of Edward A. Freeman*, ed. W. R. W. Stephens, 2vols. (London, 1895), II, 256, 359, 411。

〔2〕 Forster, "Imperial Federation," *NC*, 17 (1885), 217.

〔3〕 Rosebery, speech in Sydney, December 10, 1883 and speech in Adelaide, January 18, 1884; reprinted in George Bennett (ed.), *The Concept of Empire* (London, 1953), 281-82 and 284.

果实。他认为，当殖民地达到成熟时（它们必然会成熟），分离将是不可避免的，不应受到阻碍。保守党联邦主义者萨缪尔·威尔逊在混合他的不同模型后写道："历史告诉我们，殖民地的建立、成长和成熟就如同成熟的果实从母树上落下一样，正如古代希腊和罗马的殖民地，或者许多欧洲民族的美洲殖民地一样。"但他坚持认为，有办法可以绕过这一致命的轨迹，那就是从美洲的灾难中吸取教训，去建立联邦以永久地联合起来。[1] 希里认为有必要驳斥杜尔哥的观点。[2] 他指出，美洲殖民地的分离给英国政治家和历史学家传授了关于殖民帝国本质的错误教训，事实上它"在民族记忆中留下了模糊而混乱的印象"。这段分离历史告诉他们，杜尔哥式的反复是神圣的历史法则。"我认为，当我们据此推断所有殖民地——不仅仅是在恶劣的殖民体制下的宗教难民的殖民地——一旦成熟就会从树上掉落时，我们就错误地理解了北美革命的寓意"。美洲殖民地的起义是基于特定的历史原因，他们的分离是"一时的环境的结果，这一环境可变动且已经变动"。重要的是不能使误导性的历史类比让人们忽视更大的不列颠的新形式。[3]

---

〔1〕 Wilson, "Imperial Federation," 380. 关于成熟果实的比喻，也见 Dalton, "The Federal States of the World," *NC*, 16 (1884), 116–17; Morley, "The Expansion of England," *MM*, 49 (1884), 258; 及 J. H. Muirhead, "What Imperialism Means" 〔1900〕 reprinted in *The British Idealists*, ed. David Boucher (Cambridge, 1997), 240。

〔2〕 杜尔哥反复使用这个短语。希里很可能是从他的书《人类精神历史发展里程》（*Tableau Philosophique des Progres Successifs de L'Esprit Humain*, 1750）中发掘的，这本书由杜邦·德·内穆尔（*Dupont de Nemours*）在19世纪早期出版。见 Oeuvres de Turgot, *ed. Gustave Schelle* (*Paris*, 1913), I, 222: "殖民地如同水果，一旦成熟将从树上脱落；它们将自给自足，自迦太基时即如是，美洲也将如此。"感谢艾玛·罗斯柴尔德（Emma Rothschild）的指点。

〔3〕 Seeley, *The Expansion of England*, 15, 256, 17, 155, 16, 297.

　　还有另一个原因可以解释为什么古人不能提供任何指导。对于希腊和罗马的哲学家而言，道德和政治世界在很大程度上是由城市或城邦（polis, civitas）的城墙所界定的。这些城墙标志着政治联合的开始，在某种意义上也标志着政治联合的结束；在此过程中，它们将世界上的居民分为公民和非公民、文明人和野蛮人。这种对伦理政治生活理想空间构造的理解通过文艺复兴时期对古代学术的恢复被转译至近代世界，且这一理解在意大利各城市国家所兴起的政治理论中得到了重申，尽管这一重申常常是间接的。这形成了欧洲知识遗产的核心元素。然而，这种对政治生活理想性质的理解再一次无法适应更大的不列颠的地理现实，罗马根本没有提供直接的鼓舞或安慰。它不仅表明了帝国和自由的不可调和，而且表明了在有限空间中追求政治生活应是最优选择，这其实也是唯一可能的文明轨迹。这种理解当然适合于帝国在印度和非洲的征服，因为不仅许多英国统治精英生活在盎格鲁化的城市飞地里，而且他们的使命以及他们对帝国终结的设想通常并不相同。然而，对于那些想要确保更大的不列颠永续存在的人而言，这种理解完全不合适。更大的不列颠的殖民地前哨尽管遍布于新兴城镇甚至一些大城市区，但大部分仍是农村地区，且海洋分隔了帝国的组成部分，它的领土也延伸到广阔的大陆上。古人似乎没有留下什么经验，除非他们认为（英国）现代人引以为傲的政治秩序不合适甚至有根本缺陷。毫不奇怪的是，殖民地联合主义者将目光转向了大西洋彼岸，而崎岖不平的美国边疆的情感原型取代了城市（urbis）的有限空间，成了政治欲求的场所。道德复兴———一种现代的德行（virtú）———需要在帝国广阔

225

的开放空间中发现，或者至少是找寻。〔1〕 这种对移民帝国的理
解结合了强调殖民主义强化民族性格的话语，认为移民帝国作为
政治和道德变革的联合，为更大的不列颠的理论论点奠定了
基础。

　　对历史意义的普遍理解有助于解释 19 世纪 60 年代以及殖民
地联合的鼓吹年代中对帝国未来地位的焦虑程度。更大的不列颠
的支持者们从一开始就相信他们是在与时间赛跑。古代人特别是
罗马人提供了一系列令人不安的教训，并给他们提供了一个令人
信服的理由以远离过去。他们的野心是建立一个永久的更大的不
列颠政治体。威廉·吉斯伯恩（William Gisborne）强调道："最重
要的事情是把帝国的组成部分焊接成一个和谐的整体，这样从人
类感情角度而言就不可能导致它们的分离。"〔2〕 帝国必须摆脱
2000 年前波利比乌斯和萨勒斯特所揭示的时间之手，而吉本和麦
考来等人却重新将其注入政治想象。它还必须避免古希腊人所预
示的不可避免的独立诉求。它的命运必须以某种方式得到控制，
并回到人类能力的范围之内。正如历史学家、帝国联邦主义者埃
格顿所告诫的那样，"这既是各民族的荣耀，也是各民族的责任，
因为就他们的情况而言，并没有永恒的变动规律在起作用，使解
体和衰退不可避免。每一代人都被赋予了决定自己命运的特权和

226

---

〔1〕 关于边疆在移民意识形态中的重要性，见 Alan Lester, "British Settler Dis-
course and the Circuits of Empire," *HWJ*, 54 (2002), 25–48; 欧洲语境见 R. K. Betts,
"Immense Dimensions," *Western Historical Quarterly*, 10 (1979), 149–66。

〔2〕 Gisborne, "Colonisation," *PRCI*, 20 (1888–89), 58. 也见 [John Edward Jen-
kins], "An Imperial Confederation," *CR*, 17 (1871), 66–67; Forster, "Imperial Federa-
tion," 553; Seeley, "Georgian and Victorian Expansion," 139; 及 Francis De Labillière,
*Federal Britain* (London, 1894), vi。

权力"。[1] 因此，人们有必要从另一种角度来看待帝国。

## 关于新颖性

联合主义者的重新设想通过强调更大的不列颠的历史独特性得到实现。无论是古代的还是现代的其他帝国都是以利益为动机，通过蛮力维持，而英国虽然军事力量强大，或许还对过去的无节制行为感到愧疚，但却被更为崇高的理想所驱使。至少据称如此。布莱斯认为，大英帝国之所以独特，是因为它的殖民地非常分散。鉴于这种地理上的分布，即使是他所钟爱的美国也无法提供一个直接的比较，尽管布莱斯通常认为美国是值得学习的最有益范例。在拉比耶埃赫看来，美国和维多利亚帝国是历史范式的例外，因为它们的"存在"并不是基于使用武力。[2] 他继续谈道，它们不是任何传统意义上的帝国，因此它们不遵循同样的历史逻辑。皇家殖民地研究机构的名誉秘书长引用了一个最有力的论点来强调维多利亚时代激进的新颖性——一个我在第 3 章中探索的主题——他观察到反对横跨广大水域统治政治共同体的"海洋分割"论"是罗马人的想法，而非英国人的想法"，这种观点最初源于古代，直至 19 世纪都很普遍。"远洋轮船和海底电缆"，他自豪地谈道，"彻底湮灭了距离"。[3] 一个新的世界已经到来，古老的模型已不再适用。

---

〔1〕 H. E. Egerton, *A Short History of Colonial Policy* (London, 1897), 478.

〔2〕 Bryce, comments in the *PRCI*, 24 (1892-93), 124; 及 De Labillière, *Federal Britain*, 199。

〔3〕 C. W. Eddy, "What Are the Best Means of Drawing Together the Interests of the United Kingdom and the Colonies," *PRCI*, 3 (1875-76), 9.

对于前拉丁语教授和李维著作的编者希里而言，古人并没有为更大的不列颠的"无际空间"提供任何经验。他非常欣赏古典世界，认为可以从中学到很多东西。"相较于巴黎的投石党骚乱，我在西塞罗时代的罗马感觉更为自在"，他如此写道。[1] 然而，历史的类比必须是恰当的。虽然希腊人和罗马人提出了截然不同的帝国主义模型，但这两种模型都与描绘更大的不列颠的未来毫无关系。希里警告道，将英国看作罗马的继承者是一个严重的错误，而他发现他的许多同胞都有这种倾向。因此，声称他的帝国构想受到罗马历史的启发或以罗马为模型是错误的。[2] 在《英格兰的扩张》一书中，他认为，"我们的殖民地并不像古典学学生在希腊和罗马历史中遇到的殖民地，我们的帝国根本就不是一个普通意义上的帝国"。[3] 造成这种差异的原因有很多，包括更多英国人口的"族群共同体"，以及促进全球和谐的新通信技术的发展。然而，这并不意味着古典世界无法为希里提供任何关于当下国际政治模式的洞见，因为他认为罗马的原型与英国在印度的统治模式有些许相似之处。虽然这个类比并不准确——一个关键的区别在于印度与英国的地理位置不接壤，因此，导致通向罗

[1] Seeley, *The Expansion of England*, 38-43; 及 ibid., "The Teaching of Politics" in his *Lectures and Essays* (London, 1870), 301。

[2] Ibid., "Introduction" to *Her Majesty's Colonies* (London, 1886), xviii. 关于希里认为英国是罗马的继承者，见 Reba Soffer, "History and Religion" in R. W. Davis and R. J. Helmstadter (eds.), *Religion and Irreligion in Victorian Society* (London, 1992), 142-43; 及 Hingley, *Roman Officers and English Gentlemen*, 24-5。这两种解释都不正确，至少在涉及 19 世纪 80 年代早期（更有影响力的）的作品时是如此。然而，值得注意的是希里对于帝国特性的观点已经从 19 世纪 70 年代早期的矛盾立场转变。他曾在 1872 年提出，如果"我们在未来的某个时候不再是罗马"，那么英国最好在理想情况下"保留它的雅典特征"。Seeley, "The British Race" [1872] *Education I*, 4, (1881), quoted in Deborah Wormell, *Sir John Seeley and the Uses of History* (Cambridge, 1980), 163.

[3] Seeley, *The Expansion of England*, 51.

马城的帝国腐败的领土传输带没有出现——但他们确实拥有"高级种族"的地位，其目的不仅是统治，而是为"教化"那些在他们控制下的人。[1] 正如西方的罗马帝国是"超越野蛮的文明帝国"，印度的大英帝国是"超越中世纪的现代世界帝国"。[2] 他认为，尽管存在相当大的实际差异，这两个帝国均在文明上优于被征服者，因此属于同一"类型"。尽管如此，这样的比较无涉移民殖民地。

过去和现在的另一个关键区别，以及为了分析现在而避免从过去汲取教训的主要原因之一，与自由的位置和限制有关。这是近代欧洲政治思想史上反复出现的一个主题，这也是希里提出的一个问题。他认为，历史告诉我们帝国和自由是不能调和的。

> 每一个学习历史的学生都知道，是帝国的沉重负担破坏了罗马的自由。那些古老公民制度孕育了罗马的伟大，且罗马的所有文明都归功于这些制度，而罗马必须将这些文明传递给西方国家，但作为传播它的条件，它必须放弃这一制度。她不得不采取一种较为低级的组织方式。她的文明在传播之时就已衰败。[3]

更大的不列颠是一个"国家"而非帝国，它不会陷入这样的困境。前南非古典文学教授格瑞斯韦尔同样强调了古代帝国和现代英国之间的根本区别，他还反复强调现代自由的优越性，呼应

---

〔1〕 见如评论 ibid., 193；他宣称，印度帝国在"在历史上没有任何类比"。这一主张与他随后关于罗马帝国和印度帝国之间关系的评论并不吻合（239）。

〔2〕 Ibid., 304, 239, 261, 244.

〔3〕 Ibid., 246.

了贡斯当著名的观点。"不列颠公民权（Britannica civitas）的范围要宽广许多，且我们可以相信一种更值得骄傲的特权。这是一种建立在自由而非专制之上、宽容而非武力之上、自愿努力和个人进取心而非官僚命令和国家外交手段之上的公民权"。格瑞斯韦尔要求建立一个"不列颠种族联盟"，但他补充道，"参考古代或现代的邦联指引"将是鲁莽的。相反，参照美国树立的鼓舞人心的榜样将具有启发性。[1] 埃格顿抒情道，"今天的大英帝国没有先例，这一点无论怎么重复都不为过。事实上，即便如此也难以表达出真相"。他坚持认为，这种新颖性的原因在于殖民地被赋予了"责任政府"这一事实；[2] 它的独特之处在于赋予其居民政治自由的程度。对自由性质的关注尽管表达得含混不清，却成为美国在帝国辩论中如此突出的原因之一。

## 回到未来

229　　当大英帝国在 19 世纪末横跨全球之时，这个庞大而又支离破碎的政治体系的许多拥护者和批评者经常借鉴过往，以构建他们相互冲突的未来愿景。然而，他们所审视的过去并不一致，从过去吸取的教训也不同。正如我在本章所指出的，一群杰出的帝国思想家刻意避开对历史先例中最丰富矿藏的挖掘，从而公然对抗几个世纪以来的帝国政治思想以及时代的历史化趋势。他们不是简单地忽视古代帝国，而是积极地摒弃它们。更大的不列颠的许

---

〔1〕 Greswell, "Imperial Federation" in *England and Her Colonies* (London, 1887), 7. 也见 Benjamin Constant, "The Liberty of the Ancients Compared with That of the Moderns" [1819], in Constant, *Political Writings*, 307–28。然而，当帝国在国内外威胁自由时，贡斯当成为帝国的激烈批评者。

〔2〕 Egerton, *A Short History of British Colonial Policy*, 455.

多支持者在想象中跨越了两千多年的时间和空间、跨越了宽广的大西洋，转而以美国的形象寻求权威。这一举动是在理解到帝国的短暂、临时，且最重要的是会自我瓦解之后的结果。为捍卫一个永久的全球盎格鲁-撒克逊政治体，他们试图逃离这一轨道，将他们的愿景固定在稳固的时间基础之上。更大的不列颠将被置于一种进步叙事中，面向未来而不被过去谴责。对古代学识的选择性擦除和相对应的美国转向，表明维多利亚时代的政治话语中仍然存在对顽固的新颖性和对革新的主张（以及不安）的坚持。也就是说，这既是现代性意识脆弱的症状，也是其结果。它也同时指出了情感与信仰的复杂关系中存在的张力，以及至少在维持主流政治话语的半清晰的特征方面，有必要使用关于历史、传统和经验的伯克式道德价值概念缓和一种成为现代（being modern）的侵略感。

但古代世界的吸引力难以抗拒。在接下来的一代人中，殖民地联合的一些重要支持者回到希腊，以将其作为建立全球不列颠联邦共荣体的灵感。尤其是莱昂内尔·柯蒂斯。他借鉴了古典学者齐默恩（Alfred Zimmern）的著作，试图通过对雅典的高度现代主义诠释建立一个未来帝国政治体的模型。[1] 维多利亚时代的人最终也未能成功地摆脱古人的轨道：美国至少在建国的鼎盛时期就是古代作家的产物，而通过聚焦于美国，更大的不列颠政治组织的支持者们最终间接地回到了希腊和罗马，回到了他们的出发点。独立的美国在 18 世纪晚期的意识形态熔炉中锻造出来的智识根基可以在古代异教徒的作品中发现，国父们的"决心"则

230

---

〔1〕 Curtis, *The Commonwealth of Nations*（London，1916），26. 见 Jeanne Morefield，"'An Education to Greece'：The Round Table，Imperial Theory，and the Uses of History，"*HPT*（2007）。

"被加图和布鲁图斯坚定的公民美德所强化，而他们的共和自治思想得益于希腊-罗马模型"。[1] 美国植根于古代土壤，而其正是更大的不列颠的支持者所要拼命逃避的地方。

---

[1] Colin Kidd, "Damnable Deficient," *London Review of Books*, 27 (2005), 30. 也见 J. G. A. Pocock, *The Machiavellian Moment* (Princeton, 1975); Carl J. Richard, *The Founders and the Classics* (Cambridge, Mass. , 1994); M. N. S. Sellers, *American Republicanism* (Basingstoke, 1994); 及 Caroline Winterer, "From Royal to Republican," *Journal of American History*, 91 (2005), 1264-90。

# 9

# 展望美国

被如此多海洋分割的英格兰种族是否会充分利用现代 231
科学发明，设计出一种像美国那样的组织，使充分的自由
和牢固的联盟与无限的领土扩张协调一致呢？

约翰·希里：《英格兰的扩张》（1883）

对不同的历史轨迹、另类的制度结构以及受争议的社会管理
方式的描述为政治的理论反思提供了素材，同时也激发了新思
想，并塑造了如何更好生活的叙事。比较的目光在时间和地理空
间上对过往进行追溯，并在 19 世纪的帝国政治理论中发挥了基
础性作用。正如我在前一章所叙述的，维多利亚时代的许多人在
研究帝国兴衰的漫长历史中寻求真知灼见。但他们也向外观察他
们的竞争对手和潜在挑战者，寻找着成功的政治联合模型，并从
中吸取应避免之事与将如何发展的经验。[1]

关于更大的不列颠的争论彰显出这种比较目光的重要性。它

---

[1] 更多示例见 Duncan Bell, "Empire and Imperialism" in Gregory Claeys and
Gareth Stedman Jones（eds.）, *The Cambridge History of Nineteenth Century Political Thought*
（Cambridge，2008）。

在很大程度上是由（通常是相互矛盾的）观念所催化和构建
的——这些观念涉及英国相对于其他强国的位置，以及快速转型
世界中经济、文化和政治活力的根基。美国的代表制成为一个持
续的参照，为来自不同政治光谱的思想家提供了一个强有力但不
确定的论据来源。几个世纪以来，无论是北方还是南方的美国都
在欧洲的帝国想象中扮演了生动的角色，并充当了关于文明、宗
教、政治经济以及最终关于人性本质的指向的争论焦点。[1] 英
国的政治理论家们曾多次就大西洋广袤土地的发现和殖民化所激
发的话题展开争论，并在独立战争（1775—1783）前几年的激烈
辩论中达到高潮。本章穿越了一个不那么清晰的领域，探究了部
分"美国"代表制影响维多利亚帝国思想的方式。

在整个"漫长"的 19 世纪中，美国在英国政治话语中扮演
着摇摆不定的角色。对这个国家的看法源自多种因素的组合，包
括英国国内政治动态、往往令人担忧的英美外交关系状态以及相
关个人的政治信念和情感。因此，横跨一个世纪的归纳往往不具
有启发性。尽管如此，我们还是可以从中看出部分显著范式。在
19 世纪上半叶的氛围中，人们普遍对美国抱有一种混杂着不安和

（左侧页码：232）

---

〔1〕 尤其见 Tzetvan Todorov, *The Conquest of America*, trans. Richard Howard（New-York, 1984）；Anthony Pagden, *Spanish Imperialism and the Political Imagination*（New Haven, 1990）；Pagden, *Lords of All the World*（New Haven, 1995）；Karen Ordahl Kupperman（ed.）, *America in European Consciousness*, 1493–1750（Chapel Hill, 1995）。

蔑视的态度。[1] 这不但因为美国人不仅反抗王权、对抗他们的发源国家，也在于他们还发起了一场存在潜在危险的民主实验，而在法国大革命及其恐怖统治之后，这种政治组织模式在英国的精英圈中受到了相当多的怀疑（且常常是极度的恐惧）。这是一种大规模实施的新型大众政治的前兆。美国主要的记者和政治家们经常表现出的尖锐仇英心态更强化了这种反对。然而，人们对美国的看法从来都不是同质的。直至19世纪80年代，保守党大多在嘲笑这个国家和它的居民，而辉格党以及后来的自由党通常更同情这个国家。对于激进派而言，尤其是美国的发展，或实际上仅仅是美国的存在，似乎就保证了他们对英国深化民主的渴望并非不合时宜，且这一渴望可以在不成为紧张的批评者所预测的大灾难的牺牲品的情况下得以实现。（随着19世纪末美国政治体制的失败变得更加明显，以及19世纪90年代美国开始在夏威夷和菲律宾着手自己的全球性帝国使命，这种乐观情绪开始消退。）随着英国议会改革运动的势头越来越大，美国的示例在政治光谱 233 得到了广泛运用，而托克维尔的《论美国的民主》（1835、1840）一书常常成为影响受过教育的公众的手段。约翰·密尔在1835年评论道："所有在争论的一方著述或发言的人……都能迅

---

〔1〕见如 Paul Langford, "Manners and Character in Anglo-American Perceptions, 1750–1850" in Fred Leventhal and Roland Quinault (eds.), *Anglo-American Attitudes* (Aldershot, 2000), 76–90。James Mill, "Colonies," reprinted in Mill, *Essays from the Supplement to the Encyclopedia Britannica*, *Collected Works* (London, 1995 [1828]), 1–2; 以及 John Stuart Mill, "State of Society in America" [1836], *CW*, XVIII, 91–117。在19世纪后期，马修·阿诺德对这一主题表达了一种不同的看法，他认为英国正处于"美国化"的危险之中，粗俗理想和"文化匮乏"充斥着英国。Arnold, "Democracy" [1861], in *Culture and Anarchy and Other Writings*, ed. Stefan Collini (Cambridge, 1993), 13 and 15（原文为斜体）。

速迫使美国为他们服务。"[1] 这种不确定性成为托克维尔受欢迎的原因之一：他的论点既指出了民主的优势，也指出了民主的必然性，同时也对民主的弱点进行了深刻的分析。对民主的焦虑加剧了两国不时被打断的关系中的危机和对抗。尽管存在这些担忧，19 世纪初的几十年里，美国的重要性仍然在英国的政治意识中摇摆不定，且由于它在全球强权政治中相对无足轻重并与欧洲距离遥远，所以它经常处于幕后。它既是人们好奇的对象，也是人们全然钦佩或恐惧的对象。

美国内战（1860—1865）增添了人们对美国的兴趣，以至于在 1860 年至 1874 年间，这一兴趣"突然成为英国政治生活的主流"。[2] 且它留在了那里——一个对未来同时充满强烈欲求和可怕幻想之地。更大的不列颠联邦的批评者和支持者从这场冲突中得到了不同的教训：它或证明了联邦制足够强大，能够在这场危机中幸存，或证明了正是联邦制的弱点导致了战争。其他一系列显而易见的问题，包括旷日持久的阿拉巴马号案、日内瓦谈判以及爱尔兰裔美国人骚动，均确保了美国自 19 世纪 60 年代以来在英国人思想中持续占据的重要地位。这在一定程度上是世界明显缩小的结果（如第 3 章所述），因为对自然极限的重新设想使美国"更接近"欧洲。而同样的技术似乎使关于规模的古老想法变得多余，也让跨大西洋旅行变得更容易，进而导致人际交流和政治互动的

---

〔1〕 Mill, "De Tocqueville on America" [I, 1835], *CW*, XVIII, 49-50. 关于托克维尔对帝国辩论的影响，特别是在 19 世纪后半叶的影响，见 Edward Beasley, *Empire as the Triumph of Theory* (London, 2005), ch. 6; 及 Beasley, *Mid-Victorian Imperialists* (London, 2005).

〔2〕 Murney Gerlach, *British Liberalism and the United States* (Basingstoke, 2001), 5.

增加。[1] 这些发展构成了关于大英帝国未来辩论的重要背景。

正如"美国"在争取民主的激烈斗争中以截然不同的姿态发挥作用一样，它也在有关更大的不列颠的争论中扮演着不明确的所指对象。它为尚未到来的各种场景，为各种未来梦想提供了原材料。即使是那些认识到美国在维多利亚时代帝国话语中的中心地位的历史学家也往往没有充分说明它所扮演的各种角色。例如，尽管吉得·马丁强调了美国在整个 19 世纪辩论中的重要性，但他过于强调美国的连续性，却对随着时间的推移人们对美国看法所发生的巨大变化不够重视。[2] 虽然从 19 世纪 20 年代开始，美国确实是帝国话语中的一个常见所指对象，但在 19 世纪的最后 30 年里它被引用的频率显著增加，而它所产生的焦虑感也在美国内战后加剧。美国在 19 世纪后期是一个更强大、更令人不安的存在。在 19 世纪初，美国被视为一个明显的地方性威胁（尤其针对加拿大），并被视为一个重要的潜在竞争者、一个未来可能觊觎全球王座之徒。在随后的辩论中，它被视为对英国最高权威的有力挑战者。警惕的状态发生了从未来到现在、从可能变为现实的变化。与此同时，英国政治机体的医生们对美国政治制度的诊断方式（甚至可能的处方）也发生了重大转变。

本章将分析关于美国的观念如何塑造了更大的不列颠的愿

234

---

[1] 关于跨大西洋的问题及相互影响，见 Gerlach, *British Liberalism and the United States*; Hugh Tulloch, "Changing British Attitudes Towards the United States in the 1880's," *HJ*, 20（1977），825 – 40; 及 Christopher Mulvey, *Transatlantic Manners*（Cambridge, 1990）。

[2] Martin, "Empire Federalism and Imperial Parliamentary Union, 1820–1870," *HJ*, 16（1973），73-14. 其他强调美国重要作用的叙述见 Ronald Hyam, *Britain's Imperial Century, 1815–1914*（Basingstoke, 2002 [1976]）; Paul Kennedy, "The Theory and Practice of Imperialism," *HJ*, 20（1977），761–69; 及 D. George Boyce, *Decolonisation and the British Empire, 1775–1997*（London, 1999），ch. 2。

景。下一节将展现作为由有效的代表机构管理的庞大而充满活力的国家，美国是如何提供了一个运行联邦国家的最恰当示例。这显然是更大的不列颠联邦政治体的实用模板。但这个国家也被认为是英国经济优势甚至有时是地缘政治优势的威胁，且因此它成了引发关于殖民地联合争论的原初催化剂之一。对它的尊敬与忧虑交织，而这是第 2 节的主题。第 3 节阐述了关于规模与竞争的思想的作用。随后是对这样一种观点的检验，即一个庞大的政治组织是否可以在动荡世界中充当和平与正义的保证人。接下来我转向探讨过去是如何作为一种规范性机制对更大的不列颠的态度加以塑造的，因为所谓的独立战争的教训已经被认为深深烙入英国的政治意识之中。在结论中，我概述了部分关于盎格鲁－撒克逊全球联合，以及英国和美国未来结盟的必要性的主张，并指出跨大西洋愿景与帝国愿景之间的紧张关系。

## 未来的模式：作为样板的美国

> 看看美国吧——如何扩张，他们如何拒绝分裂。
>
> 约翰·希里：《帝国联邦所要达成的目标》（1886）

　　黑格尔曾于 19 世纪 30 年代宣称："美国是……属于未来的国家，且它在世界历史上的重要性有待将来的时代揭示。"它是一种新型政治秩序的先驱。对美国命运的普遍信念产生了广泛的期望，且这一信念也影响了整个 19 世纪的殖民思想。托克维尔是法国帝国主义的主要意识形态设计师之一，他将美国视为其希望在阿尔及利亚建构的社会的原型；而格拉斯顿于 1852 年指出，美国"就殖民制度而言,是试验性教学的伟大来源"。四分之一个世纪后,格拉斯顿追问查尔斯·达尔文进化论是否表明东方文明的衰落以及美国作为世界领导力量的胜利崛起。达尔文给出了肯定的回复。随着美国实力的增强,它所推动的想象力也在增强。戴雪宣称,维多利亚时代晚期可被称为"美国狂热"(Americomania)时期。[1]

更大的不列颠的支持者越过大西洋看到了帝国的未来。哲学家缪尔黑德在 1900 年的著作中指出,在 19 世纪 80 年代,"源于美国的论点发生了转变。美国不再是分离的理由,而是保留的理由"。尽管它在过去提供了一个繁荣的后殖民独立国家的模型,但现在它可以被用来帮助捍卫一种永久的殖民联系,这是因为它"展示了政治联盟是如何在广阔的领土上维系的"。[2] 这种美国"转向"是 19 世纪最后 30 年帝国辩论的共同主题,但并未得到普遍的赞同。例如,罗恩侯爵在 1885 年就抱怨道,将目标对准美国已经成为设定关于帝国参议院是否可行的辩论时的标准做法

〔1〕 Hegel, *Lectures on the Philosophy of World History*, trans. H. B. Nisbet (Cambridge, 1980 〔1822-31〕), 170; Tocqueville, "Notes on the Voyage to Algeria in 1841" in Tocqueville, *Writings on Empire and Slavery*, ed. Jennifer Pitts (Baltimore, 2001), 56; Gladstone, Hansard, 3, CLXII, 962 (May21, 1852); Adrian Desmond and James Moore, *Darwin* (London, 1991), 626; 及 Dicey, "Americomania in English Politics," *The Nation*, January 21, 1886, xlii.

〔2〕 Muirhead, "What Imperialism Means" 〔1900〕 reprinted in *The British Idealists*, ed. David Boucher (Cambridge, 1997), 244.

236 （而他反对这种做法）。[1] 美国被视为一个政治实验室，尤其被视为关于政治、民主和联邦制模式的试验场，且这些模式很有可能甚至不可避免地会在世界其他国家复制。这一愿景以对美国过去和现在的一种解释作为基础，而这种解释往往被大大简化，且容易让人迷失方向。不仅美国内战的进程常常被视为线性发展进程中的一个小插曲，而且对美国的实际分析也常常接近于赞歌。希里对美国的崇敬表现了联邦主义者的典型态度。他相信这或许是人类编年史上最幸福的政治体，是个体性格与政治制度复杂互动的幸运结果：

> 如果有人请求一位哲学家提供在一个社会中产生最多的纯粹幸福的秘诀，他会说先选择一些人，他们的性格系由几代人理性的自由、严肃的宗教信仰和勤奋的劳动所形成。将这些人放置在一个广阔的地方，那里不会有痛苦的压力降临到他们身上，所有人都能获得繁荣。逆境给人智慧和力量，但也给人痛苦；繁荣给人带来愉悦，但也松懈了他们的勇气。祸兮福之所倚，这是健全之幸福的秘诀，因为它带来的是愉悦而非迅速松懈的活力。

美国位于一个"温带地区，由条顿人的自由和新教组成"，

---

〔1〕 Lorne, *Imperial Federation* (London, 1885), 26 - 27；也见 C. R Lowell, "English and American Federalism," *FR*, 43 (1888), 189-95；及 George Parkin, *Imperial Federation* (London, 1892), 49。为随后将美国作为更大的不列颠模板，当时的手段系对美国建国进行倾向性解读，见 F. S. Oliver, *Alexander Hamilton* (London, 1906)。这本书影响了其他重要的帝国思想家，包括莱昂内尔·柯蒂斯和菲利普·克尔（洛锡安勋爵）。

并结合了旧世界和新世界的精华，为世界树立了一个光辉的榜样。[1] 且尽管过度自信将有丧失政治天堂的危险，但希里认为它仍处在伟大的巅峰。英国人可以从中学到许多。在这段赞歌中，我们可以看到希里理想中的更大的不列颠图景，也可以看到对两个强国之间竞争状态的一丝忧虑。

但是，美国之所以伟大，不仅因为它本身，而且因为它克服了许多障碍。与几个世纪以来的政治思想背道而驰，美国人成功地建立了一个领土广阔的共和国。这对一个长期存在的争论提出了实际的挑战，这个争论坚持认为不可能在如此广阔的规模中建立一个稳定的、非专制的政治体。这个国家日益增长的政治和经济活力似乎证明了联邦制可以发挥作用且效果良好，它事实上可以被视为在代议制机构的支持下统治大国难题的解决方案。[2] 加拿大帝国联邦主义者乔治·帕金——被迪尔克形容为"联盟的演说家"——观察到"美国的发展拓宽了政治视野"。他在一篇颇有启发性的文章中写道，美国"证明了在现代条件下，广袤的领土范围并非与代议制政府不相容，代议制政府系在英格兰诞生并发展，但它最显著的应用则在美国"。[3] 更大的不列颠联邦的

237

---

〔1〕 Seeley, *The Expansion of England*, 155–56. 关于美国的其他正面叙述，见 Greswell, "Imperial Federation" in *England and Her Colonies* (London, 1887), 8; Francis de Labillière, *Federal Britain* (London, 1894), 178; C. E. Howard Vincent, "The British Empire To-Day," *PRCI*, 16 (1884–85), 324; 及 William S. Harris, "The Commercial Advantages of Federation," *PRCI*, 13 (1881–82), 210.

〔2〕 在美国建国者重塑联邦含义的过程中，他们将其扩展至超越了旧有的邦联概念以及孟德斯鸠的联邦共和国体制 (*république fédérative*)，见 J. G. A. Pocock, "States, Republics, and Empires" in Terence Ball and Pocock (eds.), *Conceptual Change and the Constitution* (Lawrence, Kans., 1988), 55–78. 有关规模争论的有益研究，见 Jacob Levy, "Beyond Publius," *HPT*, 27 (2006), 50–90.

〔3〕 Parkin, *Imperial Federation*, 33; 及 Dilke, *Problems of Greater Britain* (London, 1890), II, 466.

支持者们从美国的明显胜利中预言了他们全球计划成功的可能性。联邦不再意味着软弱或一定规模下的专制。"自由与帝国"（Libertas et Imperium）——迪斯雷利对塔西佗巧妙地错误引用[1]——最终是可以和解的。

美国在两个方面取得了成功。首先，它表明联邦制政治安排足够强大，足以管理一个大国，而传统上与其相关的固有弱点可以通过巧妙的宪法设计加以规避。"未来国家的类型"，希里宣称，"体现在美国，它从东到西横跨了整个巨大的大陆，并断然拒绝屈服于分裂"。[2] 在讨论长期以来关于不可能远距离实现代议制的观点时（这是第3章探讨的主题），他声称，一个新时代已经到来："正是这些从我们这里分离出来的殖民地后来成为联邦组织的典范，那里的部分土地人烟稀少，新近才有人定居，而这片殖民地的广袤领土很容易与较早的社群相结合。"这是一种关于政治可行性的论点。其次，美国证明了自由可以在这样的政治组织中蓬勃发展。"全体人民享有最充分的议会自由"。[3] 尽管人们认为古代帝国已经证明了帝国和自由的不相容，且帝国无法随着时间的推移而维持，但美国证明这两个目标都有可能实现。这是一个关于规范性的论点，表明联邦制为自由的维持创造了必要条件。更大的不列颠被构想为一个以单一的代表制为基础的全球性政治体，并按照联邦制规则划分立法权，它据此具有了一个可

〔1〕 迪斯雷利在1851年创造了这个短语，Richard Jenkyns, *The Victorians and Ancient Greece* (Oxford, 1980), 333. 弗里曼也使用了这个短语，尽管是以一种批判的方式："帝国（Imperium）和自由（libertas）毕竟不像同事那样友好相处（"Imperial Federation," *MM*, 51 [1885], 444)。"批评也见 Herbert Spencer, "Imperialism and Slavery," *Facts and Comments* (London, 1902), 117。

〔2〕 Seeley, "Introduction" to *Her Majesty's Colonies* (London, 1886), xi.

〔3〕 Ibid., *The Expansion of England*, 74.

以借鉴的成功先例。

## 规模问题：作为竞争者的美国

美国也给更大的不列颠的支持者提出了一个艰巨的挑战。一位激进的联邦主义者写道，它是"我们最强大的对手"。[1] 维多利亚时代后期，人们对英国在世界上所扮演的角色信心不足，有时甚至认为其濒临危机，英国外部虽强大而有保障，但内部却有衰落的迹象——这反映在生产力、掌控力，甚至在道德和民族性格上。德国的崛起引起了人们的警惕，而法国则一如既往地成为人们习惯性的怀疑对象。俄国赫然出现在遥远的东方，威胁着印度帝国和其他地区的完整性。在大西洋彼岸，美国在内战后的复兴预示着一个强大的盎格鲁-撒克逊竞争者的崛起。这是建立更大的不列颠的谏言背后的主要驱动力之一。

美国在整个 19 世纪的政治经济和帝国战略的讨论中占据着重要地位。正如弗劳德在 1870 年所评论的那样，"我们目前与美国人没有争吵；我们由衷地相信我们可能永远不会与他们发生任何争吵，但从他们独立于我们的那一天起，他们就毫无疑问地成了我们的对手"。随着实力的增强，美国在英国精英意识中的地位愈发突出。当英国似乎在放缓甚至倒退时，美国却似乎在加速。这加剧了我在第 2 章中讨论过的对移民美国浪潮高涨的担忧。"他们构成了"，弗劳德警告说，"一个强国，他们的利益和主张 239

[1] Anon., "Imperium et Libertas," *WR*, 57（1880），92. 非联邦主义视角也见 James Keith, "Our Great Competitor," *NC*, 21（1887），792-79；及 Disraeli's speech, "Conservative Principles" delivered at Manchester, April 3, 1872, in T. E. Kebbel（ed.）, *Selected Speeches of the Late Right Honourable the Earl of Beaconsfield*（London, 1882），II, 522.

与我们产生竞争，且就民族力量取决于组成它的生气勃勃的男女数量而言，美国正变得愈发强大，而英帝国则愈发弱小，这在他们数以百万计的人口和其子女的成长过程中均是如此"。[1] 一个事实使情况变得更加复杂，那就是在 19 世纪最后几十年里，北美大草原的开放成为造成英国农业萧条的主要原因之一。尽管德国、俄国以及（较小程度上的）法国均被视为对英国的战略和军事威胁，但美国的形象仍在英国人眼中危险地盘旋，其巨大的潜力清晰可见。

造成这种威胁的两个因素——至少是人们对它的感觉——经常被忽视。首先，尽管美国主要被视为一个经济竞争者，但地缘政治方面的担忧也介入其中。其次，它被视为挑战了英国在盎格鲁-撒克逊"种族"中的领导地位。华盛顿已不再被广泛地认为构成对加拿大的直接军事威胁，尽管仍有部分人存此观点。戈德温·史密斯对加拿大并入美国的大声疾呼煽起了这种观点的暗淡火焰。[2] 相反，挑战是全球性的。1869 年，威廉·维斯加特在皇家殖民地学会发表演讲时指出，大英帝国呈现了"历史上同类事物中最壮观的景象"。然而，一个迫在眉睫的危险在于，如果殖民地被放弃，那么这个地位就会丧失，而他暗示美国将会取代英国成为世界政治领袖。[3] 两条论证路线占据了主导地位。一

---

〔1〕 Froude, "England and Her Colonies," *FM*, 1（1870），1.

〔2〕 Smith, *Canada and the Canadian Question*（London，1891）. 包括帕金在内的殖民地联合主义者对史密斯的立场进行了尖锐的反驳，见 *Imperial Federation*，ch. VII；及 De Labillière, *Federal Britain*，ch. 11。这是一个世纪以来激进分子和法裔加拿大人的共同主题，George Lillibridge, *Beacon of Freedom*（Philadelphia，1955），40；及 Miles Taylor, "The 1848 Revolutions and the British Empire," *P&P*, 116（2000），162-63。

〔3〕 Westgarth, "The Relation of the Colonies to the Mother Country," *PRCI*, 1（1869），84-85.

条路线认为如果殖民地有机会作为独立国家发展，最终结果将产生一系列充满活力的新国家，而旧的英国则将丧失一个主要的力量来源。没有殖民地，英国只是一个中等规模的欧洲国家，如同参孙剪去了头发。亚历山大·高尔特认为，殖民地独立后"我们将成为一个无足轻重的独立国家"，这个"小国家"仿佛"地球上强大国家的玩物"。另一名联邦主义者警告道，"事实是，除非我们准备好只要在海外同胞们符合主权国家要求的情况下就尽快地分享我们的主权，并满足于与他们生活在同一个王权下且处于平等的条件上，否则我们将被降格为二流或三流的强国，而他们将发展成独立的、强大的甚至可能是敌对的国家"。帕金坚持认为，大英帝国必须"与时俱进"，如果忽视这种扩张和团结精神，英国就会丧失其霸权地位。"如果英格兰想要维持她迄今在世界民族中的地位，她就必须努力把她帝国中遥远的部分联合起来"。[1] 拉比耶埃赫警告道，美国是"全能且有统治力的"。更大的不列颠是全球范围内唯一合适的回答。

> 英格兰如与帝国的其他部分分离，那么将保持静止（stationary）或相对静止，而新的国家将在人口、财富和权力方面成长起来并超越她。……如我们团结在一个伟大的英帝国联盟之中，将来就会站在与美国联盟或任何其他强国同等的地位；如分离，英格兰及任何殖民地将世世代代都无法做到这一点，且我们必须在不久的将来

240

---

〔1〕 Galt, "The Relations of the Colonies to the Empire," reprinted in *PRCI*, 14 (1882–83), 395; 〔Urquhart Forbes〕, "Imperial Federation," *LQR*, 4 (1885), 332; Parkin, *Imperial Federation*, 25; 及 Wilson, "A Scheme for Imperial Federation," 597–98。

将盎格鲁－撒克逊民族的领导权交给我们的美国表亲。[1]

为了回击这一双重挑战，英殖民帝国将不得不进行宪法改革。另一种观点则认为，如果他们如此粗心地让其宝贵的殖民地脱离，这些处于萌芽的国家的领导人迟早会意识到在一个由巨大政治单位所控制的世界里将不可能获得繁荣，他们会寻求与一个不同的强国组成联盟，显而易见的选择就是美国，他们将被并入正在扩张的更大的美利坚。更令人担忧的是，一些帝国主义者已经察觉到与日益咄咄逼人的美帝国在殖民地问题上发生军事对抗的威胁。[2]

241    托克维尔在《论美国的民主》的结尾中预言未来属于俄国和美国。40 年后，希里目睹了这个预言的实现。希里警告道，美国在西方正变得愈发强大，而在欧洲的另一边，"俄国在极为不同的情况下再次证明，现代世界有能力在广阔的空间里进行政治结合"。他接着谈道，这些国家"已经表明，在当今时代世界政治联盟的规模可能比以往更大"。[3] 必须采取紧急行动来对抗这些巨人。另一位联邦制拥护者警告道："美国和俄国目前的发展有可

---

〔1〕 De Labillière, *Federal Britain*, 213 and 46. "静止"（stationary）一词的使用就说明了这一点，其系将"静止"（stationariness 通常与中国有关）与"动力"（dynamism 通常与英国有关）截然对立的习惯用语。见 Stefan Collini, *Public Moralists*（Oxford, 1991），108 and 274。

〔2〕 关于与美国的合并，见 Froude, "England and Her Colonies," 1-3 and 15；及 Seeley, *The Expansion of England*, 15。詹金斯认为美国对南半球的威胁不亚于德国或俄国，［Jenkins］, "An Imperial Confederation," *CR*, 17（1871）, 66。

〔3〕 Tocqueville, *Democracy in America*, II, 456-57; Seeley, "Introduction," xi-xii；及 Seeley, *The Expansion of England*, 159。

能使欧洲的老牌国家相形见绌，而智者会建议英格兰民族的联合"。[1] 这样的联合将维持英国在全球最高权威中的合法地位。迪尔克也存在类似的担忧，他在《更大的不列颠》中提出，未来的主要强国都将是大陆大小的国家：美国和俄国已经是这样的了，尽管前者还将吸收加拿大和墨西哥。除英国外，整个欧洲都将落入德国之手。而更大的不列颠，一个没有了加拿大的支离破碎的全球性政治体，也将加入这个排外的俱乐部。他随后在《更大的不列颠的问题》一书中提出，"未来对世界的控制权"将由四个大国分享：俄国、中国、美国和更大的不列颠。美国人和英国人被认为属于同一个种族群体，如果更大的不列颠（现在加拿大是其不可分割的一部分）继续保持统一和强大，他们就会逐渐领先另外两个种族。[2] 如此害怕被矮化并非第一次。1828 年，威廉·赫斯基森（William Huskisson）宣布，"英国不能承担得起变小"，且恰恰是殖民地造就了它的伟大。[3] 这一直是殖民地改革运动著作中的一个重要主题，并在 19 世纪后期达到了高潮。更大的不列颠的理论家们决心要证明托克维尔对未来的愿景并非注定，而英国人将在管理世界中扮演关键角色。

　　他们的论点在两种相互矛盾的回应之间交替。有时他们似乎在暗示，更大的不列颠的主要目的是平衡俄国、德国和美国的力量。这是欧洲抑制强国野心的传统机制，尽管这次是在全球范围内推进。但正如我们将在下一节看到的，最常见的论证路线是建 242

---

〔1〕 Samuel Wilson, "Imperial Federation," *NR*, 4（1884）, 386.

〔2〕 Dilke, *Greater Britain*, I, 104 – 105；及 Dilke, *Problems of Greater Britain*, II, 583, 384。他设想与中国结盟，而这将给东方带来和平与稳定（II, 86, 160, 492）。

〔3〕 Huskisson, speech on May 2, 1828, in the *Speeches of the Right Honourable William Huskisson*（London, 1831）, II, 287.

议更大的不列颠应承担起领导全球的责任。它将如此强大，以至于不太可能或不可想象会出现实质性的竞争。因此，根据这一定义，它将脱离平衡的逻辑。这正如帝国政治思想中常见的那样，人们提出了问题，偶尔给出了答案，但细节和后果均未被探究。缺乏明确性的部分原因在于更大的不列颠的支持者很少区分三个方面的权力：军事、经济，以及（更模糊的）道德。平衡需要前者，而为了为不断增加的军事支出提供资金，前者又以次者为前提；另一方面，全球领导地位建立于宣称道德优越的基础之上，但前提是拥有经济和军事实力。在平衡和霸权统治观念之间的摇摆不定以及未能恰当地界定英国权力的来源，这些表现背后的原因在于对更大的不列颠的底层逻辑的不确定。

英国的地位充满了讽刺意味。在 19 世纪的大部分时间里，欧洲大陆尤其是法国和德国的政治评论家都感到自己被东方和西方的两大帝国——俄国和英国——所笼罩着，甚至陷入了困境。这激发了他们对领土帝国、对同样拥有一席之地的渴望，这种渴望在 19 世纪的最后几十年得到了满足，同时引起了伦敦的强烈关注及对英格兰扩张的进一步呼吁。英国对俄国和美国的恐惧呼应了法国和德国对被包围的恐惧，且这可以被看作西欧的国际政治主导地位开始终结的又一个标志。托克维尔的预言当然在 20 世纪得到了充分的证实。

担心被强国超越引发了另外一系列担忧。英国不仅会失去其在世界上领先的政治和经济力量的地位，而且这一地位还会被一个主要由同种族人组成的国家夺走。[1] 这场叛乱意味着双重打击，不仅激起了人们对地缘政治力量结构的担忧，还引发了人们

---

〔1〕 Froude, "England and Her Colonies," 15；及 De Labillière, *Federal Britain*, 46。

的恐慌：盎格鲁-撒克逊世界的"领导权"将永远丧失。在北美革命年代这个问题曾偶尔出现在辩论中——当时由于不可阻挡的人口趋势，盎格鲁-撒克逊王国（Anglo-Saxondom）的立法权威可能会发生转变[1]——但至19世纪的最后几十年，它已经成为广泛恐慌的根源。借用一个当时很常见的家庭习语，似乎后代已经回家并从父母那里争夺权力。但领导权的丧失可以从更积极的角度加以解读。迪尔克认为，由于美国人和英国人"本质上是一体的"，英国人只是在继续他们的全球发展，只是这一次使用了不同的政治工具。不列颠人被设想为一个种族共同体而非一个严格的政治共同体，因此他们不再受国王主权的限制。他们携带着自己的习俗、文化和政治习惯慢慢地分散在世界各地。他写道，在美国的创建过程中，世界见证了"一个新的英格兰国家的崛起"，这个国家现在处于不列颠人民全球化的前线。他继续谈道：

> 美国……将不仅成为英格兰人的国家，而且在其类型的多样性上正成为拥抱世界的国家；且正如英格兰元素赋予了这片土地语言和历史，美国通过撒克逊制度和英语统治人类，为英格兰种族提供了全球的道德管理权。英格兰经由美国向世界发话。[2]

权力和威望从英国至美国的明显转移也代表着现代性接力棒的传递。自18世纪60年代起，英格兰人在自身及外国访客心中

---

〔1〕 Smith, *An Inquiry into the Nature and Causes of the Wealth of Nations*, Book IV, 625-26; 及 Benjamin Franklin, *The Interest of Great Britain Considered* (London, 1760)。

〔2〕 Dilke, *Problems of Greater Britain*, I, 5; 及 Dilke, *Greater Britain*, I, 226 and 318。

的形象反映出英国已经成为最能说明可能影响现代世界发展趋势的国家。[1] 商业、宪法和工业创新共同创造了一幅充满活力和不屈不挠的进步图景，将这个国家的形象从封闭的封建历史中拖拽出来并投射到广阔的全球未来。这是对传统民族自我认识的彻底颠覆，而这在某种程度上有助于解释 19 世纪晚期英国人对其遗产的恢复和崇敬的痴迷；激进的变革需要与对过去辉煌的认可相平衡（并使之更容易被接受）。[2] 这也有助于解释对美国的恐惧和钦佩，因为在 19 世纪的最后几十年里，现代性先驱的角色正迅速地滑向大西洋彼岸。

人们对美国的看法植根于一系列广泛认同的假设，即规模在决定世界秩序结构方面的重要性。人们普遍认为，大规模的国家在其人民中培育了信心和对未来可能性的广泛理解，他们不可能被吓倒。这既是一个残酷的物质力量问题，也是一个政治上的自我意识问题。在英国大学的一本标准读物中，瑞士出生的法律哲学家伯伦知理写道，国家的"范围""对其政治性质和发展产生了巨大影响"。[3] 更大的不列颠的支持者表示赞同。帝国主义的自由党批评家约翰·罗伯逊（J. M. Robertson）正是基于这种对规模的痴迷才严厉批评"我们的大国癖们（megalophiles）"。他以希里和霍布豪斯为例，认为"当小小的地理范围可以被理解为一种指责时，爱国主义的真正自豪感将必然丧失"。[4] 人们认

---

[1] Paul Langford, *Englishness Identified* (Oxford, 2000), 5-7.

[2] 保存和珍视古代英格兰"遗产"的想法是 19 世纪晚期的一项发明，Peter Mandler, "Against 'Englishness,'" *TRHS*, 6th series, 7 (1997), 155-76。

[3] Bluntschli, *Theory of the State*, trans. D. G. Ritchie, P. E. Matheson, and R. Lodge (Oxford, 1885), 222.

[4] Robertson, *An Introduction to English Politics* (London, 1900), 257; 及 Hobhouse, *Democracy and Reaction* (London, 1904), 17.

为，大规模的政治单位更有能力处理国际事务的现实紧急情况，这种规模可以等同于能力和威望。尽管一个国家的实力主要是通过其人口规模评估的——这表明了其潜在的"兵源实力"（rifle strength）——但这反过来又取决于一系列因素，包括其边境的脆弱性、自然资源基础、人口的地理密度和工业设施等，这些要求具备广阔的物理规模。此类担忧与新兴的"地缘政治"领域同时发生，人们普遍认识到地理的政治重要性。[1] 这不仅体现在帝国主义者的理论著作中，而且体现在他们对扩大中小学地理教育的支持上——这种扩大本身受到帝国主义的影响，有时直接受到帝国关切的塑造。哈尔福德·麦金德（Halford Mackinder）是英国地缘政治学的主要支持者，也是帝国联盟的早期倡导者。他认为，人类历史已经走到一个关键的时刻：由于不存在进一步的征服空间，西方帝国扩张的"哥伦布时代"已经结束，世界最终"封闭"了。如今的政治和经济竞争将会加剧，之前的出路将不复存在，而由"民主国家联盟"组成的英殖民帝国必须团结以确保自己的地位，进而对抗日益壮大的两大"欧亚"强国（俄国和德国）。这两大强国威胁要控制"心脏地带"，这一地带后被他称

〔1〕 关于"政治地理学"重要性的早期线索，见 Dilke, *Greater Britain*, I, 106-107。关于地缘政治学，见 Jonathan Haslam, *No Virtue Like Necessity* (New Haven, 2002), ch. 4; 及 Robert Strausz Hupe, *Geopolitics* (New York, 1942)。希里与地缘政治学的讨论也见 David Worsley, "Sir John Robert Seeley and His Intellectual Legacy," unpublished PhD thesis, University of Manchester, 2001, 206-20。

为"历史的地理枢纽",并广为流传。[1] 作为皇家地理学会(Royal Geographical Society)的主席,罗恩认为在由帝国间竞争定义的世界中,系统的地理知识积累必不可少。这对加强更大的不列颠也至关重要。他认为,"知识和共情对帝国的巩固必不可少",因为这种知识(以及它所灌输的共情)"为伟大地位提供了新的支柱,因此也为帝国的联合提供了新的支柱"。这对移民而言尤其重要,他们需要关于他们将要居住的土地的准确信息。[2] 空间的政治维度、多样的物质和文化环境所诱发的道德和心理效应,以及(个人和集体的)性格与地貌的关系——所有这些都是维多利亚帝国思想的核心。[3] 对地理知识的创造和传播的关注亦如此,理解世界是控制世界的前提。

在一个日益相互依存的世界上,各国甚至不能再试图将自己孤立于其他国家的行动和利益之外。在《英格兰的扩张》最重要的一段中,希里写道:"这些新情况使我们有必要重新考虑整个殖民问题。它们首先使实现更大的不列颠的旧乌托邦成为可能,与此同时它们也使如此行事几乎成为必要。"这里需要理清两个相

---

　　〔1〕麦金德最初是一个自由党人和自由贸易者,后来成为张伯伦失败的关税改革运动的主要支持者以及一名热心的保守党人。见 Mackinder, "The Geographical Pivot of History," *Geographical Journal*, 23 (1904), 421–37。关于他的帝国主义概念,见 Brian W. Blouet, *Halford Mackinder* (London, 1987), ch. 9; W. H. Parker, *Mackinder* (Oxford, 1982), ch. 3; 及 Gerry Kearns, "*Fin de Siècle* Geopolitics" in Peter Taylor (ed.), *Political Geography of the Twentieth Century* (London, 1993), 9–25。关于地理学与帝国的牵连,见 David Livingstone, *The Geographical Tradition* (Oxford, 1992), ch. 7; 及 Felix Driver, *Geography Militant* (Oxford, 1999)。

　　〔2〕Lorne, "The Annual Address on the Progress of Geography, 1885–86," *Proceedings of the Royal Geographical Society*, 8 (1886), 420–22.

　　〔3〕乌代·辛格·梅塔(Uday Singh Mehta)认为,19 世纪的英国自由主义(帝国)思想家没有对领土问题进行过严肃的反思,这一观点与更大的不列颠的争论相矛盾。Mehta, *Liberalism and Empire* (Chicago, 1999), ch. 4.

互交织的论点。第一个论点系关于这样一个事实：随着通信技术的革命，一个真正的更大的不列颠终于有可能出现。曾经被认为是乌托邦的东西现在变得合理了。第二个论点则与希里的神秘陈述有关，即"几乎必须如此行事"。虽然第一个论点指向的是可能性，但第二个论点指出了一些潜伏在这个重新想象的世界中（并因此产生尖锐矛盾）的危险。随着地球的缩小，竞争似乎愈发激烈，仿佛通过放大镜投射了出来。希里声称，"那些使庞大政治联合成为可能的发明往往会使旧规模的国家变得危机四伏、无关紧要并沦为二流"。[1] 我们需要从这个角度来理解对美国的焦虑。主张政治和经济上的相互依赖当然并非新鲜事；毕竟，休谟、斯密和康德在 18 世纪就已经清楚地认识到两者相互作用的交叉范式决定了国际政治的逻辑。[2] 但这种对相互关系的敏感性如今被增强了。正如史蒂芬·克恩（Stephen Kern）所观察的，"新技术如此迅速地改变了经验的范围，以至于未来似乎以一种像斯特拉文斯基（Stravinsky）的音乐那种匆忙而不规则的节奏奔向现在"。[3] 未来"仓促"地进入了一个突然显得小得多的世界里，在这个有限的空间里人们难以想象和平共处的情景。由此而 246

----

〔1〕 Seeley, *The Expansion of England*, 74 and 75. 也见 Seeley, *Introduction to Political Science*, 81-82；及 "Georgian and Victorian Expansion," *FR*, 48（1887），137。

〔2〕 Smith, *An Inquiry into the Nature and Causes of the Wealth of Nations*, especially Books III and IV；Hume, "Of the Jealousy of Trade" in Hume, *Essays*, *Moral*, *Political*, *and Literary*, ed. Eugene F. Miller（Indianapolis, 1987），327-32；及 Immanuel Kant, "Perpetual Peace"〔1795〕in Kant, *Political Writings*, ed. Hans Reiss, 2nd ed.（Cambridge, 1991），93-125。这是一个共同的主题，因为政治思想家们开始努力解决 17 世纪国家间贸易产生的问题。见 Hont, *Jealousy of Trade*。关于 19 世纪中期的清晰示例，见 Karl Marx and Friedrich Engels, *The Communist Manifesto*〔1848〕, ed. Gareth Stedman Jones（Harmondsworth, 2002），223。

〔3〕 Kern, *The Culture of Time and Space*, 1880-1914（Cambridge, Mass., 1983），88.

来的信念是必须建立庞大的、整合的国家。尽管达尔文和更普遍的类科学社会理论几乎没有涉及关于更大的不列颠的争论，但"适者生存"原则的轮廓可以从对激烈竞争的迷恋中发现。世界正在缩小的看法同时引发了人们对相互联系且濒临危险的偏执与警觉，其政治影响仅在一代人之后的法兰德斯战场的杀戮中就已显现。

除了对巨大政治单位价值的争论之外，人们还存有一种信念，即历史正在走向一个由数量不断减少的庞大全能政治体统治的时代。最常见的示例是德国、俄国，当然还包括美国。最大者比比皆是。格瑞斯韦尔宣称，"这是大规模国家和庞大军备的时代"。"在世界的未来"，一位联邦主义者预言，"伟大的帝国似乎注定要取代今天的小国"。[1] 弗劳德警告道，如果被伦敦放弃，那么殖民者可能会寻求与美国结盟，而这样的教训非常清晰。"小规模国家的时代不复存在：从前分割国与国的天然疆界已经被打破；如今，各国的利益如此紧密地交织，每个国家都感到归属于一流强国的好处"。[2] 民族主义和国家兼并在一种新的世界秩序中相结合。迪尔克曾断言："弱国，而非强国，将不再存在：在这方面，德国的统一是一个新时代的开端。"他写道，因此美

---

[1] Greswell, "The Imperial Federation League," 196；及 Wilson, "A Scheme for Imperial Federation," *NC*, 17 (1885), 592。也见 Seeley, *The Expansion of England*, 283；[Jenkins]，"Imperial Federalism," 175；及 Frederick Young, *On the Political Relations of Mother Countries and Colonies* (London, 1883), 15。

[2] Froude, "England and Her Colonies," 15.

国"在很多方面都是全球的主导国家"。[1] 对兼并的必然性的信念引出了最后一个观点。正如我在前文的概述，美国的示例被认为已经证明了大国可以与自由调和。但如果世界正无情地向强国的方向上前进，这便暗示着这样一个国家对于保障自由的神圣条件而言必不可少，且至关重要的是要将这些条件嵌于一个足够坚固的制度外壳中，以驾驭未来的动荡浪潮。只有"巨大的"政治组织才能促进和保护自由，更大的不列颠再一次提供了答案。

## 和平与正义：霸权的福利

> 在未来那个必将到来的时刻，当我们的殖民地在地位、人口和实力上都有所提升时，这个由同一种族组成的联盟——更大的不列颠联邦——不仅将保障自身的安全，而且将成为维护世界和平的有利因素。
>
> 约瑟夫·张伯伦：《光荣孤立》（1896）

正如人们所宣称的那样，一个强大而自信的更大的不列颠将有益于整个地球，它将成为一个不可或缺的国家。长期以来，全球联邦制秩序的理念一直在对更和平未来的想象中发挥着作用。赫伯特·斯宾塞可能是 19 世纪最受欢迎的英国哲学家，他从 19 世纪 40 年代开始便一再主张由重要国家组成的联邦是避免国家

---

〔1〕 Dilke, *Greater Britain*, I, 274 and 48；张伯伦在 1902 年重复了这句话，宣称"时代属于强大帝国而非弱小国家"。Speech at Birmingham, May 16, 1902, in J. L. Garvin and J. Amery, *The Life of Joseph Chamberlain* (London, 1929-68), IV, 177. 也见 Froude, "England's War" 〔1871〕 reprinted in Froude, *Short Studies on Great Subjects* (London, 1907), III, 276。

间冲突野蛮循环的最佳方式，而这种循环是由"好战"风气的残余所造成的。他在《社会学原理》（*The Principles of Sociology*，1882）的第 5 章中指出，"在不久的将来，由行使最高权力的各个最强大国家（highest nation）组成的联邦（'强国'之间偶尔达成的协议已经预示了这一点）可以通过禁止在任何组成联邦的国家之间发生战争来结束不断毁灭文明的再野蛮化"。[1] 这是维多利亚晚期政治思想的共同主题。[2] 然而对这个长期的梦想而言，英殖民帝国联邦并不是答案，甚至也非朝正确方向上迈出的一步。斯宾塞对帝国联邦持强烈批评态度，他在回复一个宣传"泛大不列颠思想"的委员会的邀请时，写道："在我看来，大不列颠和她的殖民地组成的联邦将会鼓励殖民地采取侵略行动，它们会比现在更加积极地侵占领土，而且还会不断地要求母国提供军事和财政援助。"但对包括霍布森在内的其他人而言，一个更大的不列颠联邦是寻求更温和的全球秩序的重要制度基础。[3]

更大的不列颠的支持者通常坚称他们的愿景是国际正义和安全的保障——事实上，他们在暗示安全是正义的先决条件，即使不是充分条件，那也是创造一个更和谐世界的必要条件。"对于任何阶级的人而言"，尤勒思·沃格尔宣称，"联盟都不应当比那

---

〔1〕 Spencer, *Principles of Sociology* (London, 1876-96), III, 600. 他对这一问题的早期看法见 Spencer, *Social Statics* (London, 1851), 272-73。关于他的国际思想，见 Casper Sylvest, "Liberal International Thought in Britain, 1880-1918," unpublished PhD thesis, University of Cambridge, 2006, ch. 3。

〔2〕 也见 Duncan Bell and Casper Sylvest, "International Society in Victorian Political Thought," *MIH*, 3 (2006), 1-32; David Weinstein, "Consequentialist Cosmopolitanism" in Duncan Bell (ed.), *Victorian Visions of Global Order* (Cambridge, 2007); 也即第 4 章的讨论。

〔3〕 Spencer to J. Astley Cooper, 20 June 1893 in D. Duncan, *The Life and Letters of Herbert Spencer* (London, 1908), 328; 及 Hobson, *Imperialism* (London, 1902), 332。

些渴望废除战争恐怖的主张更有吸引力"。另一位支持者写道，一个帝国联邦将"对整个世界有着无法估量的价值"。詹金斯在他早期的联邦主义者宣言中表示赞同："我们不能夸大大国或联盟对世界和平与进步的优势。它们通过建立共同公民权的纽带减少了构成它们的较小社群之间发生战争的可能性，并在发生纠纷时将所有人置于一个永久的、高级的仲裁机构之中。"[1] 这是一个温和的、家长式的霸主。更大的不列颠是给人类的赠礼，其表达出英国在政治组织方面的"天赋"。弗雷德里克·杨在剑桥举行的一次帝国联邦联盟会议上谈道，"政治联盟的果实将……在智慧和繁荣的民族的进步中被发现，他们行进在文明的潮流中，这不仅是为了他们自身的利益，也是为了全人类的利益。虽然他们分散在地球的广阔平面上，但这个政治联盟将使得他们团结在一个民族中"。如果至少以如此规模实施，这样一种仁慈的发展在世界史上将是独一无二，"罗马的影响范围与之相比变得无足轻重。"[2] 而且，这样一个强大而稳定的政治体是帮助管理帝国其他地区的最佳平台。来自新西兰的首要帝国主义者詹姆斯·海特（James Hight）强调英国必须"将法律和正义的统治延伸至整个地球"，他宣称：

> 英国是最进步、最公正的现代民族的领导者。因此，由她来引导并控制初生和幼儿阶段的国家的命运是合适

［1］ Vogel, "Greater or Lesser Britain," *NC*, 1（1877），828；Anon. , "The Federation of the British Empire," *WR*, 128（1887），485；［Jenkins］, "An Imperial Confederation," 79. 也见 Greswell, "Imperial Federation. Prize Essay," 38；及 de Labillière, *Federal Britain*, 166。

［2］ Young, *An Address on Imperial Federation*（London，1885），23. 也见 Parkin, *Imperial Federation*, 46。

的；人类低等种族的命运不应交给除她之外的任何人，这些低等种族中的许多人正与不那么仁慈的强权统治进行着不平等的生存斗争。[1]

这种认为英国人在道德上优越的自负信念并没有说服所有人。殖民部前常务次官弗雷德里克·罗杰斯（Frederic Rogers）是殖民地独立的支持者，他认为帝国联邦是一个"无法实现的幻影"。他质疑盎格鲁-撒克逊人的自鸣得意："主张联盟基于这样一个基础，即虽然盎格鲁-撒克逊人是温带地区土著居民的伟大终结者，但当他们结盟时，他们将树立一个新的、杰出的正义和人道的典范。但这些在我看来似乎是一种超越现实的期望。"[2]然而，这在很大程度上只是少数人的观点。帝国主义者怀着傲慢的信念步上了约翰·密尔的后尘。密尔在19世纪60年代早期曾表示，殖民帝国"就目前而言是迈向普遍和平和国家间普遍友好合作的一步"。

它使许多原本独立的民族之间不可能发生战争；更重要的是，它会阻止任何一个民族被外国吸收，进而成为其他无论更加专制抑或近在咫尺的敌对势力的侵略力量的额外来源，而这些敌对势力可能不总是像英国那样谦虚低调或温文尔雅。它至少保持了不同国家市场的相互开放，并防止了通过敌对关税相互排斥，而除了英国

---

〔1〕 Hight, *The English as a Colonising Nation* (Wellington, 1903), 11–12.

〔2〕 Rogers, *Pall Mall Gazette*, January 19, 1885, reprinted in George Bennett (ed.), *The Concept of Empire* (London, 1953), 293. 自19世纪60年代起，他就深信殖民地正在走向独立。更多罗杰斯的信息见 Beasley, *Mid-Victorian Imperialists*, ch. 4.

以外，任何伟大的人类社会都还没有完全超越这种敌对关税。而就英国的领地而言，它具有一种在目前特别有价值的优势，即有利于在各种世界会议中增加道德影响和道德分量，而它是全世界强国中最理解自由的——无论它过去犯过什么错误，它在与外国人打交道时所达到的良知和道德原则，都比任何其他伟大民族所能想象或所欲承认的要多。[1]

250

密尔提出的许多观点被更大的不列颠的支持者不断重申。首先，他将战略和经济因素相结合以为殖民地联合之优势辩护。其次，他声称大型政治单位的优势在于通过限制国际体系中敌对主权共同体的数量降低战争的可能性。再次，他认为保留这些殖民地可以消除它们被另一个强国"吸收"的危险，这种"吸收"的结局将是在增强竞争对手的同时削弱英国。最后且也许是最重要的一点在于，他认为英国人在道德上优于其他人，因此他们理应获得全球领导地位的桂冠。他们不仅将以比任何其他竞争者更多克制和更为认真的态度处理此问题，而且在如此行事的过程中英国将为其他国家在谋求自由和进步方面提供一个榜样。

对更大的不列颠的诉求可以解读为对一种由来已久的观点的呼应，即一个有道德的霸权势力或曰"人类之友"是解决充满着国家间争议和暴力关系的世界难题的理想方案。一个强大的、商业的、进步的国家将在国际事务中成为一种规训性的存在，它既提供了一个善行榜样，也对全球秩序的违背者施以惩罚的威胁。它同时挥舞着胡萝卜和大棒。在 18 世纪，法国的芬乃伦

---

[1] Mill, *Considerations on Representative Government*, *CW*, XIX, 565.

（Fénelon）和米拉波（Mirabeau）以及德国的费希特等人经常提出这种以欧洲国家体系为焦点的论点。基于同样的基本理念，殖民地联合主义者将这个工程的规模和野心从欧洲扩展到了全球。

## 穿过黑暗的玻璃：作为教训的美国

我们从 1776 年吸取了教训，且必然从中受益。

弗雷德里克·杨：《关于帝国联邦的演说》（1885）

帝国主义者们被过去所困扰。历史给予了教训，也为成功的帝国治国之道提供了指引：它是现代君主们最重要的建议来源。而美国则逐渐灌输了一个最原始但又至关重要的教训，那就是必须尊重殖民者的意愿，因为如果他们得不到安抚，就会背叛自己的君主。"北美战争的记忆"，希里哀叹道，"对我们而言是一种耻辱"。这场革命造成了"更大不列颠的分裂"，这是政治构造上的一道裂痕。英国人需要认识到这一点，并抓住他们的"第二次机会"。[1] 这一理解在塑造维多利亚时代思想家设想的"母国"与其殖民领土间联系方面发挥了至关重要的作用。害怕重复过去的错误所带来的是一种紧迫感和一种信念，即至关重要的是将帝国的各个元素更紧密地结合在一起，将它们编织在单一的巨大织

[1] Seeley, *The Expansion of England*, Lecture VIII; Seeley, "Introduction," xvi; 及 ["A Colonist"], "A Proposed Reform of the English Constitution," *FM*, 8 (1873), 603。相似的观点也见 Arthur Cooper Key, "Naval Defence of the Colonies," *NC*, 20 (1886), 285; Andrew Robert Macfie, "On the Crisis of the Empire," *PRCI*3 (1871-72), 3; Daniel Cooper, *A Federal British Empire* (London, 1880), 3; 及 John Clifford, *God's Greater Britain* (London, 1899), 13。

物之上，而非过多疏远殖民者以至于使他们被迫要求独立。

对未来的潜在担忧来源于对大英帝国如何在乔治三世和其大臣们的灾难性政策下四分五裂的叙述。18 世纪的惨败不能重演。对弗雷德里克·杨而言，这个教训直接且深刻："无代表权的征税不可能发生。"至关重要的是应将日益自信和繁荣的殖民者纳入全球政治体的立法结构。然而，尚不清晰的问题在于从过去的错误中吸取教训是否预示着帝国联邦的成功。霍布森认为，在 19 世纪的最后几十年里，殖民政策的方向受到了美国独立创伤的强烈影响。他认为，大不列颠"总体上很好地从北美革命中吸取了教训；她不仅允许而且支持其澳大利亚和美洲殖民地的日益独立"。这项政策既是一种政治需要，也是一种障碍。前者是因为如果没有它，帝国将处于严重的压力之下，历史很可能会重演；后者则因为它意味着联邦愈发地不可行。[1] 另一些人则持乐观态度，他们认为，若正确地吸取历史教训便可指导有效的政治行动，并促进殖民地的联合。

由于害怕过去错误的重演，殖民地联合主义者采取策略以劝说殖民者加入他们对全球和谐的追求之中。这限制了可以提出的论点的类型：变革是需要的，但不能强加给英国臣民。更大的不列颠的支持者不得不说服而不是哄骗那些通常不情愿的殖民者接受他们的大胆计划。且在授予"责任政府"后，人们认为不论是否准确，帝国都是依靠最简单的行政联系来维系。[2] 正如戈德

252

---

〔1〕 Hobson, *Imperialism*, 348.

〔2〕 关于殖民者对英国待遇的反感图景，见 Charles Gavan Duffy, "How British Colonies Got Responsible Government," I, *CR*, 57（1890），617-43 and II, *CR*, 58（1890），153-81。这些作品要求殖民者在他们自己的决策中掌握更大的发言权，它们以对帝国联邦的有条件的支持而结尾。也见 Duffy, "Some Fruits of Federation," *IF*, 5/3（1890），68。

温·史密斯嘲笑的那样，这些联系只不过是一种"细丝"，一种无力且"轻薄的织物"的一部分。[1] 密尔同样注意到英国与其更强大的移民殖民地间联系的自愿维度。

> 现在，英国在理论上宣称并在实践中忠实地坚持的一个确定的政策原则是：她的欧洲种族的殖民地同母国一样拥有最充分的内部自治。他们被允许以自己认为合适的任何方式修改我们给予他们的已广受欢迎的宪法，从而制定他们自己的自由代议制宪法。每块殖民地都有自己的立法机构和行政机构，根据高度的民主原则管理。[2]

脆弱的不只是政治联系，"心灵"的纽带也脆弱不堪，且人们认为北美革命清晰地表明了殖民地爱国精神的局限性。正如希里所观察的："北美殖民地的脱离对英国造成的损失在英格兰人的头脑中留下了一种疑虑和不安，这影响了我们对英格兰未来的整体预测。"[3] 这是我们从痛苦中学到的另一个教训。对爱国精神的力量和活力的担忧引发了多次要求殖民者参与辩论的呼声。成功的教育是说服殖民者英国并没有试图向他们强加一个陌生的中央政府的关键：《帝国联邦》与其他宣传报刊、小册子和书籍，以及帝国联邦联盟殖民地分部的作品一道构成了帝国支持者的愿

---

〔1〕 Smith, *The Empire* (Oxford, 1863), xxi; 及 Smith, *Canada and the Canadian Question* (London, 1891), 206. 也见 [John Martineau], "New Zealand and our Colonial Empire," *QR*, 128 (1870), 135. Seeley agreed: *The Expansion of England*, 73。

〔2〕 Mill, *Considerations on Representative Government*, *CW*, XIX, 563.

〔3〕 Seeley, *The Expansion of England*, 14.

景以及他们活动策略的核心。[1] 我们既可以将对全球不列颠民族（或种族）坚不可摧的忠诚的不断肯定解读为焦虑的表现，也可以理解一种温和的自信；既可以解读为一种希望，也可以理解为坦率的评估。

联邦的批评者从革命时代中吸取了教训。约翰·莫莱认为，19 世纪美国的非凡成功是从英国独立的结果；如果它一直是帝国的一部分，它就永远不会繁荣。"独立"，他认为，"不仅给美国人以勇气，而且给他们留下了鲜活的视角、适应一切的性情、进行尝试的永久准备以及随心所欲的自由空间"。正是这些品质造就了他们的伟大。莫莱谴责希里将美国作为帝国联邦的先例，认为这位历史学家无意中举出的示例推翻了他自己的论点。被莫莱视为过去和现在帝国核心特征的制度性集权扼杀了创造力并削弱了政治意识。这就是革命的"真正意义"。[2] 即便帝国联邦属于"现实政治"范畴，莫莱仍对这一范畴表示怀疑，并认为帝国联邦对殖民地的进步发展将是灾难性的。

迪尔克试图避免对殖民态度的极度焦虑和对爱国纽带牢不可破的自满信念。他认为，殖民帝国的某些地方比其他地方更为忠诚，这反过来解释了为什么部分地区对帝国联邦主义者的思想更为开放。例如，他认为，在澳大利亚人中，新南威尔士的殖民者具有高度的民族主义，而维多利亚的殖民者则大多亲英。然而总体而言，他认为这种联系太脆弱且纤细，以至于会因为强迫殖民地建立正式的联邦结构而受到威胁。将新制度强加给他们会适得

253

〔1〕 See also the discussion of education in chapter 5.

〔2〕 Morley, "The Expansion of England," *MM*, 49（1884），245–45. 他援引了 C. J. Rowe, *Bonds of Disunion*（London, 1883），以作为殖民地集权统治危险的证据。关于对美国类比的进一步批评，见 J. W. Cross, "The NewWorld," *NC*, 29（1891），470。

其反。"在殖民地的母国最好的朋友们认为，试图建立一个共同的帝国议会就会毁灭帝国；我同意他们的观点，如果帝国将要建立一个委员会，它必须与议会完全不同"。[1] 这样的野心太过挑战"现实政治"的限制。

但是美国的历史不仅灌输了负面的教训。正如我所展示的，许多联邦主义者声称关于美国发展的进步的宏大叙事证实了扩张与自由调和的可能性。同时，乔治·帕金认为我们可以从殖民地起义之后的那段时期中、从最初的困难和最终建国的成功中学到很多。在吸收了詹姆斯·布莱斯在《美国联邦》（*The American Commonwealth*，1888）中影响深远的分析后，帕金认为帝国联邦的批评者，尤其是那些关注其所谓缺乏可行性的人，可以从美国的示例中学到很多。[2] 他注意到在 19 世纪的最后几十年里，人们经常赞扬美国联邦制，并指出其辉煌的政治成就，随后他再次以布莱斯为依据提醒他的读者建立联邦制最初是多么令人担忧。他建议帝国联邦的支持者和批评者在指出反对这种大胆计划的人数或所涉及的障碍时都应当反思这一问题。所有伟大的政治实验都充满了难题；而在这一方面帝国联邦至少没有产生新的问题。历史可以让人们理解任何重大改革之努力所面临的复杂性、偶然性和现实困境，还可以证明如此复杂的情况并不一定是成功的障碍。他表示，承认这一事实是进行严肃讨论的必要起点。

254

---

〔1〕 Dilke, *Problems of Greater Britain*, I, 260, 313, and 458.

〔2〕 Parkin, *Imperial Federation*, 49–51. 帕金追随了以下分析 Bryce, *The American Commonwealth*（London，1888），I，尤其是第 I 和 V 部分。

## 美国、帝国与种族联合

对英帝国主义者而言，英美关系的后革命史是一段苦乐参半的历史。一方面，许多人将 19 世纪定义为一个失去机会的世纪，因为在灾难性的"分裂"之后，盎格鲁-撒克逊世界的两个主要分支走上了截然不同的道路，而使它们步调一致的机会已经丧失了。但另一方面，美国的发展为未来指明了道路，为全球性政治组织提供了一个合用的模板。且在某个阶段（也许很快，但更有可能在几十年后），可能会出现实质性的重聚甚至重新统一。这种可能性是诱人的，但在如何最好地校准与美国的关系这一问题上，人们几乎没有达成一致意见。对于维多利亚时代晚期几乎所有的帝国思想家而言，这是一个紧迫的问题。正如希里所言，"没有什么话题比这个更能体现英格兰人各种族分支之间的相互影响了。整个地球的未来都取决于它"。[1]

更大的不列颠的大多数支持者希望与美国结成某种形式的联盟，尽管他们在其形式是否为非正式，是否植根于共同的文化、历史和利益，以及是否在某种联邦结构中被制度化的问题上存在分歧。这反映了对更大的不列颠性质的普遍分歧。联合美国是最常见的立场，当然也是最现实的立场。它的现代表现是不对称的"特殊关系"。英美联盟理想吸引了从热情的殖民地联合主义者到部分最激烈的批评者在内的许多追随者，后者包括戈德温·史密 255

---

〔1〕 Seeley, *The Expansion of England*, 150.

斯和爱德华·弗里曼。[1] 事实上，史密斯在 1891 年批评帝国联邦主义者没有认识到美国的真正意义。

> 存在一个可行的联邦，且对于那些不以武力或扩张来衡量伟大性的人而言，这个联邦至少与帝国主义者的梦想同样伟大。它是世界上所有操英语民族的道德联盟，包括那些操英语的数百万美国人，而仅仅在一个世纪前，由于一场不幸的争吵，这些美国人与其他人分道扬镳，帝国联邦也将把他们抛在九霄云外。[2]

对迪尔克而言，美国已经是更大的不列颠的一个不可分割的组成部分——至少在他对这个术语更为宽泛的定义中是如此——而且他总是煞费苦心地强调英美关系的重要性。这在很大程度上是因为他将美国人这个现代性的化身视为盎格鲁-撒克逊人（也即英格兰人）的伟大性的载体。他在 1868 年写道："美国的真实寓意是体现英格兰种族的活力。"尽管他在 20 年后对英殖民帝国的前景更有信心，但他仍然热衷于重申美国的首要性。事实上，他甚至批评希里在《英格兰的扩张》中没有给予美国建国足够的重视，同时明确地将更大的不列颠和美国加以区分。对迪尔克而言，这种区分是有害且误导人的，因为美国人是更大的不列颠这

---

〔1〕 Freeman, "Imperial Federation," 455；及 Freeman, letter to Goldwin Smith, August 19, 1888, in *The Life and Letters of Edward A. Freeman*, ed. W. R. W. Stephens (London, 1895), II, 384。史密斯的观点见第 7 章。

〔2〕 Smith, *Canada and the Canadian Question*, 205.

个光荣整体的一个不可分割的组成部分。[1] 这种立场在大西洋的另一边得到了部分的支持。例如,《纽约时报》上的一篇庆祝维多利亚女王在位 60 周年（1897）的社论指出:"我们是更大的不列颠的一部分,且是强大的一部分,而更大的不列颠似乎注定要统治这个星球。"[2]

对部分人而言,若没有两个盎格鲁–撒克逊强国的政治联盟甚至联邦,更大的不列颠就不完整。塞西尔·罗兹曾夸口道,如果可能的话,更大的不列颠会吞并其他星球,且他相信美国既应当也可以被重新吸收,进而成为一个统一的盎格鲁–撒克逊帝国。[3] 著名的不遵循国教者、社会改革家约翰·克利福德（John Clifford）认为,殖民帝国联邦与跨大西洋联盟是相容的,而他在大洋两岸都宣扬这一愿景。在《上帝的更大不列颠》（*God's Greater Britain*, 1899）一书中,他认为上帝赋予了英格兰人民一项使命,使他们具备了行使仁慈帝国的能力。"这是上帝的创造,且我们成了世界上第一批殖民者,这在我们看来是不可思议的。而现在的我们是如此的至高无上,以至于在填满地球的过程中是如此的不可或缺"。尽管英国人像所有人一样也有许多缺点,但他坚持认为他们是"这个时代全球最伟大的利他情操的受托者"。他引用了法国历史学家欧内斯特·勒南（Ernest Renan）的著作,

256

---

〔1〕 Dilke, *Greater Britain*, I, 308; 及 ibid., *Problems of Greater Britain*, II, 171。然而,迪尔克确实改变了他关于美国是否应该列在更大的不列颠称号之下的想法;他在早期的作品中认为应当如此,但在 19 世纪 90 年代后期,他认为这是一个错误,Dilke, *The British Empire* (London, 1899), 9。

〔2〕 该篇社论援引于 Jan Morris, *Pax Britannia* (London, 1968), 28。

〔3〕 尤其见 Rhodes, "Confession of Faith" [1877], reprinted as an appendix in John Flint, *Cecil Rhodes* (London, 1976), 248–52。关于部分美国帝国主义者向英国寻求帝国经验的过程,见 Paul Kramer, "Empires, Exceptions, and Anglo-Saxons," *Journal of American History*, 88 (2002), 1315–53。

认为美国和英国的民众组成了一个单一的民族，而且他们应正式联合，尽管他也坚持认为如何联合的具体细节应由政治家决定。

> 人们存在一种感觉，即认为英格兰和美国民众之间应该也必须建立紧密的联盟。至于它的形式就必须由我们的政治家来决定，但它必须真正建立在真理、正直和正义的原则之上，并旨在将人类从邪恶中拯救出来，且在这一点上我想我们都会同意。不止如此，我们感觉人类取得更大进步的下一个必要而不可避免的步骤就是英格兰和美国人民的联盟。[1]

与此同时，加拿大记者约翰·杜格尔（John Dougall）认为，作为"我们维京人种族的其他后裔"，美国人是一个真正的全球性政治体的重要组成部分，"任何一种帝国联邦如不能为整个更大的不列颠腾出空间就不会完整"。

> 对英国来说，这个联盟是值得拥有的，因为这个种族的未来与美国的关系无疑和与英格兰的关系同样密切；对美国而言，联盟也是值得拥有的，因为其种族的过去不可分割地属于英国，而英国具有美国所羡慕的扩张的灵活性，且因为两国的联盟将使地球上所有的荒地都置于一股联合力量的庇护之下，而这股联合力量的旗帜将成为世界和平的先驱。

257

---

　〔1〕 Clifford, *God's Greater Britain*, 174, 185. 这场布道于 1898 年在波士顿的翠蒙堂（Tremont Temple）完成。

由于这些原因，一个"泛撒克逊联盟不仅可取，而且可能是早期阶段的必然"。历史学家查尔斯·阿曼预言："如果像我们现在满怀信心地希望的那样，它们（美国和英国）团结在一起并以某种或多或少明确的联邦体制结合，那么整个世界的未来就掌握在盎格鲁-撒克逊种族的手中。"[1]

关于美国的确定意义的无休止争论似乎回到了原地。美国不应被简单地视为潜在或实际的竞争对手，而应被视为寻求全球进步的伙伴。确实值得注意的是，对英美和解及种族和谐的痴迷在19世纪90年代末达到了顶峰，而当时帝国联邦运动正开始失去动力。[2] 然而，尽管种族构成更大的不列颠的基础，但许多盎格鲁-撒克逊联合的支持者仍对殖民帝国的首要性持怀疑态度，他们认为这分散了人们的注意力，甚至阻碍了他们实现英国与其美国后裔完全和解的雄心。对于美国反帝国运动的领军人物、冷酷无情的实业家安德鲁·卡内基（Andrew Carnegie）而言，以不可侵犯的"种族联盟"为根基的英美联盟比移民殖民地的未来更为重要。在他看来，帝国是跨大西洋联盟的障碍，因此他对帝国联邦的计划非常不满。[3] 帝国联邦的一些批评者甚至预见

---

〔1〕 Dougall, "An Anglo-Saxon Alliance," *CR*, 48 (1885), 706 and 700; 及 Oman, *England in the Nineteenth Century* (London, 1899), 261。也见 John Fiske, "Why the American Colonies Separated from Great Britain," *FR*, 28 (1880), 163, 关于"操英语世界"联邦的观点，见 John Robinson, "The Colonies and the Century," *PRCI*, 30 (1898-99), 325-54。

〔2〕 关于盎格鲁-撒克逊人的血缘关系如何帮助解决部分棘手的外交问题（尤其是委内瑞拉争端、阿拉斯加边界争议和克莱顿-布尔沃条约的修订），见 Alexander Campbell, *Great Britain and the United States*, *1895-1903* (London, 1960); 以及 Stuart Anderson, *Race and Rapprochement* (London, 1981)。

〔3〕 Carnegie, *The Reunion of Britain and America* (Edinburgh, 1898); 及 Carnegie, "Imperial Federation," *NC*, 30 (1891), 490-508. 他的立场受到强烈批评，见 George Parkin, *Imperial Federation*, ch. 11。

并欢迎某种形式的全球性联盟在殖民地获得独立后出现。随后这些新的盎格鲁-撒克逊国家可以与英国甚至美国一道加入一个主权政治体的大种族同盟。这将允许在更平等的条件下加入并参与，因此这将消除弗里曼和迪尔克指出的许多理论和实践问题。对威廉·洛班（William Lobban）而言，这样一个联盟将意味着一场朝着"包罗万象的世界政治机制"理想的富有成效的运动。[1]

在将目光投向美国的过程中，更大的不列颠的支持者在一个适合动荡的现代世界的原型中寻求富有想象力的庇护，这是一个紧跟孟德斯鸠的扩张共和国适用的模型。黑格尔在他的《世界史哲学讲演录》（*Lectures on the Philosophy of World History*，1822-1830）中写道，"对于那些厌倦了旧欧洲历史武器库的人而言"，美国是"一片充满渴望的土地，它有权抛弃迄今为止发生的世界历史的基础"。[2] 许多激进派（甚至是自由党人）都认同这一观点，他们将美国视为象征民主政治终极目的的乐土，而英国正断断续续但毫不动摇地朝着这个目标前进。[3] 科布登、布莱特和约翰·密尔是19世纪将美国视为民主世界样本的少数最杰出英国思想家。或许不那么浪漫的是，美国对另一部分人而言只是一个充满活力的工业竞争对手和新生强国，那里居住着英国人的后代。因此，美国的最佳做法应加以效仿，而英国也应以兄长般的

〔1〕 Lobban, "Is Imperial Federation a Chimera?" *WR*, 136（1891），54-58. 也见 J. W. Longley, "Canada and Imperial Federation," *FR*, 49（1891），466-79；以及 Hobson, *Imperialism*, 351。

〔2〕 Hegel, *Lectures on the Philosophy of World History*, 170-71.

〔3〕 关于美国作为"现代之地"（site of the modern），见 James Epstein, "America" in the Victorian Cultural Imagination" in Leventhal and Quinault, *Anglo-American Attitudes*, 107。

（如果不是父亲般的）慈爱加以对待。各种钦佩和焦虑的混合情绪塑造了个人对美国的看法，但无论这些情绪的背后是什么，我们都不可能忽视这个国家。

美国——关于它的思想与千变万化的现实一样——既在政治思想的形成中扮演着核心而又模糊的角色，也在维多利亚时代的帝国想象中扮演着多重且常常相互冲突的角色。正如我在本章中所论述的，它提供了一个关于我们如何在现代世界中采取行动的教训，尽管这个教训是模糊的；它通过对英国的利益和自我认同提出可怕挑战的方式为有关更大的不列颠的许多争论提供了动力，它煽起了焦虑和自我怀疑的火焰。当美国似乎在谋求"伟大"这件披风时，英国还能保持"伟大"吗？美国正是基于它的成功，提供了一个可供效仿的宪法模式。帝国话语中弥漫着一种令人不安的羡慕和蔑视，同时强化了一种潜藏的焦虑感。美国展现了强大的社会和政治活力、不断扩张的工业实力和日益增强的地缘政治地位，但它的活力并不能简单地归结为规模、财富和生产力等一系列统计指标。它似乎代表甚至囊括了一系列的态度——努力征服自然并可能在以后征服政治世界，这与它所体现 259 的其他内容一样丰富。显然摆脱了历史传统束缚的美国似乎在向未来冲锋，并把它年过半百的亲戚甩在身后。这是现代性的缩影，也是许多英国观察家同时被吸引和困扰的形象。他们在自身和自己的祖国前立了一面镜子，却发现了自己的不足。盎格鲁-撒克逊种族似乎被一种"分裂"所分割——这种分裂不仅存在于英国和美国之间，而是存在于过去和未来之间。更大的不列颠的理论家们正是在努力弥合这种分裂。尽管他们未能实现许多迫在眉睫的（也是最雄心勃勃的）目标，但在帮助将英美关系问题推向政治辩论的前沿，以及在坚持两国联合的各种纽带和共同危险的重要性的问题上，他们均为"特殊关系"智识基础的奠定发挥了重要作用，这种"特殊关系"在很大程度上影响了 20 世纪及以后的政治格局。

# 10

# 结论：更大的不列颠的系谱

以下推论是在乞求论点，即假定共同的种族和语言联系将使各民族更倾向于建立积极的政治联盟，或更适合于采取协调一致的行动。

沃尔特·白芝浩：《盎格鲁-撒克逊同盟》（1875）

1900 年，理想主义哲学家缪尔黑德试图抓住他所生活的帝国时代的本质。他认为，从 18 世纪中期至 20 世纪初，英国人对帝国的态度遵循了一种混乱的轨迹："热情"盛行于乔治三世的动荡年代，在失去 13 个殖民地后"变为冷漠"，随后则在维多利亚长期统治的早期"就帝国思想而言……变成敌视"。最后，帝国在 19 世纪剩余的 30 年里作为一种"强烈的激情"重现于英国的政治辩论中。[1] 本书关注这些被感知的转变的最后阶段，关注殖民地联合的宏伟愿景成为帝国话语常态的时期，并试图挖掘和质疑在对世界政治未来进行理论化的过程中所使用的部分语言。

—————————

〔1〕 Muirhead, "What Imperialism Means"〔1900〕in *The British Idealists*, ed. David Boucher（Cambridge, 1997），239. 对缪尔黑德而言，这些转变存在多种原因，但理解最终转变的关键是"世纪精神"，这对于一个理想主义者而言并不奇怪。这种精神在欧洲孕育了文明、组织和工业，并将其投射到海外，这就是"联合"的精神。

在简短的结论中，我将总结殖民地联合主义者提出的部分关键观点，并强调帝国联邦和"全球英国性"（global Britishness）观念在随后的几十年里以各种方式产生的影响。

## 全球意识与帝国想象

更大的不列颠联邦的支持者——尤其是支持超议会政治体的理论家——要求对现有的政治结构进行改革，以面对新世界并塑造未来。建立一个广大的、跨越大陆的复合政治体是对时代焦虑的最雄心勃勃的回答。这也是对众多明显的国内和国际威胁最详尽（或许也是最绝望的）的回应之一。殖民地联合的建议往往将独创性和对时代精神的顺应相混合。它对时代精神的顺应在于对规模的痴迷，相信规模和全球影响力是获得稳定、权力和威望的基本决定因素。这是同时期地缘政治想象的核心元素。其独创性在于相信有可能建立一个跨越地球的、非邻接的代议制政治组织。前者在 20 世纪蓬勃发展，且在美国"单极"和"全面主导"的年代，这一信仰也一直延续至今；后者尽管偶尔爆发（尤其在两次世界大战之间的时期），却很少像在 19 世纪后期那样被充满激情地推进。

帝国想象构成了全球化历史的一个关键元素。今天，全球化似乎无处不在：它包围着我们，主宰着媒体、学术和政策言论；它是社会科学中最突出的研究领域；它的进程、影响、未来轨迹以及规范性地位成了强烈审视和激烈争论的主题。在冷战后大部分时间的学术反思和公共辩论中都弥漫着一种预感，即世界正在经历一场历史性变革。然而，这种独特的感觉暴露了一个事实，即全球竞争动态已经成为几个世纪以来大量理论辩论的主题。[1]
虽然历史学家已经开始探索过去的全球化模型，寻找连续性和变化的范式，但仍有许多工作需要完成。[2] 全球化的历史不仅是资本主义在地球表面传播的历史（无论是否通过帝国的中介），而且是社会、政治和经济日益相互依赖的历史，后者也是问题的核心。它也是这样一段历史，即世界以多种方式被想象为一体化的、相互联系的，并最终成为一个"地球村"。感知的转变是全球化的意识史的一个组成部分，19 世纪末是这一进程的基础性时刻。随着距离在观察者心中的消失，对时间性的理解也随之突变；由于空间被"湮灭"，所以时间显然被压缩了，这重构了政治可能性。更大的不列颠支持者使用的语言和部分观念——包括世界的明显"缩小"，以及对科技力量改善社会和政治问题的信念——与当代观察者所使用的有着显著的相似性，后者正为我们生活时代中标榜的独特性所神魂颠倒。而认为科技的威力以及即时通信产生一种强大融合感甚至是社群感的观点远非新颖，当时的想法与现在一样天真。

262

既没有如马克思和许多近代新自由党所宣告的此种国家终结，也没有如"世界主义民主"（cosmopolitan democracy）以及后主权（postsovereign）全球秩序的空想家所预言的彼种国家终结，

---

〔1〕 最优秀的研究见 Istvan Hont, *Jealousy of Trade* (Cambridge, Mass., 2005)。
　　〔2〕 有关全球化的历史叙事，见 A. G. Hopkins (ed.), *Globalization in World History* (London, 2002); Michael Geyer and Charles Bright, "World History in a Global Age," *AHR*, 100 (1995), 1034-60; C. A. Bayly, *The Making of the Modern World*, *1780-1914* (Oxford, 2003); 有益的概览见 Patrick O'Brien, "Historiographical Traditions and Modern Imperatives for the Restoration of Global History," *Journal of Global History*, 1 (2006), 3-39. 也见 Duncan Bell, "History and Globalisation," *International Affairs*, 4 (2003), 801-15. 关于从历史学家的角度对"全球化"概念的部分批评，见 Frederick Cooper, *Colonialism in Question* (Berkeley, 2005), ch. 4.

更大的不列颠的许多支持者坚持强化自身，将其扩展到之前无法想象的距离，同时试图重新配置民族自觉的基础。[1] 他们设想了一种新的国家形式，其规模和权力前所未有。但另一些人或不那么雄心勃勃，或不那么迷恋全球性国家的概念，他们寻求创造新的政治联盟形式，即殖民地-国家混合架构。除最谨小慎微的派别外，所有帝国主义者均通过对英国和帝国关系的重新思考，要求改变构想两者的方式。且在此过程中，他们挑战了英国政治思想的边界、语言和传统。这种新颖性有助于解释他们对近代历史学家和政治理论家的兴趣，这也能解释最终他们为何未能说服公众和统治精英相信其事业的价值。

在阐明对未来的愿景时，更大的不列颠的支持者们（通常似乎是无意中）提出了一种制度形式，这一形式挑战了欧洲政治理论化进程中的核心论点。比如，在 18 世纪，像圣皮埃尔（St. Pierre）这样的思想家曾认为联邦恰恰对立于帝国，而自由与帝国之间的紧张关系一直是古代和现代思想的关键特征。[2] 自由和民主之间令人担忧的关系亦是如此，而这一主题在 19 世纪变得更加紧迫。人们相信更大的不列颠可以实现不可能之事：正如自由和帝国之间可以调和，民主也可以同时与自由和宪法稳定结合。这包含了一个有趣但最终注定要失败的尝试，这种尝试试图融合包括帝国、国家、联邦、民主和自由在内的众多政治概念，但在后文艺复兴思想中，这些概念通常被在相反的意义上激烈争

263

〔1〕 关于"后威斯特伐利亚"秩序的思想，见 Andrew Linklater, *The Transformation of Political Community* （Cambridge, 1998）；见 David Held, *Global Covenant* （Cambridge, 2004）。

〔2〕 Anthony Pagden, *Lords of All the World* （New Haven, 1995）, chs. 1 and 7；以及 David Armitage, "Empire and Liberty" in Martin van Geldren and Quentin Skinner （eds.）, *Republicanism* （Cambridge, 2002）, II, 29-47。

论甚至互为对立。这是一项艰巨的任务，且鉴于它所带来的巨大理论和实践困难，其最终的失败也就不足为奇了。

在维多利亚时代晚期，英国在全球的卓绝地位似乎愈发岌岌可危。不仅英国的经济、军事和政治显得很脆弱，国内的稳定政权——以宪法的优势及其灵活性、阶级和经济利益的终极和谐以及民族性格的优越性为前提，所有这些都以真实但脆弱的物质和道德进步为基础——显然也受到了威胁。作为回应，更大的不列颠承诺有能力维持甚至加强英国的全球主导地位，其手段在于发展一个庞大的、拥有强大军事和高效益经济的政治体。它也为大众提供了一个出口，这是一个化解选举权扩大可能带来的爆炸性影响的方便安全阀：帝国的边疆不仅可以作为这一塑造世界的政治组织的强大边界，也为帝国爱国者们的强健民族提供了温床，而他们的性格则由变化的环境所塑造。现代性与传统相融合，与此同时，一种作为荣誉和政治美德的古老语言也改编用于新兴工业资本主义家群体的活力，并被后者重置。

正如我在本书中所论述的，对更大的不列颠的驱动，尤其是帝国联邦运动，是对一种看法的回应，即世界已经到达了一个里程碑式的转折点，在这个转折点上，英国的国际最高权威正处于危险之中，且无论在国内抑或国外崛起的民主都在威胁着重塑政治的本质。对全球竞争的担忧和国内的不安相互交织，支撑着帝国辩论。但焦虑并不是唯一的反应：对部分人（尽管是少数人）而言，这种受欢迎的趋势交汇提供了加速并扩大英国国家及国际体系民主化的可能性。

我还试图通过并置史密斯和希里的思想轨迹来说明对更大的不列颠未来的关注使那些经常彼此疏远的人联合了起来：狂热的帝国主义者（他们提防着帝国主义）和"小英格兰主义者"（他

们也非秉持"小英格兰"这一观念)。尽管他们的风格和情感可
能有所不同，但激发他们政治思想的恐惧和他们追求的最终目标
远比他们同时代的多数人以及后来的阐释者所认识到的接近。他
们的假设——关于英国应在塑造世界方面发挥的最重要作用以及
盎格鲁-撒克逊人的普遍优越性——得到了广泛认同，即便他们
在捍卫各自的最佳制度处方上存在相当大的分歧。尽管在知识分
子和政治精英中，对更大的不列颠未来的担忧远非普遍，但它确
实引起了广泛的兴趣。多次的辩论也见证了大量的改革提议，其
中最激进的是全球超议会民族国家的想法。这一愿景连同其他许
多不那么雄心勃勃的愿景系建立在其他众多理论创新之上，包括
作为知识合法性来源的从古人向现代人的转变，以及对将地球
"缩小"作为全球联合之先决条件的关注。通信技术的作用标志
着现代性的政治机遇，也象征着这个美丽新世界所预示的危险。
这些发展使得许多帝国主义者认为当时第一次存在着一个强大的
全球不列颠民族身份。正是在这些基础上，他们希望建立一个持
久的更大的不列颠。

　　关于更大的不列颠的争论构成了重新配置英国与其殖民帝国
关系的关键时刻。在爱德华七世时期，对殖民地联合的要求往往
更明确地以经济为中心，且人们经常认为，在一个贸易保护主义
国家日益增多的世界里，建立帝国内部的贸易体系是维系帝国的
最佳方式。这在一定程度上是出于"现实政治"的限制，因为至
19世纪90年代晚期，帝国联邦的支持者们显然已知晓无论其个
人偏好如何，帝国的宪法结构几乎都不可能发生重大改变。所以
他们重新调整了努力方向。这也是约瑟夫·张伯伦最终流产的关
税改革运动采取以经济为中心的形式的原因之一。但即使是在随
后的辩论中，关于个人和集体美德、荣誉及荣耀的问题也无处不

在，它们塑造并帮助激发了经济上的讨论。[1] 政治联盟的宏伟愿景并没有消失：早期帝国联邦主义者所关注的主题预示并直接滋养了那些由部分最直言不讳的、20 世纪早期的联邦主义思想家所宣扬的主张，其中就包括莱昂内尔·柯蒂斯和菲利普·科尔（Philip Kerr，洛锡安勋爵），这一点我将在下一节中阐释。

维多利亚时代的殖民地联合主义者常常将政治野心和理论新颖性与妄自尊大结合在一起，这就导致许多批评者将其视为乌托 265 邦甚至是危险的信号。无论现实与否，在许多联合主义者的心目中联邦是一种现实的政治行动方案。但是，一个羽翼丰满的更大的不列颠可以被构想的事实不能当然保证它能够（或有可能）实现。联合主义者严重低估了移民社群的冷漠，夸大或至少是误解了"母国"与遥远的、政治意识日益增强的殖民地之间的政治和情感联系。此外，他们也没能说服务实的英国统治阶级相信这种激进政治计划的必要性。尽管方案很激进，但大多数联合主义者都不遗余力地强调他们的方案并非革命性的，他们认为跨洲政治组织的愿景只是对现有联邦制思想的外推。为了支持自身观点，他们辩称历史的演变表明联邦制在构建人类不同社群组织方面的作用越来越大，它将定义未来的政治。他们还声称，应吸取现有联邦的实际教训，最常见的联邦是美国，但也包括瑞士和新生的德国。但更大的不列颠的支持者们面对着占支配地位的话语，这一话语的边界虽然相对灵活，但却为政治抱负设定了限制。在一个以辉格史观为主导的政治文化中，他们面临着一个漫长而艰难的任务。标志着这些推论性惯例的范围的规范性边界——包括对彻底变革的怀疑、对成文宪法的怀疑以及对主要政治单位领土邻

---

〔1〕 Peter Cain, "Empire and the Language of Character and Virtue in Later Victorian and Edwardian Britain," *MIH*, 4（2007），1–25.

接的信仰——都总是被殖民地联合主义者忽视或推至无法逾越的地步。如此行事的他们终将失望。这与昆汀·斯金纳所谓的伦理-政治词汇的"修辞重刻"有关。[1] 政治行动者需要成功地合法化他们的行动，他们的方法是对一个共同体内构建了政治话语的主导性评价概念和语言施加控制（至少在非暴力情况下应加上限定词）。更大的不列颠的支持者们当属此情形。他们中的许多人意识到，为获得成功就必须说服英国统治精英做两件事：首先，剧烈变革是必需的；其次，他们所建议的回应能够符合目前主导的政治辩论惯例。这意味着他们必须能够使他们的思想与这个国家关于"宪法道德"的主流解释相协调。这种道德以渐进式进化为核心，并基于对平衡、秩序和稳定价值的坚定信仰。联邦主义者需要重新定义宪法的含义，但在这方面他们失败了。且由于这一失败，他们建立全球性政治体的梦想也破灭了。因此，人们感兴趣的不仅是有关更大的不列颠争论的内容和风格，也包括它们最终未能转化为现实的原因。

## 回响：更大的不列颠的幽灵

关于更大的不列颠未来的争论将两件之前在宗主国话语中被淡化或边缘化的事情汇集在一起并投射到政治意识的前沿，这就是殖民帝国和联邦原则。在接下来的大半个世纪里，它们往往在英国错综复杂的政治争论中走向不同的道路，但有时它们也会有交集，最初是在20世纪前40年讨论帝国的未来时，最终则是第二次世界大战后如何最好地解散帝国的痛苦辩论中。在20世纪

---

[1] Skinner, *Visions of Politics* (Cambridge, 2002), I, esp. ch. 8.

之初，帝国和政治联盟问题仍然是英国智识生活的中心。但至少当下它们似乎已经脱钩，前者是关于在一个多文化社会中遗留的征服和非殖民化问题，以及当代外交政策方向问题的争论，后者则是关于英国与欧洲大陆关系的倾向性问题。而英国和美国、帝国过去和现在的关系再一次成为一个重要的争论话题，尽管其经常产生更多修辞的热度而非历史或分析上的光芒。[1]

"更大的不列颠"这一术语又将走向何处？它流行于 19 世纪晚期并一直延续至 20 世纪早期，但随后它消失了，直至 1932 年英国法西斯运动领袖奥斯瓦尔德·莫斯利（Oswald Mosley）出版《更大的不列颠》（*The Greater Britain*）时，它才以最令人陶醉的恶毒姿态重新出现。[2] 它随后跌至视野以外也就不足为奇了。作为一种分析工具，它在 21 世纪初经历了一次小规模的复兴，用以探索自近代早期以来连接"不列颠世界"的各种流动和相互联系。[3]

众多关于帝国未来的想法和问题与争论一道引起了广泛反响。其中最有趣的但尽管是间接的影响路线是从帝国联邦主义者到 20 世纪早期的多元主义者——这个宽泛的标签包括弗雷德里克·梅特兰（F. W. Maitland）、约翰·菲吉斯（J. N. Figgis），以及稍晚一点的哈罗德·拉斯基（Harold Laski）、乔治·科勒（G. D. H. Cole）、厄耐斯特·巴克（Ernest Barker）与作为同道人的伯特兰·罗素（Bertrand Russell）和桑迪·林赛（A. D. Lind-

267

---

〔1〕 尤其是尼尔·弗格森（Niall Ferguson）对大英帝国的赞美，以及它作为美国霸权典范的作用，见 *Empire*（London，2003）；及 *Colossus*（London，2004）。

〔2〕 Mosley，*The Greater Britain*（London，1932）。

〔3〕 David Armitage，*Greater Britain*，1556–1776（Aldershot，2004）；及 Eliga Gould，"A Virtual Nation?" *AHR*，104（1999），476–89。不同用途见 John Wolffe，*God and Greater Britain*（London，1994）。

say)。[1] 虽然多元主义者援引了许多来源，且也许其中最著名的是德国历史学家奥托·基尔克（Otto Gierke）的著作，但帝国联邦仍然可以被视为一个重要的背景特征。多元主义者认为，为了在有效地协调现代生活的多种联系（主要但不只是在国家内）的同时捍卫社群自治和个人自由，联邦制政治安排是必要的。长达30 年的、关于更大的不列颠可能的联邦制政治安排的争论为多元主义这颗种子的开花提供了肥沃的土壤。未来的发展使得帝国主义在自由主义者中愈发受欢迎，这可以部分地追溯至殖民地联合思想的流行。虽然一直都有自由主义者支持帝国，且许多被自由主义者称为其智识先驱的人物（包括约翰·洛克）都与在外国征服的正当性具有很深的牵连，但帝国在自由主义的发展过程中扮演了一个非常矛盾的角色。[2] 尽管这些辩论吸引了各种政治派别的人，但在说服许多自由主义者——甚至部分社会主义者——方面，关于更大的不列颠的辩论起到了重要作用，他们认为帝国尤其是移民领土并没有预示着一种返祖式回归，而是一种潜在的善行力量。因此，联邦可以视为帮助促进了 19 世纪末"社会"帝国主义的出现，且不出所料地再一次展现了自由主义与帝国主义运动之间的人员连续性，如罗斯伯里勋爵在其中均扮演了重要

---

〔1〕 关于多元主义者，见 Marc Stears, *Progressives, Pluralists, and the Problems of the State* ( Oxford, 2002 ); Cécile Laborde, *Pluralist Thought and the Statein Britain and France, 1900–1925* ( Basingstoke, 2000 ); 及 David Runciman, *Pluralism and the Personality of the State* ( Cambridge, 1997 )。

〔2〕 讨论也见 Bell, "Empire and International Relations in Victorian Political Thought"; 及 Duncan Bell, "Empire and Imperialism" in Gregory Claeys and Gareth Stedman Jones ( eds. ), *The Cambridge History of Nineteenth Century Political Thought* ( Cambridge, 2008 )。

角色。[1] 这并不意味着自由主义包含一种固有的帝国逻辑。[2] 更确切地说，关键是帝国提供了一个问题以及一个愿景。围绕这一点，大量的自由主义者可以出于不同且时而矛盾的原因彼此联合。对帝国主义的强烈反对（尽管很少涉及帝国的各个方面）继续从自由主义者队伍中喷薄而出，也许最尖锐的批评来自赫伯特·斯宾塞的笔下。[3] 自由主义者对帝国的态度仍然是复杂且异质的。

268

维多利亚时代晚期联邦主义者们的失败也改变了帝国运动的性质。帝国联邦的广教会派帮助提高了人们对殖民地命运的政治意识，但这一运动在意识形态上的不一致和组织上的混乱——再加上由此产生的许多建议在实际操作上的不可行——意味着它从来都不是一股真正成功的政治力量。这是一个许多同时代人都认识到并决心不再重复的失败。在爱德华七世时期，支持者的路线更加清晰，且那一时期出现了一系列如关税改革联盟（Tariff Reform League）和海军联盟（Navy League）的著名组织，这些组织

---

〔1〕 关于爱德华七世时期的自由帝国主义，包括罗斯伯里的作用，见 H. C. G Matthew, *The Liberal Imperialists* (Oxford, 1973)；及 Bernard Semmel, *Imperialism and Social Reform* (London, 1960)。但是关于议会中"自由帝国主义者"的普遍软弱，见 George L. Bernstein, "Sir Henry Campbell-Bannerman and the Liberal Imperialists," *JBS*, 23 (1983), 105-24。

〔2〕 例如 Uday Singh Mehta, *Liberalism and Empire* (Chicago, 1999)；及 Bikhu Parekh, "Decolonizing Liberalism" in Aleksandras Shtromas (ed.), *The End of "Isms"*? (Oxford, 1994), 85-103。这种论证模式通常以一种（错误的）信赖为前提，即思想传统可以通过一两个权威作家（通常是约翰·洛克和约翰·密尔）的解释来理解。

〔3〕 见如 Spencer, "Imperialism and Slavery" in Spencer, *Facts and Comments* (London, 1902), 112-21。详见 Duncan Bell and Casper Sylvest, "International Society in Victorian Political Thought," *MIH*, 3 (2006), 1-32; Bernard Porter, *Critics of Empire* (London, 1968); Nicholas Owen, "Critics of Empire," *OHBE*, IV, 188-212; 及 Gregory Claeys, "The 'Left' and the Critique of Empire, c. 1865-1900" in Duncan Bell (ed.), *Victorian Visions of Global Order* (Cambridge, 2007)。

的成员通常都是之前帝国联邦运动的关联者。他们就更严格界定的问题进行宣传，且往往能够以更有效的方式动员支持力量并指导其政治活动。[1] 这些组织倾向于按照帝国联邦联盟所分裂出的路线前行，即促进帝国经济或政治−军事的愿景；这是一场持续了几十年的意识形态之争，且没有最终的胜利者。其他帝国主义者更愿意远离帝国联邦联盟及其后继者的模式，而加入包括"合作共赢"（co-efficients）或"爱国者"（compatriots）在内的非正式组织，这些组织作为志同道合且有影响力的个人之间的研讨会经常提供高级别的政治通道。其中最有成效的或许是所谓的波洛克委员会，该会以其主席、牛津大学法学教授弗雷德里克·波洛克（Frederick Pollock）的名字命名。波洛克是超议会联邦制的支持者，但是（像张伯伦一样）他认识到这一主张已经被搁置，且委员会坚持运作于与帝国重组相关的更温和的目标。[2]

269

　　帝国联盟的另一个重要产物是圆桌运动（Round Table movement）。该运动兴起于阿尔弗雷德·米尔纳（Alfred Milner）臭名昭著的南非"幼儿园"，并以他的一群在牛津大学受过教育的朋友为中心，其中最著名的是菲利普·科尔和莱昂内尔·柯蒂斯。而在将注意力转向整个帝国之前，"幼儿园"成员在南非联盟的

---

　　〔1〕　对他们的组织和手法的有益分析见 Andrew Thompson, *Imperial Britain* (London, 2000)。关于关税改革的理论维度，见 Peter Cain, "The Economic Philosophy of Constructive Imperialism" in Cornelia Navari ( ed. ), *British Politics and the Spirit of the Age* (Keele, 1996), 41–65。

　　〔2〕　关于委员会的概览，见 Pollock, "Imperial Organization," *PRCI*, 36 (1905), 287–319；讨论见 J. E. Kendle, *The Colonial and Imperial Conferences, 1887–1911* (London, 1967), ch. 4。

创建（1910）中发挥了重要作用。[1] 联盟成立于 1909 年至 1910
年间，其领导人最初关注的是将殖民地纳入负责帝国决策的议院
的必要性，且他们认为实现这一目标的唯一途径在于建立一个代
议制帝国议会。[2] 尽管存在内部分歧，但该组织在意识形态上
远比帝国联邦主义者更为同质。[3] 他们已经从维多利亚时代无
组织运动的失败中吸取了教训。然而，1911 年的帝国会议及随后
的第一次世界大战打乱了他们最初的计划，使得建立一个正式由
宪法规范的联邦的前景几乎不可想象，且 20 世纪 20 年代出现了
一系列新的问题，尤其包括关于印度未来的问题。圆桌运动一再
鼓吹联邦是解决几乎所有政治问题的答案，这种主张助长了英国
联邦联盟（British Federal Union，成立于 1938 年）的发展，其又
反过来通过洛锡安勋爵、莱昂内尔·罗宾斯（Lionel Robbins）和
基姆·麦凯（R. W. G. Mackay）的巨大影响帮助塑造了 1945 年后

---

〔1〕 关于幼儿园，见 Walter Nimocks, *Milner's Young Men*（London, 1970）。关于圆
桌会议，尤其见 J. E. Kendle, *The Round Table Movement and Imperial Union*（Toronto,
1975）; Kendle, *Federal Britain*（London, 1997），ch. 5; 及 Michael Burgess, *The British
Tradition of Federalism*（Leicester, 1995），70–76。关于圆桌会议对外交政策的影响，
见 Andrea Bosco and Alex May（eds. ），*The Round Table*（London, 1997）。

〔2〕 关于最全面的陈述之一，见 Lionel Curtis, *The Problem of the Commonwealth*
（London, 1915）。关于柯蒂斯，见 Deborah Lavin, *From Empire to International Common-
wealth*（Oxford, 1995）。

〔3〕 除了与英国政府直接联系（既通过与官员和国务大臣的定期接触，也通过
自己的工作，其中最突出的是柯蒂斯和洛锡安）外，圆桌会议参会者在建立皇家国际
事务研究所（Royal Institute of International Affairs）、起草《凡尔赛条约》以及在 20 世
纪 30 年代推动绥靖政策作为一种政策选择的过程中发挥了重要作用。

270 欧洲政治一体化的部分主要设计师的思想。[1] 英国联邦主义者在欧洲大陆赢得了一批听众，并充分适应于两次世界大战之间"联邦制崇拜"盛行的时期。[2] 在希里的著作中，这种讽刺意味根本没有被遗忘。他在 1870 年的文章《欧洲合众国》（*The United States of Europe*）中既指出联邦制对于维持欧洲的和平与繁荣是必要的，也指出这样的制度在实践中并不可能存在。[3] 这并不意味着帝国联邦主义者需要为后来的联邦制拥护者所采取的任何立场负责，相反，他们引发的辩论成了英国联邦思想发展和传播的早期催化剂。而在随后的几十年里，英国联邦思想在国际事务中发挥了相当大的作用。

虽然柯蒂斯、科尔和他们的同事们在 20 世纪前几十年对有关世界秩序的辩论做出了重大贡献，但事实证明，与戈德温·史密斯关于"盎格鲁-撒克逊"众民族道德和文化联合的观点相比，他们的思想并没有那么持久。史密斯对这个叙事的演绎被联邦主义者视为乌托邦式的——民族间的联系似乎过于微弱且分散。然而，前移民殖民地和英国之间的亲密关系帮助塑造了 20 世纪（及以后）的历史，尽管全球种族政治体的奢侈愿景从未接近于

---

〔1〕 Kendle, *Federal Britain*, 103-104 and ch. 6; Andrea Bosco, "Lothian, Curtis, Kimber and the Federal Union Movement (1938-40)," *Journal of Contemporary History*, 23 (1988), 465-502; 及 Burgess, *The British Tradition of Federalism*, Part III。关于洛锡安的影响，见 Andrea Bosco, "National Sovereignty and Peace"; 及 John Pinder, "Prophet Not Without Honor," both in John Turner (ed.), *The Larger Idea* (London, 1988), 108-23 and 137-53。

〔2〕 该短语源自 David Thompson, E. Meyer, and Asa Briggs, *Patterns of Peacemaking* (London, 1998 [1945]), 162-63。也见 Martin Ceadel, "Pacifism and *Pacificism*" in Terence Ball and Richard Bellamy (eds.), *The Cambridge History of Twentieth Century Political Thought* (Cambridge, 2003), 480; 及 Hidemi Suganami, *The Domestic Analogy and World Order Proposals* (Cambridge, 1989), chs. 5-6。

〔3〕 Seeley, "The United States of Europe," *MM*, 23 (1871), 436-48.

实现。两次世界大战的进程及各种其他冲突、众多的经济和军事条约、国防和情报的合作以及密集的文化交流网络都证明了殖民史与后殖民史的复杂交织与持续凸显。[1] 这并非宣称没有出现紧张局势，也非宣称没有发生利益和意见冲突；这也不是为了捍卫盎格鲁-撒克逊王国的愿景。相反，重要的是，应认识到英国人曾经移居的国家的许多居民（尤其是政治精英）所表现出的强烈认同感和亲和力，以及这对我们这个世界的政治产生的无论是好是坏的巨大影响。但讽刺比比皆是。第一次世界大战期间，许多殖民者聚集在这面旗帜前，他们与英军（及其他帝国军队）一同死亡的人数惊人。然而，这场战争并不仅仅是殖民地"联合"的证据，因为它也是澳大利亚、新西兰和加拿大民族自觉发展的形成性时刻，且这帮助摧毁了实质性帝国联邦形成的可能性。恰恰在联邦主义者的部分目的似乎已经实现之时，尤其在 1916 年至 1919 年帝国战争内阁（Imperial War Cabinet）成立之时，这一想法在殖民地领导人对政治中央集权的坚决反对中消散了。而这

271

---

〔1〕 最近的一个示例可以在关于情报收集网络的秘密"梯队系统"（ECHELON）争议中看到，该网络据称连接了美国、英国、澳大利亚、加拿大和新西兰。2001 年，欧洲议会委托发表了一份批评性报告，得出结论称该网络违反了欧洲的多项法律，至此这一事件达到了高潮。*Report on the Existence of a Global System for the Interception of Private and Commercial Communications* (*Echelon Interception System*)，2001/2098 INI. "一个全球通信拦截系统的存在已不再是疑问，其由美国、英国、加拿大、澳大利亚和新西兰根据《英美通信协定》（UKUSA），通过与各自能力相称的合作方式运作"（133）。报告认为，其主要目标是私人和商业（而非军事）情报。相关内容可在美国科学家联盟（Federation of American Scientists）的网站上查阅：www. fas. org/irp/program/process/rapport—echelon—en. pdf。

些殖民地领导人寻求的是更大的民族自治权。[1]

　　然而，将大不列颠前移民殖民地正式联合起来的计划在整个
20 世纪不断被提出，这个梦想永远不会消亡，即使它愈发地不可
信。这些计划一直坚持到今日，且虽然位于边缘但显示出一种强
大的冲动：一种建立在帝国遗产和所谓昔日荣耀的基础上的欲
求。在 20 世纪 30 年代和 40 年代，建立跨大西洋联邦同盟的想
法——有时仅仅集中于英殖民帝国和美国，有时集中于"北大西
洋民主政体"——在美国以"现在开始联合"（Union Now）的旗
帜获得了部分支持。[2] 今天，正是美国站在这种愿景的中心。
作为盎格鲁-撒克逊国家的庞大想象共同体，"盎格鲁文化圈"
272 （Anglosphere）的概念已在美国的政治辩论中浮出水面。[3] 在 21
世纪初，保守党诗人及历史学家罗伯特·康奎斯特（Robert Con-
quest）呼吁世界上"操英语的"国家联合起来组成一个"灵活
构想的联盟"（flexibly conceived Association），一个"比联邦弱但
比同盟强"的组织。这将包括一个由英国、美国、加拿大、澳大

　　〔1〕 战时内阁吸纳了各自治领的首相。关于战争内阁和帝国会议对正式联邦前
景的相互矛盾的评估，见 J. A. R. Marriott, "British Federalism?" *NC*, 82 (1917), 389-
403; Frederick Pollock, "Imperial Unity," *QR*, 229 (1918), 1-27; Sidney Low, "The Im-
perial Contribution," *The Nineteenth Century and After*, 82 (1917), 234-50; 及 R. L.
Schuyler, "The British War Cabinet," *Political Science Quarterly*, 33 (1918), 378-95。关
于帝国战争会议的作用，见 John Turner and Michael Dockrill, "Philip Kerr at 10 Downing
Street, 1916-1921" in Turner (ed.), *The Larger Idea*, 36。
　　〔2〕 至于"大西洋"民主政体联盟，见 Clarence K. Streit, *Union Now* (New York,
1938)。在 *Union Now With Britain* (New York, 1941) 中，克拉伦斯·斯特赖特（Clar-
ence K. Streit）于第二次世界大战期间建议英国"共荣体"与美国建立一个更有限的
联邦以帮助结束战争。与此同时，英国学者乔治·卡特林（George Caitlin）提出了一
种不那么雄心勃勃的一体化形式，即从更密切的文化和经济联系开始的最终形成一个
正式联盟。Caitlin, *One Anglo-American Nation* (London, 1941).
　　〔3〕 见如 James C. Bennett, *The Anglosphere Challenge* (Lanham, Md., 2004)。

利亚和新西兰组成的核心集团，以及（"所希望的"）爱尔兰和部分原英帝国在加勒比海和太平洋上的领地。关于更大的不列颠的持续争论引人注目，尽管其并没有被康奎斯特所记录。这个统治着地球的巨大"盎格鲁-海洋"政治体作为一种"自然而非人为"的联盟将"宏伟与谦逊"相结合，为世界提供一个温和的霸主（hegemon），而这也为英国提供了一种方法以摆脱日益一体化的欧洲的束缚。他警告道："我们面临的仍然是一段危险时期。"拥有相同法律、政治和文化传统的大片领土如果联合将会形成一个"有生存力的超级强国"。然而，这就要求多元化的民族公众和政治精英转向这一事业。因为这将是一个巨大的挑战，提供详细的制度方案将是"不成熟的"。但是，由于距离产生的问题已经被新通信技术所超越——"距离论失败了"——政治意识的转变则成为可能，尽管其仍然难以培养。"像以往一样，要想实现这样一场伟大的政治变革，想象力是必不可少的。它面对的不仅有各种各样的反对，还有漠不关心的压力，甚至更多的是已形成的嗜好和利益的惯性"。[1] 关于盎格鲁-撒克逊联合及优越地位的宏大幻想继续发挥着它们不可抗拒的力量，它塑造着未来世界秩序的愿景，并将人们拉回到危险的帝国轨道。

---

〔1〕 Robert Conquest, *Reflections on a Ravaged Century* (London, 2000), 267-81. 关于对"操英语世界"价值的胜利主义叙事，见 Andrew Roberts, *A History of the English-Speaking Peoples Since 1900* (London, 2006)。

# 参考书目

参考书目仅限于本书中引用的文本。为简明起见，我始终使用缩写体系。方括号中的姓名表示这本书或文章最初系匿名出版。已发表文章的来源参照沃尔特·沃顿（Walter E. Houghton）、埃丝特·沃顿（Esther Rhoads Houghton）及吉恩·斯林格兰德（Jean Slingerland）合编的《维多利亚时代期刊韦尔斯利索引（1824—1900）》（*The Wellesley Index to Victorian Periodicals, 1824—1900*）第五卷（多伦多：多伦多大学出版社，1965—1988），且其补充资料可查询于《韦尔斯利索引》光盘（伦敦：劳特利奇出版社，1999）。

## 一级来源

### 1. 个人论文

John Robert Seeley papers, University of London Library (Senate House).

Imperial Federation League papers, British Library, London.

Oscar Browning papers, Modern Archive Centre, King's College, Cambridge.

Sidgwick papers, Trinity College, Cambridge.

Royal Commonwealth Society papers, University of Cambridge Library.

Frederick Young papers, University of Cambridge Library.

### 2. 书籍与小册子

Abbott, Edwin, and Seeley, John, *English Lessons for English People* (London: Seeley, 1871).

Adderley, Charles Boyer, Lord Norton, *Imperial Fellowship of Self-Governing British Colonies* (London: Rivington, 1903).

Adorno, Theodor, and Horkheimer, Max, *Dialectic of Enlightenment* (London: Verso, 1997 [1944]).

Ambler, Benjamin George, *Ballads of Greater Britain and Songs of an Anglo-Saxon* (London: Elliot Stock, 1900).

Amery, Leo, *Union and Strength: A Series of Papers on Imperial Questions* (London: Arnold, 1912).

Amos, Sheldon, *The Science of Politics* (London: Kegan Paul, 1883).

Arnold, Matthew, *Culture and Anarchy and Other Writings*, ed. Stefan Collini (Cambridge: Cambridge University Press, 1993).

Arnold, Thomas, *The Miscellaneous Works of Thomas Arnold*, ed. Arthur P. Stanley (London: B. Fellowes, 1845).

Austin, John, *The Province of Jurisprudence Determined, An Outline of a Course of Lectures of General Jurisprudence or the Philosophy of Positive Law* (London: John Murray, 1832).

Bagehot, Walter, *The Collected Works of Walter Bagehot*, ed. Norman St John-Stevas, 8 vols. (London: The Economist, 1965-86).

——, *Physics and Politics, Or Thoughts on the Application of the Principles of Natural Selection and Inheritance to Political Society* (London: Kegan Paul Trench Trubner and Co. , 1896 [1872]).

——, *The English Constitution*, ed. Paul Smith (Cambridge: Cambridge University Press, 2001 [1867]).

Baring, Evelyn, Earl of Cromer, *Ancient and Modern Imperialism* (London: John Murray, 1910).

Beddoe, John, *The Races of Britain: A Contribution to the Anthropology of Western Europe* (London: Trubner and Co. , 1885).

Bentham, Jeremy, "Emancipate Your Colonies!" (1793/1830) in ibid. , *Nonsense upon Stilts and Other Writings on the French Revolution*, ed. Philip Schofield, Catherine Pease-Watkin, and Cyprian Blamires (Oxford: Oxford University Press, 2002), 289-314.

——, "Rid Yourselves of Ultramaria!" (1820-22) in Bentham, *Colonies, Commerce, and Constitutional Law: Rid Yourselves of Ultramaria and Other Writings on Spain and Spanish America*, ed. Philip Schofield (Oxford: Oxford University Press, 1995), 3-190.

——, "Memoirs of Bentham" in *The Works of Jeremy Bentham*, vol. 10. , ed. John Bowring (Edinburgh: William Tait, 1843).

Bluntschli, Johan Kaspar, *The Theory of the State*, trans D. G. Ritchie, P. E. Matheson, and R. Lodge (Oxford: Oxford University Press, 1885).

Boyd, Charles W. (ed. ), *Mr Chamberlain's Speeches* (London: Constable and Co. , 1914).

Brassey, Thomas, Lord Brassey, *Papers and Addresses by Lord Brassey: Imperial Federa-*

*tion and Colonisation*, ed. Arthur Loring and R. J. Beadon ( London: Longman, Green, 1894).

Browning, Robert, *Poetical Works*, ed. Ian Jack ( Oxford: Oxford University Press, 1970).

Bryce, James, *The American Commonwealth*, 3 vols. ( London: Macmillan, 1888).

————, *The Ancient Roman Empire and the British Empire in India: The Diffusion of Roman and English Law Throughout the World*, etc. ( Oxford: Oxford University Press, 1914).

Burt, A. L., *Imperial Architects, Being an Account of Proposals in the Direction of a Closer Imperial Union*, Made Previous to the Opening of the First Imperial Conference of 1887 ( Oxford: Blackwell, 1913).

Caitlin, George, *One Anglo-American Nation* ( London: Dakers, 1941).

Carlyle, Thomas, *Past and Present* ( London: Dent, 1915 [1843]).

————, *Chartism*, in *Selected Writings*, ed. Alan Shelston ( Harmondsworth: Penguin, 1971).

Carnegie, Andrew, *The Reunion of Britain and America: A Look Ahead* ( Edinburgh: Darien Press, 1898).

"Centurion" [Sir Graham Bower], *An Essay on Practical Federation* ( London: Hatchards, 1887).

Clay, W. L. ( ed. ), *Essays in Church Policy* ( London: Macmillan, 1868).

Clifford, John, *God's Greater Britain, Letters and Addresses* ( London: J. Clarke and Co. , 1899).

Coleridge, Samuel Taylor, *On the Idea of the Constitution of the Church and State, According to the Idea of Each* ( London: Hurst, Chance, and Co. , 1830).

Colomb, J. C. R. , *Imperial Federation: Naval and Military* ( London: Hawson andSons, 1886).

Cooper, Daniel, *A Federal British Empire, The Best Defence of the Mother-Country and Her Colonies* ( London: William Ridgway, 1880).

Cornewall Lewis, Sir George, *An Essay on the Government of Dependencies* ( London: J. Murray, 1841).

Cramb, J. A. , *The Origins and Destiny of Imperial Britain, Nineteenth-Century Europe* ( London: John Murray, 1915).

Cunningham, Granville, *A Scheme for Imperial Federation: A Senate for the Empire* ( London: Longmans, 1895).

Curtis, Lionel, *The Problem of the Commonwealth* ( London: Macmillan, 1915).

Denison, Colonel George T., *The Struggle for Imperial Unity: Recollections and Experiences* (London: Macmillan, 1909).

Dicey, Albert Venn, *Lectures Introductory to the Study of the Law of the Constitution* (London: Macmillan, 1885).

————, *Lectures on the Relation between Law and Public Opinion in England During the Nineteenth Century*, 2nd ed. (London: Macmillan, 1914 [1905]).

————, *Introduction to the Study of the Law of the Constitution*, 8th ed. (London: Macmillan, 1915 [1885]).

————, *Memorials of Albert Venn Dicey, Being Chiefly Letters and Diaries*, ed. Robert Rait (London: Macmillan, 1925).

Dilke, Charles, *Greater Britain, A Record of Travel in the English-Speaking Countries During 1866 and 1867*, 2 vols. (London: Macmillan, 1868).

————, *Problems of Greater Britain*, 2 vols. (London: Macmillan, 1890).

————, *The British Empire* (London: Chatto and Windus, 1899).

Egerton, H. E., *A Short History of British Colonial Policy* (London: Methuenand Co., 1897).

Farrer, Thomas Henry, *Free Trade versus Fair Trade* (London: Cassell, Peter, and Galpin, 1882).

Fichte, Johann Gottlieb, *Addresses to the German Nation*, trans. R. F. Jones and G. H. Turnbull, ed. George A. Kelly (New York: Harper Torch Books, 1968 [1807-1808]).

Forster, William E., *Our Colonial Empire; An Address Delivered Before the Philosophical Institution of Edinburgh on Friday, November 5, 1875* (Edinburgh: Edmonston and Douglas, 1875).

————, *Life of the Right Hon. W. E. Forster*, ed. Sir Thomas Wemyss Reid, 2 vols. (London: Chapman and Hall, 1888).

Franklin, Benjamin, *The Interest of Great Britain Considered, with Regard to Her Colonies, and the Acquisitions of Canada and Guadaloupe* (London: T. Becket, 1760).

Franklyn, H. Mortimer, *The Unit of Imperial Federation* (London: Sonnenschein and Co., 1887).

Freeman, E. A., *History of Federal Government, from the Foundation of the Achaean League to the Disruption of the United States* (London: Macmillan, 1863).

————, *History of the Norman Conquest, Its Causes and Its Results*, 6 vols. (Oxford: Clarendon, 1877-79).

————, *The Methods of Historical Study* (London: Macmillan, 1886).

————, *Greater Greece and Greater Britain*, and, *George Washington the Expander of England* (London: Edward Augustus, 1886).

————, *The Life and Letters of Edward A. Freeman*, ed. W. R. W. Stephens (London: Macmillan, 1895).

Frere, Sir Bartle, *The Life and Correspondence of the Rt. Hon. Sir Bartle Frere*, ed. John Martineau (London: J. Murray, 1895).

Froude, James Anthony, *History of England from the Fall of Wolsey to the Defeat of the Spanish Armada*, 12 vols. (London: Longman's, Green, and Co. , 1856–70).

————, *Caesar: A Sketch* (London: Longman's, Green, and Co. , 1879).

————, *Oceana, or England and Her Colonies* (London: Longmans, Green and Co. , 1886).

Garran, Robert Randolph, *The Coming Commonwealth: An Australian Handbook of Federal Government* (London: Simpkin and Marshall, 1897).

Gibbon, Edward, *The History of the Decline and Fall of the Roman Empire*, ed. David Womersley, 3 vols. (Harmondsworth: Penguin, 1995).

Gladstone, William Ewart, *Our Colonies: An Address Delivered to the Members of the Mechanics' Institute, Chester, on Monday, the 12th November 1855* (London: W. Parker, 1855).

Goldman, Charles Sydney (ed. ), *The Empire and the Century, A Series of Essays on Imperial Problems and Possibilities* (London: John Murray, 1905).

Grant, Daniel, *Home Politics, or the Growth of Trade Considered in Its Relation to Labour, Pauperism, and Emigration* (London: Longman's, Green, and Co. , 1870).

Green, Thomas Hill, *Lectures on the Principles of Political Obligation and Other Writings*, ed. Paul Harris and John Morrow (Cambridge: Cambridge University Press, 1986 [1882]).

Greswell, William Parr, *Outlines of British Colonisation* (London: Percival and Co. , 1893).

Grey, Charles, Earl Grey, *The Colonial Policy of Lord John Russell's Administration* (London: R. Bentley, 1853).

Grote, George, *A History of Greece*, 12. vols (London: J. Murray, 1846–56).

Harrington, James, *The Commonwealth of Oceana, and, A System of Government*, ed. J. G. A. Pocock (Cambridge: Cambridge University Press, 1992 [1656]).

Hegel, Georg Wilhelm Friedrich, *Lectures on the Philosophy of World History, Introduction: Reason in History*, trans. H. B. Nisbet (Cambridge: Cambridge University Press, 1980 [1822–31]).

*Her Majesty's Colonies, A Series of Original Papers Issued under the Authority of the Royal*

*Commission*, *Colonial and Indian Exhibition*, *1886* (London: William Clowes and Sons, 1886).

Hight, Sir James, *The English as a Colonising Nation* (Wellington: Whitcome and Tombs, 1903).

Hobhouse, Leonard Trelawney, *Democracy and Reaction*, ed. Peter Clarke (Brighton: Harvester, 1972 [1904])

———, *Liberalism and Other Writings*, ed. James Meadowcroft (Cambridge: Cambridge University Press, 1994 [1911]).

Hobson, J. A. , *Imperialism: A Study* (London: James Nisbet and Co. , 1902).

———, *The Crisis of Liberalism: New Issues of Democracy* (London: P. S. King, 1909).

Hume, David, *Essays, Moral, Political, and Literary*, ed. Eugene F. Miller (Indianapolis: Liberty Fund, 1987)

———, *An Enquiry into the Principles of Morals*, in Hume, *Enquiries*, ed. P. H. Nidditch (Oxford: Oxford University Press, 1975 [1777]).

Huskisson, William, *Speeches of the Right Honourable William Huskisson* (London: Murray, 1831).

Imperial Federation League, *Imperial Federation*, *Report of the Conference Held July 29, 1884, at the Westminster Palace Hotel* (London: Cassell and Co. , 1884).

Jebb, Caroline, *The Life and Letters of Sir Richard Claverhouse Jebb* (Cambridge: Cambridge University Press, 1907).

Jebb, Richard, *Studies in Colonial Nationalism* (London: Edward Arnold, 1905).

———, *The Britannic Question: A Survey of Alternatives* (London: Longmans, 1913).

[Jenkins, John Edward], *Ginx's Baby, His Birth and Other Misfortunes* (London: Strahan and Co. , 1871).

Kant, Immanuel, *Political Writings*, ed. Hans Reiss (Cambridge: Cambridge University Press, 1990).

Keppel, William, Viscount Bury, *Exodus of the Western Nations*, 2 vols. (London: R. Bentley, 1865).

Labillière, Francis P. de, *Federal Britain; Or the Unity and Federation of the Empire* (London: Simpson Low, Marston and Company, 1894).

Lambton, John George, Earl of Durham, *Lord Durham's Report on the Affairs of the British North American Colonies*, ed. C. P. Lucas (Oxford: Oxford University Press, 1912).

Lond on Chamber of Commerce, *England and Her Colonies: The Five Best Essays on Imperial Federation Submitted to the London Chamber of Commerce for Their Prize Competition* (London: S. Sonnenschein, Lowrey, 1887).

Lord, Walter Frewen, *The Lost Empires of the Modern World*: *Essays in Imperial History* (London: Richard Bentley, 1897).

Macaulay, Thomas Babington, *The History of England from the Accession of James II*, ed. Peter Rowland (London: Folio Press, 1985 [1848]).

Machiavelli, Niccolo, *Discourses on Livy*, ed. Julia Conaway Bondanella and Peter Bondanella (Oxford: Oxford University Press, 1997).

Macnaught, William, *Federation of the Empire···Especially Written for the Working Classes* (Liverpool: James Gage, 1887).

Maine, Henry, *Village–Communities in the East and West* (London: John Murray, 1871)

———, *International Law*, *A Series of Lectures Delivered before the University of Cambridge 1887* (London: John Murray, 1888).

Marx, Karl, and Engels, Friedrich, *The Communist Manifesto* [1848], ed. Gareth Stedman Jones (Harmondsworth: Penguin, 2002).

———, *Capital*, *A Critical Analysis of Capitalist Production*, *Volume I* (Moscow: Foreign Languages Publishing House, 1954 [1887]).

Masterman, J. Howard, *A History of the British Constitution* (London: Macmillan, 1912).

Matthews, Jehu, *A Colonist on the Colonial Question* (London: Longmans, 1872).

Maurice, John Frederick Denison, *The Kingdom of Christ*: *Or*, *Hints on the Principles*, *Ordinances*, *and Constitution of the Catholic Church*, 3 vols. (London: Darnton and Clark, 1838).

———, *Social Morality*: *Twenty–One Lectures Delivered in the University of Cambridge* (London: Macmillan, 1869).

———, *The Life of Frederick Denison Maurice*, *Chiefly Told in His Own Letters* (London: Macmillan, 1884).

Merivale, Herman, *Introduction to a Course of Lectures on Colonies and Colonization* (London: Longman, Orme, Brown, Green, and Longmans, 1839).

———, *Lectures on Colonies and Colonization*, 2 vols. (London: Longman, Orme, Brown, Green, and Longmans, 1841).

Mill, James, *Collected Works*, 4 vols. (London: Routledge/Thoemmes Press, 1995).

Mill, John Stuart, *The Collected Works of John Stuart Mill*, ed. John M. Robson, 33 vols. (Toronto: University of Toronto Press, 1963– 91).

Mills, Arthur, *Systematic Colonization* (London: John Murray, 1847).

———, *Colonial Constitutions*: *An Outline of the Constitutional History and Existing Government of the British Dependencies* (London: John Murray, 1856).

———, *Colonial Constitutions*: *An Outline of the Existing Forms of Government in the*

*British Dependencies* (London: Edward Standford, 1891).

Mommsen, Theodor, *History of Rome*, trans. W. P. Dickinson, 4. vols. (London: Richard Bentley, 1862–75).

Montesquieu, Charles de Secondat, Baron de, *The Spirit of the Laws*, ed. Anne M. Cohler, Basia C. Miller, Harold Stone (Cambridge: Cambridge University Press, 1989 [1748]).

Morley, John, *On Compromise*, 2nd ed. (London: Macmillan, 1886 [1874]).

Mosley, Oswald, *The Greater Britain* (London: British Union of Fascists, 1932).

Müller, Max, *India, What Can It Teach Us? A Course of Lectures Delivered before the University of Cambridge* (Oxford: Longman's, 1883).

Nietzsche, Friederich *On the Genealogy of Morality*, ed. Keith Ansell-Pearson (Cambridge: Cambridge University Press, 1994 [1887]).

———, *Twilight of the Idols and The Anti-Christ*, ed. Michael Tanner (Harmondsworth: Penguin, 2003).

Oliver, Frederick Scott, *Alexander Hamilton: An Essay on American Union* (London: Archibald Constable and Co., 1906).

Oman, Charles, *England in the Nineteenth Century* (London: Edward Arnold, 1899).

Ostrogorski, Mosei, *Democracy and the Organisation of Political Parties* (London: Macmillan, 1902).

Paine, Thomas, *Common Sense*, ed. Isaac Kramnick (Harmondsworth: Penguin, 1982 [1776]).

Parkin, George, *Imperial Federation* (London: Macmillan, 1892).

———, *Round the Empire: For the Use of Schools* (London: Cassells, 1892).

Pearson, Charles, *National Life and Character*, 2nd ed. (London: Macmillan, 1894 [1893]).

Pownall, Thomas, *A Letter from Governor Pownall to Adam Smith* [1776] in *The Correspondence of Adam Smith*, 337–77.

———, *A Memorial Most Humbly Addressed to the Sovereigns of Europe: On the Present State of Affairs between the Old and New World* (London: J. Almon, 1780).

Price, Richard, *Political Writings*, ed. D. O. Thomas (Cambridge: Cambridge University Press, 1991).

Rawson, Rawson W., *Sequel to Synopsis of the Tariffs and Trade of the British Empire, Prepared and Presented to the Commercial Committee of the Imperial Federation League* (London: Office of the Imperial Federation League, 1889).

Rein, Gustav Adolf, *Sir John Robert Seeley*, trans. J. L. Herkless (Wolfeboro, N. H.: Longwood Academic, 1987 [1912]).

Robertson, J. M. , *An Introduction to English Politics* (London: Grant Richards, 1900).

Roebuck, John Arthur, *The Colonies of England, A Plan for the Government of Some Portion of Our Colonial Possessions* (London: John W. Parker, 1849).

Ross, Patrick H. W. , *Federation and the British Colonies* (London: Sampson, Low, and Co. , 1887).

Rowe, Charles James, *Bonds of Disunion, or English Misrule in the Colonies* (London: Longman's and Co. , 1883).

Ruskin, John, *The Stones of Venice*, Vol. 1 [1851] in *The Works of John Ruskin*, ed. E. T. Cook and Alexander Wedderburn (London: G. Allen, 1903-12), vol. 9.

Seeley, Ada, *In the Light: Brief Memorials of Elizabeth Phebe Seeley, by Her Sister* (London: Seeley and Co. , 1884).

[Seeley, John Robert], *Ecce Homo: A Survey of the Life and Work of Jesus Christ* (London: Macmillan, 1866).

[Seeley, John Robert], *David and Samuel; With Other Poems, Original and Translated* (London: Seeley, 1869).

Seeley, John Robert, *Lectures and Essays* (London: Macmillan, 1870).

——. *The Life and Times of Stein, or Germany and Prussia in the Napoleonic Age*, 3vols. (Cambridge: Cambridge University Press, 1878).

——, *Natural Religion* (London: Macmillan, 1882).

——, *The Expansion of England: Two Courses of Lectures* (London: Macmillan, 1883).

——, *The Expansion of England: Two Courses of Lectures*, ed. John Gross (Chicago: University of Chicago Press, 1971).

——, *Goethe Reviewed after Sixty Years* (London: Seeley, 1894).

——, *Introduction to Political Science: Two Series of Lectures*, ed. Henry Sidgwick (London: Macmillan, 1923 [1896]).

——, *The Growth of British Policy: An Historical Essay* (Cambridge: Cambridge University Press, 1895).

[Seeley, Robert], *Essays on the Church; by, a Layman* (London: R. B. Seeley and W. Burnside, 1836).

Senior, Nassau, *Remarks on Emigration* (London: R. Clay, 1831).

——, *An Outline of a Science of Political Economy* (London: W. Clowes, 1836).

Sidgwick, Henry, *The Methods of Ethics* (London: Macmillan, 1874).

————, *The Elements of Politics*, 4nd ed. (London: Macmillan, 1919 [1891]).

————, *The Development of European Polity*, ed. Eleanor Sidgwick (London: Macmillan, 1903).

Smith, Adam, *An Inquiry into the Nature and Causes of the Wealth of Nations*, general editors R. H. Campbell and A. S. Skinner; textual editor W. B. Todd (Oxford: Oxford University Press, 1976).

————, *The Correspondence of Adam Smith*, ed. E. C. Mossner, and I. S. Ross (Oxford: Oxford University Press, 1977).

Smith, Goldwin, *An Inaugural Lecture Delivered November 1859* (Oxford: J. H. and J. Parker, 1859).

————, *On Some Supposed Consequences of the Doctrine of Historical Progress: A Lecture* (Oxford: J. H. and J. Parker, 1861).

————, *The Study of History: Two lectures* (Oxford: J. Henry and J. Parker, 1861).

————, *The Foundation of the American Colonies: A Lecture Delivered before the University of Oxford, June 12, 1860* (Oxford: J. Henry and J. Parker, 1861).

————, *Does the Bible Sanction American Slavery?* (Oxford: J. Henry and J. Parker, 1863).

————, *The Empire, A Series of Letters Published in "The Daily News," 1862, 1863* (London: J. Henry and J. Parker. 1863).

————, *A Plea for the Abolition of Tests in the University of Oxford*, 2nd ed. (Oxford: Wheeler and Day, 1864).

————, *England and America: A Lecture Delivered by Goldwin Smith before the Boston Fraternity during His Recent Visit to the United States* (Manchester: Ireland, 1865).

————, *The Civil War in America: An Address Read at the Last Meeting of the Manchester Union and Emancipation Society* (London: Simpkin and Marshall, 1866).

————, *Three English Statesmen, A Course of Lectures on the Political History of England* (London: Macmillan, 1867).

————, *The Reorganization of the University of Oxford* (Oxford: J. Parkerand Co., 1868).

————, *Lectures and Essays* (Toronto: Hunter and Rose, 1881).

————, *The Conduct of England to Ireland: An Address Delivered at Brighton, Jan. 30, 1882* (London: Macmillan, 1882).

————, *False Hopes, or, Fallacies, Socialistic and Semi-Socialistic, Briefly Answered* (London: Cassell, 1886).

————, *Canada and the Canadian Question* (London: Macmillan, 1891).

————, *The Moral Crusader*, *William Lloyd Garrison: A Biographical Essay* (London: Funk and Wagnalls Co. , 1892).

————, *The United States: An Outline of Political History*, *1492-1871* (New York: Macmillan 1893).

————, *Guesses at the Riddle of Existence: And Other Essays on Kindred Subjects* (London: Macmillan, 1897).

————, *The United Kingdom: A Political History* (London: Macmillan, 1899).

————, *Commonwealth or Empire? A Bystander's View of the Question* (London: Macmillan, 1902).

————, *My Memory of Gladstone* (London: T. Fisher Unwin, 1904).

————, *A Selection from Goldwin Smith's Correspondence*, ed. Arnold Haultain (London: T. W. Laurie, 1910).

————, *Reminiscences*, ed. Arnold Haultain (New York: Macmillan, 1910).

————, *Goldwin Smith*, *His Life and Opinions*, ed. Arnold Haultain (London: T. Werner Laurie, 1913).

Sorel, Georges, *Reflections on Violence*, ed. Jeremy Jennings (Cambridge: Cambridge University Press, 1999 [1908]).

Spencer, Herbert, *The Proper Sphere of Government* (1843) in *The Man Versus the State*, *with Six Essays on Government*, *Society*, *and Freedom*, ed. Albert Jay Nock (Indianapolis: Liberty Fund, 1982), 181-265.

————, *Social Statics; Or*, *the Conditions Essential to Human Happiness Specified*, *and the First of Them Developed* (London: Chapman, 1851).

————, *Principles of Sociology*, 3 vols. (London: Williams and Norgate, 1876-96).

Stead, W. T. , *The Life of W. T. Stead*, ed. Frederick Whyte, 2 vols. (London: Jonathan Cape, 1925).

Streit, Clarence K. , *Union Now: A Proposal for a Federal Union of the Democracies of the North Atlantic* (New York: Harper, 1940).

————, *Union Now with Britain* (London: Jonathan Cape, 1941).

Sutherland, John Douglas, Marquis of Lorne, *Imperial Federation* (London: Swan Sonnenschein, 1885).

Tocqueville, Alexis de, *Democracy in America*, trans. Henry Reeve, 2 vols. (London: Longman, 1862).

————, *Writings on Empire and Slavery*, ed. Jennifer Pitts (Baltimore: Johns Hopkins University Press, 2001).

Todd, Alpheus, *Parliamentary Government in the British Colonies* (London: Longman, Green, and Co. , 1880).

Torrens, Robert, *Colonisation of South Australia* (London: n. p. , 1835).

———, *Self-Supporting Colonization: Ireland Saved Without Cost to the Imperial Treasury* (London: Ridgeway, 1847).

Wakefield, Edward Gibbon, *The Collected Works of Edward Gibbon Wakefield*, ed. M. F. Lloyd Prichard (Glasgow: Collins, 1968).

———, *England and America: A Comparison of the Social and Political State of Both Nations* (London: Richard Bentley, 1833).

White, Arthur S. (ed. ), *Britannic Confederation* (London: G. Philip and Son 1892).

Young, Arthur, *Political Essays Concerning the Present State of the British Empire* (London: W. Strahan and T. Cadell, 1772).

Young, Frederick (ed. ), *Imperial Federation of Great Britain and Her Colonies; in Letters Edited by Frederick Young* (London: S. W. Silver, 1876).

———, *On the Political Relations of Mother Countries and Colonies, A Paper Read at the "Conference et Congrés Scientifiques" of the Exposition Internationale Coloniale et d'Exportation Générale, at Amsterdam, September 19, 1883* (London: Edward Stanford, 1883).

———, *An Address on Imperial Federation, at Cambridge, June 4, 1885* (London: Edward Stanford, 1885).

———, *A Pioneer of Imperial Federation in Canada* (London: George Allen, 1902).


3. 短文与演讲

Anon. , "The Federation of the British Empire: Thoughts for the Queen's Jubilee on Imperial Federation," *WR*, 128 (1887), 484- 94.

Anon. , "Home Rule and Imperial Federation," *WR*, 132 (1889), 225-30.

Anon. , "*Imperium et Libertas*," *WR*, 57 (1880), 91-111.

Anon. , "The Integrity of the Empire," *FR*, 59 (1896), 738-50.

Anon. , "The League and Its Journal," *IF*, 1/1 (1886), 16-18.

Anon. , "State-Directed Colonization," *WR*, 128 (1887), 71-82.

Anon. , "What We Offer to the Working Classes; Part 1," *IF*, 1/2 (1886) 50-51.

Anon. , "What We Offer to the Working Classes; Part 2," *IF*, Vol. 1/3 (1886), 77-78.

Anon. , "What We Offer to the Working Classes; Part 3," *IF*, Vol. 1/4 (1886), 105- 106.

Anon. , "Working Men Federationists," *IF*, 2/9 (1887), 205- 206.

Adderley, Charles Boyer, Lord Norton, "Imperial Federation—Its Impossibility," *NC*, 16 (1884), 505-16.

———, "Imperial Federation: Impossible Constitutions," *NR*, 7 (1886), 704-11.

Amery, L. S. , "Imperial Defence and Naval Policy" in Goldman (ed. ), *The Empire and the Century*, 174-97.

Andrews, Charles M. , review of Goldwin Smith, *The United Kingdom: A Political History*, *AHR*, 5 (1900), 738-42.

Arnold, Matthew, "Democracy" [1861] in Arnold, *Culture and Anarchy and Other Writings*, 1-26.

Arnold, Thomas, "The Church and the State" [1839] in *The Miscellaneous Works of Thomas Arnold*, 466-75.

———, "National Church Establishments" [1840] in *The Miscellaneous Works of Thomas Arnold*, 486-92.

Baden-Powell, George, "National Unity," *PRCI*, 16 (1884-85), 43-72.

Bagehot, Walter, "Responsible Government" [1856] in *The Collected Works of Walter Bagehot*, IV, 99-104.

———, "George Cornewall Lewis" [1863] in Bagehot, *Biographical Studies*, ed. R. H. Hutton (London, 1889), 206-47.

———, "The Meaning and the Value of the Limits of the Principle of Nationalities" [1864], *Collected Works*, VIII, 149-53.

———, "An Anglo-Saxon Alliance" [1875] *Collected Works*, VIII, 335-39.

Beadon, Robert, "Why the Imperial Federation League Was Dissolved," *NR*, 22 (1893-94), 814-22.

Berry, Sir Graham, "The Colonies in Relation to the Empire," *PRCI*, 18 (1886-87), 4-26.

Bourne, Stephen, "Extended Colonisation a Necessity to the MotherCountry," *PRCI*, 11 (1879-80), 8-36.

Brabazon, Reginald, 12th Earl of Meath, "State-Directed Emigration: Its Necessity," *NC*, 16 (1884), 764-87.

———, "State-Directed Colonization," *NR*, 9 (1887), 525- 37.

Bradshaw, W. J. , "Imperial Federation" in, London Chamber of Commerce, *England and Her Colonies*, 73-89.

Brassey, Thomas, "Address Delivered before the Bradford Chamber of Commerce, January

21, 1880," *Papers and Addresses of Lord Brassey*, 30-46.

————, "On Work and Wages in Australia, Paper Read at the Royal Colonial Institute, February 14, 1888," *Papers and Addresses*, 235-37.

————, "Imperial Federation as Recently Debated," *NC*, 30 (1891), *Papers and Addresses*, 156-69.

Bruce, R. Bryce, "English Evils and Imperial Remedies," *IF*, 1/9 (1886), 248-51.

Bryce, James, "The Roman Empire and the British Empire in India" in *Studies in History and Jurisprudence* (Oxford: Clarendon, 1901), I, 1-84.

————, "An Age of Discontent," *CR*, 49 (1891), 14-30.

Burke, Edmund, "Observations on a Late Publication Intituled 'The Present State of the Nation' " [1769] in *The Writings and Speeches of Edmund Burke, Volume 2: Party, Parliament, and the American Crisis*, ed. Paul Langford (Oxford: Oxford University Press, 1981), 102-219.

————, "Speech on Conciliation with America" (March 22, 1775), in *The Writings and Speeches of Edmund Burke, Vol. 3: Party, Parliament, and the American War, 1774-1780*, ed. W. M. Elofson with John A. Woods (Oxford: Oxford University Press, 1996), 102-69.

————, "Address to the Colonists" (January 1777), in *The Writings and Speeches of Edmund Burke*, III, 277-86.

————, "Speech at Bristol Previous to Election" [1780] in *The Writings and Speeches of Edmund Burke*, III, 623-63.

Burrows, Montagu, "Imperial Federation," *NR*, 4 (1884-85), 365-80.

Campbell, John Douglas Sutherland, Marquis of Lorne, "Our Relations with Canada and the Great Colonies," *PRCI*, 15 (1883-84), 41-51.

————, "Unity of Empire," *NC*, 17 (1885), 397-404.

————, "The Annual Address on the Progress of Geography: 1885-6," *Proceedings of the Royal Geographical Society*, 8 (1886), 417-36.

Carlyle, Thomas, "Signs of the Times" [1829] in *The Collected Works of Thomas Carlyle*, 16 vols. (London: Chapman and Hall, 1857), II, 98-119.

Carnegie, Andrew, "Imperial Federation: An American View," *NC*, 30 (1891), 490-508.

Cattanach, A. C., "On the Relations of the Colonies to the Parent State," *PRCI*, 2 (1870), 68-74.

Cecil, Robert Arthur Talbot Gascoyne, Marquis of Salisbury, "The Confederate Struggle and Recognition," *QR*, 112 (1862), 538-70.

———, "Speech at the Inaugural Dinner of the Institution of Electrical Engineers, Nov. 1889," printed in *The Electrician*, November 8, 1889, 13.

Chesney, Charles Cornwallis, "Our Panics and their Remedy," *MM*, 23 (1871), 448–57.

Chesney, George, "The British Empire," *PRCI*, 15 (1893–94), 167–74.

Clarke, William, "An English Imperialist Bubble" (1885), in *William Clarke, A Collection of his Writings*, ed. H. Burrows and J. A. Hobson (London: S. Sonnenschein, 1908), 76–90.

Coleridge, Samuel Taylor, "A Lay Sermon" [1817] in *The Collected Works of Samuel Taylor Coleridge*, *Vol. 6, Lay Sermons*, ed. R. J. White (Princeton: Princeton university Press, 1972), 117–233.

Collier, Robert, 2nd Baron Monkswell, "State Colonization," *FR*, 43 (1888), 387–98.

Colomb, Sir John, "A Survey of Existing Conditions," in White (ed.) *Britannic Confederation*, 3–33.

Constant, Benjamin, "The Liberty of the Ancients Compared with That of the Moderns" [1819], in Constant, *Political Writings*, ed. Biancamaria Fontana (Cambridge: Cambridge University Press, 1988), 307–28.

———, "The Spirit of Conquest and Usurpation and Their Relation to European Civilization" [1814] in Constant, *Political Writings*, 51–165.

[Conybeare, W. J.], "Church Parties," *ER*, 98 (1853), 273–342.

[Courthope, W. J.], "Problems of Greater Britain," *NR*, 15 (1890), 433–45.

Coutts, William, Viscount Bury, "Inaugural Speech" [March 15, 1869] *PRCI*, I (1869–70), 51–62.

———, "The Unity of the Empire," *NC*, 17 (1885), 381–96.

Cross, J. W., "The New World," *NC*, 29 (1891), 468–76.

Dahlberg–Acton, John Emerich Edward, Lord Acton, "Nationality" in *Selected Writings of Lord Acton*, *Vol. I: Essays on the History of Liberty*, ed. J. Rufus Fears (Indianapolis: Liberty Fund, 1985), 409–39.

Dalton, J. N., "The Federal States of the World," *NC*, 16 (1884), 96–118.

———, "What is Meant by Imperial Federation," *IF*, 1/2 (1882), 37–39.

Dewey, John, review of A. M. Sidgwick and E. M Sidgwick, *Henry Sidgwick, A Memoir* (London: Macmillan, 1906), *Political Science Quarterly*, 22 (1907), 133–35.

Dicey, Albert Venn, "Home Rule from an English Point of View," *CR*, 42 (1882), 66–86.

————, "Americomania in English Politics," *The Nation*, January 21, 1886, xlii.

————, "Alexis de Tocqueville," *NR*, 21 (1893), 771–84.

————, "A Common Citizenship for the English Race," *CR*, 71 (1897), 457–77.

Disraeli, Benjamin, "Conservative Principles" delivered at Manchester, April 3, 1872, in *Selected Speeches of the Late Right Honourable the Earl of Beaconsfield*, ed. T. E. Kebbel (London: Longmans, Green, and Co. , 1882), II, 500–24.

Dougall, John Redpath, "An Anglo–Saxon Alliance," *CR*, 48 (1885), 693–706.

Douglas, John, "Imperial Federation from an Australian Point of View," *NC*, 16 (1884), 840–53.

Duffy, Sir Charles Gavan, "How British Colonies Got Responsible Government," I, *CR*, 57 (1890), 617–43.

————, "How British Colonies Got Responsible Government," II, *CR*, 58 (1890), 153–81.

————, "Some Fruits of Federation," *IF*, 5/3 (1890), 68.

Eddy, C. W. , "What Are the Best Means of Drawing Together the Interests of the United Kingdom and the Colonies, and of Strengthening the Bonds of Union," *PRCI*, 3 (1875–76), 3–23.

Editorial, *IF*, 3/6 (1888), 146–47.

[Elliot, Arthur] "Colonial and Imperial Federation," *ER*, 192 (1900), 247–70.

Farrar, J. M. , "The Rise and Decline of the Confederate Government," *CR*, 40 (1881), 229–45.

Farrer, J. A. , "The Integrity of the Empire," *FR*, 43 (1885), 338–44.

Farrer, Thomas Henry, "The Strength of England," *FR*, 23 (1878), 384–403.

Ferguson–Bowen, George, "The Federation of the British Empire," *PRCI*, 17 (1885–86), 282–96.

Fielding, William, "Imperial Migration and Settlement," *NR*, 8 (1886–87), 777–95.

Fisher, H. A. L. , "Sir John Seeley," *FR*, 60 (1896), 183–89.

Fiske, John, "Why the American Colonies Separated from Great Britain," *FR*, 28 (1880), 147–63.

[Forbes, Urquhart], "Imperial Federation," *LQR*, 4 (1885), 320–35.

Forster, W. E. , "Our Colonial Empire," the *Times*, Monday, November 6, 1875, 9.

————, "Imperial Federation," *NC*, 17 (1885), 201–18.

————, "A Few More Wordson Imperial Federation," *NC*, 17 (1885), 552–56.

Foster, William, "Fallacies of Federation," *PRCI*, 8 (1875–76), 79–101.

Freeman, E. A. , "Grote's *History of Greece*," *North British Review*, 25 (1856) , 141-72.

————, "The Growth of Commonwealths" [1873] reprinted in Freeman, *Historical Essays*, 4th series (London, 1892) , 353-88.

————, "Federation and Home Rule," *FR*, 16 (1874) , 204-15.

————, "Race and Language" [1877] , reprinted in his *Historical Essays*, 3rd Series, 2nd ed. (London: Macmillan, 1892 [1879]) , 176-230.

————, "Some Impressions of the United States," *FR*, 32 (1882) , I and II, 133-55 and 323-46.

————, "The Physical and Political Bases of National Unity" in White (ed.), *Britannic Confederation*, 33-56.

————, "Imperial Federation," *MM*, 51 (1885) , 430-35.

Froude, J. A. , "England's Forgotten Worthies," *WR*, 2 (1852) , 32-67.

————, "The Science of History" [1864] , *Short Studies on Great Subjects* (London: Longman's, Green, and Co. , 1877) , III, 1-25.

————, "England and Her Colonies," *FM*, 1 (1870) , 1-16.

————, "Reciprocal Duties of State and Subject," *FM*, 81 (1870) , 285-301.

————, "On Progress," *FM*, 2 (1870) , 671-91.

————, "England's War," *FM*, 3 (1871) , 135-50.

————, "Party Politics," *FM*, 10 (1874) , 1-18.

Galt, Sir Alexander, "The Future Destiny of the Dominion of Canada," *PRCI*, 12 (1880-1) , 88-109.

————, "The Relations of the Colonies to the Empire, Past and Future: Two Addresses Delivered in Edinburgh and Greenock," *PRCI*, 14 (1882-3) , 391-409.

Gardiner, A. G. , *The Life of Sir William Harcourt*, 2 vols. (London: Constable and Co. , 1923).

Gisbourne, William, "Colonisation," *PRCI*, 20 (1889-90) , 53-69.

Grant Duff, Sir Mountstuart Elphinstone, "The Pulse of Europe," *CR*, 28 (1876) , 338-64.

[Greswell, William] , "England and Her Second Colonial Empire," *QR*, 158 (1884) , 131-61.

————, "Imperial Federation: Prize Essay" in London Chamber of Commerce, *England and Her Colonies*, 1-42.

————, "Colonization and the Friendly Societies," *NR*, 11 (1888) , 685-700.

————, "The Imperial Federation League," *NR*, 14 (1889) , 184-89.

Harris, William, "The Commercial Advantages of Federation," *PRCI*, 13 (1881-2), 209-225.

Harrison, Frederic, "Empire and Humanity," *FR*, 27 (1880), 288-308.

Hazell, Walter, "Practical Means of Extending Emigration," *PRCI*, 19 (1887-88), 48-64.

Henniker-Heaton, John, "The Postaland Telegraphic Communication of the Empire," *PRCI*, 19 (1887-88), 171-96.

———, "An Imperial Telegraph System," *NC*, 45 (1899), 906-14.

Hobson, J. A. , "The Inner Meaning of Protectionism," *CR*, 84 (1903), 365-74.

Howard Vincent, C. E. , "The British Empire To-day," *PRCI*, 16 (1884-85), 308-25.

———, "Inter-British Trade and its Influence on the Unity of the Empire," *PRCI*, 22 (1891-92), 265-88.

Hume, David, "Of Civil Liberty" in Hume, *Essays, Moral, Political, and Literary*, 87-97.

———, "Of the Balance of Power," *Essays*, 332-42.

———, "The Idea of a Perfect Commonwealth," *Essays*, 512-33.

———, "Of the Study of History," *Essays*, 563-69.

Jebb, Richard "Imperial Organization" in Goldman (ed. ), *The Empire and the Century*, 332-48.

[ Jenkins, John Edward], "Imperial Federalism," *CR*, 16 (1871), 165-88.

———, "An Imperial Confederation," *CR*, 17 (1871), 60-79.

[ Jennings, L. J. ], "Travels in the British Empire," *QR*, 162 (1886), 443-67.

Kant, Immanuel, "Idea for A Universal History with a Cosmopolitan Purpose" [1784] in Kant, *Political Writings*, 41-54.

———, "Perpetual Peace: A Philosophical Sketch" [1795] in Kant, *Political Writings*, 93-125.

Keith, James, "Our Great Competitor," *NC*, 21 (1887), 792-99.

Key, Sir A. Cooper, "Naval Defence of the Colonies," *NC*, 20 (1886), 284-93.

Kipling, Rudyard, "Deep-SeaCables" in *Rudyard Kipling's Verse, 1885-1932* (London: Hodder and Stoughton, 1932).

Labillière, F. P. de "The Permanent Unity of the Empire," *PRCI*, 6 (1874-75), 36-48.

———, "Present Aspects of Imperial Federation," *IF*, 1/1 (1886), 5-6.

————, "British Federalism: Its Rise and Progress," *PRCI*, 24 (1892–93), 95–120.

Laveleye, Emile de, "The European Situation," *FR*, 18 (1875), 1–21.

————, "The Progress of Socialism," *CR*, 43 (1883), 561–82.

Lobban, William, "Is Imperial Federation a Chimera?" *WR*, 136 (1891), 54–58.

Longley, J. W., "Canada and Imperial Federation," *FR*, 49 (1891), 466–79.

Low, Sidney, "The Imperial Contribution: The New Phase," *The Nineteenth Century and After*, 82 (1917), 234–50.

Lowe, Robert, "The Value to the United Kingdom of the Foreign Dominions of the Crown," *FR*, 22 (1877), 618–30.

Lowell, Frances Cabot, "English and American Federalism," *FR*, 43 (1888), 188–95.

Lucas, C. P., "Introduction" to Sir George Cornewall Lewis, *An Essay on the Government of Dependencies* (Oxford: Clarendon Press, 1891), vii–lxvii.

Ludlow, John Malcolm, "Europe and the War," *CR*, 15 (1870), 648–67.

———— "Principles and Issues of the War," *CR*, 15 (1870), 348–63.

Macfie, Andrew Robert, "On the Crisis of the Empire: Imperial Federation," *PRCI*, 3 (1871–72), 2–12.

Mackinder, Halford, "The Geographical Pivot of History," *Geographical Journal*, 23 (1904), 421–37.

[Maine, Henry Sumner], "The Constitution of the United States," *QR*, 157 (1884), 1–32.

Mallet, Bernard, "The Whigs and Imperial Federation," *MM*, 61 (1890), 214–20.

Marriott, J. A. R., "British Federalism: A Vanished Dream?" *The Nineteenth Century and After*, 82 (1917), 389–403.

[Martineau, John], "New Zealand and OurColonial Empire," *QR*, 128 (1870), 134–62.

Matthews, Jehu, "Nature and Need of Imperial Federation," *IF*, 1/4 (1886), 94–96.

Merivale, Herman, "The Colonial Questionin1870," *FR*, 7 (1870), 152–75.

Mill, James, "Colonies" in Mill, *Essays from the Supplement to the Encyclopedia Britannica*, *Collected Works*, 3–33.

Mill, John Stuart, "De Tocqueville on America," I and II [1835], *CW*, XVIII, 47–91 and 153–205.

————, "State of Society in America," [1836] *CW*, XVIII, 91–117.

————, "Bentham," [1838] *CW*, X, 75–117.

———, "Wakefield's ' The New British Province of South Australia,' " [1843], *CW*, XXIII, 738-42.

———, "Grote's "History of Greece," I [1846], *CW*, XI, 271-307.

———, "What is to be Done with Ireland" [1848], *CW*, VI, 497-505.

———, "Grote's "History of Greece," IV [1859], *CW*, XXV, 1128-34.

———, "A Few Words on Non-Intervention" [1859], *CW*, XXI, 109-25.

———, "England and Ireland" [1868], *CW*, VI, 505-35.

Mills, Arthur, "Our Colonial Policy," *CR*, 11 (1869), 216-39.

———, "The Problem of Empire: The Imperial Federation League," *FR*, 37 (1885), 345-51.

———, "Imperial Federation," *ER*, 170 (1889), 247-57.

Molyneux, Henry Howard, 4th Earl of Carnarvon, "Imperial Administration, Address to the Edinburgh Philosophical Institute, November 1878," *FR*, 24 (1878), 751-64.

Monypenney, W. F. , "The Imperial Ideal" in C. S. Goldman (ed. ), *The Empire and the Century*, 5-29.

Morley, John, "The Expansion of England," *MM*, 49 (1884), 241-58.

Muirhead, J. H. , "What Imperialism Means" [1900] reprinted in *The BritishIde-alists*, ed. David Boucher (Cambridge: Cambridge University Press, 1997), 257-53.

Murray Macdonald, J. A. , "The Imperial Problem," *CR*, 80 (1901), 489-90.

Nicholls, H. R. , "The Prophetic Objections to Federation," *IF*, 1/9 (1886), 273-74.

Nicholson, J. Shield, "Tariffs and International Commerce" in White (ed. ), *Britannic Confederation*, 93-123.

Nietzsche, Friedrich, "On the Uses and Disadvantages of History for Life" [1873] in Nietzsche, *Untimely Meditations*, ed. Daniel Breazeale (Cambridge: Cambridge University Press, 1997), 57-125.

O'Brien, Barry, "Mr Goldwin Smith: Past and Present," *FR*, 41 (1884), 202-207.

Parkes, Sir Henry, "Australia and the Imperial Connection," *NC*, 15 (1884), 867-73.

Parkin, George, "Report of the Proceedingsat the Meeting for the Promoting of a Memorial to the late Sir John R. Seeley, June 13, 1895," *Cambridge University Reporter*, no. 1088 (October 11, 1895), 54-72.

Peel, George, "The Nerves of Empire" in Goldman (ed. ), *The Empire and the Century*, 249-88.

Pollock, Sir Frederick, "Imperial Organization," *PRCI*, 36 (1905), 287-319.

————, "Imperial Unity: The Practical Conditions," *QR*, 229 (1918), 1-27.

Potter, George, "Imperial Emigration," *NR*, 1 (1883), 193-207.

Price, B. , "England and Her Colonies," *FM*, 68 (1863), 454-70.

Price, Richard, "Observations on the Nature of Civil Liberty, the Principles of Government, and the Justice and Policy of the War with America" [1776] in *Two Tracts on Civil Liberty, the War with America, and the Debts and Finances of the Kingdom*, in Price, *Political Writings*, 14-101.

Rainbow Circle, *Minutes of the Rainbow Circle, 1894-1924*, ed. Michael Freeden (London: Royal Historical Society, 1989).

Renan, Ernest, "Qu'est-ce qu'une nation?" [1882] in Geoff Eley and Ronald Grigor Suny (eds. ), *Becoming National: A Reader* (Oxford: Oxford University Press, 1996).

Robinson, John, "The Social Aspect of Colonisation," *PRCI*, 1 (1869), 135-54.

[Robinson, John], "The Future of the British Empire," *WR*, 38 (1870), 47-74.

————, "The Colonies and the Century," *PRCI*, 30 (1898-99), 325-54.

Rogers, J. E. Thorold, "Contemporary Socialism," *CR*, 47 (1884), 51-64.

Royal Colonial Institute, "Account of the Dinner Heldat the Canon Street Hotel, on Friday, 15th, November, 1872, to celebrate the completion of Telegraphic Communications with the Australian Colonies," published as a supplement to, *PRCI*, 3 (1871-72), 1-43.

Ruskin, John, "Inaugural" [1870] in *The Works of John Ruskin*, ed. Cook and Wedderburn, 18-44.

Salmon, Edward, "Imperial Federation: The Condition of Progress," *FR*, 68 (1900), 1009-19.

Schuyler, R. L. , "The British War Cabinet," *Political Science Quarterly*, 33 (1918), 378-95.

Seebohm, Frederic, "Imperialism and Socialism," *NC*, 7 (1880), 726-36.

Seeley, John Robert, "Liberal Education in Universities" in F. W. Farrar (ed. ), *Essays on a Liberal Education* (London: Macmillan, 1867), 145-78.

————, "Milton's Political Opinions," *Lectures and Essays* (London: Macmillan, 1870).

————, "Roman Imperialism, I: The Great Roman Revolution," *MM*, 20 (1869), 185-97.

————, "Roman Imperialism, II: The Fall of the Roman Empire," *MM*, 20 (1869), 281-91.

————, "Roman Imperialism, III: The First and Last Parts of Roman Imperialism Compared," *MM*, 20 (1869), 473-84.

————, "The Church as a Teacher of Morality" in W. L. Clay ( ed. ), *Essays on Church Policy* ( London: Macmillan, 1868).

————, "The English Revolution of the Nineteenth Century," Parts I – III, *MM*, 22 ( 1870 ), 241-51, 347-58, and 441-51.

————, "The United States of Europe: A Lecture Delivered before the Peace Society," *MM*, 23 ( 1871 ), 436-48.

————, "The British Empire," *Bradford Observer*, March 22, 1872.

————, "Political Education of the Working Classes," *MM*, 36 ( 1877 ), 143-45.

————, "History and Politics," I – III, *MM*, 40 ( 1879 ), 289-99, 369-78, and 449-58.

————, "History and Politics," IV, *MM*, 41 ( 1879 ), 23-32.

————, "Political Somnambulism," *MM*, 43 ( 1880 ), 28-44.

————, "The British Race," [ 1872 ] *Education I* 4 ( 1881 ), 309-28.

————, "Our Insular Ignorance," *NC*, 18 ( 1885 ), 861-73.

————, "Introduction" to *Her Majesty's Colonies*, *A Series of Original Papers Issued under the Authority of the Royal Commission*, *Colonial and Indian Exhibition*, 1886 ( London: William Clowes and Sons, 1886 ), ix-xxvi.

————, "The Journal of the League," *IF*, 1/1 ( 1886 ), 4-5.

————, "The Object to Be Gained by Imperial Federation," *IF*, 1/8 ( 1886 ), 205-206.

————, " Georgian and Victorian Expansion: The Rede Lecture, 1887," *FR*, 42 ( 1887 ), 23-39.

————, " A Midlands University—Presidential Address to the Midlands Institute," *FR*, 42 ( 1887 ), 703-16.

————, "The Eighty-Eights," *Good Words* ( 1888 ), 272-360.

————, "The Impartial Study of Politics: Inaugural Address to the Cardiff Society for the Impartial Discussion of Politics and Other Questions, October18th 1886," *CR*, 54 ( 1888 ), 52-65.

————, "Ethics and Religion: An Address before the Ethical Society of Cambridge," *FR*, 45 ( 1889 ), 501-14; reprinted in The Society of Ethical Propagandists ( ed. ), *Ethics and Religion*, *A Collection of Essays by Sir J. Seeley, Dr. F. Adler, Mr. W. M. Salter, Prof. H. Sidgwick, Prof. G. von Gizycki, Dr. B. Bosanquet, Mr. Leslie Stephen, Dr. S. Coit, and Prof. J. H. Muirhead* ( London: Sonnenschein, 1900).

————, "Professor Seeley at Cambridge," *IF*, 6/6 ( 1891 ), 176.

————, "Sir John Seeley and National Unity," *Cambridge Review*, 16 (1895), 197.

Sidgwick, Henry, "Editor's Preface" to Seeley, *Introduction to Political Science*, v–xi.

Smith, Adam, "Smith's Thoughts on the State of the Contest with America, February 1778," ed. David Stevens, in *The Correspondence of Adam Smith*, 377–85.

Smith, Goldwin, "Froude's *History of England*, Vols. V–VIII," *ER*, 119 (1864), 243–79.

————, "Richard Cobden," *MM*, 67 (1865), 90–92.

————, "Female Suffrage," *MM*, 30 (1874), 139–50.

————, "The Ascent of Man," *MM*, 35 (1877), 194–204.

————, "The Defeat of the Liberal Party," *FR*, 26 (1877), 1–24.

————, "The Ninety Years' Agony of France," *CR*, 31 (1877), 103–23.

————, "The Policy of Aggrandizement," *FR*, 22 (1877), 303–24.

————, "Falkland and the Puritans: A Reply to Matthew Arnold," *CR*, 24 (1877), 925–42.

————, "The Greatness of England," *CR*, 34 (1878), 1–19.

————, "The Greatness of the Romans," *CR*, 32 (1878), 321–38.

————, "The Expansion of England," *CR*, 45 (1884), 524–40.

————, "The Organization of Democracy," *CR*, 47 (1885), 315–33.

————, "The Political History of Canada," *NC*, 20 (1886), 14–33.

————, "The Moral of the Late Crisis," *NC*, 20 (1886), 305–21.

————, "The Jews: A Deferred Rejoinder," *NC*, 13 (1887), 687–709.

————, "Straining the Silken Thread," *MM*, 58 (1888), 241–46.

————, "The Empire" in his *Essays on Questions of the Day*, 2nd ed. (New York: Macmillan, 1894 [1893]), 141–95.

————, "The Impending Revolution: Political England Revisited," *NC*, 35 (1894), 353–66.

————, "The Manchester School," *CR*, 67 (1895), 377–90.

————, "Burke, an Anniversary Study," *Cornhill Magazine*, 1 (1896), 17–29.

————, "Imperialism in the United States," *CR*, 75 (1899), 620–29.

————, "The Treatment of History, The Presidents Address to the American Historical Association, December 28, 1904" *AHR*, 10 (1905), 511–20.

————, "Burke on Party," *AHR*, 11 (1905), 36–41.

————, "The Experience of the American Commonwealth" [1867] in W. L. Guttsman (ed.), *A Plea for Democracy, an Edited Selection from the* 1867 Essays on Reform *and* Questions for a Reformed Parliament (London: MacGibbon and Kee, 1967), 140–50.

Smith, William Roy, "British Imperial Federation," *Political Science Quarterly*, 36 (1921), 274–97.

Spencer, Herbert, "From Freedom to Bondage" [1891] in Spencer, *The Man Versus the State*, ed. Albert Jay Nock, 487–518.

———, "Imperialism and Slavery" in Spencer, *Facts and Comments* (London: Williams and Norgate, 1902), 112–21.

Staveley Hill, A. , "An Empire's Parliament," *PRCI*, 11 (1879–80), 136–54.

Stephen, J. , "The Atlantic Telegraph and Its Lessons" *FR*, 5 (1866), 442–61.

Stout, Sir Robert, "A Colonial View of Imperial Federation," *NC*, 21 (1887), 351–62.

Tanner, J. R. , "Sir John Seeley," *EHR*, 10 (1895), 1–8.

Taylor, Henry D'Esterre, "The Advantages of Imperial Federation," *IF*, 3/7 (1888), 129–30.

Thring, Sir Henry, "The Consolidation of the British Empire," in White (ed. ), *Britannic Confederation*, 151–73.

———, "The Fallacy of Imperial Federation," *NC*, 19 (1886), 22–34.

Torrens, William, "Imperial and Colonial Partnership in Emigration," *PRCI*, 12 (1880–81), 175–96.

———, "Transplanting to the Colonies," *NC*, 9 (1881), 536–56.

Trevelyan, George Otto, "Ladies in Parliament" (1866), reprinted in *The Ladies in Parliament and Other Pieces* (Cambridge: Deighton, Bell, and Co. , 1869); 3–33.

Tupper, C. Lewis, "India and Imperial Federation," *IF*, 7/7 (1892), 77–78.

Tupper, Charles, "Federating the Empire, A Colonial Plan," *NC*, 30 (1891), 509–20.

———, "How to Federate the Empire," *NC*, 31 (1892), 525–37.

Turgot, Anne Robert Jacques, "Tableau Philosophique des Progres Successifs de L'esprit Humain" [1750] in *Oeuvres de Turgot*, ed. Gustave Schelle (Paris, 1913–23), 214–35.

Vogel, Julius, "Greater or Lesser Britain," *NC*, 1 (1877), 809–31.

———, "The British Empire: Mr Lowe and Lord Blachford," *NC*, 3 (1878), 617–36.

Wakefield, E. G. , "Outline of a System of Colonization" [1829], *The Collected Works of Edmond Gibbon Wakefield*, 178–87.

———, "A View of the Art of Colonization: With Present Reference to the British Empire; In Letters Between a Statesman and a Colonist" [1849], *The Collected Works of Edmond Gibbon Wakefield*, 758–1040.

Westgarth, William, "The Relation of the Colonies to the Mother Country," *PRCI*, 1

(1869), 74-85.

————, "On the Colonial Question," *PRCI*, 2 (1870), 58-64.

————, "Practical Views and Suggestions on Our Colonial Relations," *PRCI*, 3 (1871-72), 13-18.

————, "Propositions for the Reform of Our Relations with the Colonies," *PRCI*, 3 (1871-72), 84-90.

————, "The Unity of the Empire: Federation, Intercolonial and Imperial," *NR*, 4 (1884), 504-11.

White, Arthur Silva, "Introduction" in Silva (ed.), *Britannic Confederation*, ix-xv.

Wicks, Frederick, "The Confederation of the British Empire Practically Considered," *NR*, 8 (1886-87), 66-76.

Wilson, H. F., "The Public Schools and Imperial Federation," *IF*, 1/11 (1886), 304-305.

Wilson, Samuel "A Scheme for Imperial Federation," *NC*, 17 (1885), 590-98.

————, "Imperial Federation," *NR*, 4 (1884), 380-86.

Winton, Frances W. de, "Practical Colonisation," *PRCI*, 18 (1886-87), 297-312.

————, "Address," *Proceedings of the Royal Geographical Society*, 11 (1889), 613-22.

Woodburne, G. B. Lancaster, "Imperial Federation and Home Rule: A Conservative Solution," *NR*, 5 (1885), 608-15.

Young, Frederick, "Emigration to the Colonies," *PRCI*, 17 (1885-86), 368-74.

————, "Schemes and Suggestions for Imperial Federation," *IF*, 1/3 (1886), 71-72.

Young, G. A., "The Canadas," *The British and Foreign Review*, 8 (1839), 286-330.

## 二级来源

### 1. 未发表论文

Burgess, Michael, "The Imperial Federation Movement in Great Britain, 1861-1893," Unpublished PhD thesis, University of Leicester, 1976.

Sylvest, Casper, "Liberal International Thought in Britain, 1880-1918," Unpublished PhD thesis, University of Cambridge, 2006.

Worsley, David, "Sir John Robert Seeley and His Intellectual Legacy: Religion, Imperialism, and Nationalism in Victorian and Post-Victorian Britain," Unpublished PhD thesis, University of Manchester, 2001.

2. 书籍

Adas, Michael, *Machines as the Measure of Men: Science, Technology, and Ideologies of Western Dominance* (Ithaca: Cornell University Press, 1989).

Altholz, Josef, *Anatomy of a Controversy: The Debate Over "Essays and Reviews," 1860-1864* (Aldershot: Scolar Press, 1994).

Anderson, Stuart, *Race and Rapprochement: Anglo-Saxonism and Anglo-American Relations, 1895-1904* (London: Associated University Presses, 1981).

Armitage, David, *The Ideological Origins of the British Empire* (Cambridge: Cambridge University Press, 2000).

———, *Greater Britain, 1516-1776: Essays in Atlantic History* (Aldershot: Ashgate, 2004).

Armitage, David, Armand Himy, and Quentin Skinner (eds.), *Milton and Republicanism* (Cambridge: Cambridge University Press, 1995).

Baldwin, Thomas (ed.), *The Cambridge History of Philosophy, 1870-1945* (Cambridge: Cambridge University Press, 2003).

Ballantyne, Tony, *Orientalism and Race: Aryanism in the British Empire* (Basingstoke: Palgrave, 2002).

Bayly, C. A., *Imperial Meridian: The British Empire and the World, 1780-1830* (London: Longman, 1989).

———, *The Making of the Modern World, 1789-1914: Global Connections and Comparisons* (Oxford: Blackwell, 2003).

Beasley, Edward, *Empire as the Triumph of Theory: Imperialism, Information, and the Colonial Society of 1868* (London: Routledge, 2005).

———, *Mid-Victorian Imperialists: British Gentlemen and the Empire of the Mind* (London: Routledge, 2005).

Bell, Duncan (ed.), *Victorian Visions of Global Order: Empire and International Relations in Nineteenth-Century Political Thought* (Cambridge: Cambridge University Press, 2007).

Benians, E. A., Butler, Sir James and Carrington, C. E. (eds.), *The Cambridge History of the British Empire: Volume3: The Empire-Commonwealth, 1870-1919* (Cambridge: Cambridge University Press, 1959).

Bennett, George (ed.), *The Concept of Empire, Burke to Attlee, 1774-1947*, 2nd ed. (London: Adam and Charles Black, 1962).

Bennett, James C., *The Anglosphere Challenge: Why the English-Speaking Nations Will Lead the Way in the Twenty-first Century* (Lanham, Md.: Rowman and Littlefield, 2004).

Bentley, Michael, *Politics Without Democracy: Great Britain, 1815–1914: Perception and Preoccupation in British Government*, 2nd ed. (Oxford: Blackwells, 1999).

————, *Lord Salisbury's World: Conservative Environments in Late–Victorian Britain* (Cambridge: Cambridge University Press, 2001).

Biagini, Euginio (ed.), *Citizenship and Community: Liberals, Radicals and Collective Identities in the British Isles, 1865–1931* (Cambridge: Cambridge University Press, 1996).

————, *Ireland and the British Nation: Passion, Populism and the Radical Tradition in the British Isles, 1876–1906* (Cambridge: Cambridge University Press, 2007).

Blouet, Brian W., *Halford Mackinder: A Biography* (College Station, Tex.: Texas A&M University Press, 1987).

Bodelsen, C. A., *Studies in Mid – Victorian Imperialism* (London: Heinemann, 1960 [1924]).

Bosco, Andrea (ed.), *The Federal Idea*, 2 vols. (London: Lothian Foundation, 1991).

Bosco, Andrea, and May, Alex (eds.), *The Round Table: The Empire/Commonwealth and British Foreign Policy* (London: Lothian Foundation, 1997).

Boyce, George, *Decolonisation and the British Empire, 1775–1997* (London: Macmillan, 1999).

Bowler, Peter, *The Invention of Progress: The Victorians and the Past* (Oxford: Blackwell, 1989).

Brantlinger, Patrick, *Dark Vanishings: Discourse on the Extinction of Primitive Races, 1800–1930* (Ithaca: Cornell University Press, 2003).

Briggs, Asa, David Thompson, and E. Meyer, *Patterns of Peacemaking* (London: Routledge, 1998 [1945]).

Brock, M. G., and Curthoys, M. C. (eds.), *The History of the University of Oxford, Vol. VII* (Oxford: Oxford University Press, 2000).

Burgess, Michael, *The British Tradition of Federalism* (Leicester: Leicester University Press, 1995).

Burrow, J. W., *Evolution and Society: A Study in Victorian Social Theory* (Cambridge: Cambridge University Press, 1966).

————, *A Liberal Descent: Victorian Historians and the English Past* (Cambridge: Cambridge University Press, 1981).

————, *Whigs and Liberals: Continuity and Change in English Political Thought* (Oxford: Clarendon, 1988).

————, *The Crisis of Reason: European Thought, 1848–1914* (London: Yale University

Press, 2000).

Burrow, J. W. , Stefan Collini, and Donald Winch, *That Noble Science of Politics: A Study in Nineteenth-Century Intellectual History* (Cambridge: Cambridge University Press, 1983).

Burton, Antoinette (ed. ), *After the Imperial Turn: Thinking With and Through the Nation* (Durham, N. C. : Duke University Press, 2003).

Cain, Peter, *Hobson and Imperialism: Radicalism, New Liberalism, and Finance 1887 – 1938* (Oxford: Oxford University Press, 2002).

Cain, P. J. , and Hopkins, A. G. , *British Imperialism, 1688 – 2000* (Harlow: Longman, 2002).

Campbell, Alexander, *Great Britain and the United States, 1895 – 1903* (London: Longmans, Green, 1960).

Cannadine, David, *G. M. Trevelyan: A Lifein History* (London: Harper Collins, 1992).

——, *Ornamentalism: How the British Saw Their Empire* (London: Penguin, 2001).

——, *In Churchill's Shadow: Confronting the Pastin Modern Britain* (London: Allen Lane, 2002).

Cheng, Seymour, *Schemes for the Federation of the British Empire* (New York: Columbia University Press, 1931).

Chew, Kenneth, and Wilson, Anthony, *Victorian Science and Engineering Portrayed in the Illustrated London News* (Stroud: Sutton, 1993).

Claeys, Gregory, and Gareth Stedman Jones (eds. ), *The Cambridge History of Nineteenth Century Political Thought* (Cambridge: Cambridge University Press, 2008).

Clarke, I. F. , *Voices Prophesizing War: Future Wars, 1763–3749*, 2nd ed. (Oxford: Oxford University Press, 1992).

——, (ed. ), *The Tale of the Next Great War, 1871–1914: Fictions of Future Warfare and of Battles Still-to-Come* (Liverpool: Liverpool University Press, 1995).

——, (ed. ), *The Great War with Germany, 1890–1914: Fictions and Fantasies of the Warto Come* (Liverpool: Liverpool University Press, 1997).

Clarke, Peter, *Liberals and Social Democrats* (Cambridge: Cambridge University Press, 1978).

Cohn, Bernard, *Colonialism and Its Forms of Knowledge: The British in India* (Princeton: Princeton University Press, 1996).

Colley, Linda, *Britons: Forging the Nation, 1707 – 1837* (New Haven: Yale University Press, 1992).

Collini, Stefan, *Liberalism and Sociology: L. T. Hobhouse and Political Argument in England, *1880-1914* (Cambridge: Cambridge University Press, 1979).

——, *Public Moralists: Political Thought and Intellectual Life in Britain 1850-1930* (Oxford: Clarendon, 1991).

——, *Absent Minds: Intellectuals in Britain* (Oxford: Oxford University Press, 2006).

Collini, Stefan, Whatmore, Richard, and Young, Brian (eds.), *History, Religion, and Culture: British Intellectual History, 1750-1950* (Cambridge: Cambridge University Press, 2000).

Connell, Philip, *Romanticism, Economics, and the Question of "Culture"* (Oxford: Oxford University Press, 1999).

Conquest, Robert, *Reflections on a Ravaged Century* (London: W. W. Norton, 2000).

Cooper, Frederick, *Colonialism in Question: Theory, Knowledge, History* (Berkeley: University of California Press, 2005).

Daly, Nicholas, *Literature, Technology, and Modernity, 1860-2000* (Cambridge: Cambridge University Press, 2004).

Demetrious, Kyriacos N., *George Grote on Plato and Athenian Democracy: A Study in Classical Reception* (Berlin: Peter Lang, 1999).

Desmond, Adrian, and Moore, James, *Darwin* (London: Michael Joseph, 1991).

Dickinson, H. T., (ed.), *Britain and the American Revolution* (London: Longman, 1998).

Dirks, Nicholas, *The Scandal of Empire: India and the Creation of Imperial Britain* (Cambridge, Mass.: Harvard University Press, 2006).

Drayton, Richard, *Nature's Government: Science, Imperial Britain, and the "Improvement" of the World* (New Haven: Yale University Press, 2000).

Driver, Felix, *Geography Militant: Cultures of Exploration in the Age of Empire* (Oxford: Blackwell, 1999).

Eddy, John, and Schreuder, D. M. (eds.), *The Rise of Colonial Nationalism: Australia, New Zealand, Canada and South Africa First Assert Their Nationalities, 1880-1914* (London: Allen and Unwin, 1988).

Edwards, Catherine (ed.), *Roman Presences: Receptions of Rome in European Culture, 1789-1945* (Cambridge: Cambridge University Press, 1999).

Edwards, Catherine, and Liversidge, Michael (eds.), *Imagining Rome: British Artists and Rome in the Nineteenth Century* (London: Merrell Holberton, 1996).

Eldridge, C. C., *England's Mission: The Imperial Idea in the Age of Gladstone and Disraeli, 1868-1880* (London: Macmillan, 1973).

————, *Disraeli and the Rise of a New Imperialism* (Cardiff: University of Wales Press, 1996).

Elliott, J. H. , *Empires of the Atlantic World: Britain and Spain in America, 1492–1830* (London: Yale University Press, 2006).

Epstein, James, *Radical Expression: Political Language, Ritual, and Symbol in England, 1790–1850* (Oxford: Oxford University Press, 1994).

Evans, Julie, Grimshaw, Patricia, Phillips, David, and Swain, Shurlee, *Equal Subjects, Unequal Rights: Indigenous People's in British Settler Colonies, 1830–1910* (Manchester: Manchester University Press, 2003).

Evans, Richard J. , and Pogge Von Strandmann, Hartmut (eds. ), *The Revolutions in Europe, 1848–1849: From Reform to Reaction* (Oxford: Oxford University Press, 2000).

Faber, Richard, *The Vision and the Need: Late Victorian Imperialist Aims* (London: Faber and Faber, 1966)

Farnsworth, Susan, *The Evolution of British Imperial Policy During the Mid–Nineteenth Century* (New York: Garland, 1992).

Feenberg, Andrew, *Critical Theory of Technology* (Oxford: Oxford University Press, 1991).

Ferguson, Niall, *Empire: How Britain Made the Modern World* (New York: Basic Books, 2003).

————, *Colossus: The Price of America's Empire* (London: Allen Lane, 2004).

Field, H. John, *Towards a Programme for an Imperial Life: The British Empire at the Turn of the Century* (Westport, Conn. : GreenwoodPress, 1982).

Fitzmaurice, Andrew, *Humanism and America: An Intellectual History of English Colonisation, 1500–1625* (Cambridge: CambridgeUniversityPress, 2003).

Floud, Roderick, and McCloskey, Donald (eds. ), *The Economic History of Britain Since 1700*, 2nd ed. (Cambridge: Cambridge University Press, 1994).

Forbes, Duncan, *The Liberal Anglican Idea of History* (Cambridge: Cambridge University Press, 1952).

Forsyth, Murray, *Unions of States: The Theory and Practice of Confederation* (Leicester: Leicester University Press, 1981).

Francis, Mark, *Governors and Settlers: Images of Authority in the British Colonies, 1820–60* (London: Macmillan, 1992).

Freeden, Michael, *The New Liberalism: An Ideology of Social Reform* (Oxford: Clarendon, 1978).

Freeman, Michael, *Railways and the Victorian Imagination* ( London: Yale University Press, 1999).

Gannon, Michael, *Rumors of War and Infernal Machines: Technomilitary Agenda-Setting in American and British Speculative Fiction* ( Liverpool: Liverpool University Press, 2005).

Garvin, J. L. , with J. Amery, *The Life of Joseph Chamberlain*, ( London: Macmillan, 1929-68).

Gerlach, Murney, *British Liberalism and the United States: Political and Social Thought in the Late Victorian Age* ( Basingstoke: Palgrave, 2001).

Geuss, Raymond, *History and Illusion in Politics* ( Cambridge: Cambridge University Press, 2001).

Goldman, Lawrence, *Science, Reform and Politics in Mid-Victorian Britain: The Social Science Association, 1857-1886* ( Cambridge: Cambridge University Press, 2002).

Gould, Eliga, *The Persistence of Empire: British Political Culture in the Age of the American Revolution* ( Chapel Hill: University of North Carolina Press, 2000).

Green, E. H. H. , *The Crisis of Conservatism: The Politics, Economics, and Ideology of the Conservative Party, 1880-1914* ( London: Routledge, 1995).

———, *Ideologies of Conservatism: Conservative Political Ideas in the Twentieth Century* ( Oxford: Oxford University Press, 2002).

Grimley, Matthew, *Citizenship, Community, and the Church of England: Liberal Anglican Theories of the State Between the Wars* ( Oxford: Oxford University Press, 2004).

Hall, Catherine, *Civilising Subjects: Metropole and Colony in the English Imagination, 1830-1867* ( Cambridge: Polity, 2002).

Hamer, D. A. , *John Morley: A Liberal Intellectual in Politics* ( Oxford: Clarendon, 1968).

Hardt, Michael, and Negri, Antonio, *Empire* ( Cambridge, Mass. : Harvard University Press, 2000).

Harris, Jose, *Unemployment and Politics: A Study in English Social Policy, 1886-1914* ( Oxford: Clarendon, 1972).

———, *Private Lives, Public Spirit: A Social History of Britain, 1870-1914* ( Harmondsworth: Penguin, 1994).

Harvey, David, *The Condition of Postmodernity: An Enquiry Into the Origins of Cultural Change* ( Oxford: Blackwell, 1989).

Harvie, Christopher, *The Lights of Liberalism: University Liberals and the Challenge of Democracy, 1860-86* ( London: Allen Lane, 1976).

Haslam, Jonathan, *No Virtue Like Necessity: Realist Thought in International Relations Since Machiavelli* (New Haven: Yale University Press, 2002).

Headrick, Daniel, *The Tools of Empire: Technology and European Imperialism in the Nineteenth Century* (New York: Oxford University Press, 1981).

————, *The Tentacles of Progress: Technology Transfer in the Age of Imperialism, 1850–1940* (Oxford: Oxford University Press, 1988).

————, *The Invisible Weapon: Telecommunications and International Politics, 1851–1945* (Oxford: Oxford University Press, 1991).

Held, David, *Global Covenant: The Social Democratic Alternative to the Washington Consensus* (Cambridge: Polity Press, 2004).

Hilton, Boyd, *The Age of Atonement: The Influence of Evangelicalism on Social and Economic Thought, 1795–1865* (Oxford: Clarendon, 1988).

————, *A Mad, Bad, and Dangerous People? England, 1783–1846* (Oxford: Oxford University Press, 2006).

Hingley, Richard, *Roman Officers and English Gentlemen: The Imperial Origins of Roman Archaeology* (London: Routledge, 2000).

Hont, Istvan, *Jealousy of Trade: International Competition and the Nation–State in Historical Perspective* (Cambridge, Mass.: Harvard University Press, 2005).

Hopkins, A. G. (ed.), *Globalization in World History* (London: Pimlico, 2002).

Hörnqvist, Mikael, *Machiavelli and Empire* (Cambridge: Cambridge UniversityPress, 2004).

Howe, Anthony, *Free Trade and Liberal England, 1846–1946* (Oxford: Clarendon, 1997).

Hyam, Ronald, *Britain's Imperial Century: A Study of Empire and Expansion*, 2nd ed. (London: Macmillan, 1992).

Jenkyns, Richard, *The Victorians and Ancient Greece* (Oxford: Blackwell, 1980).

Jones, H. S., *Victorian Political Thought* (Basingstoke: Macmillan, 2000).

Jones, Todd E., *The Broad Church: A Biography of a Movement* (Lanham, Md.: Lexington Books, 2003).

Kelly, George Armstrong, *The Humane Comedy: Constant, Tocqueville, and FrenchLiberalism* (Cambridge: Cambridge University Press, 1992).

Kendle, J. E., *The Colonial and Imperial Conferences, 1887–1911: A Study in Imperial Organization* (London: Longman's, 1967).

————, *The Round Table Movement and Imperial Union* (Toronto: University of Toronto

Press, 1975).

————, *Ireland and the Federal Solution: The Debate Over the United Kingdom Constitution, 1870-1921* (Kingston, Ontario: McGill-Queen's University Press, 1989).

————, *Federal Britain: A History* (London: Routledge, 1997).

Kennedy, Paul, *The Rise of Anglo-German Antagonism, 1860-1914* (London: Allen and Unwin, 1982).

Kern, Stephen, *The Culture of Time and Space, 1880-1914* (Cambridge, Mass. : Harvard University Press, 1983).

Kim, Stephen, *John Tyndall's Transcendental Materialism and the Conflict Between Religion and Science in Victorian England* (Lewiston. N. Y. : Mellen Press, 1991).

King, Preston, *Federalism and Federation* (London: Croom Helm, 1982).

Knights, Ben, *The Idea of the Clerisy in the Nineteenth Century* (Cambridge: Cambridge University Press, 1978).

Knorr, Klaus, *British Colonial Theories, 1570 - 1850* (London: Frank Cass, 1963).

Koebner, Richard, *Empire* (Cambridge: Cambridge University Press, 1961).

Koebner, Richard, and Schmidt, Helmut Dan, *Imperialism: The Story and Significance of a Political Word, 1840-1960* (Cambridge: Cambridge University Press, 1964).

Koot, Gerard M. , *English Historical Economics, 1870-1926: The Rise of Economic History and Neomercantalism* (Cambridge: Cambridge UniversityPress, 1987).

Koselleck, Reinhart, *Futures Past: On the Semantics of Historical Time*, trans. Keith Tribe (Cambridge, Mass. : MIT Press, 1988).

Koskenniemi, Martti, *The Gentle Civiliser of Nations: The Rise and Fall of International Law, 1870-1960* (Cambridge: Cambridge University Press, 2001).

Kostal, Rande, *A Jurisprudence of Power: Victorian Empire and the Rule of Law* (Oxford: Oxford University Press, 2005).

Kumar, Krishan, *The Making of English National Identity* (Cambridge: Cambridge University Press, 2003).

Kupperman, Karen Ordahl (ed. ), *America in European Consciousness, 1493-1750* (Chapel Hill: University of North Carolina Press, 1995).

Laborde, Cécile, *Pluralist Thought and the State in Britain and France, 1900-1925* (Basingstoke: Macmillan, 2000).

Laborde, Cécile and John Maynor (eds. ), *Republicanism and Political Theory* (Oxford: Blackwell, 2007).

Langford, Paul, *Englishness Identified: Manners and Character, 1650 - 1850* (Oxford:

Oxford University Press, 2000).

Lavin, Deborah, *From Empire to International Commonwealth: A Biography of Lionel Curtis* (Oxford: Oxford University Press, 1995).

Lester, Alan, *Imperial Networks: Creating Identities in Nineteenth-CenturySouth Africa and Britain* (London: Routledge, 2001).

Leventhal, Fred M., and Quinault, Roland (eds.), *Anglo-American Attitudes: From Revolution to Partnership* (Aldershot: Ashgate, 2000).

Lillibridge, George, *Beacon of Freedom: The Impact of American Democracy Upon Great Britain, 1830–1870* (Philadelphia: University of Pennsylvania Press, 1955).

Linklater, Andrew, *The Transformation of Political Community: Ethical Foundations of the Post-Westphalian Era* (Cambridge: Polity, 1998).

Livingstone, David N., *The Geographical Tradition: Episodes in the History of a Contested Enterprise* (Oxford: Blackwell, 1992).

Louis, Wm. Roger (ed.), *Oxford History of the British Empire*, 5 vols. (Oxford: Oxford University Press, 1998–99).

Lowe, John, *The Great Powers, Imperialism, and the German Problem, 1865–1925* (London: Routledge, 1994).

Mackenzie, John, *Orientalism: History, Theory, and the Arts* (Manchester: Manchester University Press, 1995).

Mahajan, Sneh, *British Foreign Policy 1874–1914: The Role of India* (London: Routledge, 2001).

Malchow, Howard L., *Population Pressures: Emigration and Government in Late Nineteenth-Century Britain* (Palo Alto: Society for the Promotion of Science and Scholarship, 1979).

Mandler, Peter, *The English National Character: The History of an Idea from Burke to Blair* (London: Yale University Press, 2006).

Marriott, John, *The Other Empire: Metropolis, India and Progress in the Colonial Imagination* (Manchester: Manchester University Press, 2003).

Marsh, Peter, *Joseph Chamberlain: Entrepreneur in Politics* (London: Yale University Press, 1994).

Martin, Ged, *The Durham Report and Colonial Policy: A Critical Essay* (Cambridge: Cambridge University Press, 1972).

Matthew, H. C. G., *The Liberal Imperialists: The Ideas and Politics of a Post-Gladstonian Élite* (Oxford: Oxford University Press, 1973).

————, *Gladstone*, *1809–1898* (Oxford: Oxford University Press, 1997).

McKendrick, Neil (ed.), *Historical Perspectives: Studies in English Thought and Society in Honour of J. H. Plumb* (London: Europa, 1974).

Meadowcroft, James, *Conceptualizing the State: Innovation and Dispute in British Political Thought 1880–1914* (Oxford: Clarendon, 1995).

Mehta, Uday Singh, *Liberalism and Empire: A Study in Nineteenth–Century British Liberal Thought* (Chicago: University of Chicago Press, 1999).

Metcalf, Thomas, *An Imperial Vision: Indian Architecture and Britain's Raj* (Berkeley: University of California Press, 1989).

————, *Ideologies of the Raj* (Cambridge: Cambridge University Press, 1994).

Miller, Peter N., *Defining the Common Good: Empire, Religion, and Philosophy in Eighteenth–Century Britain* (Cambridge: Cambridge University Press, 1994).

Millman, Richard, *British Foreign Policy and the Coming of the Franco–Prussian War* (Oxford: Clarendon, 1965).

Mogi, Sobei, *The Problem of Federalism: A Study in the History of Political Theory*, 2 vols. (London: Allen and Unwin, 1931).

Morefield, Jeanne, *Covenants Without Swords: Idealist Liberalismand the Spirit of Empire* (Princeton: Princeton University Press, 2005).

————, "'An Education to Greece': The Round Table, Imperial Theory, and the Uses of History," *HPT* (2007).

Morrell, W. P., *British Colonial Policy in the Age of Peel and Russell* (Oxford: Clarendon Press, 1930).

Morris, Jan, *Pax Britannica: The Climax of an Empire* (London: Faber, 1968).

Morris, Jeremy, *F. D. Maurice and the Crisis of Christian Authority* (Oxford: Oxford University Press, 2005).

Moses, A. Dirk (ed.), *Genocide and Settler Society: Frontier Violence and Stolen Indigenous Children in Australian History* (Oxford: Berghahn Books, 2004).

Mulvey, Christopher, *Transatlantic Manners: Social Patterns in Nineteenth–Century Anglo-American Travel Literature* (Cambridge: Cambridge University Press, 1990).

Nabulsi, Karma, *Traditions of War: Occupation, Resistance, and the Law* (Oxford: Oxford University Press, 1999).

Navari, Cornelia (ed.), *British Politics and the Spirit of the Age: Political Concepts in Action* (Keele: Keele University Press, 1996).

Nelson, Eric, *The Greek Tradition in Republican Thought* (Cambridge, 2004).

Nicholls, David, *The Lost Prime Minister: A Life of Sir Charles Dilke* (London: Hamledon, 1995).

Nimocks, Walter, *Milner's Young Men: The "Kindergarten" in Edwardian Imperial Affairs* (London: Hodder and Stoughton, 1970).

Pagden, Anthony, *Lords of All the World: Ideologies of Empire in Spain, Britain and France c. 1500–c. 1800* (New Haven: Yale University Press, 1995).

————, *Spanish Imperialism and the Political Imagination* (New Haven: Yale University Press, 1990).

————, *Peoples and Empires* (London: Weidenfeld and Nicholson, 2001).

Parker, W. H., *Mackinder: Geography as an Aid to Statecraft* (Oxford: Clarendon, 1982).

Parry, J. P., *The Politics of Patriotism: English Liberalism, National Identity, and Europe, 1830–1886* (Cambridge: Cambridge University Press, 2006).

————, *Democracy and Religion: Gladstone and the Liberal Party, 1867–1875* (Cambridge: Cambridge University Press, 1986).

Pettit, Phillip, *Republicanism: A Theory of Freedom and Government* (Oxford: Oxford University Press, 1997).

Phillips, Paul, *The Controversialist: An Intellectual Life of Goldwin Smith* (Westport: Praeger, 2002).

Pick, Daniel, *Faces of Degeneration: A European Disorder, c. 1848–c. 1918* (Cambridge: Cambridge University Press, 1992).

Pitts, Jennifer, *A Turn to Empire: The Rise of Imperial Liberalism in Britain and France* (Princeton: Princeton University Press, 2005).

Pocock, J. G. A., *The Machiavellian Moment: Florentine Political Thought and the Atlantic Republican Tradition* (Princeton: Princeton University Press, 1975).

————, Gordon J. Schochet and Lois G. Schwoerer (eds.), *The Varieties of British Political Thought, 1500–1800* (Cambridge: Cambridge University Press, 1993).

————, *Barbarism and Religion, Vol. 3: The First Decline and Fall* (Cambridge: Cambridge University Press, 2003).

————, *The Discovery of Islands: Essays in British History* (Cambridge: Cambridge University Press, 2005).

Pooley, ColinG., and Turnbull, Jean, *Migration and Mobility in Britain since the Eighteenth Century* (London: UCL Press, 1998).

Porter, Andrew, *Religion Versus Empire ?: British Protestant Missionaries and Overseas Ex-*

*pansion* (Manchester: Manchester University Press, 2004).

Porter, Bernard, *Critics of Empire: British Radical Attitudes to Colonialism in Africa, 1895–1914* (London: Macmillan, 1968).

————, *The Absent–Minded Imperialists : Empire, Society, and Culture in Britain* (Oxford: Oxford University Press, 2004).

Potter, Simon, *News and the British World* (Oxford: Oxford University Press, 2003).

Reardon, Bernard, *From Coleridge to Gore : A Century of Religious Thought in Britain* (London: Longman, 1971).

Reese, Trevor, *The History of the Royal Commonwealth Society, 1868–1968* (Oxford: Oxford University Press, 1968).

Reynolds, Matthew, *The Realms of Verse, 1830–1870: English Poetry in a Time of Nation–Building* (Oxford: Oxford University Press, 2001).

Rich, Paul, *Race and Empire in British Politics* (Cambridge: Cambridge University Press, 1986).

Richard, Carl J. , *The Founders and the Classics: Greece, Rome, and the American Enlightenment* (Cambridge, Mass. : Harvard University Press, 1994).

Roberts, Andrew, *A History of the English – Speaking Peoples Since 1900* (London: Weidenfeld and Nicholson, 2006).

Rodgers, Daniel, *Atlantic Crossings: Social Politics in a Progressive Age* (Cambridge, Mass. : Harvard University Press, 1998).

Rose, Jonathan, *The Intellectual Life of the English Working Class* (London: Yale University Press, 2001).

Rosen, Fred, *Bentham, Byron, and Greece: Constitutionalism, Nationalism, and Early Liberal Political Thought* (Oxford: Clarendon, 1992).

Runciman, David, *Pluralism and the Personality of the State* (Cambridge: Cambridge University Press, 1997).

Runciman, David, and Magnus Ryan (eds. ), *Maitland : State, Trust, and Corporation* (Cambridge: Cambridge University Press, 2003).

Said, Edward, *Orientalism* (London: Routledge, 1978).

————, *Culture and Imperialism* (London: Chatto and Windus, 1993).

Schivelbusch, W. , *The Railway Journey : The Industrialization and Perception of Time and Space* (Oxford: Oxford University Press, 1986).

Schofield, Philip, *Utility and Democracy: The Political Thought of Jeremy Bentham* (Oxford: Oxford University Press, 2006).

Schultz, Bart, *Henry Sidgwick, Eye of the Universe: An Intellectual Biography* ( Cambridge: Cambridge University Press, 2004).

Searle, G. R. , *A New England? Peace and War, 1886–1918* ( Oxford: Oxford University Press, 2004).

Sellers, M. N. S. , *American Republicanism: Roman Ideology in the United States Constitution* ( Basingstoke: Macmillan, 1994).

Semmel, Bernard, *Imperialism and Social Reform: English Social – Imperial Thought, 1895–1914* ( London: George Allen and Unwin, 1960).

——, *The Governor Eyre Controversy* ( London: MacGibbon and Kee, 1962).

——, *The Rise of Free Trade Imperialism : Classical Political Economy, the Empire of Free Trade and Imperialism, 1750–1850* ( Cambridge: Cambridge University Press, 1970).

——, *Liberalism and Naval Strategy* ( London: Allen and Unwin, 1986).

——, *The Liberal Ideal and the Demons of Empire: Theories of Imperialism from Adam Smith to Lenin* ( Baltimore: Johns Hopkins University Press, 1993).

Shannon, Richard T. , *Gladstone and the Bulgarian Agitation, 1876* ( London: Thomas Nelson, 1963).

Simhony, Avital, and D. Weinstein ( eds. ), *The New Liberalism : Reconciling Liberty and Community* ( Cambridge: Cambridge University Press, 2001).

Sinclair, Keith, *Imperial Federation: A Study of New Zealand Policy and Opinion, 1880–1914* ( London: Athlone Press, 1955).

Skinner, Quentin, *Liberty Before Liberalism* ( Cambridge: Cambridge University Press, 1998).

——, *Visions of Politics*, 3vols. ( Cambridge: Cambridge University Press, 2002).

Soffer, Reba N. , *Discipline and Power : The University, History, and the Making of an English Elite, 1870–1930* ( Stanford: Stanford University Press, 1994).

Stapleton, Julia, *Political Intellectuals and Public Identities in Britain since 1850* ( Manchester: Manchester University Press, 2001).

Stears, Marc, *Progressives, Pluralists, and the Problems of the State: Ideologies of Reform in the United States and Britain, 1909–1926* ( Oxford: Oxford University Press, 2002).

Stedman Jones, Gareth, *Outcast London: A Study in the Relationship Between Classes in Victorian Society* ( Oxford: Clarendon, 1971).

Steele, David, *Lord Salisbury: A Political Biography* ( London: UCL Press, 1999).

Strausz-Hupe, Robert, *Geopolitics: The Struggle for Space and Power* ( New York: G. P. Putnam's Sons, 1942).

Suganami, Hidemi, *The Domestic Analogy and World Order Proposals* (Cambridge: Cambridge University Press, 1989).

Thompson, Andrew, *Imperial Britain: The Empire in British Politics, 1880-1932* (Harlow: Longman, 2000).

Thompson, Thomas W. , *James Anthony Froude on Nation and Empire: A Study in Victorian Racialism* (London: Garland, 1987).

Thornton, A. P. , *Doctrines of Imperialism* (London: J. Wiley and Sons, 1965).

————, *The Imperial Idea and its Enemies: A Study in British Power* (London: Macmillan, 1966 [1959]).

Todorov, Tzetvan, *The Conquest of America: The Question of the Other*, trans. Richard Howard (New York: Harper and Row, 1984).

Turner, Frank M. , *Between Science and Religion: The Reaction to Scientific Naturalism in Late Victorian England* (New Haven: Yale University Press, 1974).

————, *The Greek Heritage in Victorian Britain* (New Haven: Yale University Press, 1981).

————, *Contesting Cultural Authority: Essays in Victorian Intellectual Life* (Cambridge: Cambridge University Press, 1993).

Turner, John (ed. ), *The Larger Idea: Lord Lothian and the Problem of National Sovereignty* (London: The Historians Press, 1988).

Tyler, J. E. , *The Struggle for Imperial Unity, 1868-1895* (London: Longman's, 1938).

Vance, Norman, *The Victorians and Ancient Rome* (Oxford: Blackwells, 1997).

Varouxakis, Georgios, *Mill on Nationality* (London: Routledge, 2002).

————, *Victorian Political Theory on France and the French* (London: Macmillan, 2002).

Wallace, Elisabeth, *Goldwin Smith: Victorian Liberal* (Toronto: University of Toronto Press, 1957).

Ward, John, *Colonial Self-Government: The British Experience, 1759-1856* (London: Macmillan, 1976).

Weinstock, Daniel, and Christian Nadeau (eds. ), *Republicanism: History, Theory and Practice* (London: Frank Cass, 2004).

Wilson, Kathleen (ed. ), *A New Imperial History: Culture, Identity, and Modernity in Britain and the Empire, 1660-1840* (Cambridge: Cambridge University Press, 2004).

Winch, Donald, *Classical Political Economy and Colonies* (London: G. Bell and Sons, 1965).

Winner, Langdon, *Autonomous Technology : Technics-Out-of-Control as a Theme in Polit-*

*ical Thought* (Cambridge, Mass.: MIT Press, 1977).

Wolffe, John, *God and Greater Britain: Religion and National Life in Britain and Ireland, 1843-1945* (London: Routledge, 1994).

Wood, John Cunningham, *British Economists and the Empire* (London: Croom Helm, 1983).

Worden, Blair, *Roundhead Reputations : The English Civil Wars and the Passions of Posterity* (London: Allen Lane, 2001).

Wormell, Deborah, *Sir John Seeley and the Uses of History* (Cambridge: Cambridge University Press, 1980).


### 3. 文章及章节

Alessio, Dominic David, "Domesticating 'The Heart of the Wild': Female Personifications of the Colonies, *1886-1940*," *Women's History Review*, 6 (1997), 239-69.

Armitage, David, "Empire and Liberty: A Republican Dilemma" in Martin van Gelderen and Quentin Skinner (eds.), *Republicanism: A Shared European Heritage*, Vol. 2, *The Values of Republicanism in Early Modern Europe* (Cambridge: Cambridge University Press, 2003), 29-47.

Ashcraft, Richard, "Liberal Political Theory and Working-Class Radicalism in Nineteenth-Century England," *PT*, 21 (1993), 249-72.

Bayly, C. A. , "The First Age of Global Imperialism, c. 1760-1830," *JICH*, 27 (1998), 28-48.

Bell, Duncan, "Language, Legitimacy, and the Project of Critique," *Alternatives: Global, Local, Political*, 27 (2002), 327-50.

————, "Globalisation and History: Reflections on Temporality," *International Affairs*, 79 (2003), 801-15.

————, "Unity and Difference: J. R. Seeley and the Political Theology of International Relations," *Review of International Studies*, 31 (2005), 559-79.

————, "Dissolving Distance: Empire, Space, and Technology in British Political Thought, 1770-1900," *JMH*, 77 (2005), 523-63.

————, "The Idea of a Patriot Queen? The Monarchy, the Constitution, and the Iconographic Order of Greater Britain, 1860-1900," *JICH*, 34 (2006), 1-19.

————, "From Ancient to Modern in Victorian Imperial Thought," *HJ*, 49 (2006), 1-25.

————, "Empire and International Relations in Victorian Political Thought," *HJ*, 49

(2006), 281-98.

———, "Empire and Imperialism" in Claeys and Stedman Jones (eds.), *The Cambridge History of Nineteenth Century Political Thought*, forthcoming.

———, "Virtue and Empire: On Liberal and Republican Imperialisms" in Bell and Quentin Skinner (eds.), *Republicanism and Global Politics* (forthcoming).

Bell, Duncan, and Casper Sylvest, "International Society in Victorian Political Thought: T. H. Green, Herbert Spencer, and Henry Sidgwick," *MIH*, 3 (2006), 1-32.

Bernstein, George L., "Sir Henry Campbell-Bannerman and the Liberal Imperialists," *JBS*, 23 (1983), 105-24.

Betts, Raymond, "The Allusion to Rome in British Imperialist Thought of the Late Nineteenth and Early Twentieth Centuries," *VS*, 15 (1971), 149-59.

———, "Immense Dimensions: The Impact of the American West on Late Nineteenth-Century European Thought about Expansion," *Western Historical Quarterly*, 10 (1979), 149-66.

Biagini, Eugenio, "Neo-Roman Liberalism: 'Republican' Values and British Liberalism, ca. 1860-1875," *History of European Ideas*, 29 (2003), 55-72.

Bosco, Andrea, "Lothian, Curtis, Kimber and the Federal Union Movement (1938-40)," *Journal of Contemporary History*, 23 (1988), 465-502.

———, "National Sovereignty and Peace: Lord Lothians's Federalist Thought" in Turner (ed.), *The Larger Idea*, 108-23.

Bowen, H. V., "British Conceptions of Global Empire, 1756-83," *JICH*, 26 (1998), 1-27.

Boyce, George, "Federalism and the Irish Question" in Bosco (ed.), *The Federal Idea*, I, 119-39.

Bremner, G. Alex, "'Some Imperial Institute': Architecture, Symbolism, and the Ideal of Empire in Late-Victorian Britain," *Journal of the Society of Architectural Historians*, 62 (2003), 50-73.

———, "Nation and Empire in the Government Architecture of Mid-Victorian London: The Foreign and India Office Reconsidered," *HJ*, 48 (2005), 703-42.

Bridge, Carl, and Fedorwich, Kent, "Mapping the British World," *JICH*, 31 (2003), 1-15.

Buckner, Phillip, "Whatever Happened to the British Empire?" *Journal of the Canadian Historical Association*, 3 (1993), 3-32.

Bull, Hedley, "What Is the Commonwealth," *World Politics*, 11 (1959), 577-87.

Burgess, Michael, "Imperial Federation: Edward Freeman and the Intellectual Debate on the Consolidation of the British Empire in the Nineteenth-Century," *Trivium*, 13 (1978), 77–95.

——, "The Federal Plan of the Imperial Federation League, 1892: Milestone or Tombstone?" in Bosco (ed.), *The Federal Idea*, I, 139–53.

——, "Federalism and Federation: A Reappraisal" in Burgess and Alain-G Gagnon (eds.), *Comparative Federalism and Federation : Competing Traditions and Future Directions* (London: Harvester Wheatsheaf, 1993), 3–14.

Burroughs, Peter, "John Robert Seeley and British Imperial History," *JICH*, 1 (1973), 191–213.

Burrow, John, "The Village Community and the Uses of History" in Mckendrick (ed.), *Historical Perspectives*, 255–85.

——, "Some British Views of the United States Constitution" in R. C. Simmons (ed.), *The United States Constitution: The First* 200 *Years: Papers Delivered at a Bicentennial Colloquium at the University of Birmingham* (Manchester: Manchester University Press, 1989), 116–38.

——, "Images of Time: From Carlylean Vulcanism to Sedimentary Gradualism" in Collini, Whatmore, and Young (eds.), *History, Religion, and Culture*, 198–224.

——, "The Age of Reform" in David Reynolds (ed.), *Christ's: A Cambridge College Over Five Centuries* (London: Palgrave, 2004), 111–43.

Cain, Peter, "Capitalism, War, and Internationalism in the Thought of Richard Cobden," *British Journal of International Studies*, 5 (1979), 229–45.

——, "The Economic Philosophy of Constructive Imperialism" in Navari (ed.), *British Politics and the Spirit of the Age*, 41–65.

——, "Character and Imperialism: The British Financial Administration of Egypt, 1878–1914," *JICH*, 34 (2006), 177–200.

——, "Radicalism, Gladstone, and the Liberal Critique of Disraelian Imperialism" in Bell (ed.), *Victorian Visions of Global Order*.

——, "Empire and the Languages of Character and Virtue in Later Victorian and Edwardian Britain," *MIH*, 4 (2007), 1–25.

Ceadel, Martin, "Pacifism and *Pacificism*" in Terence Ball and Richard Bellamy (eds.), *The Cambridge History of Twentieth Century Political Thought* (Cambridge: Cambridge University Press, 2003), 473–93.

Claeys, Gregory, "The 'Left' and the Critique of Empire, c. 1865–1900" in Bell (ed.),

*Victorian Visions of Global Order.*

Cole, Douglas, "The Problem of 'Nationalism' and 'Imperialism' in British Settlement Colonies," *JBS*, 10 (1971), 160-82.

Colley, Linda, "Britishness and Otherness: An Argument," *JBS*, 31 (1992), 309-29.

————, "What Is Imperial History Today?" in David Cannadine (ed.), *What Is History Today?* (Basingstoke: Palgrave, 2002), 132-47.

Constantine, Stephen, "Empire Migration and Social Reform 1880-1950" in Colin Pooley and Ian Whyte (eds.), *Migrants, Emigrants and Immigrants : A Social History of Migration* (London: Routledge, 1991), 62-86.

Cook, T., "George R. Parkin and the Concept of Britannic Idealism," *Journal of Canadian Studies*, 10 (1975), 15-31.

Darwin, John, "The Fear of Falling: British Political and Imperial Decline since 1900," *Transactions of the Royal Historical Society*, 5th series, 36 (1986), 27-45.

————, "Imperialism and the Victorians: The Dynamics of Territorial Expansion," *EHR*, 112 (1997), 614-42.

Demetriou, K., "In Defence of the British Constitution: The oretical Implications of the Debate over Athenian Democracy in Britain, 1770-1850," *HPT*, 17 (1996), 280-97.

Dickinson, H. T., "Britain's Imperial Sovereignty: The Ideological Case Against the American Colonists" in Dickinson (ed.), *Britain and the American Revolution*, 64-97.

Durrans, Peter J., "The House of Commons and the British Empire, 1868-1880," *Canadian Journal of History*, 9 (1974), 19-45.

Edwards, Catherine, "Translating Empire: Macaulay's Rome" in Edwards (ed.), *Roman Presences*, 70-88.

Ellis, Heather, "Proconsuls, Guardians, and Great Men: The Indian Civil Service and an Education in Empire," unpublished paper, University of Oxford, 2003.

Epstein, James, " 'America' in the Victorian Cultural Imagination" in Leventhal and Quinault (eds.), *Anglo-American Attitudes*, 107-24.

Erickson, Charlotte, "The Encouragement of Emigration by British Trade Unions, 1850-1900," *Population Studies*, 3 (1949), 248-73.

Feldman, David, "Migration" in Martin Daunton (ed.), *The Cambridge Urban History of Britain* (Cambridge: Cambridge University Press, 2000), III, 185-207.

Finley, Moses, "Colonies—An Attemptata Typology," *TRHS*, 5th series, 6 (1976), 167-88.

Floud, Roderick, "Britain, 1860-1914: A Survey" in Floud and McCloskey (eds.), *The Economic History of Britain Since 1700*, 1-29.

Freeden, Michael, "Ideology, Political Theory and Political Philosophy" in Gerald Gaus and Chandran Kukathas (eds.), *Handbook of Political Theory* (London: Sage, 2004).

———, "What Should the "Political" in Political Theory Explore?" *Journal of Political Philosophy*, 13 (2005), 113-34.

Geuss, Raymond, "Liberalism and Its Discontents," *PT*, 30 (2002), 320-39.

Geyer, Michael, and Bright, Charles, "World History in a Global Age," *AHR*, 100 (1995), 1034-60.

Gildea, Robert, "1848 in European Collective Memory" in Evans and Pogge von Strandmann (eds.), *The Revolutions in Europe*, 207-37.

Gorman, Daniel, "Lionel Curtis, Imperial Citizenship, and the Quest for Unity," *The Historian*, 66 (2004), 67-96.

Gould, Eliga, "A Virtual Nation? Greater Britain and the Imperial Legacy of the American Revolution," *AHR*, 104 (1999), 476-89.

———, "The American Revolution in Britain's Imperial Identity" in Leventhal and Quinault (eds.), *Anglo-American Attitudes*, 23-38.

Green, E. H. H., "The Political Economy of Empire, 1880-1914," *OHBE*, III, 346-71.

Greenlee, J. G., "A 'Succession of Seeleys': The 'OldSchool' Re-examined," *JICH*, 4 (1976), 266-83.

Gross, John, "Editor's Introduction" to Seeley, *The Expansion of England*, ed. Gross, xi-xxvi.

Guttridge, G. H., "Thomas Pownall's *The Administration of the Colonies*: The Six Editions," *The William and Mary Quarterly*, 26 (1969), 31-46.

Harling, Philip, "Equipoise Regained? Recent Trends in British Political History, 1780-1867," *JMH*, 75 (2003), 890-918.

Harper, Marjory, "British Migration and the Peopling of the Empire," *OHBE*, III, 75-88.

Harris, Jose, "Political Theoryand the State" in S. J. D. Green and R. C. Whiting (eds.), *The Boundaries of the State in Modern Britain* (Cambridge, 1996), 15-29.

Harrison, Ross, "Utilitarians and Idealists" in Tom Baldwin (ed.), *The Cambridge History of Philosophy, 1870-1945* (Cambridge, 2003), 255-66.

Harvie, Christopher, "Ideology and Home Rule: James Bryce, A. V. Dicey, and Ireland, 1880-1887," *EHR*, 91 (1976), 298-314.

Herkless, J. L., "Introduction" to Rein, *Sir John Robert Seeley*, i-xxix.

Hickford, M., "'Decidedly the Most Interesting Savages on the Globe': An Ap-proach to the History of Maori Property Rights, 1837-1853," *HPT*, 46 (2006), 122-67.

Hont, Istvan, "Commerce and Luxury" in Mark Goldie and Robert Wokler (eds.), *The Cambridge History of Eighteenth-Century Political Thought* (Cambridge: Cambridge University Press, 2006), 379-419.

Hopkins, A. G., "Back to the Future: From National History to Imperial Past," *P&P*, 164 (1999), 198-244.

Horn, Pamela, "Agricultural Trade Unionism and Emigration, 1872-1881," *HJ*, 15 (1972), 87-102.

Hörnqvist Mikael, "The Two Myths of Civic Humanism" in James Hankins (ed.), *Renaissance Civic Humanism: Reappraisals and Reflections* (Cambridge: Cambridge University Press, 2000), 105-43.

Howe, Anthony, "Free Trade and Global Order: The Rise and Fall of a Victorian Vision" in Bell (ed.), *Victorian Visions of Global Order*.

Jones, H. S., "The Idea of the Nation in Victorian Political Thought," *EJPT*, 5 (2006), 12-21.

Kearns, Gerry, "*Fin de Siècle* Geopolitics: Mackinder, Hobson and Theories of Global Closure" in Peter Taylor (ed.), *Political Geography of the Twentieth Century : A Global Analysis* (London: Belhaven Press, 1993), 9-25.

Kendle, J. E., "The Round Table Movement and 'Home Rule All Round,' " *HJ*, 11 (1968), 332-53.

Kennedy, Paul, "The Theory and Practice of Imperialism," *HJ*, 20 (1977), 761-69.

Kidd, Colin, "Damnable Deficient," *London Review of Books*, 27 (2005), 30.

Kramer, Paul, "Empires, Exceptions, and Anglo-Saxons: Race and Rulebetween the British and United States Empires, 1880-1910," *Journal of American History*, 88 (2002), 1315-53.

Laborde, Cécile, "The Concept of the State in British and French Political Thought," *Political Studies*, 48 (2000), 540-57.

Langford, Paul, "Property and 'Virtual Representation' in Eighteenth-Century England," *HJ*, 31 (1988), 83-115.

————, "Manners and Character in Anglo-American Perceptions, 1750-1850" in Leventhal and Quinault (eds.), *Anglo-American Attitudes*, 76-90.

Lester, Alan, "British Settler Discourse and the Circuits of Empire," *History Workshop*

*Journal*, 54 (2002), 25-48.

Levy, Jacob, "Beyond Publius: Montesquieu, Liberal Republicanism and the Small-Republic Thesis," *HPT*, 27 (2006), 50-90.

Majeed, Javeed, "Comparativism and References to Rome in British Imperial Attitudes to India" in Edwards (ed.), *Roman Presences*, 88-110.

Malchow, Howard L, "Trade Unions and Emigration in Late Victorian England: A National Lobby for State Aid," *JBS*, 15 (1976), 92-116.

Mandler, Peter, "Against "Englishness": English Culture and the Limits of Rural Nostalgia, 1850-1940," *Transactions of the Royal Historical Society*, 6th series, 7 (1997), 155-76.

———, "'Race' and 'Nation' in Mid-Victorian Thought" in Collini et al., *History, Religion, and Culture*, 224-45.

———, "The Consciousness of Modernity? Liberalism and the English National Character, 1870-1940" in Daunton and Rieger (eds.), *Meanings of Modernity*, 119-44.

———, "The Problem with Cultural History," *Cultural and Social History*, 1 (2004), 94-118.

———, "What Is 'National Identity'? Definitions and Applications in Modern British Historiography," *MIH*, 3 (2006), 271-97.

Marshall, Peter, "Imperial Britain," *JICH*, 23 (1995), 379-95.

Martin, Ged, "Empire Federalism and Imperial Parliamentary Union, 1820-1870," *HJ*, 16 (1973), 65-92.

———, "The Idea of 'Imperial Federation'" in Ronald Hyam and Ged Martin (eds.), *Reappraisals in British Imperial History* (London: Macmillan, 1975), 121-39.

Mehrota, S. R., "Imperial Federation and India, 1868-1917," *Journal of Commonwealth Political Studies*, 1 (1961), 29-40.

Miller, J. D. B, "The Utopia of Imperial Federation," *Political Studies*, 4 (1956), 195-7.

Mitchell, Leslie, "Britain's Reaction to the Revolutions" in Evans and Pogge von Strandmann (eds.), *The Revolutions in Europe*, 83-99.

Momigliano, Arnaldo, "Time in Ancient Historiography" in *Essays in Ancient and Modern Historiography* (Oxford: Blackwell, 1977), 179-205.

Morefield, Jeanne, "'An Education to Greece': The Round Table, Imperial Theory, and the Uses of History," *HPT* (2007).

Morris, R. J., "Urbanization" in Morris and Richard Rodger (eds.), *The Victorian City* (London: Longman's, 1993), 43-73.

Murray, Oswyn, "Ancient History, 1872-1914" in Brock and Curthoys (eds.), *The History of the University of Oxford*, VII, 333-60.

O'Brien, Karen, "Poetry Against Empire: Milton to Shelley," *Proceedings of the British Academy*, 117 (2002), 269-96.

O'Brien, Patrick K., "Historiographical Traditions and Modern Imperatives for the Restoration of Global History," *Journal of Global History*, 1 (2006), 3-39.

O'Gráda, Cormac, "British Agriculture, 1860-1914" in Floud and McCloskey (eds.), *The Economic History of Britain Since 1700*, 145-72.

Olssen, Erik, "Mr Wakefield and New Zealand as an Experiment in Post-Enlightenment Experimental Practice," *New Zealand Journal of History*, 31 (1997), 197-218.

Otis, Laura, "The Metaphoric Circuit: Organic and Technological Communication in the Nineteenth-Century," *JHI*, 63 (2002), 105-29.

Owen, Nicholas, "Critics of Empire," *OHBE*, IV, 188-212.

Palonen, Kari, "Political Theorizing as a Dimension of Political Life," *EJPT*, 4 (2005), 351-66.

Parekh, Bikhu, "Decolonizing Liberalism" in Aleksandras Shtromas (ed.), *The End of "Isms"? Reflections on the Fate of Ideological Politics After Communism's Collapse* (Oxford: Blackwell, 1994), 85-103.

Parry, J. P., "The Impact of Napoleon III on British Politics, 1851-1880," *Transactions of the Royal Historical Society*, 6th series, 11 (2001), 147-75.

Pinder, John, "Prophet not Without Honour: Lothian and the Federal Idea" in Turner (ed.), *The Larger Idea*, 137-53.

———, "The Federal Idea and the British Liberal Tradition" in Bosco (ed.), *The Federal Idea*, I, 99-118.

Pocock, J. G. A., "British History: A Plea for a New Subject," *JMH*, 47 (1975), 601-21.

———, "Between Gog and Magog: The Republican Thesis and the *Ideologia Americana*," *JHI*, 48 (1987), 325-46.

———, "States, Republics, and Empires: The American Founding in Early Modern Perspective" in Terence Ball and Pocock (eds.), *Conceptual Change and the Constitution* (Lawrence, Kans.: University Press of Kansas, 1988), 55-78.

———, "Political Theory in the English-Speaking Atlantic, 1760-1790: (1) The Imperial Crisis" in Pocock, Schochet and Schwoerer (eds.), *The Varieties of British Political Thought, 1500-1800*, 246-82.

———, "Political Theory in the English-Speaking Atlantic, 1760-1790: (2) Empire, Revolution, and the End of Early Modernity" in Pocock, Schochet and Schwoerer (eds.), *The Varieties of British Political Thought, 1500-1800*, 283-321.

———, "The New British History in Antipodean Perspective: A Commentary," *AHR*, 104 (1999), 490-500.

Pombeni, Paolo, "Starting in Reason, Ending in Passion: Bryce, Lowell, Ostrogorski and the Problem of Democracy," *HJ*, 37 (1994), 319-41.

Pyenson, Lewis, "Science and Imperialism" in R. C. Olby et al. (eds.), *Companion to the History of Modern Science* (London: Routledge, 1996), 920-34.

Richards, Eric, "How Did Poor People Emigrate from the British Isles to Australia in the Nineteenth Century?" *JBS*, 32 (1993), 250-79.

Robinson, Ronald, "Imperial Problems in British Politics, 1880-1895" in Benians, Butler, and Carrington (eds.), *The Cambridge History of the British Empire*, III, 127-79.

Rothschild, Emma, "Political Economy" in Claeys and Stedman Jones (eds.), *The Cambridge History of Nineteenth Century Political Thought*, forthcoming.

———, "Global Commerce and the Question of Sovereignty in the Eighteenth-Century Provinces," *MIH*, 1 (2004), 3-25.

Ryan, Alan, "The Critique of Individualism" in Brian Barry, Archie Brown, and Jack Hayward (eds.), *The British Study of Politics in the Twentieth Century* (Oxford: Oxford University Press, 2003), 89-117.

Shannon, Richard, "John Robert Seeley and the Idea of a National Church: A Study in Churchmanship, Historiography, and Politics" in Robert Robson (ed.), *Ideas and Institutions of Victorian Britain: Essays in Honour of George Kitson Clark* (London: Bell, 1967), 236-67.

Shaw, A. G. L., "British Attitudes to the Colonies, ca. 1820-1850," *JBS*, 9 (1969), 71-95.

Soffer, Reba, "History and Religion: J. R. Seeley and the Burden of the Past" in R. W. Davis and R. J. Helmstadter (eds.), *Religion and Irreligion in Victorian Society: Essays in Honor of R. K. Webb* (London: Routledge, 1992), 133-51.

Stapleton, Julia, "Citizenship Versus Patriotism in Twentieth-Century England," *HJ*, 48 (2005), 151-78.

Stedman Jones, Gareth, "Introduction" to Karl Marx and Friedrich Engels, *The Communist Manifesto*, 3-190.

Taylor, Miles, "Imperium et Libertas?" Rethinking the Radical Critique of Imperialism

During the Nineteenth Century," *JICH*, 19 (1991), 1–23.

———, "The 1848 Revolutions and the British Empire," *P&P*, 166 (2000), 146–80.

———, "Republics Versus Empires: Charles Dilke's Republicanism Reconsidered" in David Nash and Anthony Taylor (eds.), *Republicanism in Victorian Society* (Stroud: Sutton Publishing, 2003), 25–34.

Thompson, Andrew S., "The Language of Imperialism and the Meanings of Empire: Imperial Discourse in British Politics, 1895–1914," *JBS*, 26 (1997), 147–77.

Trentman, Frank, "The Strange Death of Free Trade: The Erosion of the 'Liberal Consensus' in Great Britain, c. 1903–1932" in Biagini (ed.), *Citizenship and Community*, 219–51.

Tuck, Richard, "The Making and Unmaking of Boundaries from the Natural Law Perspective" in Allen Buchanan and Margaret Moore (eds.), *States, Nations, and Borders: The Ethics of Making Boundaries* (Cambridge: Cambridge University Press, 2003), 143–71.

Tulloch, Hugh, "Changing British Attitudes Towards the United States in the 1880's," *HJ*, 20 (1977), 825–40.

Tully, James, "The Kantian Idea of Europe: Critical and Cosmopolitan Perspectives" in Anthony Pagden (ed.), *The Idea of Europe: From Antiquity to the European Union* (Cambridge: Cambridge University Press, 2002), 331–58.

Tunstall, W. C. B., "Imperial Defence, 1870–1897" in Benians, Butler, and Carrington (eds.), *The Cambridge History of the British Empire*, III, 230–53.

Turner, Frank, "British Politics and the Demise of the Roman Republic, 1700–1939," *HJ* 29 (1986), 577–99.

Turner, John, and Michael Dockrill, "Philip Kerr at 10 Downing Street, 1916–1921" in Turner (ed.), *The Larger Idea*, 42–52.

Turner, Michael J., "Radical Agitation and the Canada Question in British Politics, 1837–41," *Historical Research*, 79 (2006), 90–114.

Varouxakis, Giorgios, "'Patriotism,' 'Cosmopolitanism' and 'Humanity' in Victorian Political Thought," *EJPT*, 5 (2006), 100–18.

Vasunia, Phiroze, "Greater Britain and Greater Rome" in Barbara Goff (ed.), *Classics and Colonialism* (London: Duckworth, 2005), 34–68.

———, "Greek, Latin, and the Indian Civil Service," *Proceedings of the Cambridge Philological Society*, 51 (2005), 35–69.

Vernon, James, "Notes Towards an Introduction" in Vernon (ed.), *Re-Reading the Constitution: New Narratives in the Political History of England's Long Nineteenth Century* (Cambridge: Cambridge University Press, 1996), 1–22.

Walsh, W. H. , "The Zenith of Greats" in Brock and Curthoys (eds. ), *The History of the University of Oxford*, VII, 311-26.

Weber, Max, "Politics as a Vocation" [1918/19], in Weber, *Political Writings*, ed. Peter Lassman, trans. Ronald Speirs (Cambridge: Cambridge University Press, 1994), 309-10.

White, Donald, "Changing Views of the *Adventus Saxonum* in Nineteenth-and Twentieth-Century English Scholarship," *JHI*, 32 (1971), 585-94.

Winterer, Caroline, "From Royal to Republican: The Classical Image in Early America," *Journal of American History*, 91 (2005), 1264-90.

York, Neil, "Federalism and the Failure of Imperial Reform, 1774-1775," *History*, 86 (2001), 155-79.

# 致　谢

　　如果没有广泛的支持，这本书将无法写成。在这里我想感谢那些帮助过我写作并提供建议的人。首先是那些在经济上帮助了我的机构。艺术与人文研究委员会（Arts and Humanities Research Board）资助了作为本书基础的博士论文的研究，而富布赖特委员会（Fulbright Commission）资助了我在哥伦比亚大学政治学系的一年学习时光。剑桥大学国际研究中心和历史系的同事们帮助我创造了一个充满智识活力的工作环境，并在关键问题上向我提供了难能可贵的建议。我还要感谢工作人员（特别是温迪·库克，Wendy Cooke）在过去五年中给予我的所有帮助。耶稣学院（Jesus College）为我的这个项目早期阶段的研究提供了一个舒适的环境。后来，我荣幸地被选为基督学院的初级研究员（Junior Research Fellowship at Christ's College）。学院还为我提供了一个优美的工作环境，我要感谢已故院长马尔科姆·鲍伊（Malcolm Bowie）、现任院长弗兰克·凯利（Frank Kelly），以及这里的研究员和工作人员们，感谢他们友好而慷慨的支持。

　　在我个人的经验中，学术研究是一项高度社会化的活动，其扎根于与师友之间的长期交流中（通常是同一批人）。如果没有他们，这个项目可能永远不会开始，更不用说得出某项结论了。我要特别感谢查尔斯·琼斯（Charles Jones），他十分博学，并耐心督促着我完成了这个坎坷的项目。我还要感谢伊斯特凡·洪特（Istvan

Hont），感谢他出色的学术指导和坚定的支持。他们两位使我更加轻松地穿梭于国际关系以及思想史的处女地。阿伦·贝尔（Alan Bell）、彼得·曼德勒（Peter Mandler）和马克·斯蒂尔斯（Marc Stears）阅读了本书手稿的全部（或大部分），我非常感谢他们追根究底的评论以及令人钦佩的耐心。卡斯珀·塞尔瓦斯特（Casper Sylvest）读了两三遍，他的建议一直很有启发性，而他关于自由国际主义的研究帮助我形成并完善了许多论点。在最后一刻，吉得·马丁（Ged Martin）对几个章节提出了清晰的意见。彼得·凯恩（Peter Cain）则帮助我渡过了"维多利亚时代帝国主义"那块波涛汹涌的水域。我的博士论文答辩导师理查德·塔克（Richard Tuck）和大卫·康纳汀（David Cannadine）对文章的改进提出了非常有用的建议，非常感谢他们的帮助和鼓励。迈克尔·弗里登（Michael Freeden）、昆廷·斯金纳（Quentin Skinner）和加雷斯·斯特德曼·琼斯（Gareth Stedman Jones）均为我的政治思想史研究提供了灵感和极有帮助的建议，这个项目很大程度上基于他们的学术努力。我还要感谢以下人士对其中某章（或多章）提出的建设性建议：大卫·阿米蒂奇（David Armitage）、延斯·巴特尔森（Jens Bartelson）、迈克尔·本特利（Michael Bentley）、安朵涅特·伯顿（Antoinette Burton）、琳达·科利（Linda Colley）、斯蒂芬·康斯坦丁（Stephen Constantine）、丹尼尔·多德尼（Daniel Deudney）、希瑟·埃利斯（Heather Ellis）、泽埃夫·艾默里奇（Zeev Emmerich）、詹姆斯·爱泼斯坦（James Epstein）、莎拉·法恩（Sarah Fine）、马修·格林莱（Matthew Grimley）、伊恩·霍尔（Ian Hall）、约尔·艾萨克（Joel Isaac）、斯图亚特·琼斯（Stuart Jones）、邓肯·凯利（Duncan Kelly）奥斯温·默里（Oswyn Murray）、卡鲁娜·曼特娜（Karuna Mantena）、珍妮·莫菲尔德（Jeanne Morefield）、杰里米·莫里斯（Jeremy Morris）、玛丽亚·尼奥菲图（Maria Neophytou）、凯伦·奥布莱恩（Karen O'Brien）、乔纳森·帕里（Jon Parry）、苏珊·佩德森（Susan Pedersen）、珍妮弗·皮茨（Jennifer Pitts）、西蒙·波特（Simon Potter）、大卫·雷诺兹（David Reynolds）、朱莉娅·斯特普尔顿（Julia Stapleton）、约翰·汤普森（John Thompson）、大卫·沃斯利（David Worsley）、布赖恩·杨（Brian Young）。还有其他朋友和同事也提出了很好的建议，我在此表示感谢，他们是：塔拉克·巴卡维（Tarak Barkawi）、迈克·博伊尔（Mike Boyle）、威廉·伯克-怀特（William Burke-White）、约翰·伯罗（John Burrow）、斯特凡·科利尼（Stefan Collini）、苏珊娜·迪·费利安通尼奥（Susanna di Feliciantonio）、因巴里·艾萨里斯（Inbali Iserles）、扎希尔·卡兹米（Zaheer Kazmi）、马丁·奥尼尔（Martin O'Neill）、艾玛·罗斯柴尔德（Emma Rothschild）、安德烈埃·桑乔瓦尼（Andrea Sangiovanni）、梅特·埃勒斯杜普-圣乔瓦尼（Mette Eilstrup-Sangiovanni）与里卡多·索雷斯·德奥利韦拉（Ricardo Soares de Oliveira）。以上所有人都不对本书任何可能的学术错误负责。我很高兴能与伊恩·马尔科姆（Ian Malcolm）共事，他是一位才华横溢的编辑。

我从各个机构举办的会议上听众的评论和问题中获益匪浅，它们包括英国国家学术院（British Academy）、历史研究学会（Institute for Historical Research）、剑桥大学、牛津大学、华威大学、波莫纳学院、加州大学伯克利分校、哥伦比亚大学、雪菲尔哈伦大学、国际研究协会（International Studies Association）在檀香山（2005）和圣地亚哥（2006）举办的年会，以及美国政治学协会（American Political Science Association）在华盛顿特区举办的年会（2005）。这本书的许多章节业已发表，或以其他不同的形式呈现。第 4 章的部分内容可以在我编写的、由剑桥大学出版社于 2007 年出版的《维多利亚时代的全球秩序观：19 世纪政治思想中的帝国和国际关系》（*Victorian Visions of Global Order: Empire and International Relations in Nineteenth-Century Political Thought*）中找到。第 6 章的部分资料发表于《国际研究评论》（*Review of International Studies*）2005 年第 31 卷第 3 期的《联合与差异：希里与国际关系的政治神学》一文中。第 3 章的另一版本《消融的距离：1860—1900 年英国政治思想中的帝国、空间与技术》发表于《近代史杂志》（*The Journal of Modern History*）2005 年第 77 卷第 3 期，而第 8 章的另一版本《维多利亚帝国思想的古代到现代》发表于《历史杂志》（*The Historical Journal*）2006 年第 49 卷第 3 期。我要感谢编辑和出版商（芝加哥大学出版社和剑桥大学出版社），感谢他们允许我重新出版这些材料。

　　最后，我要特别感谢我的朋友们，尤其是裘德·布朗（Jude Browne）、我的搭档莎拉·法恩（Sarah Fine），还有我美满的家庭，包括多萝西（Dorothy）、亚历克斯·贝尔（Alex Bell）和海伦·布鲁斯（Helen Bruce）。谨以此书纪念我的父亲和祖父。

# 索 引

(参见本书边码)

416